国家出版基金项目
NATIONAL PUBLICATION FOUNDATION

中 | 国 | 参 | 政 | 党 | 丛 | 书

中国民主促进会史

————— 中国民主促进会中央委员会 著 —————

华文出版社
SINO-CULTURE PRESS

图书在版编目（CIP）数据

中国民主促进会史 / 中国民主促进会中央委员会著
. —北京：华文出版社，2024.4
（中国参政党丛书）
ISBN 978－7－5075－5905－7

Ⅰ.①中… Ⅱ.①中… Ⅲ.①中国民主促进会—党史 Ⅳ.①D665.3

中国国家版本馆 CIP 数据核字（2023）第 226058 号

中国民主促进会史

标准书号：	ISBN 978－7－5075－5905－7
著　　者：	中国民主促进会中央委员会
责任编辑：	雷　平
责任印制：	刘力新
封面设计：	李琳琳
出版发行：	华文出版社
地　　址：	北京市西城区广外大街 305 号 8 区 2 号楼
邮政编码：	100055
电　　话：	总编室 010－58336239　发行部 010－58336270
	责任编辑 010－58336254
经　　销：	新华书店
印　　刷：	北京新华印刷有限公司
开　　本：	710mm×1000mm　1/16
印　　张：	28.75
字　　数：	410 千字
版　　次：	2024 年 4 月第 1 版
印　　次：	2024 年 4 月第 1 次印刷
定　　价：	88.00 元

版权所有，侵权必究

"中国参政党丛书"
编辑委员会

主任委员：尤 权

副主任委员：万鄂湘　丁仲礼　郝明金　蔡达峰
　　　　　　陈　竺　万　钢　武维华　苏　辉
　　　　　　陈小江　陈　旭

编　　　委：李惠东　徐　辉　吴晓青　高友东
　　　　　　何　维　吕彩霞　邵　鸿　吴国华
　　　　　　桑福华　张衍前　王　非　胡昊聪
　　　　　　易玉娟

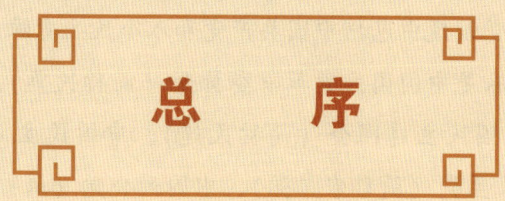

总　　序

2018年3月，习近平总书记在看望参加全国政协十三届一次会议的民盟、致公党、无党派人士和侨联界委员时明确指出：中国共产党领导的多党合作和政治协商制度作为我国一项基本政治制度，是中国共产党、中国人民和各民主党派、无党派人士的伟大政治创造，是从中国土壤中生长出来的新型政党制度。习近平总书记的重大理论判断，为我们理解中国的政党和政党制度提供了根本遵循。

一个国家实行什么样的政党制度，是由其特定的历史传承、文化传统、政治经济状况和现实国情等因素决定的。中国共产党领导的多党合作和政治协商制度植根于中华优秀传统文化，孕育于近代以来中国民主革命的历史进程，形成于协商建立新中国的伟大实践，发展于社会主义革命、建设、改革的伟大事业，完善于中国特色社会主义新时代，它是中国近现代社会发展的必然结果，是马克思主义政党理论与中国实际紧密结合的产物，是中国共产党、各民主党派和中国人民的共同政治选择，符合中国的基本国情，体现了中国人民的政治智慧。中国新型政党制度以合作、参与、协商为基本精神，以团结、民主、和谐为本质属性，具有政治参与、利益表达、社会整合、民主监督和维护稳定的重要功能，实现了执政与参政、领导与合作、协商与监督的有机统一，是人民当家作主的重要实现形式和社会主义协商民主的重要制度载体。它能够实现利益代表的广泛性，体现奋斗目标的一致性，促进决策施策的科学性，保障国家治理的有效性，在发展全过程人民民主中发挥了重要作用。

中国新型政党制度中包括中国共产党和八个民主党派，以及无党派人士。八个民主党派是中国国民党革命委员会（简称民革）、中国民主同盟（简称民盟）、中国民主建国会（简称民建）、中国民主促进会（简称民进）、中国农工民主党（简称农工党）、中国致公党（简称致公党）、九三学社、台湾民主自治同盟（简称台盟）。

长期以来，中国共产党同各民主党派长期共存、互相监督、肝胆相照、荣辱与共，形成了通力合作、团结和谐的新型政党关系，奠定了"共产党领导、多党派合作，共产党执政、多党派参政"的政治格局。中国共产党处于领导地位和执政地位。中国共产党是中国特色社会主义事业的坚强领导核心，各民主党派、无党派人士自觉接受中国共产党的领导，拥护中国共产党的领导地位和执政地位。中国共产党对各民主党派、无党派人士的领导，主要是政治领导，即政治原则、政治方向和重大方针政策的领导，中国共产党支持各民主党派、无党派人士独立自主地开展工作，充分履行职能、积极发挥作用。民主党派不是在野党、反对党，也不是旁观者、局外人，而是中国特色社会主义参政党，在中国共产党领导下参与国家治理。民主党派的基本职能是参政议政、民主监督、参加中国共产党领导的政治协商。民主党派参政的基本点是，参加国家政权，参与重要方针政策、重要领导人选的协商，参与国家事务的管理，参与国家方针政策、法律法规的制定和执行。民主党派的参政地位和参政权利受宪法保护，这是人民民主的重要体现。民主党派围绕国家经济社会发展中的重大问题献计出力，是中国特色社会主义事业的亲历者、实践者、维护者、捍卫者。

各民主党派是在中国人民反帝爱国、争取民主和反对独裁专制的斗争中产生和发展起来的，其社会基础主要是民族资产阶级、城市小资产阶级以及同这些阶级相联系的知识分子和其他爱国人士。除致公党1925年成立于美国旧金山、农工党成立于1930年外，民主党派大都成立于抗日战争和解放战争时期。在中国共产党统一战线政策的影响和团结下，各民主党派不断加深对中国共产党的了解，特别是1948年中国共产党发布"五一口号"后，民主党派积极响应，纷纷表示"愿在中共领导下，献其绵薄，贯彻始终，以冀中国人民民主革命之迅速成功，独立、自由、和平、幸福的新中国之早日实现"，积极参加新中国的筹备工作。在血与火的斗争洗礼和比较选择中，民主党派在政治上实现了从同情和倾向中国共产党到公开表示自觉接受中国共产党领导、走新民主主义道路的根本转变。1949年新政协的召开，标志着中国共产党领导的多党合作和政治协商制度这一新型政党制度的正式确立，为各民主党派同中国共产党在更大范围和更深程度上的团结合作提供了制度保障。

在社会主义革命和建设时期，各民主党派积极参加国家政权和国家事务的管理，调动成员和所联系的群众参加各项民主改革和新中国的建设，参加社会主义改造，作出了重要贡献，其自身阶级属性发生深刻变化，逐渐成为一部分劳动者的政党。

进入改革开放和社会主义现代化建设新的历史时期，各民主党派努力加强自身建设，充分发挥各自特点和优势，在深化改革、扩大开放、建设社会主义事业、维护安定团结的政治局面、促进国家统一方面不断作出新贡献。随着中国特色社会主义事业的不断推进，各民主党派进一步发展成为各自所联系的一部分社会主义劳动者、社会主义事业建设者和拥护社会主义的爱国者的政治联盟，成为接受中国共产党领导、同中国共产党通力合作的亲密友党，成为进步性与广泛性相统一、致力于中国特色社会主义事业的参政党。民主党派的性质发生了根本变化，由阶级联盟转变为政治联盟。共产党领导、多党派合作，共产党执政、多党派参政的良好政治格局更加巩固，民主团结、生动活泼的和谐政党关系更加融洽。

中国特色社会主义进入新时代，以习近平同志为核心的中共中央统筹中华民族伟大复兴战略全局和世界百年未有之大变局，形成了习近平总书记关于做好新时代党的统一战线工作的重要思想，强调必须坚持好发展好完善好中国新型政党制度；提出各民主党派是中国特色社会主义参政党，基本职能是参政议政、民主监督、参加中国共产党领导的政治协商；提出要推动多党合作展现新气象，思想共识取得新提高，履职尽责展现新作为，各民主党派要做中国共产党的好参谋、好帮手、好同事。这些新理念新思想新论断，系统回答了在新时代"坚持和发展什么样的多党合作制度、怎样坚持和发展多党合作制度""建设什么样的参政党、怎样建设参政党"等重大问题。各民主党派认真学习习近平新时代中国特色社会主义思想，不断加强自身建设，提高建言资政水平，为推进国家各项事业发展作出了重要贡献。

知所从来，思所将往。习近平总书记指出："一切向前走，都不能忘记走过的路；走得再远、走到再光辉的未来，也不能忘记走过的过去，不能忘记为什么出发。"回首中国新型政党制度和各民主党派的形成和发展，同样有着值得铭记的历史和不能忘却的初心。民主党派几经变迁和考验，始终秉持进步理念、认真履行职能、保持自身特色，形成了许多优良传统和宝贵经验，给人以深刻启示。

自觉接受中国共产党领导，是民主党派不断发展的根本保证。中国共产党的领导是中国特色社会主义最本质的特征，是中国特色社会主义制度的最大优势。历史和实践充分表明，中国共产党的领导是民主党派加强自身建设、不断发展进步的根本保证。民主党派的发展史，就是对中国共产党在认识上不断深化、政治上不断认同、行动上不断靠拢的历史。中国共产党的领导核心地位越突出，民主党派自身建设就越有力，多党合作的政治格局就越稳固。迈进新的征程，各民主党派要坚持自觉接受中国共产党领导的政治立场不变、与中国共产党亲密合作和同心同德的政治态度不变，始终做到肝胆相照、荣辱与共。

致力于国家富强、民族复兴和人民幸福，是民主党派不断发展的价值追求。正确的价值取向和目标追求，反映着政党的进步性，决定着政党的生命力。我国民主党派之所以能够经历大浪淘沙、不断发展，就是因为从一开始就以国家和民族大义为团结奋斗的价值追求。围绕这一价值目标，民主党派在民主革命时期同帝国主义和国民党反动派进行不屈的斗争，最后同中国共产党走到了一起。围绕这一价值目标，在新中国建设70多年历程中，各民主党派发挥优势作用，凝聚奋进力量，作出重要贡献。迈进新的征程，民主党派只有始终高扬爱国主义旗帜，积极践行致力于国家富强、民族振兴和人民幸福的价值追求，才能更加有所作为、有所进步。

推进社会主义民主政治建设，是民主党派不断发展的重要基础。人民民主是社会主义的生命，也是我国多党合作制度的基石。中国共产党自诞生之日起，就以发展人民民主为己任，开启了中国民主政治发展新征程。中国新型政党制度，就是中国共产党与各民主党派共同推动中国民主政治发展的重大成果，同时又是在新的历史条件下进一步推进全过程人民民主、最广泛地动员和组织人民依法管理国家和社会事务的重要途径。在这一制度下，民主党派作为参政党的作用和优势得到充分发挥。迈进新的征程，各民主党派要始终坚持走中国特色社会主义政治发展道路，进一步把中国新型政党制度坚持好、发展好、完善好，使我国社会主义政治制度的特点和优势得到更充分体现。

坚持进步性与广泛性的统一，是民主党派不断发展的内在要求。民主党派的进步性，集中体现在同中国共产党通力合作，共同建立新中国，共同致力于推进中国特色社会主义事业。民主党派的广泛性，主要表现在其成员来自不同的社会阶层和群体，负有更多地反映和代表各自所联系群众的具体利益和要求的责任。没有进步性，民主党派与中国共产党的合作就没有存在的基础；没有广泛性，民主党派就失去了存在的意义。迈进新的征程，民主党派要紧跟时代步伐、适应形势发展，不断增强进步性、保持广泛性，认真学习借鉴执政党建设的创新理念、经验做法，转化为符合自身实际、体现各自特色的思路举措，始终沿着正确的方向健康发展，不断前进。

为了更好地继承和弘扬民主党派的优良传统，在中央统战部的大力支持下，各民主党派中央持续开展历史传统记录工程，在此基础上撰写了"中国参政党丛书"。这套丛书共八册，主要目的是回望过去，把握现在，展望未来。回望过去，就是系统梳理各民主党派产生、发展、演变的历史脉络，深入总结历史经验，帮助民主党派广大成员深入理解统一战线和多党合作因党而生、伴党而行的光荣历史，充分认识中国共产党对民主党派发展的指引和帮助，感悟民主党派老一辈领导人对中国共产党的深厚感情，传承他们的爱国情怀，弘扬优良传统，搞好政治交接；把握现在，就是立足中国特色社会主义进入新时代的历史方位，从中西对比中深刻认识中国新型政党制度的进步性和优越性，深刻理解多党合作所蕴含的制度价值、政治价值、思想价值和文明价值，坚定制度自信；展望未来，就是顺应中国特色社会主义进入新时代、世界面临百年未有大变局的大趋势，从完善我国基本政治制度、发展全过程人民民主的高度，贯彻落实中共中央关于加强参政党建设的部署和要求，从中国共产党百年奋斗的伟大成就和历史经验中汲取智慧和力量，始终做同中国共产党通力合作的亲密友党和好参谋、好帮手、好同事，在全面建设社会主义现代化国家新征程中再立新功。

我们相信，在以习近平同志为核心的中共中央坚强领导下，我国各民主党派一定能够紧跟时代步伐，保持正确政治方向，谱写蓬勃发展、凝心聚力的崭新篇章！中国新型政党制度这一具有中国特色、中国气派、中国底蕴的好制度，将会展现更加超凡的制度优势，迈出更加坚实的发展步伐！

"中国参政党丛书"编辑委员会

2022 年 8 月

序 言

民进中央主席　蔡达峰

1945 年，中国人民抗日战争取得全面胜利，人民渴望和平、重建家园，中国共产党提出和平、民主、团结的建国主张，国民党坚持专制统治，国共合作面临破裂，全面内战一触即发，中国前途命运面临抉择。以马叙伦、王绍鏊为代表的一批文化教育出版界和工商界爱国民主人士，忧国忧民，志同道合，联合起来，于 1945 年 12 月 30 日在上海召开会议，会议签到的 26 人一致通过了简章，宣告中国民主促进会成立，开启了民进事业。

民进成立后，在中国共产党指引和帮助下，在中国共产党建立最广泛的人民民主统一战线主张的推动下，以鲜明的态度和昂扬的斗志，积极投入反内战、反独裁爱国民主运动，促进和推动民主力量大团结大联合，为中国革命作出了重要贡献。1946 年 6 月 23 日，民进参与发起并组织在上海北火车站的十万群众反内战大会，欢送以马叙伦为团长的上海人民和平代表团赴南京请愿，请愿团在下关车站被国民党特务暴徒围攻殴打，马叙伦、雷洁琼身受重伤，全国震惊。事件发生后，周恩来立即赶到医院看望，毛泽东、朱德从延安致电慰问并对国民党当局严重抗议。南京下关事件教育了广大人民，全国各界发起声援和慰问，掀起了"大革命以来上海的乃至全国的第一次声势浩大的群众运动"，有力地推动了爱国民主运动，坚定了民进在正道上行的决心，谱写了民进与中共合作斗争、患难与共的光辉篇章。

1948 年 4 月 30 日，中共中央发布《纪念"五一"劳动节口号》，民进即刻发表《响应中共"五一"号召的宣言》，表示坚决拥护，对中国共产党表示崇高而热烈的敬意，庄严宣布，民进要团结在中国共产党周围，参加中国共产党领导的爱国民主统一战线，为彻底反对帝国主义、封建主义、官僚资本主义而奋斗。1949年，在中共的邀请和安排下，马叙伦、王绍鏊等民进领导人赴解放区，参与筹备新政协和制定共同纲领的工作，制定《中国民主促进会拟提出于政治协商会议之行动公约及政治纲领》，提出增设新政协筹备会单位的建议，得到了采纳。参加了中国人民政治协商会议第一届全体会议，提出关于国歌、国庆日的建议，得到了采纳，参加了中央人民政府的组建和部分领导工作，为新中国建立贡献了智慧和力量。

中华人民共和国成立，为民进发展提供了根本保障、广阔舞台和不竭动力。民进积极参加土地改革、抗美援朝、镇压反革命三大运动和知识分子思想改造、"三反""五反"运动，为文教事业发展建言献策，在为实现《中国人民政治协商会议共同纲领》（以下简称《共同纲领》）而进行的伟大革命斗争中，经受了锻炼和考验，作出了自己的贡献。

改革开放以来，民进围绕经济建设中心和改革发展稳定的大局，认真履行参政党职能，高度关注文化教育出版领域的改革和发展，如倡议设立教师节、推进民办教育协会的成立等；同时就建设资源节约型和环境友好型社会、星火科技西进与生态富民工程、民族地区发展等重大问题调查研究，建言献策。民进各级组织和广大会员，发挥专业优势，开展智力扶贫、"六个西进"等社会服务工作，为科教兴国、西部大开发、振兴东北等老工业基地、促进中部崛起等国家战略的实施，发挥了积极的作用。

中共十八大以来，民进继承和弘扬民进优良传统，坚持开展系列主题教育活动，不断丰富政治交接内涵，进一步巩固全会的"道路认同、目标认同和价值观认同"，坚持"有思有行、集智聚力、顺势而为、开拓创新"的工作方针，努力建设高素质的中国特色社会主义参政党。以"为执政党助力、为国家尽责、为人民服务"的使命感，坚持"以新作为巩固老阵地"，大力呼吁教育均衡发展、支持民办教育和加强职业教育，建言教育立法，呼吁实施文化强国战略等；"在顺势中开拓新领域"，围绕经济转型、反腐倡廉、社会建设、国别研究、科技创新、区域发展和生态文明建设等问题深入调查研究，积极议政建言；扎实做好对口湖南省的脱贫攻坚民主监督，及时向中共中央、对口省市和有关部门反映意见建议，为科学决策、有效施策提供了参考。在社会服务中努力打造"同心·彩虹行动"品牌，多方式开展智力支边扶贫等公益活动，促进社会和谐。在遇到"非典"疫情、汶川地震、新冠肺炎疫情等特大自然灾害时，各级组织和广大会员与全国人民同舟共济，守望相助。在国家统一、民族复兴的伟大事业中，发挥自身优势，积极开展海峡两岸和海外文化交流活动，凝结友谊、增进共识。

今天的民进已从成立之初的40多人发展成18万余人的参政党，会员遍布在全国29个省、自治区、直辖市的教育、文化、出版、传媒及科技、经济、医药卫生等领域。民进队伍中有德高望重的老一辈代表人士，又不断吸收优秀的新生力量。一代代民进人脚踏实地，薪火相传，共同写就了民进的光荣历史。

回顾历史、牢记历史，才能不忘合作初心。民进成立以来，取得了丰硕成果，积累了丰富经验，创造了宝贵财富。它们来之不易、弥足珍贵，我们要加倍珍惜，不断学习宣传，充分总结汲取，增进共识，增强信心。

会史告诉我们，民进的历史与国家民族命运息息相关。民进成立于独裁腐败、动荡不安的时代，发育于爱国民主运动蓬勃发展的大势，经受了磨难和考验。中华人民共和国建立以后，伴随着社会主义革命、建设、改革开放和中国特色社会主义事业的进程，民进才得以不断发展壮大。

会史告诉我们，民进的创立与发展得益于中国共产党的指引和帮助。中共广泛联合各界、建立人民民主统一战线的主张，实质性地推进了民进的成立；民进创始人与中共党员有长期联系和深厚友谊。与中国共产党通力合作、患难与共，是民进始终保持的初心。

会史告诉我们，民进的诞生体现了高尚和执着的精神品质。民进创始人满怀爱国热情、关心国家前途、富有大无畏精神和政治经验。他们从实践和理论上不懈探索革命道路，很快达成了共识，召开了民进成立大会，确立了立会宗旨和发展方向。

会史告诉我们，民进的优良传统具有深刻的历史意义和现实意义。共同的主张、精神和作风，使民进先辈们走到了一起，使民进组织始终具有进步性和凝聚力。坚持接受中国共产党的领导，是民进自觉选择的政治立场和始终坚守的政治嘱托，形成于民进创立前后与中共合作共事的历程，确立于响应中共中央"五一"口号的宣言。事实一再证明，坚持接受中国共产党的领导，民进才能在正道上行走；坚持爱国、民主、团结、求实，是民进的思想基础和价值取向，指引着我们坚持中国特色社会主义制度，维护人民当家作主，谋求共识和大局，并付诸行动；坚持立会为公，是民进的高尚风范和行为准则，指引着我们坚持正确的价值取向，以自身的努力作为，服务国家和人民。

不忘初心，才能慎终如始，在前进的道路上，民进始终坚定信念，把握机遇，克服困难，执着前进，切实担负起中国特色社会主义参政党的光荣使命和重大责任。

继续携手前进，需要我们坚定政治立场。中国共产党的领导是中国特色社会主义最本质的特征和最大的制度优势，民进是同中国共产党通力合作的中国特色社会主义参政党，坚持接受中国共产党的领导是民进始终沿着正确道路前进的根本保证。我们要坚持中国共产党领导的多党合作和政治协商制度，贯彻"长期共存、互相监督、肝胆相照、荣辱与共"的方针，增强"四个意识"、坚定"四个自信"、做到"两个维护"；要深入领会习近平总书记"四新""三好"要求，认真贯彻中共中央关于加强中国特色社会主义参政党建设有关文件精神，学习借鉴执政党全面从严治党的精神和经验，全面加强自身建设，以思想共识新提高，支撑履职尽责新作为，体现自身建设新面貌，为多党合作新气象增添光彩，成为执政党的好参谋、好帮手、好同事，为新型政党制度发展作出贡献。

推进伟大事业，需要我们更加奋发有为。中国特色社会主义伟大事业、全面建设社会主义现代化国家、实现中华民族伟大复兴的奋斗目标，是我们共同的心愿、光荣的使命、发展的机遇和广阔的舞台。我们要坚持以习近平新时代中国特色社会主义思想为指导，深入学习贯彻中共十九大和历次全会精神，积极担当，奋发进取；要坚持把服务发展作为履职尽责的第一要务，以高度的责任意识、服务意识，围绕中心、服务大局，不断提升能力，充分发挥优势，为实现"十四五"发展目标和2035年远景目标，贯彻新发展理念、构建新发展格局，多建睿智之言、多献务实之策，为人民群众多办实事，为凝心聚力、团结联合、社会和谐文明多作贡献。

加强自身建设，需要我们弘扬优良传统。民进优良传统是民进人创造和培育的精神财富，是激励我们团结进步的强大动力，我们要不断加深领会、自觉践行、发扬光大；我们要学习老一辈领导人的高尚风范，始终严格要求自己，不断增强自身建设的自觉性，以高标准严要求，加强思想政治建设、组织建设、履职能力建设、制度建设和作风建设，体现良好形象和积极作为。

忆往昔，七十余载沧桑巨变；瞻前路，宏伟蓝图引人奋进。让我们更加紧密地团结在以习近平同志为核心的中共中央周围，不忘合作初心，继续携手前进，在全面建设社会主义现代化国家的新征程上作出新贡献，谱写民进历史新篇章！

2021年1月

目 录

第一章 中国民主促进会的创建
一、民进诞生的历史背景和基础 / 3
（一）民进前辈的爱国民主思想 / 3
（二）抗日战争胜利后的形势 / 9
（三）上海爱国民主运动的兴起 / 11

二、中国民主促进会成立 / 14
（一）民进成立前的酝酿和筹备 / 14
（二）民进成立大会和第二次会员大会 / 17

三、民进早期的斗争 / 23
（一）针砭旧政协 / 23
（二）为和平民主进击 / 28
（三）民进第三次和第四次会员大会 / 30

第二章 投入爱国民主运动，参与建国大业
一、团结各方面力量，扩大反蒋斗争 / 35
（一）参与发起和筹建上海人民团体联合会 / 35
（二）上海人民反内战大会 / 43
（三）南京下关事件 / 47

二、投入第二条战线的斗争 / 55
（一）全面内战的爆发和第二条战线的开辟 / 55
（二）战斗在第二条战线上 / 56
（三）白色恐怖时期转入地下 / 67

三、响应中共中央"五一口号" / 76
  （一）庄严宣布团结在中国共产党周围 / 76
  （二）在香港进一步开展活动 / 78
四、参加新政协，参与创建新中国 / 82
  （一）参与新政协的筹备工作 / 82
  （二）以实际行动迎接全国解放 / 89
  （三）出席中国人民政治协商会议 / 93

第三章　为建设新中国而奋斗

一、为恢复国民经济献计出力 / 101
  （一）第一次全国代表大会 / 101
  （二）参加三大运动及"三反""五反"运动和开展思想改造运动 / 106
  （三）为文教事业发展建言献策 / 112
二、在过渡时期的稳步发展 / 115
  （一）学习总路线，参加国家建设 / 115
  （二）贯彻"长期共存、互相监督"的方针，做好知识分子工作 / 119
  （三）第二次全国代表大会 / 123

第四章　服从和服务于社会主义建设

一、配合党和国家部署，参加政治活动 / 131
  （一）在整风和反右运动中 / 131
  （二）第三次全国代表大会 / 135
二、加强学习和自我教育，为社会主义建设作贡献 / 137
  （一）贯彻服务和改造相结合的方针，参与社会主义建设 / 137
  （二）在曲折中巩固和整顿组织 / 145
三、经受"文化大革命"的冲击和考验 / 146

第五章　努力开创民进工作新局面

一、恢复组织活动 / 151

（一）学习贯彻中共十一届三中全会和政协五届二次会议精神 / 151

（二）第四次全国代表大会 / 154

（三）协助落实政策，调动会员积极性 / 156

二、致力"四化"建设 / 158

（一）拓宽工作领域，实现工作重点转移 / 158

（二）整顿和发展组织 / 167

三、开创新的格局 / 170

（一）第五次全国代表大会 / 170

（二）全面开拓创新 / 172

（三）加强自身建设 / 183

（四）民进全国代表会议 / 186

（五）第六次全国代表大会 / 190

第六章　担负起参政党的历史职责

一、为坚持和完善我国的基本政治制度而努力 / 195

（一）学习贯彻中共中央重要文件精神 / 195

（二）认真履行参政党职能 / 197

（三）按照参政党标准加强自身建设 / 202

二、坚定不移地走有中国特色的社会主义道路 / 207

（一）第七次全国代表大会 / 207

（二）进一步拓宽工作领域，全面发挥参政党作用 / 210

（三）大力推进思想建设和组织建设 / 221

（四）庆祝民进成立50周年 / 225

三、实现跨世纪的政治交接 / 228

（一）第八次全国代表大会 / 228

（二）明确基本工作思路，参政议政开新局 / 232

（三）全面推进社会服务工作 / 238

（四）坚持以政治交接为主线，加强自身建设 / 245

第七章　为全面建设小康社会作出新贡献

一、推进适应时代要求的高素质参政党建设 / 255

（一）第九次全国代表大会 / 255

（二）胡锦涛总书记走访民进中央 / 257

（三）科学有效地做好参政议政工作 / 259

（四）广泛深入开展社会服务 / 264

（五）抗击"非典"，竭尽全力 / 269

（六）切实加强自身建设 / 270

（七）思想建设主题明确，全会齐动，更加富有成效 / 270

（八）组织建设突出重点，创新方法，着眼固本强基 / 274

（九）庆祝民进成立60周年 / 278

二、坚持"有思有行、集智聚力、顺势而为、开拓创新"的工作方针 / 281

（一）第十次全国代表大会 / 281

（二）巩固"三个认同" / 284

（三）夯实组织基础 / 289

（四）集智聚力履行职能 / 294

（五）社会服务工作谱新篇 / 299

（六）在抗震救灾斗争中 / 303

第八章　为新时代中国特色社会主义作出新贡献

一、为执政党助力，为国家尽责，为人民服务 / 309

（一）第十一次全国代表大会 / 309

（二）习近平总书记走访民进中央 / 313

（三）建设中国特色社会主义参政党 / 315

（四）服务国家改革发展 / 321

（五）庆祝民进成立70周年 / 329

二、做中国共产党的好参谋、好帮手、好同事 / 331

（一）第十二次全国代表大会 / 331

（二）认真履行基本职能 / 335

（三）同心决战决胜脱贫攻坚 / 342

（四）参加全民抗疫斗争 / 348

（五）全面深化自身建设 / 350

附录 大事记 / 361

后记 / 435

第一章

中国民主促进会的创建

한국의 불교와 도교

第一章
中国民主促进会的创建

一、民进诞生的历史背景和基础

1945年12月30日，中国民主促进会在上海成立。民进是由一批具有爱国民主思想的知识分子怀着救国救民的共同目标建立起来的。民进作为一个政治性的组织，其产生和发展不仅与社会局势的发展变化有关，而且也具有一定的思想渊源，主要领导者的爱国主义思想起到了奠基的作用。

（一）民进前辈的爱国民主思想

民进的主要创始人是马叙伦[①]和王绍鳌[②]，他们自幼受到传统文化家国一体理念的滋养，成年后接受了科学与民主的新思想，此后终生不渝地怀抱爱国之心，践行报国之志，成为爱国知识分子的典范。

[①] 马叙伦（1885—1970），字彝初，又作夷初，浙江杭州人，中国民主促进会主要创始人，中国共产党的亲密战友，著名教育家、语言文字学家。辛亥革命后，任《大共和日报》总主笔、北京医学专门学校和北京大学教授。五四运动期间，任北京中等以上学校教职员会联合会主席。1921年起任浙江省教育厅长、北洋政府和国民政府教育部次长。九一八事变后，任北平文化界抗日救国会和华北民众救国联合会主席。抗日战争胜利后，发起创建中国民主促进会。1946年6月23日他作为和平请愿代表去南京，在下关车站被国民党特务殴伤。1947年年底，他在中共帮助下从上海转移到香港。1948年，中共发表"五一口号"，他和在香港的各民主党派、无党派民主人士立即通电响应，不久，从香港转入解放区。1949年，他出席了中国人民政治协商会议筹备会议和中国人民政治协商会议第一届全体会议。中华人民共和国成立后，他担任中央人民政府委员、政务院文化教育委员会副主任、教育部部长，后又任高教部部长。他是中国人民政治协商会议第一、二、三届全国委员会常务委员，第四届全国委员会副主席，第一、二届全国人大常委会委员，中国科学院学部委员。他是民进第一、二届理事会常务理事，在民进第一、二、三次全国代表大会上当选为民进中央主席；他还是民盟第一、二、三届中央委员会副主席。著有《说文解字六书疏证》等。为纪念马叙伦，2014年，马叙伦纪念馆在北京落成。

[②] 王绍鳌（1888—1970），字却尘，江苏吴江人，中国民主促进会主要创始人，杰出的社会政治活动家，中国共产党的亲密战友。他早年曾怀抱"科学救国"之志，克服困难考入日本早稻田大学政治经济科。1911年毕业回国后他投身于推翻清政府的革命斗争。五四运动时期，王绍鳌在江苏

★ 马叙伦　　　　　　　★ 王绍鏊

清末民初，中国古老的大地上出现了一个延续60多年的文化启蒙运动，国家的危难激发了民族的觉醒，"救亡"成为一切不甘心当亡国奴的中国人刻骨铭心的口号，爱国的知识分子一直求索着救亡图存之道。1915年兴起了新文化运动，以《新青年》为主要阵地，提倡科学、反对迷信；提倡民主、反对独裁；提倡白话文，反对文言文，宣传了西方的进步文化，传播了马克思主义。民进的前辈马叙伦、王绍鏊正是在这样的时代大潮中形成了爱国报国之志。由于《新青年》的撰稿者大多是北京大学的教授学者，所以北京大学就成了新文化运动的基地。

马叙伦字彝初，后改夷初，1885年出生于浙江杭州。他早年在杭州的养正书塾读书，知名历史学者陈介石老师对他有很大的影响。1900年，

第一甲种商业学校任教，他热情支持学生的革命行动，发起组织"外交大会"。他在1926年广东革命军北伐前夕，在家乡秘密组织"新苏公会"策应北伐军。1930年4月他参加了冯玉祥、阎锡山发动的联合倒蒋运动。九一八事变后，他在上海发起组织了中华民国国难救济会，旋又到北京发起组织救国协会，参加了冯玉祥、方振武、吉鸿昌等在张家口组织的抗日同盟军，积极从事抗日救亡运动。1933年秋他加入了中国共产党。1940年后，分别在香港、上海两地从事秘密工作，为抗日救国作出了可贵的贡献。1945年年底他与马叙伦一起在上海创建中国民主促进会。1947年年底转移到香港继续从事反蒋民主运动。1949年赴北平，他作为民进的代表出席了中国人民政治协商会议筹备会议和中国人民政治协商会议第一届全体会议。中华人民共和国成立后，他任财政部副部长，全国人大代表，全国人大预算委员会副主任，第二至四届全国政协常委。他在民进的职务是第一、二届理事会常务理事，第三届中央理事会副主席，第四、五届中央委员会副主席。为纪念王绍鏊，2008年，王绍鏊纪念馆在苏州同里落成。

16岁的马叙伦得知八国联军攻陷北京城的消息后不禁放声痛哭。马叙伦17岁时来到上海从事办报工作，使他得以深入社会，结识了当时的革命党人和维新派人物蔡元培①、章太炎②等。后来他与邓实、黄节等创办了《国粹学报》。这份期刊通过学术研究鼓吹民族民主革命。他在《石屋余瀋》中这样表述他的写作思想："以民族主义立场，发扬国粹，警觉少年，引入革命道路。"1908年，他参加了由柳亚子等发起组织的南社。武昌起义爆发后，他在家乡参与筹备民团响应起义，后任浙江省都督府秘书，不久到上海，与章太炎合办《大共和日报》，为总编辑。

1913年，马叙伦陪同老师陈介石来到北京，他应国立北京医学专门学校校长汤尔和的邀请在该校任教，1915年又兼任北京大学文学院教员、教授，讲授文字学和宋学。1915年为抗议袁世凯"称帝"逆行，毅然辞职返回浙江。1917年春节后，马叙伦应蔡元培之电邀重返北京大学任文科教授。他积极支持蔡元培的改革，成为文科教员中革新阵营的骨干并被推举为校评议会委员。

1917年7月，张勋复辟，蔡元培离校避居天津。沈尹默、马幼渔、钱玄同等人出来维持北大的工作，马叙伦也主动参加，他们组织了教职员会，公推法学教授康宝忠为主席，马叙伦为副主席。教职员会代表北大呈文教育部挽留蔡元培，同时致函蔡校长坚请返校，后蔡元培于7月23日回北大视事。

北京大学是1919年的五四爱国运动的策源地。5月4日，北京大学等13所大中专学校的学生3000多人云集天安门，高呼"废除二十一条""外争主权，内惩国贼"等口号，北京政府紧急出动军警镇压，逮捕了学生代表32人。北大校长蔡元培同情学生的爱国义举并积极营救被捕学生，军阀政府对他极为痛恨。在高压之下蔡元培被迫辞去北大校长职务，悄然

---

① 蔡元培（1868—1940），浙江绍兴山阴县（今浙江绍兴）人，革命家、教育家、政治家，民主进步人士，曾任中华民国首任教育总长，1916年至1927年任北京大学校长。

② 章太炎（1869—1936），原名学乘，后易名为炳麟，因仰慕顾炎武的为人行事而号太炎，浙江余杭人，清末民初思想家、史学家、朴学大师、国学大师、民族主义革命者。

离京，至9月12日才返回北大。

马叙伦对军阀政府的恶行极为愤慨，他走出书斋全力投入到斗争之中。蔡元培出走的当晚，他与马寅初、李大钊作为挽蔡代表立即赴教育部请愿，表示如蔡元培不留任，北大教职员即一致总辞职。5月11日，北京中学以上的学校成立了教职员会联合会，推选康宝忠为主席，马叙伦为书记，后康宝忠病逝，马叙伦遂兼任北京大学教职员会和教职员会联合会主席。他出席会议，发表演说，起草宣言、声明、抗议书，还代表教联会参加与政府当局的谈判。5月13日，马叙伦等九名教联会代表再次到总统府请愿，要求挽蔡，各高等学校校长相率辞职以示声援。5月14日，军阀政府被迫下令挽蔡，但一并发表了挽留卖国贼曹汝霖、章宗祥的命令。军阀政府的阴险和蛮横更加激起了广大学生的义愤。6月3日，大批学生走上街头演讲示威，被反动当局逮捕了170多人。6月4日，学生举行规模更大的示威游行，到总统府请愿，又被捕约800人，其中绝大多数是北大的学生。反动当局把学生拘押在北河沿北京大学三院，对学生审问拷打、不给饮食。马叙伦和教联会得知消息后，立即开会推举了八名代表前往看望，马叙伦率先闯入院内，但军警在旁，不能言所欲言，于是便改用文言演说，学生们顿时沸腾起来，掌声不断。

1921年6月3日，马叙伦作为八校教联会主席领导了索薪运动，北京八校教职员、公立中小学教职员和学生冒雨赴总统府请愿，当近万人的队伍走近东华门时，预伏的卫队突然向手无寸铁的师生袭来，走在队伍前面的马叙伦、李大钊被殴，马叙伦头部受重伤，后回杭州休养。北京政府改组后，他由杭州重返北平，两次担任教育部次长职务并一度代理部务。后他因反对段祺瑞政府镇压群众爱国运动遭通缉，回到杭州。1928年冬，他再赴北平出任国民政府教育部次长，后又回北大任教。1935年华北事变后，他拥护中国共产党关于建立抗日民族统一战线的主张，并倡议发起了北平文化界抗日救国会，被推为主席。1935年12月9日，北平大中学生数千人举行了抗日救国示威游行，马叙伦与进步学生一道为抗日救亡呼号呐喊，在这场斗争中，他更加坚定了勇于献身、救国救民的信念。

1936年秋，受王昆仑托请，他赴四川劝说刘湘逼蒋抗日。西安事变发生后，他再次入川面劝刘湘避免内战。七七事变后，华北沦陷，马叙伦回到上海。为避敌伪迫害，他更名邹华孙（邹为其母家姓，"华孙"意为中华民族之子孙），闭门谢客，专事著述。其时，他贫病交加，处境十分困窘。汉奸陈公博以学生名义派人送来钱粮，并希望他出山"帮忙"，马叙伦断然拒绝，并将钱粮如数退回，表现出可贵的民族气节。马叙伦困居上海期间，曾在康脑脱路60号开办明德书店，掩护上海地下党工作人员的电台，也曾在家中掩护过来沪做地下工作的抗日人员。

马叙伦与李大钊、陈独秀等早期共产党人同在北京大学供职，五四运动以后，他们在共同的斗争中结下了深厚的友谊。1920年一天傍晚，马叙伦得知军阀政府当夜要逮捕陈独秀的消息后，非常着急。当时陈独秀住在东城福建司胡同刘叔雅家，有十五六里路程，面告已来不及，便打电话请住在刘家附近的沈士远教授转告，因不便说出陈的名字，便说"告前文科学长速离叔雅所"。陈独秀得以及时躲避，翌日晨，在李大钊伴同下化装乘骡车离京。1924年10月23日冯玉祥发动北京政变后，马叙伦第二次担任教育部次长。不久，段祺瑞当了临时执政，马叙伦原想离去，但李大钊认为"教育部关系重大，我们不应放弃"，他接受了这一意见决定留任，并代理部务。有一次教育部接到密件，内中引内务部的情报说道："共产党首领李寿常在各校活动"，要教育部马上查办。马叙伦意识到"李寿常"即"李守常"（李大钊）的谐音，决心冒风险拖延不办，并立即通知李大钊迅速转移，使之脱险。

王绍鏊字却尘，江苏吴江县人，1888年出生于同里镇一个没落的书香世家，其先祖是明代辅国大臣王鏊，长辈给他取名绍鏊，是希望他继承先祖王鏊之业。他六岁丧父，母亲含辛茹苦把他抚养成人。他的母亲经常给他讲述苏武使匈奴、岳飞抗金和文天祥、范仲淹的故事。王绍鏊在《自传》中说，母亲给他的影响最深，他特别仰慕范文正公的为人，"先天下之忧而忧，后天下之乐而乐"这两句名言深深印入他的脑海中，数十年如一日。早年的王绍鏊曾怀抱"科学救国"之志苦学理化知识，读了有关西方国家议会政治的书籍后很受启发,考入江苏省教育总会所办的法政讲习所,如饥似渴地学习政治学、经济学、法律、议会政治、内阁制度等新知识,后来克服困难考入日本早稻田大学政治经济科。

1911年,毕业回国后,他立即投身于推翻清政府的革命斗争中。他追随章太炎先生在上海创办中华民国联合会,并陪章太炎到南京晋谒临时大总统孙中山。他在国会的竞选中当选为众议院议员、宪法起草委员会委员,全力投入了起草宪法的工作。1913年,利用国会当上大总统的袁世凯转而图谋解散国会,王绍鏊议会政治的梦幻破灭了,他愤然南归,参加了讨袁护法斗争。

五四运动时期,王绍鏊在江苏第一甲种商业学校任教,他热情支持学生的革命行动,并奔走呼号,发起组织"外交大会",揭露和抗议北洋政府的卖国罪行。

在爱国学生运动的感召下,工人罢工的浪潮迅速扩展到全国20多个省100多个城市。五四运动已经发展成为有工人阶级、小资产阶级和资产阶级参加的全国范围的群众性反帝爱国运动。北京政府慑于人民群众的压力,罢免了亲日派卖国贼曹汝霖、章宗祥、陆宗舆的职务,中国代表最终也没有出席巴黎和会的签字仪式。

1921年7月,中国共产党成立。中国共产党成立伊始就站在了反帝反封建斗争的最前列,开展工农运动,实行国共合作,进行北伐战争,掀起了国民革命的高潮。1937年,日本帝国主义大举入侵,中华民族处于生死存亡的紧要关头,中国共产党首先举起团结抗日的旗帜,促成以国共合作为基础的广泛的抗日民族统一战线,领导中国人民与日本帝国主义作殊死的抗争。

王绍鏊在1926年广东革命军北伐前夕,受共产党人侯绍裘的影响,在家乡秘密组织"新苏公会"策应北伐军,旋又联络浙江、安徽两省成立苏浙皖三省联合会,结果遭军阀孙传芳通缉。在严重困难面前,王绍鏊积极探索革命真理,潜心研读马列著作和宣传共产主义的书籍,积极投身反蒋斗争,参加了1930年4月冯玉祥、阎锡山发动的联合倒蒋运动,并成为核心一员。九一八事变后，他在上海邀集各方人士发起组织了中华民国国难救济会，旋又到北京和蓝公武等人发起救国协会，并参加了冯玉祥、方振武、吉鸿昌等在张家口组织的抗日同盟军，积极从事抗日救亡运动。他到处奔波募集经费支援东北抗日联军。1933年秋，王绍鏊完成了从旧民主斗士到共产主义战士的转变，成为一名共产党员，开始了新的革命生涯。他先后去香港、广州策动陈济棠倒蒋抗日。1936年6月，又受命赴山西策动阎锡山，在浦口过江时被国民党特务逮捕。关押期间，他不为威胁利诱所动，坚贞不屈。七七事变后被营救出狱，之后他全心投入抗日救亡运动，在苏南地区组织抗日武装小组并参与太湖游击队的组织领导工作。1940年之后，他分别在香港、上海两地从事秘密工作，为抗日救国作出了可贵的贡献。

中国民主促进会的前辈们始终投身在中国人民反帝反封建的民主革命大潮中，经受了洗礼，作出了贡献。马叙伦、王绍鏊是民进前辈们的代表，共同的爱国民主思想使前辈们走到一起创建了中国民主促进会。正因如此，民进由爱国主义走到新民主主义进而走到社会主义就成为一种历史的必然。

(二) 抗日战争胜利后的形势

1945年8月15日，日本帝国主义宣布无条件投降，中国人民的抗日战争取得了胜利。抗日战争结束后，中国向何处去的问题摆在全国人民面前。在14年抗战中作出巨大牺牲、饱受战争煎熬的广大人民群众，迫切希望尽快建立一个统一独立、民主自由的新国家，创造一个和平安定的环境，休养生息，重建家园。中国共产党代表广大群众的根本利益，在日本宣布投降后不久即公开发表了《对于目前局势的宣言》，指出抗日战争胜利后，"我全民族面前的重大任务是：巩固国内团结，保证国内和平，实现民主，改善民生，以便在和平、民主、团结的基础上，实现全国的统一，建设独立自由与富强的新中国"，完整地提出了和平民主团结的建国总方针。中国共产党的这一主张，得到了全国人民的积极支持和拥护。

但是，以蒋介石为首的国民党统治集团则企图依靠美国政府的支持，在中国继续维持国民党一党专政的统治，公然置人民利益于不顾，顽固坚持独裁、内战、卖国的反动方针。1945年5月，抗日战争胜利前夕，蒋介石就公开叫嚣："今天的中心工作，在于消灭共产党"，"只有消灭共产党，才能达到我们的任务"。抗战胜利后，国共两党两种建国方针的斗争越来越激烈，中国面临着两种命运、两种前途的抉择。

当时，蒋介石发动内战的时机和条件还不成熟，为了在舆论上欺骗广大群众，他于1945年8月3次"电邀"中共毛泽东主席到重庆进行"和平谈判"。为维护国共合作，尽力争取实现国内和平，同时也为帮助广大群众认清蒋介石假和谈真备战的真实面目，8月28日，毛泽东在周恩来、王若飞等人的陪同下，飞赴重庆，与蒋介石进行谈判。

重庆谈判是一场严肃尖锐的政治斗争。事实上，蒋介石对和谈毫无诚意。中国共产党从尽量避免内战、争取国内和平、实现国共再度合作、共建新中国的良好愿望出发，在坚持必须承认共产党和解放区民主政权的合法地位及保留一定数量人民军队等原则的前提下，对国民党及其政府作出了最大限度的让步，表现了对谈判的极大诚意。但蒋介石集团拒不接受共产党的主张，企图在"统一军令""统一政令"的借口下，从根本上取消共产党领导的人民军队和解放区。中国共产党对此进行了针锋相对的斗争。经过43天的较量，10月10日，蒋介石被迫与中共代表签订《会谈纪要》（即双十协定），承认中共提出的"和平建国的基本方针"，同意国共两党要以"和平民主团结统一为基础……长期合作，坚持避免内战，建立独立自由与富强的新中国"，接受实行民主政治、党派平等、结束国民党一党训政等原则，并承诺召集政治协商会议，讨论和平建国方案和其他各项重要问题。重庆谈判取得了有益的成果。

国民党政府虽然被迫承认了"和平建国"的方针，但它仍然企图通过发动内战来消灭人民革命力量。蒋介石在重庆谈判期间，就将抗战期间龟缩在后方的大批国民党军队运送到解放区周围，做好了包围进攻解放区的准备，并在山西、山东、广东等地向共产党领导的人民军队发起挑衅。

1945年10月13日，双十协定墨迹未干，蒋介石便迫不及待地下令向解放区发动军事进攻。蒋介石破坏双十协定、肇始大规模内战的行为，直接违反了中国人民建设和平民主新生活的愿望，激起了全国人民的极大愤慨。

在解放区军民奋起自卫、坚决击退国民党军队进犯的同时，一个反对内战、要求和平，反对独裁、要求民主的群众运动在国民党统治区蓬勃兴起。1945年11月5日，毛泽东以中共发言人的名义发表谈话，呼吁全国人民动员起来，用一切方法制止内战。国民党统治区的各界爱国民主人士和组织纷纷响应，强烈呼吁停止内战，要求民主团结、和平建国。11月19日，重庆各界代表郭沫若、沈钧儒等500余人，举行了重庆各界反内战联合会成立大会，号召人民以实际行动反对美蒋内战政策，反对美国干涉中国内政。11月25日，在中共云南省工委的组织发动下，昆明6000余名大、中学生和各界群众在西南联合大学①举行反内战集会，通过了反对内战和反对美国派军队参加中国内战的通电。这次集会遭到了国民党军警的破坏。次日，全市3万名学生一致罢课，以示抗议。12月1日，国民党云南当局组织大批特务和军人闯入西南联大、云南大学等校，捣毁校舍，殴打师生，投掷手榴弹，致使于再、潘琰、李鲁连、张华昌等四名师生遇难，受伤者数十人，酿成了震惊全国的一二·一惨案。血的事实，暴露了蒋介石集团的反动真面目，教育了广大群众，也推动了爱国民主运动的全面高涨。

（三）上海爱国民主运动的兴起

上海是中国最大的工业城市，上海人民具有光荣的爱国革命传统。抗战期间，上海成为沦陷区，400万市民惨遭野蛮的烧杀掠夺，失去了尊严和自由。抗日战争胜利的消息传来，上海人民奔走相告、鞭炮齐鸣，被贫病折磨的马叙伦此刻精神振奋、欣喜若狂，他即兴吟诗，以书豪情，诗中写道：

---

① 国立西南联合大学是抗日战争期间设于昆明的一所综合性大学，由北京大学、清华大学和南开大学3所著名学府联合而成。

八载无欢伏海疆，自惭贫病辟戎行。

乍闻二尺传书至，喜动衰颜自觉狂。

但是，蒋介石一心想消灭共产党，维持他在中国的独裁统治，而国民党"接收"大员"光复"上海的种种恶行，更使上海人民感到失望和愤怒。

国民党集团到上海的"接收"，首先给人民带来的是经济上的巨大灾难。"接收"大员到了上海，第一件事就是抢票子大发国难财。以"四大家族"为首的中国金融寡头，以统一货币为名，规定以二百兑一的比率，一律将伪币（中储券）兑换成法币。其结果是人民的膏血直接倾入"四大家族"和"接收"者的私囊，货币贬值，物价飞涨，仅一个月之内，生活指数上升五倍以上。战后上海工厂停工，经济萧条。"接收"大员不但不恢复生产，反而勾结美帝国主义，让其大量倾销剩余物资，摧残民族工业。至10月底，全市90%的工厂停工，受失业与半失业影响的劳苦市民达160万至200万之众，几乎占全市人口的一半。

国民党的"接收"还给上海人民带来了政治上的歧视和压迫。1945年8月17日，日本帝国主义正式宣布投降后的第三天，蒋介石就密令大汉奸周佛海任"上海行动总队司令"，要他"负责维持地方秩序"，防止"市民滋肇事端"，完全把人民当作敌人对待。相反，他们对日本侵略者却百般抚慰。国民党在上海为日本人设立"集中区"，"在集中区的日本人受到异常周全优渥的保护"，"昔日的掠夺者们满箱满笼、满捆满载的卡车一辆一辆往集中区搬去，八年间一切的抢劫掠夺霸占的行为竟然合法化了，事实化了。当上海人民衣食不周，饥寒交迫时，这些失败的'公民'竟有鱼有肉，无忧又无愁"。更令人发指的是，在国民党的指使放纵下，这些侵略者居然"仍拿着武器，在吴淞和城外一带，大声喝叫地检查行人"，继续在国人头上作威作福。而国民党政府却要沦陷区人民发扬所谓"大国民风度"，不准对侵略者以牙还牙。更有甚者，国民党当局还无理地剥夺上海人民言论、新闻、出版等基本自由权利。9月8日，国民党中宣部上海特派员宣布，今后上海的一切报章杂志，未经中央"核准"，一概不准发行。10月1日，在国内外舆论的强烈谴责下，国民党政府被迫宣布废除抗战时期在全国实行的"战时新闻检查法"，但又明令"收复区尚须暂缓执行此决定"，对上海报纸继续实行法西斯的"战时新闻检查法"，至12月，上海一些进步报纸被开天窗的事，仍屡屡发生。

随着"接收"大员到上海的，还有美国士兵的横行霸道、美式吉普的横冲直撞、美国军舰的耀武扬威、美国飞机的隆隆轰鸣及各种美国商品的不断涌入。国家的主权被分割，民族的尊严被践踏。所有这一切，使刚从日寇铁蹄下解放出来的上海人民，又一次蒙受巨大的屈辱和苦难，使他们重新陷入暗无天日的悲惨境地。

上海人民在苦难中逐渐觉醒。国民党军队违反停战协定、悍然向解放区大规模进攻的事实，昆明学生血的教训，"接收"大员的所作所为，使上海人民认识到，蒋介石内战、独裁、卖国的反动政策是上海400万同胞和全中国人民重新陷入苦难深渊的根本原因，也是陷国家于分裂、不得安宁的根本原因。为了国家的前途和民族的希望，为了自己的生存，人民必须立即行动起来，反对蒋介石的反动政策。因此，一个反对内战、反对独裁、反对美帝国主义干涉的群众性爱国民主运动就在上海迅速展开了。工人发动工潮，学生举行罢课，各界群众纷纷集会，抗议国民党政府的倒行逆施。

随着运动发展的需要，代表人民正义呼声的进步报纸杂志如《周报》《民主》《文萃》《昌言》《文汇报》等，冲破当局的封禁，先后创刊发行。文化界的进步民主人士通过这些刊物，大量发表文章，抨击和揭露国民党当局的种种弊政和罪行，鼓吹民主和平，鼓励群众起来斗争。文化界民主人士的宣传鼓动，有力地推动了上海民主运动的发展。

在此期间，斗争的实践使各界群众和爱国民主人士认识到，有共同目标的志士仁人应该团结、联合起来，结成团体，依靠集体的力量与敌人展开斗争。于是各界群众纷纷发起成立各种社会团体和组织。工商界成立了各行各业的商会工会，学生成立了"上海大中学生联谊会"，教师组织了"小学教师联合进修会""中等教育研究会"，妇女界组织了妇女联谊会，文化界也成立了联合会。这些团体组织如雨后春笋，充满了生机，成为当时上海爱国民主运动蓬勃发展的一个重要标志。正是在这样的形势下，中国民主促进会历史地诞生了。

二、中国民主促进会成立

中国民主促进会的诞生是时代的产物。它的诞生有着深刻的社会历史背景，有着深远的思想渊源，有着坚实的社会基础，并且被现实斗争所催生。

（一）民进成立前的酝酿和筹备

抗战胜利后国民党统治区的人民掀起了声势浩大的爱国民主运动，上海则是爱国民主运动的前沿阵地。由于共产党的地下组织在白色恐怖下多次遭到破坏，不便公开出面活动，因此，德高望重、富于社团经验和斗争精神、具有凝聚力的马叙伦和王绍鏊就自然地成为联络上海民主人士和各爱国民主团体的核心人物。他们不负众望，担当起了历史赋予的责任。

当初，中国民主促进会主要由两部分民主力量组成。一部分是以马叙伦所联系的从事文化、出版、教育等工作的爱国民主人士为主，另一部分是以王绍鏊所联系的上海工商界和文化界的爱国民主人士为主，他们的共同特点是具有强烈的爱国民主思想。早在抗战爆发前，他们就在不同的岗位上，共同呼吁团结御敌、一致抗日；抗战期间，他们留居上海，在敌伪统治的恶劣环境里，坚持不屈地斗争；抗战胜利后，他们目睹国民党当局违背人民意愿、倒行逆施的种种罪行，怀着满腔愤慨，积极投身到反对内战、反对独裁、反对出卖国家主权的爱国民主运动中来。

以《周报》和《民主》两个刊物为阵地，马叙伦周围汇聚了一批爱国民主人士。《周报》和《民主》两个刊物以其创刊早、发行量大、内容丰富、观点鲜明而受到市民群众的欢迎。由唐弢、柯灵主编的《周报》

创刊于 1945 年 9 月 8 日，是抗战胜利后上海众多进步杂志中创办最早的刊物。《周报》在发刊词里提出的宗旨是"加强团结，实行民主"。马叙伦是《周报》的主要撰稿人，至《周报》停刊的一年间共写了 30 多篇文章。同年 10 月 13 日，郑振铎、徐伯昕、蒋天佐、罗稷南等创办了《民主》杂志，郑振铎任主编。马叙伦在《民主》杂志上连续发表了《思想解放》和《肃清贪冒是实现民主政治的前奏》等文章，几乎每一期《民主》杂志上都有他的战斗檄文。《民主》杂志到 1946 年 10 月 30 日被迫停刊，共出版 54 期。该刊物实际由生活书店主办，书店经理徐伯昕给了该刊巨大的支持。在这两个刊物的周围，聚集了一大批文化界的知名人士，如周建人、林汉达、许广平、李平心、傅雷、严景耀、董秋斯、罗稷南及郭沫若、柳亚子、宦乡、夏衍等。他们经常在刊物上发表文章，揭露国民党当局的罪行，抨击蒋介石的独裁统治，大声疾呼并鼓动群众起来争取和平民主。其中马叙伦尤为激奋，几乎每期都发表署名文章。这样，马叙伦就成了这些主要撰稿者的领头人。为了互通消息，及时研究时局，商讨斗争策略，《周报》《民主》以及其他一些杂志的主编和主要撰稿人，经常相约聚会座谈。后来他们定期每两周在原联华银行八仙桥分行（现西藏南路 26 号）的会议室碰头聚会，分析时事，商讨出版事宜和斗争策略。这些人的联系日益密切，关系也相对固定，逐渐成为一支有一定影响力的爱国民主力量。

与此同时，在王绍鏊周围也集结了一批上海工商界和文化界的爱国人士。抗战胜利后，王绍鏊全力投入反对蒋介石的爱国民主运动。王绍鏊是中共地下党员，他以工商界人士的身份开展工作，与上海各界爱国民主人士都有联系，在工商界、文化界和一些社会团体中有一定影响。王绍鏊以及陈巳生、谢仁冰、刘树梅、张纪元等人，早在抗战期间就经常在谢仁冰家秘密聚会，讨论抗日救国之计。抗战胜利后，王绍鏊又扩大联系了赵朴初、林汉达、梅达君、曹鸿翥、朱绍文等一大批民主人士。他们每星期一在上海的北京西路广和居饭馆楼上集会座谈。于是，这也形成了一股有一定影响和规模的爱国民主力量。

共同的奋斗目标，现实斗争的需要，使这两支队伍走到了一起。蒋介石继重庆谈判提出"统一军令""统一政令"后，又散布"先统一后民主"的口号迷惑群众。对此，王绍鏊在《意见书》一文中尖锐揭露说："所谓先统一后民主，其实质就是要先消灭共产党，让一切权力都集中到蒋介石手中，让蒋介石一人一统天下。"他指出，现时的中国，只能先民主，使国共两党平等，容纳各种意见，实行民主政治，这样自然水到渠成，统一也就是必然的事。文章在朋友中引起很大反响，大家建议将此文以意见书的形式去征求签名发表。文章传到马叙伦处，他认为观点正确，论证充分，于是通过谢仁冰邀约王绍鏊见面，两个人一见如故，相谈甚洽，遂提议双方朋友一起座谈。双方首次在北京西路的广和居楼上聚会，马叙伦方面有郑振铎、傅雷、唐弢等，王绍鏊方面有林汉达、谢仁冰、张纪元等。以后范围逐渐扩大，许广平、周建人、赵朴初、徐伯昕、柯灵、梅达君、李平心、曹鸿翥、刘哲民、冯少山等先后加入，地点也从广和居移到八仙桥青年会礼堂。他们不仅一起座谈时局，而且开始携手联合战斗。他们利用《周报》《民主》《文汇报》等阵地，联名发表文章，申明共同的政治主张。在以《民主》编者名义发表的《我们的主张和态度》一文中，他们大声疾呼"和平奋斗救中国"，并提出实现民主政治、制止内战、压抑物价、惩处汉奸等政治要求，在社会上产生了很大的影响。针对美国政府怂恿蒋介石内战的对华政策，1945年12月中旬，马叙伦、王绍鏊利用马歇尔来沪之机，联络郑振铎、林汉达、徐伯昕、周建人、许广平、严景耀、唐弢、柯灵、傅雷、周煦良、李平心、郑效洵、谢仁冰、罗稷南、董秋斯、冯宾符、张纪元以及文化界其他爱国知名人士共61人联名发表了《给美国人民的公开信》，呼吁美国人民反对美国政府的对华政策，希望他们"给我们以高尚的同情和援助，让我们制止内战，实现民主政治，克服目前的危急的难关"。这封信公开表明了这两部分民主力量已达成合作。

联合作战显示了集体的力量，对当时民主运动的发展起到了推动作用。因此，一些参加座谈会的人士，分别提议或写信给马叙伦和王绍鏊，希望成立比较永久性的组织，以便长期共同战斗。王绍鏊在他的回忆文章中说："在青年会开会时……就有人提议组织比较永久性的团体。"后来，经过协商研究，双方一致同意成立一个统一的组织，这个组织以促进民主政治的实现为宗旨，取名为"中国民主促进会"。马叙伦在当时谈及中国民主促进会成因时说：

> 自胜利之后，我们几个朋友不期而然的常常凑在一起，言谈中不免涉及当前的政治问题，想找一个国家、民族的出路。不过这只是书生本色而已，谈过就算。……但是一天又一天的，空气愈来愈沉闷，心灵的压力愈来愈重。单是空谈仍决不能有补于实际，于是刚在几天前，我们谈起了组织一个"中国民主促进会"，以促进民主政治为目标。①

经过充分的酝酿和筹备，中国民主促进会诞生了。

（二）民进成立大会和第二次会员大会

1945年12月30日，中国民主促进会成立大会在上海爱麦虞限路（今绍兴路）的中国科学社②举行。出席成立大会签到的有26人，他们是：马叙伦、王绍鏊、林汉达、周建人、徐伯昕、赵朴初、陈巳生、梅达君、严景耀、雷洁琼、谢仁冰、冯少山、万景光、曹梁厦、张纪元、柯灵、李平心、陈慧、宓逸群、刘大杰、李玄伯、马木轩、徐彻、徐相任（徐相任系由其子徐彻代签）、章蟾华、胡国城。

马叙伦担任会议主席，他首先向大会报告了发起该组织的原因和经过。他说，纵览目前国是，非促进民主不足以建永固之国基，经各方交换

---

① 马叙伦：《胜利中国的瞻顾》，《文汇报》1946年1月7日。
② 中国科学社的旧址位于陕西南路235号的黄浦区明复图书馆，2011年以前称卢湾区图书馆。在这个院落里，为主的大楼是中国科学社明复图书馆旧址，从1929年建成至今一直是图书馆，而当时的中国科学社总办事处则是设在它南面的一座独栋小楼里，此楼现称"会心楼"。经宓逸群确认，成立大会的会场就是在这座小楼内，1945年12月30日上午在一楼会议室举行了会议。现已成为民进成立旧址纪念馆，并于2020年12月30日对外开放。

意见后，认为有组织团体以谋群策群力之必要。取名为民主促进会是要发扬民主精神以促进中国民主政治之实现。大会一致通过了马叙伦的报告。

★ 原中国科学社照片。

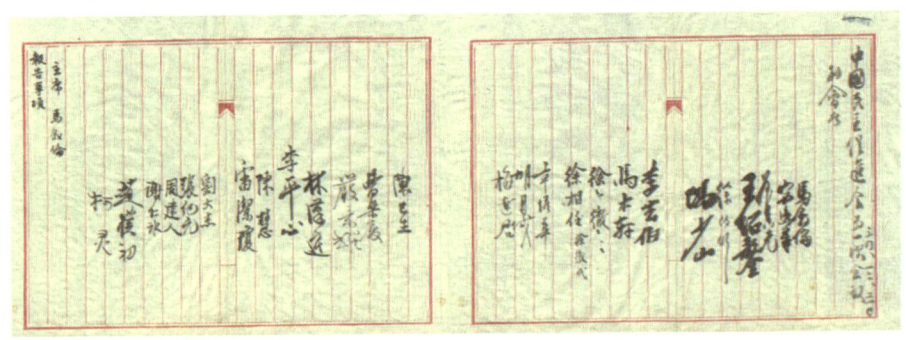

★ 民进第一次会员大会即成立大会签到名单。

这次大会作出了四项重要决议：一致决议本次集会为本会的成立大会；一致通过本会简章；原则通过本会对时局的宣言，同时继续广泛征求意见，由理事会修改后立即公开发表；决议本会暂设理事11人，常务理事3人，并决定在理事会未选举产生前，会务由马叙伦负责，王绍鏊、严景耀、陈巳生3人协助。

大会通过的中国民主促进会简章，明确规定了民进的性质、任务和组织原则。简章指出：中国民主促进会"以发扬民主精神推进中国民主政治之实践为宗旨","凡各界无党无派人士赞同本会宗旨,经会员二人以上之介绍,理事会通过,得为本会会员"。简章规定:民进的最高权力机关为会员大会,同时设置理事会和常务理事,分别负责执行会员大会决议交办事项和本会经常事务;"理事会理事由会员大会选任罢免,常务理事由理事互推产生";"一切本会之意志表示,概由会员大会决议"。简章规定了纪律:"会员如有破坏本会名誉或违反本会宗旨之言论与行动者,经会员二人以上之提议,由会员大会通过,得取消其会员资格。"鉴于当时的政治形势和认识上的局限,简章还规定:"本会至国民代表最高权力机构成立后,由大会决议宣告结束。"这部简章表明,中国民主促进会从成立之日起,就是一个有纲领、有组织、有纪律的政治组织。

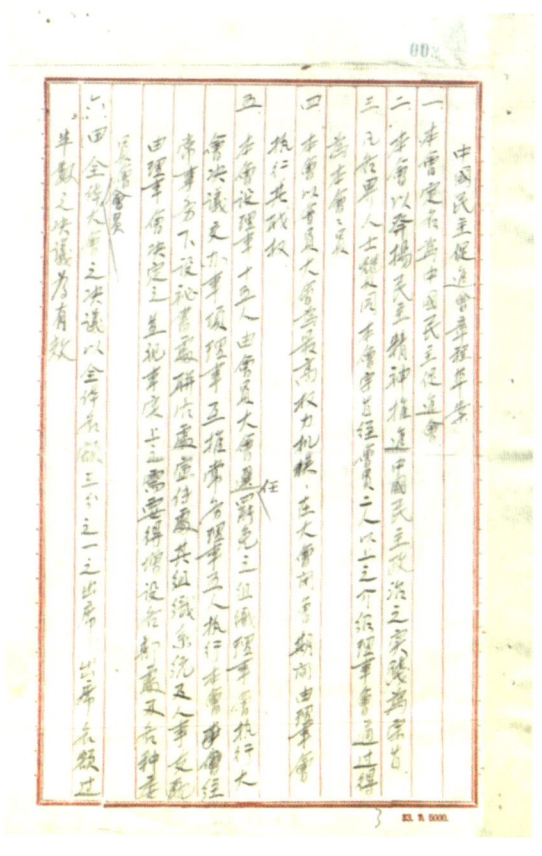

★ 民进第一次会员大会即成立大会通过的会章。

1946年1月2日，也就是成立大会后的第三天，民进召开了第二次会员大会，这次会议是成立大会的继续。出席会议的有33人。许广平、傅雷、曹鸿翥、董秋斯、蒋天佐、朱绍文、张凤举等参加了第二次会员大会。大会进行了两项议程：一是选举马叙伦、严景耀、陈巳生、林汉达、郑振铎（未参加大会）、曹梁厦、王绍鏊、周建人、曹鸿翥、冯少山、柯灵等11人为第一届理事会理事，傅雷、许广平、张凤举3人为候补理事；二是一致通过了《中国民主促进会对于时局的宣言》（以下简称《宣言》）。当时会议所发的选票上有44个会员的名字，他们分别是：张纪元、徐相任、张凤举、徐伯昕、郑振铎、马叙伦、周煦良、唐弢、宓逸群、林汉达、周建人、严景耀、王绍鏊、谢仁冰、柯灵、冯少山、徐彻、李玄伯、陈慧、李平心、刘大杰、许广平、曹吉苏、赵朴初、雷洁琼、章蟾华、胡国城、曹梁厦、周予同、吴文祺、梅达君、陈巳生、朱绍文、姚文达、曹鸿翥、马木轩、杨心德、蒋天佐、金仲华、董秋斯、吴大琨、俞寰澄、万景光、傅雷。

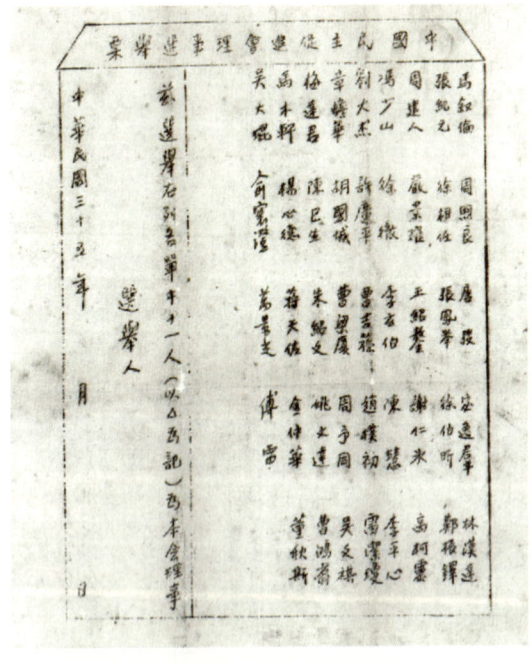

★ 民进第二次会员大会选票。

《中国民主促进会对于时局的宣言》是在王绍鏊所写《意见书》的基础上，经理事会深入讨论修改后完成的。它是民进成立后公开发表的第一篇宣言。《宣言》全面阐述了民进对国际国内形势的立场观点，公开宣布了自己的政治主张。

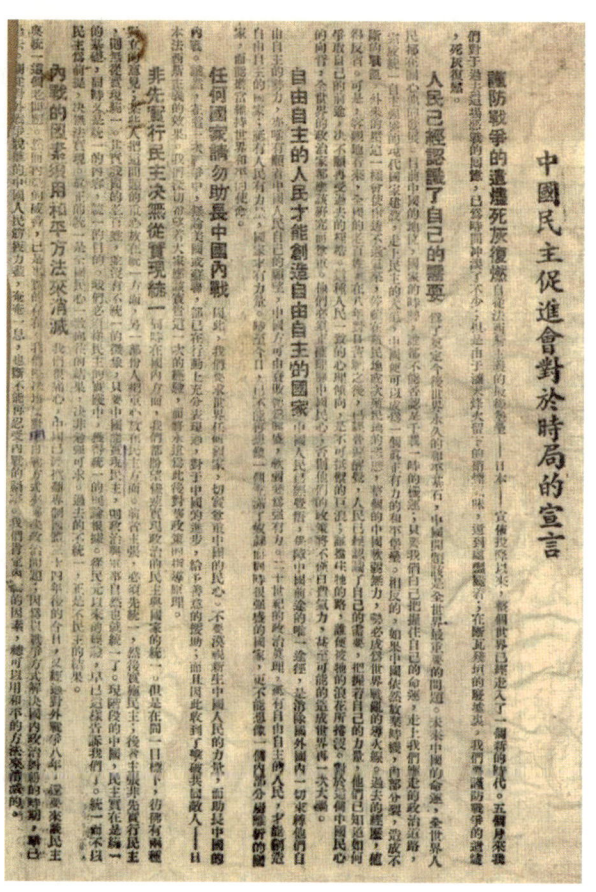

★ 《中国民主促进会对于时局的宣言》。

《宣言》指出，"日本宣布投降之后，整个世界已经走入了一个新的时代"，这是重建中国、使中国成为真正有力的和平堡垒的"千载一时的机运"。但是，目前国家面临着内战独裁分裂与和平民主统一两种命运的抉择。如果"内部分裂，造成不断的战乱"，中国必然仍"停顿在殖民地或次殖民地"境地，这是全中国人民所不愿意的；如果我们人民一致反对"战争的遗烬死灰复燃","把握住自己的命运,走上我们应该走的政治道路",中国就可以争取到光明的前途。《宣言》郑重提出:"人民一致的心理倾向,是不可抵御的巨浪,谁挡住它的路,谁便被它的浪花所卷没。对于中国民心的向背,全世界的政治家都应该研究而尊重。"

《宣言》申明,争取中国光明前途的唯一途径,"是消灭国外国内一切束缚他们自由自主的势力",因为20世纪的政治真理是"只有自由自主的人民,才能创造自由自主的国家;只有人民有力量,国家才有力量"。从国外来说,任何国家尤其是美国,要"对中国的进步给予善意的援助",并应以此为"对华政策的指导原则";从国内讲,"我们坚决地反对用内战方式来解决政治问题"。针对蒋介石"先统一后民主"的谬论,《宣言》驳斥说,民元(1911年)以来的经验,早就告诉我们"统一而不以民主为前提,决无法实现",现时的中国,必须首先实现民主政治,然后才能真正统一,"民主实在是统一的基础,同时又是统一的内容,统一的目的","只有把政治放在真正的坚固的民主磐石上,才是唯一安全永逸的计划";就当前而言,我们应首先争取"实现言论、出版、集会、结社、人身的自由,反对一切摧残人民自由的举动"。为此《宣言》呼吁广大市民群众加紧步伐,集中力量,争取民主,实现民主。

《宣言》根据以上国是意见,提出了具体的八点政治主张:

一、我们自主自动地改革政权,实现民主;

二、国民党立即无条件地还政于民;

三、立即无条件地停止内战,全国军队,各驻现地,听候调整;

四、要求友邦从速撤退驻华各军,完成日本投降事件由中国政府自行担任;

五、重新制定宪法草案,交付正式最高权力机构,决定公布;

六、宣布前国民大会代表之选举无效,制定普选方法,限期完成正式最高权力机构的选举;

七、战时机构即行核实裁并；

八、制定适应时代的建国大纲，交付政府制定政策方案。

这一《宣言》是中国民主促进会在民主革命时期的纲领性文件。

1月4日，第一届理事会举行第一次会议，一致推举马叙伦、陈巳生、王绍鏊为本届理事会常务理事，并选任周建人为起草委员，严景耀为财务委员，徐伯昕为出版委员，宓逸群为秘书，张纪元任事务。自此，民进有了健全的组织机构，全体成员在组织的带领下，为着实现自己的政治主张，进行了扎实不懈的斗争。

三、民进早期的斗争

民进成立后，立即以积极战斗的姿态，投入到反对内战、反对独裁、反对卖国的爱国民主运动中去。

（一）针砭旧政协

1946年1月10日至31日，旧政协会议在重庆召开。参加者有国民党代表8人，共产党代表7人，民主同盟代表9人，青年党代表5人，无党派人士9人，共38人。召开这次会议是国共双方在重庆谈判时商定的。① 当时社会上一些人对这次会议抱有很大希望，但民进领导人清楚地认识到，不经过同国民党的斗争和较量，国民党是不会轻易答应人民的要求的，因为它根本没有诚意。但是既然要开会，则可以利用这个机会，支持参加政治协商会议的共产党同国民党进行斗争，尽可能使会议取得积极的成果。因此民进对这次会议采取了既冷静又积极的慎重态度。在会议召开

---

① 《政府与中共代表会谈纪要》："应迅速结束（国民党）训政，实施宪政，并应先采取必要步骤，由国民政府召开政治协商会议，讨论和平建国方案及召开国民大会各项问题。"《新华日报》，1945年10月12日。

之前，民进理事马叙伦、郑振铎、周建人、张凤举等就纷纷撰文①，表示对会议的关注和希望。他们指出，要取得会议成功，必须了解民意，尊重民意，应顺时代潮流，尤其是执政的国民党应当首先无条件地还政于民，实现民主政治。他们对这次会议由国民党蒋介石召集主持表示担心。马叙伦在《民主》第14期上撰文，尖锐地指出，国民党对此次会议早已作了种种规定和限制，把其他与会代表当成客人，自己则以主人自居，这根本就不是平等协商，国民党的目的，是想让政治协商会议"做他的猫脚爪，借此叫中共放下武器，和赶快召集原有的国民大会来替他捧场，再借宪政的招牌保持一党专政的实权，仍还是挂羊头卖狗肉！"他说，为了使会议真正成功，首先就"必须把政治协商会议的地位变客人做主人，把它的性质也变做最高政权行使机构"，同时"揭出索政的鲜明旗帜"，并在此基础上组织全民政府，商讨建国方案，如果这几件事不能在会议开始时就办到，那么会议应该"立刻停止"，"使全国更明了国民党无还政的诚意"。当时国民党为孤立共产党，操纵会议，在代表名额问题上大做文章，他们拉拢民盟的企图遭到失败后，更加紧了对社会贤达（即无党无派者代表）的收买和胁诱。马叙伦等对国民党的这一手早已看透，他们在文章中大声呼吁参加政协会议的无党无派者代表："你们做了四万万多无党无派的我们的代表，你们应当服从我们的意志，把我们的意志做你们应付的标准"，我们的意志就是"要实现真正的民主政体"，"要立刻取消一党专政"；他们并告诫说，诸位代表"切不可胡乱作左右袒，切不可作执中无权的子莫"，一定要认清形势，掂量肩上的担子，"不要让他（指国民党）再拖延了"。马叙伦、郑振铎、周建人等人所造的舆论，对共产党在政协会议上同国民党进行斗争是有力的支持。

1月10日，政治协商会议在重庆开幕当天，民进在上海也召开会议，

---

① 马叙伦：《写在政治协商会议以前》，《民主》第12期；《政治协商会议的暗礁》，《周报》第17期；《写在政治协商会议开幕以前》，《民主》第14期。郑振铎：《勖政治协商会议诸君》，《民主》第13期；《再勖政治协商会议诸君》，《民主》第14期。周建人：《关于新年的希望》，《民主》第12期；《欢迎新年声中的几句话》，《周报》第17期。张凤举：《给政治协商会议》，《民主》第14期。

专门研讨对政治协商会议的立场态度。11日，民进发表《给政治协商会议建议书》，公开表明对政治协商会议的希望和要求。《建议书》指出，这次政治协商会议"已不是国共（两党）的协商会议，而是各党各派及无党无派的全国人民代表的协商会议"，"责任实很重大"，民进希望这次会议"一定更是挽回危机打开僵局的会议，一定更是解决一党专政，奠定民主政治，扭转整个中华民国历史的革命会议"，为此民进呼吁全国人民"运用一切力量，来促其成功"，以此为契机，"产生一个崭新的真正民主的中华民国"。为达此目标，民进"以人民的立场"，向政治协商会议提出了组织举国一致的民主政府，政治协商会议代行正式最高权力机构职权，原有国民大会代表应宣布无效、重新选举，修改"五五宪章"①，绝对保障人民一切自由，各党党费应由各党自行负担，发展民主化的经济等七项具体建议。

1月21日，民进又与上海小学教师联合进修会、中等教育研究会等团体联名向政治协商会议提出立即停止内战、国大代表必须重选等四项建议。在此期间，民进主要领导人马叙伦等，继续在报纸杂志上发表文章②，揭露蒋介石在会议中耍弄的花招，鼓励参加会议的其他党派团体和无党派爱国民主人士坚持原则团结战斗，争取会议的成功。

在中国共产党和其他爱国党派、爱国人士的努力和斗争下，会议最后取得了一定成果。这次政治协商会议经过激烈的斗争，终于通过了和平建国纲领、关于军事问题的协议、关于国民大会的协议、关于宪法草案问题的协议、关于改组政府的协议等五项协议。按照政协决议，真正的国民大会应当是在全面停战的和平条件下，由改组后的民主联合政府召开。

对此马叙伦等也作了恰如其分的评价，指出会议"有成功之处，也

---

① "五五宪章"即国民党立法院于1936年通过的《中华民国宪法草案》，因公布日期为5月5日，所以又称为"五五宪章"。
② 马叙伦：《政治协商会议的大碓是什么?》，《周报》第20期；《关于国民大会最后的饶舌》，《民主》第16期。周建人：《结束一党专政与改选代表》，《民主》第16期。郑振铎：《论整军》，《民主》第16期。许广平：《让人民站起来》，《民主》第16期。严景耀：《论民主与法治》，《民主》第16期。

有失败之处"，"虽然有了成果，但是和我们的希望距离还远"，他们特别提醒全国人民，目前"民主基础人权的自由还是不曾兑现，特务还是不断地表示他们工作的紧张，我们不能不怀疑到国民党还有什么法宝作最后挣扎"，因此民主运动的责任"不但不曾解除，而且加重了"；他们还尖锐地指出，现在人民需要的不是宣言，"要的是实践，要的是事实"，"为政不在多言，惟力行如何"，因此强烈要求国民党拿出实际行动来，呼吁全国人民监督国民党不折不扣地执行诺言和决议。

但是，蒋介石反共反人民的顽固立场不变，使政治协商会议的决议成了一纸空文。1946年11月15日蒋介石集团在南京单方面召开了"国民大会"，遂使政协解体。

1946年2月10日，政治协商会议决议的墨迹未干，在政治协商会议的召集地重庆，就发生了国民党特务殴打爱国民主人士和群众的较场口事件。这个事件证明，中国民主促进会对政治协商会议的看法是正确的：国民党对会议没有诚意，他们不想实现自己的诺言和签订的决议。

政治协商会议闭幕后，为庆祝政协会议的成功，促使五项决议贯彻实施，2月2日，由政协陪都各界协进会等19个团体发起，决定于2月10日上午在重庆较场口广场举行庆祝政协成功大会，并邀请李德全为总主席，李公朴为总指挥，推选李公朴、郭沫若、施复亮、章乃器等20余人组成大会主席团。

2月10日晨，当参加大会的群众团体陆续进入会场时，由中统特务组织秘密拼凑的另外一个所谓"主席团"成员吴人初（重庆市工会理事长）、刘野樵（重庆市农会常务理事）、周德侯（重庆市商会理事）等登上了主席台。会场两侧布满了特务打手。周德侯叫嚷要刘野樵当执行主席，并悍然宣布开会。李公朴、施复亮上前阻拦遭到毒打。郭沫若、陶行知、章乃器、马寅初等和新闻记者及劳协会员60余人也被打伤。这就是较场口血案。正当暴徒、特务行凶的时候，周恩来、冯玉祥等赶到。特务暴徒遂四散而去。当晚，政协各方代表举行紧急会议，推举周恩来等四名代表向蒋介石当面交涉，并带去周恩来、沈钧儒、梁漱溟、罗隆基联名写给蒋介石的抗议信,信中对国民党暴徒行径进行了严厉的抨击。这件血案引起了海内外极大的震惊。

消息传到上海,民进领导人立即发表了《民权到底有保障没有?》《重庆有我们的中央政府吗?》《惩办暴徒与防止日本法西斯"卷土重来"》《对于较场口惨案再说几句》等文章,严厉谴责国民党政府的暴行,同时指出,通过这一事件,"也可以明白:白纸上写的黑字是没有什么用的。'和平建国纲领'的实施,必须由我们国民们的力量来督促之,必须由我们国民们自己的力量来奋斗,来求其实现的","现在离'成功'还甚远,黑暗的势力,在阻碍着'和平统一团结民主'的发展","我们要保障民权,恐怕非经过一番大大的奋斗不可,非联合一切开明的力量来共同奋斗不可"![1] 民进并联合民建、民盟上海支盟、救国会上海分会和上海文化教育界著名人士40多人紧急集会,通电全国慰问受伤诸公,要求国民党政府严惩凶手。

2月17日,由民进和民建、民盟上海支盟、救国会上海分会、小教联、妇女联谊会等40余个团体联合举行的欢迎政协代表、中国人民救国会主席沈钧儒茶会,通过联名宣言,要求政府立即实现政协会议决议案及四项诺言,电慰较场口事件受伤诸先生及严惩凶犯等。为了保障人民的基本民主权利,这次会议还一致决定发起组织中国人民自由保障委员会上海分会,并公推民进为召集人。

较场口惨案后不久,国民党召开了二中全会,终于亮出了全面反对政协决议的黑旗。他们鼓噪"政协决议的通过是国民党的失败","是党国自杀",叫嚣"不能把统治权交给多党政府",蒋介石也扬言对政协决议要"就其荦荦大端,妥筹补救",公开叫嚣要破坏和撕毁政协决议。针对这一严重情况,马叙伦连续发表了《写在国民党二中全会期内》《国民党二中全会闭幕后》《当前一个严重问题》等三篇文章,愤怒指出国民党破坏政协决议,是要使全国人民"再流一次政治血",其结果必然是被"时

---

[1] 郑振铎:《民权到底有保障没有?》,《民主》第18期。

代轮子辗坏!"

(二) 为和平民主进击

在上海各界爱国民主运动的大潮中,民进组织以昂扬的斗志和大无畏的气概抨击国民党当局的倒行逆施,揭露其伪装民主的真面目。

组织玉佛寺公祭。1946年1月13日,上海各界1万多名群众在玉佛寺公祭昆明一二·一惨案中遇难的于再烈士,民进以组织名义参加,常务理事马叙伦、王绍鏊、陈巳生及郑振铎、许广平、林汉达等到会。当天,7000名大、中学生及各界民众共计万余人,从四面八方汇集到位于江宁路安远路口的玉佛寺,参加了在大雄宝殿前庭园中举办的悼念活动。惨案发生后,于再烈士的胞妹于庚梅打算在玉佛寺为胞兄做一堂超度祭奠佛事。中共上海地下党决定全力支持于庚梅为烈士举办悼念活动,扩大祭奠规模,把家祭与公祭结合起来。当日8点多,公祭开始。主祭团由享有崇高威望的宋庆龄、柳亚子、马叙伦、沙千里、郑振铎、许广平、金仲华等7位著名人士组成,马叙伦担任主祭。于庚梅女士介绍了于再烈士的生平和遇难经过,马叙伦先生宣读了祭文,柳亚子先生代表上海人民向烈士敬献花圈。马叙伦、林汉达、许广平和上海各界代表相继发表讲演,愤怒声讨国民党当局的暴行。公祭大会一致通过了给蒋介石和正在召开的"政治协商会议"的电报,提出"严惩昆明惨案主凶、保障人民自由"等八项要求。公祭大会结束后1万余众举行了示威游行。这一场别开生面的万人公祭大会,揭露了蒋介石的反动本质,对唤醒民众起到了积极的作用。其后,马叙伦参加了于再纪念委员会,亲自编辑出版《一二·一民主运动纪念集》。

支持上海大中学生的爱国民主运动。2月1日,马叙伦、周建人参加上海大中学生声援南京临时大学被捕同学大会,并发表演讲,支持学生运动。2月16日,上海大中学生联合会在天蟾舞台举行捐募助学金联欢大会,许广平、林汉达应邀参加,林汉达在会上发表演讲;马叙伦、周建人在《文汇报》撰文,支持助学运动。3月9日,马叙伦应邀参加上海临时大学学生联欢会,发表《东北问题之我见》的演说,指出所谓东北问题乃是中国政治制度不民主的产物。

抗议国民党反动当局屠杀进步青年。1946年年初,国民党当局迫于形势不得已在《停战协定》上签字。但在《停战令》生效的第二天(1月11日)清晨,驻守南通的国民党军队就对苏中解放区南线前沿的如皋白蒲镇发动突然袭击并侵占了白蒲镇,制造了震惊全国的白蒲事件。3月18日,南通文艺协会、省立南通中学、南通女子师范等,为欢迎军调小组到南通,举行集会,为了表达反对内战、期盼和平的心声,组织了大规模的示威游行,反动当局对此极为恐慌,策划了屠杀进步青年的阴谋,八位南通青年献出了宝贵的生命,这次屠杀被称为南通惨案。民进为南通惨案发表宣言,并参加由上海各界组成的"南通惨案后援会"。马叙伦、周建人、许广平等还参加了南通惨案报告会。马叙伦在会上指出,在当今社会上,争取民主就要准备付出血的代价,"我今天在这里讲话,就准备会后出不了大门"。民进领导人还在报纸杂志上发表多篇文章,抗议国民党特务又一次制造血案。

揭露伪装民主的上海市参议会议员选举。3月下旬,国民党当局为伪装民主,宣布进行有条件限制的上海市参议会议员选举。民进发表了《反对不合民主的上海市参议会宣言》。马叙伦、周建人、郑振铎等人也发表《反对不民主的上海市参议会》《不要包办的市参议会》《我们要求民主的选举》等文章。

支持上海工人运动。4月11日,上海第四区电力工会成立,林汉达应邀参加成立大会;12日,马叙伦、林汉达等应邀参加上海美商电话局产业工会成立大会;13日,马叙伦、林汉达又应邀参加上海百货工会成立大会。

吊唁四八遇难烈士。1946年4月8日,王若飞、秦邦宪等中国共产党代表,在参加重庆举行的政治协商会议后,与叶挺、邓发等一起乘坐美式运输飞机返回延安。因气候恶劣,飞机迷失方向,于下午2时左右在晋西北兴县东南80里的黑茶山遇雾撞山,机上17人全部遇难。4月17日,民进理事会发唁电凭吊四八遇难的王若飞、秦邦宪、叶挺等烈士。

支持中小学教师请愿活动。4月25日，为抗议物价飞涨、学生失学、教员失业，上海小教联、中教研究会等发动生活斗争，组织中小学教师1500人到教育局请愿。小教联理事长葛志成率队参加并邀请林汉达作演讲，鼓励广大教师投身爱国民主运动。小教联顾问马叙伦、周建人等在《联合晚报》上发表《从人心说到教育》《科学与自由》等文章，积极支持中小学教师争取生活权利的斗争。

民进成立后的一系列斗争，不仅向社会和群众表明了它的政治立场，而且其鲜明的态度和英勇的斗志，吸引了不少团体组织纷纷与民进取得联系。

（三）民进第三次和第四次会员大会

民进成立后，在参加政治斗争的同时，注重对形势的研究，针对新情况、新事态确定正确的方针策略以指导斗争。为了斗争的需要，也切实把自身组织的发展和提高提上议事日程。

1946年2月3日，民进在上海召开了第三次会员大会。会议主要讨论民进的组织工作和加强宣传的问题。民进在成立后的一个多月里，又新增了24名会员。常务理事陈已生主持大会，马叙伦向大会报告了理事会所决定和进行的各项工作。

大会决定在理事会下设一处三部及若干委员会，秘书处（下分文书、庶务、会计三课）由宓逸群、朱镜清、张纪元、严景耀、万景光负责；研究部由周建人负责；联络部由林汉达负责，梅达君、赵朴初、张纪元为联络员；出版部由徐伯昕负责；经济委员会由严景耀、冯少山、赵朴初、梅达君、徐伯昕、曹鸿翥等人组成。会议通过了加强下层组织的提案，要求民进努力联合各学会、同业会及地方社团，共同投身爱国民主运动。

早在1月中旬，林汉达就与上海市小学教师联合进修会、上海市中等教育研究会进行联络，他还与东吴大学、圣约翰大学、沪江大学、之江大学、复旦大学、启秀中学、格知中学、爱国中学、同德中学、新本中学、上海中学等学校的学生团体取得联系,帮助他们筹组旨在促进民主的政治团体。陈巳生也联络上海保险业从业人员,成立了保险业从业人员民主促进会。

在宣传方面,大会通过了两项决议:一是加强国际宣传;二是组织补习班,训练民主运动的干部人才。

2月8日,理事会专门研究了这两项工作,决定:一是在理事会中增设国际宣传部,由严景耀负责;二是以本会"促进民主政治之实践"的宗旨为方针,开办人文科学补习学校,由陈巳生、赵朴初、严景耀三人负责,并拟聘请严景耀、郑振铎、雷洁琼、王绍鏊、林汉达、陈巳生、周建人、冯宾符、吴大琨、蔡尚思、金仲华、沙千里、黄炎培、马叙伦等为教授。这次大会特别重申了民进以促进民主为宗旨的基本方针,强调一切工作"概以促进民主为原则,不论何方有不民主或反民主之现象时,当设法促使达到民主之目的"。

第三次会员大会的几项决定,对于指导民进进一步开展工作是有积极意义的。但由于后来形势的迅速变化,这些决定没有全部实现。

民进第三次会员大会后不久,发生了重庆较场口惨案,接着国民党二中全会又公开发出了破坏和撕毁政协决议的叫嚣。国民党统治区内的爱国民主运动受到了严重的挑战和威胁。分析研究这一新的形势,制定适合这一形势的斗争策略,就成了各民主党派团体的迫切任务。在这种背景下,民进于3月17日及时召开了第四次会员大会。

参加这次大会的共有47人。会议着重讨论了在新形势下民进的斗争方向和斗争策略,马叙伦作了题为《民进工作纲要》的重要报告。报告分析了国内形势,指出"本会认为现阶段是结束一党专政、准备实行民主宪政的过渡时期,这一时期是历史的转折点,最为重要"。报告说,重庆政治协商会议通过的各案,是这一时期中必须实行的具体方策,所以"本会得以促成政协决议案之完全彻底实现为首要任务";为此全体同志应当密切注视政协决议案在实现过程中出现的各种问题,"随时提出建议"。为了实现这一目标,马叙伦在报告中提出了两项具体工作:唤起和动员广大民众参加爱国民主运动；联合各民主党派和旨趣相同的人民团体共同战斗。马叙伦说，唤起和动员民众就是"对一般群众施以民主教育，增进其政治知识，养成其民主宪政的坚强意识"，这是"促进民主的唯一重要工作"，也是民进唯一重要的工作；关于联合战斗问题，马叙伦说："本会为一独立的民间团体，但为实现第二项任务（即促成政协决议案之全部彻底实现）起见，愿与国内各民主党派友好联合，且得协助各宗旨相同的各人民团体共谋实现上项任务。"马叙伦的报告，正确分析了形势，指明了民进在今后一个阶段中的斗争目标，提出了具体手段，是民进工作的指导文件。特别是联合各民主党派和人民团体共同战斗的策略，对上海爱国民主运动的发展，产生了积极的影响。

根据这一策略，民进第四次会员大会一致通过了一项重要决议：参与发起组织上海市人民团体联合会。会议还通过了参加自由保障会、修正会章等提案，批准了理事会简章草案，大会并一致同意理事会由原来11人增加为15人，增选许广平、梅达君、徐伯昕、谢仁冰为理事，杨志义、宓逸群、雷洁琼、朱绍文为候补理事。

3月22日，改选后的理事会举行会议，推举马叙伦、王绍鏊、陈巳生、林汉达、许广平为常务理事，同时决定理事会的下设机构为三处三委员会，推选谢仁冰为秘书处处长，梅达君为联络处处长，严景耀为宣传处处长兼经济委员会主任，徐伯昕为出版委员会主任，周建人为研究委员会主任。

第四次会员大会是民进历史上一次重要的会议。这次会议确定了今后的斗争纲领，加强了领导力量，对民进以后的发展起了重大的作用。

第二章

投入爱国民主运动，参与建国大业

第二章
投入爱国民主运动，参与建国大业

一、团结各方面力量，扩大反蒋斗争

（一）参与发起和筹建上海人民团体联合会

围绕贯彻实行还是否定破坏政协决议案，中国共产党和全国的爱国民主力量同国民党及其政府进行了激烈的斗争。实践使民进充分认识到，面对窃据国家机器的强大敌人，只有实现各爱国民主力量的团结联合，结成广泛的反对蒋介石反动统治的统一战线，才能有效地打击敌人。因此民进成立后不久，就主动发起建立上海人民团体联合会并做了大量扎实的筹备工作。

1946年1月4日，在民进理事会第一次会议上，马叙伦提出要和民盟、民建的在沪组织及上海的其他党派团体加强联系，做到统一认识，共同行动。提议得到了其他理事的一致支持。几天后，民进举行招待会，邀请宋庆龄、柳亚子、沙千里、吴蘥梅、闵刚侯等人茶叙。不久，民进又向民盟等政党团体发出了由三名常务理事署名的联系信函。民盟等回函表示，同意民进提议并期望今后"以彼此督导互勉"。与此同时，民进联络部积极与上海产业界、商业金融界、文化教育界以及一批大中学校进行广泛的接触联系，促成并帮助他们成立团体组织。重庆政治协商会议期间，民进联合了民主建国会、上海文艺协会、上海杂志联谊会、小教联、中等教育研究会等团体，联名向政治协商会议提出建议，在社会上产生了良好的影响。各社团组织的联合行动，显示了团结的力量，增强了斗争的力度。

2月8日，马叙伦代表民进主持招待重庆来沪的民主人士宋庆龄、黄炎培、孙起孟、胡厥文、杨卫玉、沈肃文、柳亚子、孙晓村、金仲华、叶圣陶、吴大琨、胡子婴、吴澍、廖梦醒等20余人及部分学生团体、小教联、中等教育研究会、中国科技协会、上海妇女民主促进会等团体的代表，会上大家对集分散力量为一股，聚众多社团为一体，实行上海爱国民主力量的革命大联合，取得了共识。2月9日，民进通过报纸向中华职教社、救国会上海分会，民盟、民建的在沪组织等六个党派团体正式发出了在上海"发起民主同盟式的联合组织，以推动实现民主政治"的倡议。由于当时民进已在事实上成为上海民主运动的中坚力量，因此各团体都希望民进能进一步发挥作用，把大家联络团结起来。沈钧儒在应邀向民进理事会介绍政协会议详细经过时，曾诚恳希望民进在团结联合上海各爱国民主力量方面发挥更大的作用。正因如此，各团体组织支持和拥护民进的建议，并一致公推由民进牵头负责筹建工作。

民进理事会对促进和实现民主力量的大联合，进行了详细的研究，作出了具体的安排。2月28日，上海各界23个团体的代表在上海中国科学社举行上海各民主团体代表会议。会议决定成立上海民主运动团体联合会筹备委员会，并推举马叙伦、沙千里、王纪华、梅达君、徐伯昕、沈志远、陈震中、胡子婴、盛康年、方祖荫、葛志成、叶克平、罗叔章13人为筹备委员会委员，马叙伦为召集人。3月5日，筹备委员会在红棉酒家召开第一次会议，通过了由民进王绍鏊、赵朴初、梅达君负责起草的联合会简章草案。此后，马叙伦、梅达君、徐伯昕、葛志成等就以筹备委员的身份，积极投身联合会的筹建活动。4月中旬，筹备委员会第十七次会议作出决定，定于4月28日下午，在中国科学社举行上海人民团体联合会成立大会，推举马叙伦、周建人、沙千里、罗叔章等组成主席团，同时委托民进负责起草大会致美国特使马歇尔的信。但是中国科学社以人民团体联合会为非学术性之政治组织为理由，拒绝出借会场。成立大会被迫延期。

5月5日，在中共上海地下党的领导和帮助下，中国民主促进会与上海纺织业、丝织业、机械业、水电业、百货业、酒菜业等工会以及妇女、

第二章 投入爱国民主运动，参与建国大业

文化、医药、银钱、教师、学生等各界52个团体组织，终于冲破层层阻力，在南京路劝工大楼礼堂隆重集会，宣告上海人民团体联合会（简称人团联）正式成立。参加这次大会的代表共有200多位。大会首先由筹备委员梅达君报告筹备经过，接着通过了由马叙伦、陈巳生、沙千里、罗叔章、甘田、盛康年、林汉达、胡厥文等组成的主席团。马叙伦主持会议，他在致辞中说，目前国家情况非常危险，抗战虽已获胜利，但建国事业尚在千端万绪之中。举国所要求的是团结民主，最重要的是赶快把内战停下来。这次政治协商会议的决议既为全国人民所一致赞成，应该希望它马上实现起来。为了担负这个责任，所以才发起成立本会。目前本会已有52个团体参加（实际到会47个团体），希望大家能发挥力量，对国家有所贡献。接着大会通过了"上海人民团体联合会章程"，并选举马叙伦、林汉达、梅达君、胡厥文、沈肃文、闵刚侯、沙千里、孙晓村、秦柳芳、胡子婴、周建人、徐伯昕、许广平、蒋学杰、盛康年、葛志成、叶克平、冯少山、王绍鏊、陈巳生、彭文应、沈志远、韩武成、王本鸣、甘田、赵家彬、李传庆、罗叔章、汤桂芬29人为理事，其中马叙伦、王绍鏊、林汉达、陈巳生、梅达君、徐伯昕、许广平、周建人、冯少山、葛志成十人是民进会员。大会通过了人团联成立宣言和致国共双方呼吁和平、反对内战的电函；通过了关于制止东北流血事件、反对保甲制度、取消戒严法、反对不合法的市参议员选举、组建人民自由保障会等六项提案。5月12日，上海人民团体联合会举行第一次理事会议，选举沙千里、马叙伦、林汉达、罗叔章、许广平、陈巳生、胡厥文、汤桂芬、甘田九人为常务理事。民进在中国共产党的帮助和影响下，为上海人民团体联合会的创建从而为上海的爱国民主运动作出了重要的贡献。

上海人民团体联合会的诞生，标志着中国共产党建立广泛的革命的统一战线政策在上海结出了硕果。人团联成立后，民进依托和凭借这个组织，与各人民团体协同行动，每当有重大行动或需对重大政治事件表态时，民进总是和人团联及其他兄弟党派团体一起召开联席会议，协调行动，商定对策，在上海爱国民主运动中掀起了一个又一个高潮。

揭露警员警管区制的反动实质。1946年5月初，上海市警察局宣布：自6月1日起，在全市实行"警员警管区制"，这是国民党反动派为镇压人民民主运动而炮制的"中式法西斯"制度。消息公布后，立即遭到舆论界的强烈谴责和全市400万居民的坚决反对。对此，刚成立的人团联立即召开理事会议，经协商讨论决定：大量印发告市民书，指出所谓警员警管区制，就是警察可以随时随意侵犯人权，对人民有百弊而无一利；吁请中外记者广为报道市民意见，反映人民的呼声。上海有影响的各大报纸杂志《文汇报》《联合日报》《联合晚报》《文萃》《民主》《周报》以及英文版的《字林西报》《密勒士评论报》等都相继发表文章和读者来信，揭露警员警管区制的反动实质。5月23日，上海人团联发表《反对警管制宣言》，号召人团联的40万群众和全市居民誓死反对这个"视民为敌"的反动制度。与此同时，马叙伦、王绍鏊、周建人、林汉达、郑振铎等民进主要负责人及著名爱国人士沙千里等分别在《民主》《文萃》《文汇报》发表文章或谈话，痛揭"警管制"的反动实质。《周报》还专门出了一期《警管区制问题》的特辑。在民进、人团联和广大上海市民的强烈反对声中，"警员警管区制"未及完全出台便寿终正寝了。

揭露蒋介石的内战阴谋，发表《反内战宣言》。1946年五六月间，全面内战的气氛愈来愈凝重。在美帝国主义的怂恿下，蒋介石集团以和平谈判为烟幕，全面加紧内战部署，1946年上半年，国民党军队向解放区的进攻达4360余次，侵占了解放区大批城市和市镇并形成了对解放区的包围，全面内战迫在眉睫。

彻底揭露蒋介石的内战阴谋，坚决制止和反对内战，成了国民党统治区人民民主运动的当务之急。民进领导人一面撰文揭露国民党的罪恶行径，一面通过上海人团联发动各界人民起来反对内战。6月5日，人团联发表《反内战宣言》，指出内战已经有蔓延全国的趋势，"我们要以主人的地位来制止战乱，如果谁竟敢压迫我们这样的举动，就是我们人民革命的对象！"紧接着，由上海人团联发起，民进等各界知名人士马叙伦、陶行知、王绍鏊、罗叔章、唐弢、许广平、周建人、阎宝航、胡子婴、沙千里、胡绳、林汉达、郑振铎、徐伯昕、雷洁琼等164人联名上书蒋介石、马歇尔、民盟、青年党及中共代表周恩来等，呼吁停止内战。针对美国政府暗中支持蒋介石内战的事实，马叙伦在他起草的给马歇尔的信中强烈要求美国政府立即改变对华政策，停止向国民党提供军事援助。中共代表团对马叙伦等呼吁和平的信件非常重视，6月11日，周恩来、董必武、陆定一、邓颖超四人联名给马叙伦等复函，高度评价了他们为国是不辞辛劳的热忱"感人至深，曷胜钦仰"，同时申明共产党的一贯主张，"决愿本一向和平民主团结统一之职志，进行谈判，并盼能从此长期停战，永息戎争，俾使政协决议整军方案得以顺利实行"。

为了制止全面内战的爆发，中国共产党于1946年5月3日派出了以周恩来为首的代表团，到南京与国民党当局举行和平谈判。这次谈判，关系到中国的前途和命运，全国人民非常关注。当时由于蒋介石集团在军事上连遭挫折，急需喘息时间，因此让美国特使马歇尔出面"调停"，宣布自6月7日起，在东北战场停战15天，同时宣称"十五日后国军仍将继续分赴未接收各省接收领土与主权"。到6月21日，在全国人民反对内战的压力下，蒋介石集团又宣布将东北停战令延期八天，到6月30日为止，内战阴影仍然笼罩全国。为了彻底揭露美蒋反动派的阴谋，教育群众，争取中间力量，根据中共中央的指示，上海地下党决定发动上海爱国民主力量开展一次要求和平、反对内战的人民运动。民进和上海人团联立即会同民盟、民建同人以及其他党派团体，积极响应上海地下党的号召，不辱使命，全力以赴。

5月15日，民盟政协代表黄炎培在上海南海花园招待马叙伦、林汉达、章乃器、沙千里、许广平、王绍鏊等人，通报民盟调解东北内战的情况，商讨时局。5月25日，黄炎培等在南海花园举行茶话会，与马叙伦、郑振铎、孙晓村、严景耀等讨论东北问题。5月26日，民进和上海人团联共同由马叙伦、王绍鏊、严景耀等出面招待重庆来沪的民主人士，出席者有郭沫若、茅盾、沈钧儒、柳亚子、陶行知、沙千里、马寅初、黄炎培、李公朴、阎宝航、梁漱溟、胡厥文、吴耀宗、施复亮、章伯钧、章乃器等，大家一致认为，目前时局紧急，"非立即停止内战实不足以救中国于水深火热之中"，于是当场决定联合沪地爱国民主力量，组织举行上海人民反战运动大会，并推举马叙伦等九人负责筹备。

茶话会后，马叙伦立即连续召集筹备会议，商讨有关行动计划。至5月底召开第三次筹备会议时，反战运动大会的联络工作已大致完成，"惟因开会觉慢不济急"，有人提出"当先有所表示"，于是会议决定"先致书各政党及马歇尔"，呼吁和平，同时提出"必要时当推代表赴京"。6月6日，由马叙伦、陶行知、王绍鏊、阎宝航、胡绳、宦乡等164人联名的呼吁和平的信发出。但是，除了中国共产党立即复函表示坚决支持外，蒋介石国民党和美国政府都置之不理，这充分表明蒋介石已决定一意孤行。在发出联名上书的同时，民进负责人马叙伦、王绍鏊、林汉达、周建人、许广平及其他知名人士郭沫若、吴晗、吴耀宗等纷纷在《周报》《民主》《文萃》《群众》《文汇报》上发表文章，强烈谴责蒋介石的内战罪行和美国政府表面调停、暗中支持蒋介石内战的反动立场。马叙伦、周建人等指出，现在全国人民需要的是"无限期的停战""长期和平"，而不是局部的暂时的休战。他们正告国民党当局不要再做武力统一的迷梦，"无论在什么情况下，无论在哪一天，你发动内战，你就要为人民所唾弃，人民就要不惜用一切手段来反抗你！"他们又说，美国政府在军事上大力支援蒋介石集团是造成中国内战的重要因素之一，美国政府必须彻底改变对华政策，必须立即从中国撤退全部军队，中国问题让中国人民自己解决。他们呼吁全国人民行动起来，制止内战，"只有人民发挥出力量来的时候，内战才会停止"。但是蒋介石无视人民的呼声，反而发出"三个月可击破共军""六个月内可完全解决共产党问题"的反革命叫嚣，内战危机进一步加剧。

在这样的情势下，民进、民建及上海人团联等组织一致决定，以上海人民反内战大会的名义，正式推派代表赴南京呼吁和平。6月10日，马叙伦在红棉酒家召集反战运动大会筹备会议，商讨推派代表事宜。14日，马叙伦向民进理事会报告这一工作时说："目前内战虽暂告表面停止，然前途如何实难预知，因之全国人民反对内战大会主张推代表赴京呼吁和平"，并说"这次推派的代表人选应以沪上工商界仕绅为主，欲使马歇尔明晓人民之意志"。他向理事们说，"希望本会同人更能坚强发出全力，以支持本次运动"，理事们一致表示支持，并当场决定捐助赴南京代表费用40万元。经过各方充分协商，最后决定由马叙伦、蒉延芳、盛丕华、雷洁琼、包达三、张絅伯、阎宝航、吴耀宗及胡厥文九人为和平请愿代表，加上上海学生和平促进会选出的两位学生代表陈立复、陈震中，共11人，组成上海人民团体代表团（又称和平请愿团），由马叙伦担任团长，另请胡子婴、罗叔章两个人任代表团秘书。会议还决定组织群众集会欢送代表赴京，会后举行反内战大游行。

代表团名单及身份如下：

马叙伦　前代理教育部长、北京大学教授

胡厥文　合作五金厂总经理、迁川工厂联合会主席

蒉延芳　浙江兴业银行董事、大生纱厂董事、丰盛实业公司董事、四明医院董事长、上海名人

包达三　雷石化学公司董事长、信仪地产公司总经理

张絅伯　中兴实业公司董事

盛丕华　上元企业公司董事、开美科药厂董事长

阎宝航　大明公司总经理、东北知名人士

吴耀宗　翻译家、基督教全国青年会总干事

雷洁琼　东吴大学教授

陈立复　东吴大学学生、学生会主席

陈震中　圣约翰大学学生、上海学生团体联合会主席

代表团的九名正式代表中，马叙伦、蒉延芳、盛丕华、包达三、张絅伯已年逾花甲，阎宝航、吴耀宗及胡厥文都已年过半百。雷洁琼当时41岁，是代表中最年轻的。九人中除阎宝航是中共党员外，其余都是非党人士。学生代表陈立复、陈震中虽然都是中共党员，但活动大多与代表团分开。

6月18日，上海人团联所属的上海市学生联谊会组织上海交通、沪江、复旦、之江、圣约翰、光华、东吴大学及储能、南洋、光华附中、民治新专等20余所中等学校的学生举行反内战示威游行。接着上海工人也组织反战同盟。马叙伦、林汉达、周建人、许广平等也接连发表文章或谈话，坚决支持上海工人和学生的反内战运动。尽管蒋介石于21日宣布延长停战八天，但他发动内战的狼子野心不变。为争取永久和平，上海人民团体代表团决定于6月23日赴京请愿，为此，民进领导人和上海人团联、上海人民反对内战运动大会的负责人以及和平请愿代表加紧工作，研讨筹备大会和晋京请愿的各项重要事宜。

有关组织反战运动大会直至推派代表赴南京呼吁和平等一系列事宜，马叙伦所作备忘录中有以下记载：

1946年4月，蒋介石决心以东北问题重启内战。

5月25日，赴海南饭店为民进约民主同盟诸领袖及东北建设协会上海分会阎宝航等商量遏制内战事。

5月29日，胡厥文、陶行知、沙千里、林汉达、陈巴生、严景耀、罗叔章、徐伯昕来晚饭。

5月31日，赴包达三、盛丕华之约于工商协会，到者有张絅伯、吴耀宗、阎宝航、马寅初、谢寿天、王却尘、沙千里、闵刚侯、许广平、胡子婴、罗叔章、孙晓村，商定与蒋介石书，劝即停战；并致美使马歇尔书，指明中国内战实由美国资助蒋介石及代为运输所造成。致蒋书由我起草。

6月10日，在红棉酒家推选赴京代表，俞寰澄、胡厥文、张絅伯、阎宝航、雷洁琼及我当选。

6月14日，在红棉酒家与张絅伯、盛丕华谈入京事，俞寰澄不就代表，絅伯亦有可疑。余为絅伯析其疑，丕华是之。

6月17日，赴黄延芳家晚饭。（上海人民团体）联合会联络组假余寓商事。19、20日又集余家办事。

6月21日，为赴京事在红棉酒家商谈，到黄延芳、胡厥文、吴耀宗、包达三、张絅伯、雷洁琼（阎宝航未到），决定23日起程。

6月22日晚，黄、盛来谓本日劳工协会对黄致攻击，黄思更期，余力主不可。

这一次群众性的反内战运动具有鲜明的针对性。抗战胜利以来，中国共产党始终坚持和平民主团结统一的建国方针，坚持和平解决国共争端，坚决避免内战，赢得了全国广大人民的敬意和拥护。尤其是6月11日周恩来代表中国共产党对马叙伦等164人联名信的复函，再次使上海人民"更了解了不要和平而要战争的是南京政府"，因此上海的广大群众，包括原来自认为是站在国共两党之间的"第三种力量"都纷纷集结到共产党的周围。这次赴京请愿，目标非常明确。虽然代表团商定到南京后向国民党政府、共产党代表团和美国代表团三方提出和平要求，但这仅是个策略，因为"明眼人可以看出，代表团的锋芒是指向蒋介石集团的"。上海人民的这次反内战、要和平的民主运动，是在中国共产党的领导下进行的。中共上海地下党负责人刘晓、刘长胜，对这次发动上海人民开展反内战运动非常重视，指定上海地下党市委委员张执一为这次运动的秘密总指挥，工委负责人张祺，学委负责人吴学谦，职委负责人陆志仁等负责不同方面的领导。民进、民建和上海人团联等组织发起反内战大会和赴京请愿和平的行动，得到了张执一和市委委员张承宗等的具体指导和帮助。张执一负责推动和组织上层人士参加反内战人民运动，张承宗组织群众踊跃参加反内战大会。中国共产党的坚强、正确的领导，保证了这次反内战运动的胜利展开。

（二）上海人民反内战大会

1946年6月23日，上海人民反内战暨欢送和平请愿团赴京大会如期在北火车站举行。组织者原计划发动5万名群众参加，但在上海地下党的动员和组织下，加之广大群众反对内战情绪激昂，许多团体组织和个人不邀自来，所以那天实际参加大会的有300多个团体单位，107000余众，大大超过了原来的计划。马叙伦在《嚼梅咀雪之庵日记》中说，"所见旗帜，所书团体名称，多非平昔所稔。知人情急盼消弭战事，故闻风而集也"。

★ 1946年6月23日，上海各界群众十万余人在北火车站召开声势浩大的反内战大会，并欢送和平请愿团赴南京呼吁和平。

上午7时许，参加大会的各团体组织分三路从各处向北火车站广场进发。8时左右，北站广场已经人山人海。人群里有数不清的各色标语、旗帜、横幅，上面写着"反对内战，要求和平""一致行动，制止内战"等口号，还有用英文写的"美国军队滚回老家去！""停止内战，美军滚蛋！"等标语。广场上锣鼓声、爆竹声、掌声、歌声、欢呼声、口号声此起彼伏，响彻云霄。王绍鏊、周建人、林汉达、许广平、严景耀、葛志成、曹鸿翥以及其他各界知名人士陶行知、叶圣陶、田汉、吴晗、沙千里等也都前来参加大会。

9点40分，欢送大会宣布开始。上海市学生和平促进会的两辆宣传卡车被作为临时主席台，上海百货业工会的铜管乐队奏起了袭用《打倒列强》原谱的《反内战》乐曲,广场上立刻响起了十万群众雄壮的"反对内战要和平"的歌声。

王绍鏊、林汉达、陶行知三人担任大会执行主席。王绍鏊首先致辞说,欢送人民代表赴京请愿,是争取和平运动的开始。假如这次请愿不成功,将来还要第二批第三批接着去京请愿,一直到和平实现为止。和平请愿代表蒉延芳、雷洁琼、陈立复、陈震中分别发言,马叙伦等其他代表因年事高已先行登车。雷洁琼在发言中感谢上海各界群众的热情欢送,她说"看见这么多人欢送,增加了无限的勇气",又说,"八个人力量很小,希望大家更团结努力"。① 陶行知在讲话中疾呼:"不愿做亡国奴的联合起来!"林汉达在演说中说,九位代表不仅是上海人民的代表,也是全中国人民的代表,因为现在全中国人民没有一个愿打内战。中国的主权属于全国人民,政府的官吏只是主人的仆人,"今天九位代表去,就是要吩咐仆人立刻放下武器!""现在我们的代表到南京去请愿,假如不成功,我们就第二次再去,我们全上海的人都去,我们步行去,非达到目的不可!"这时,全场群众在烈日下有节奏地高喊:"去,去,步行去!"会场气氛达到了高潮。发言结束后,南洋女中的学生委托赴京代表带给美国特使马歇尔一面锦旗,上面绣有"立即无条件停止内战"九个大字。大会最后通过了四项决议:一是成立全国争取和平联合会;二是和平谈判只许成功不许失败;三是第一批请愿不成,第二批第三批接着去,甚至全体步行晋京;四是通电美国政府不要帮助中国打内战。

10时45分左右,参加集会的群众簇拥着蒉延芳、雷洁琼等代表进入车站。代表乘坐的611号列车,21节车厢的两侧都贴满了花花绿绿的标语和漫画。代表登上列车后,车站方面不让发车。这时一队参加大会的工人站出来说:"我们是机械工人,会开火车,愿意负担把火车开到南京的任务。"车站方面拦截不住只好开车了。11时,火车徐徐驶出车站。这时乐队奏起了《欢送曲》,群众高呼口号祝代表们此行成功。

---

① 据雷洁琼《血溅金陵忆当年》一文记述,代表为九人,胡厥文为代表之一。他因事当天没有和其他代表一起从上海出发,而是后来从镇江单独赴南京的,所以当时报纸记载为八人。

★ 各界公推的和平请愿团代表名单和部分代表在上火车前合影，右起：马叙伦、包达三、雷洁琼、阎宝航、张絅伯、盛丕华、胡子婴（代表团秘书）、蒉延芳。

　　列车开出后，广场上十万群众立即开始了反内战大游行。浩浩荡荡的洪流，按照预定的次序和路线，向市区进发。游行队伍以自行车队为前导，紧接着是队列整齐的童子军队列和乐队。大会主席团和各界知名人士王绍鏊、陶行知、林汉达、周建人、许广平、沙千里、叶圣陶、严景耀、吴晗、田汉等，手擎着小旗子，走在队伍的前列，后面是学生、职业青年、工人及各界群众。等到队尾统益纱厂工人离开北火车站时已经12点多了。游行队伍先向上海市政府进发，一路上，口号声震天动地，游行队伍沿路张贴反对内战的标语，用粉笔在地上、墙上用中、英文写着标语口号，不断向两旁的群众散发《告市民书》《告工友书》《告老板书》，看见军警，则向他们散发《告警士书》《告军士书》。一个宪兵看完传单后，对参加游行的一位学生宣传员说："今天的场面令人感动。我也不主张中国人打中国人。"说完就悄悄躲到一边去了。

　　到市政府门口时，只见大门紧闭，愤怒的群众拥上去，在大门上贴满了标语，"把伪市政府的门与壁贴得像件百衲衣"，反内战的标语和漫画成了市府大门上的"封条"。游行的群众还不断高呼"吴国桢出来看看民意！""要打内战的人绝无好下场！"等口号。市政府对面，是美国领事馆，游行队伍中又发出了"美国军队滚回老家去！""反对外国人干涉中国内政！""反对延长租借法案！"的口号声。

游行队伍沿西藏路，经南京路、爱多亚路（即今延安东路），过大世界沿霞飞路（即今淮海中路）向法国公园（即今复兴公园）行进。游行队伍在烈日下行走，许多商店和居民自动向游行群众供应凉茶凉水。有的药房还把大批的仁丹、成包的急救药品捐出来，沿途还不断有市民自动加入游行行列。队伍愈走愈壮大，士气愈来愈旺盛，形成了人民反对内战的巨流。经过五个小时、数十里的行程，下午4时左右，队伍到达法国公园，游行胜利结束。

这次声势浩大的反内战群众运动，标志了上海400万市民政治上的巨大觉醒，也充分表达了他们反对蒋介石内战政策、争取和平的强烈愿望和坚强决心。民进参与了这次群众运动的筹划和组织工作，为爱国民主运动作出了应有的贡献。

（三）南京下关事件

上海人民团体代表团晋京请愿和平的行动，使国民党当局极为惊慌。在请愿团组建后不久，国民党中央秘书长吴铁城立即指示："要设法阻止代表团来京"，中统局作出"在上海车站扣发车头或不发车、在镇江拦截代表、代表到南京进行围攻"的三项部署。他们卑劣地阻挠破坏和平请愿活动，终于酿成了震惊中外的南京下关事件。

从上海到南京不过300公里的路程，火车正常行驶五个多小时即可到达，但是由于国民党特务制造重重障碍，上午11时开车，直到晚7时才抵达南京下关车站，足足行走了八个多小时。

列车开出后，代表们就受到了暗藏在列车上的国民党特务的监视。列车经过苏州、常州时，一小撮特务有意上车来纠缠，撕掉了车厢里的所有标语口号，换上了他们预先准备的反动标语。到达镇江时，忽有几个身穿蓝色纺绸衫、脸色红润的人上前，自称是"苏北难民代表"，指名要找马叙伦，要他下车"抚慰""苏北难民"，并要代表团答应到南京后不向"政府"请愿而向"共产党请愿"，否则他们就卧轨，不准列车开行。代表团识破了他们的阴谋，一面说理，一面发动旅客和他们斗争，最终摆脱阻拦，继续前行，由于特务的纠缠，列车在这里滞留了两个小时。

晚上7时，列车到达南京下关车站。停车后，民主同盟代表叶笃义及先期到京的代表团秘书长罗叔章等上车欢迎代表团，几位新闻记者也上车进行采访。代表团成员鱼贯下车后，早有大批伪装成"群众"的国民党特务在这里"等候"，另有部分宪兵则在车站各入口处布岗。几名所谓的"苏北流亡青年"上来纠缠，代表穿过站门时，一群自称"难民"的暴徒蜂拥而至，将代表团围住，在旁的军警"视若无睹，听之任之"。暴徒的目标是代表团团长、年过花甲的马叙伦。他们按照预谋把代表分割成两部分，将马叙伦及跟在后面保护他的雷洁琼、陈震中、陈立复和前来接站的民盟成员叶笃义、《新民报》记者浦熙修、《大公报》记者高集等推进候车室，其他代表则被堵在西餐厅。在推拉过程中，代表的手表、现金、钢笔、提包等被暴徒"洗劫一空"，衣服也被撕破。代表要求打电话，宪兵告知："电话线已被切断，不能打。"宪兵们守住候车室大门，不让代表出去，而让"难民"闯入对代表进行围攻。他们高喊"打倒共产党"，并无理提出，要么马叙伦等与他们一起去见周恩来向共产党"请愿"，要么立即回上海。这时阎宝航从西餐厅跑来与"难民"谈判，他们又乱叫"共产党放下武器"，不让阎宝航讲话，并要阎宝航"跪下"。阎宝航坚决拒绝。这时喊声四起，叫嚣要"马叙伦出来"！石子如雨点般飞来砸向马叙伦、阎宝航等人身上。车站里已聚有2000多人，所谓难民还在陆续增加，而宪兵却不断减少。晚11时，代表被围攻已近五个小时了。这时，忽有一位穿白衣者"高声发令"，特务暴徒穿破候车室的窗户，进入室内大打出手，顿时桌椅、汽水瓶、木棍一起飞向代表。阎宝航和雷洁琼掩护马叙伦，拼力挡住暴徒，结果马叙伦还是被打成重伤。雷洁琼头部遭重击，胸部被重物击中，手中提包里有代表团各种文件，暴徒要抢，她死死抓住不放，结果手臂被抠伤。阎宝航遍体鳞伤，血迹斑斑。学生代表陈震中受伤最重，被打时曾有人扼其喉管，险些致死。叶笃义、浦熙修、高集也均被殴伤。①

事情到此并没有结束。载着被暴徒严重殴伤的人民代表的卡车，并没有立即驶向医院，而是驶到了有荷枪实弹的军警站岗的南京警备司令部门口，他们想把马叙伦等作为犯令者押进去。代表们严正抗议，拒绝下车。同行的外国记者这时也仗义执言，要求当局实行人道主义。当局无奈，才勉强把受伤代表送到太平路的中央医院分院。这时已是24日凌晨两点。

当马叙伦等代表在下关车站遭困被殴之际，得知这一消息的民盟章伯钧、梁漱溟立即分别往见地方军政当局，要求加派宪兵赴车站保护请愿代表，但没有结果。李济深、冯玉祥闻知后，多次打电话给军政当局，要求采取措施制止暴行，营救代表出险，也都无人理睬。这时在南京的中共代表团也为营救代表积极奔走。当受伤代表被送到医院后不久，周恩来、董必武、滕代远、邓颖超、齐燕铭以及郭沫若等立即赶到医院，看望受伤代表，表示亲切慰问。周恩来神情严肃地说："你们的血是不会白流的。"马叙伦也激动地说："中国的希望只能寄托在你们身上了。"看到受伤代表都躺在医院的长凳和临时担架上，周恩来又立刻亲自和院方交涉，经过再三力争，才得到五张三等病房的床位。邓颖超得知受伤代表还未吃晚饭，便立即派人到梅园新村中共代表团住地取来牛奶、饼干。随后，冯玉祥、沈钧儒、邵力子、罗隆基、梁漱溟、张申府、黄炎培等也都到医院慰问马叙伦等受伤代表。当周恩来等离开医院时，天已快亮了。

事件发生后，国民党当局做贼心虚，下令南京所有报纸不得刊登请愿代表被殴消息。但是，纸包不住火，第二天南京几家进步报纸冲破禁令，醒目地报道了这一事件。美联社、法新社、合众社还向世界各地发了电讯，国民党妄想掩盖暴行的阴谋迅即破产。下关事件成为报界持续关注的热点。在上海当时的报刊上有这样一幅图片，标题是《七个荣誉的受伤者表达了他们的意见》，这是马叙伦、雷洁琼、阎宝航、陈震中、叶笃义、浦熙修、高集七人于6月28日在中央医院的题字，也是他们不顾自身安

---

① 马叙伦，《嚼梅咀雪之庵日记》。

49

危、舍身救国救民的写照。

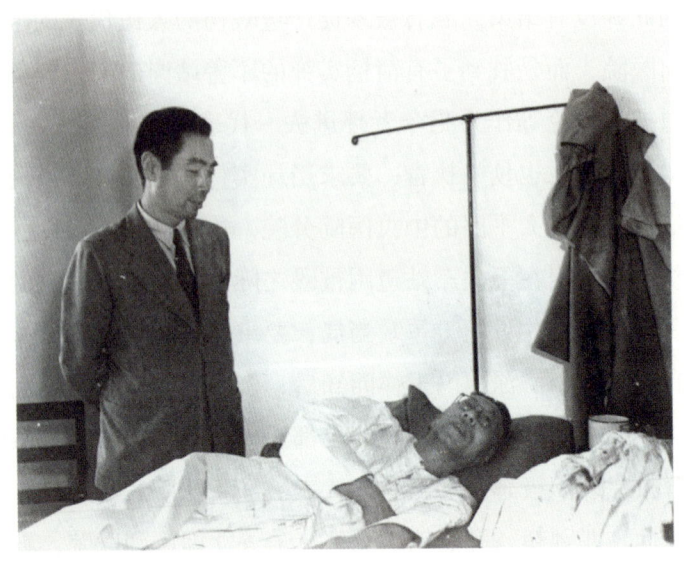

★ 南京下关事件发生后，周恩来闻讯立即赶到医院，看望马叙伦等受伤代表，并说："你们的血是不会白流的。"

下关事件的消息传出，全国震惊，激起了全国人民的极大愤慨，很快形成了声援上海人民代表、强烈谴责国民党当局罪行的浪潮。

事件发生后第二天，中国共产党驻南京代表周恩来就在国、共、美三方会议（即军调三人小组）上，就下关事件郑重提出报告，并发出备忘录，交给美方代表马歇尔和国民党方面代表徐永昌、俞大维，正式向国民党当局提出严重抗议并提出六点要求：严惩肇事凶犯；追究治安机关之责任并予惩处；撤销军统、中统等特务机构，保证以后不发生类似事件；人民团体和个人有请愿申诉之权利；受伤代表之医药费及各人之损失由政府支付赔偿；保证上海来京代表的自由及安全。中共代表团还给马叙伦等 8 位上海人民团体的代表写了慰问信，对他们"莅京请愿，不顾特务暴徒之威吓殴辱，坚持呼吁和平，反对内战，至诚至勇"的行为，表示感佩，同时对代表们的和平呼吁作出诚恳的答复：

中共对当前国事主张，要无条件停止内战，奠定长期和平，实施政协决议、整军方案，实现政治民主化、军队国家化，而致中国于统一富强之基。目前为争取长期停战，已作极大之让步，虽尚未获得协议，仍当与全国人民一致继续为和平而奋斗，不达目的，誓不休止。

中共代表团并请上海人民代表"以此意转达上海各界团体人士，并望再接再厉为实现和平民主而努力"。6月25日，毛泽东、朱德从延安打电报给马叙伦等，表示亲切慰问。电报全文如下：

> 南京周恩来同志转上海人民团体请愿代表马叙伦、蒉延芳、包达三、盛丕华、吴耀宗、张絅伯、阎宝航、雷洁琼、陈震中、陈立复诸先生公鉴：
>
> 先生等代表上海人民奔走和平，竟遭法西斯暴徒包围殴打，可见好战分子不惜自绝于人民。中共一贯坚持和平方针，誓与全国人民一致为阻止内战、争取和平奋斗。谨电慰问，并希珍重！
>
> 毛泽东　朱德①

另外，北平军事调停处执行部的中共代表叶剑英等，延安的陆定一，解放区晋冀鲁豫边区政府主席杨秀峰以及解放区文化界周扬、丁玲等，都打电报或写信慰问受伤代表；延安《解放日报》发表了《南京惨案》社论，揭露国民党反动当局残酷镇压人民的罪行；陕甘宁边区、晋绥解放区和张家口等地的各群众团体纷纷举行集会，一致声讨国民党的法西斯暴行，电慰和声援马叙伦等受伤代表。

在上海，一个声势浩大的抗议当局暴行、声援请愿代表的群众运动像火山一样爆发了。下关事件的第二天，上海人团联就发表宣言，揭露事件真相并谴责国民党政府罪行。同日，上海人团联还在上海国际饭店宴会厅举行记者招待会，陶行知用英语向驻沪的外国记者详细讲述了下关事件的经过，并向他们散发人团联的《宣言》。当天晚上，美国《大美晚报》（Evening Post）就作了报道；第二天在上海有较大影响的《字林西报》

---

① 中共中央文献研究室、中央档案馆编：《建党以来重要文献选编（一九二一——九四九）》第23册，中央文献出版社2011年版，第321页。

(*North China Daily News*)也在头版新闻报道了事件的详细经过。国民党当局封锁新闻的企图彻底破产。

民进也为下关事件发表宣言,向南京军警当局提出严重抗议,并致电慰问被殴伤诸代表及记者浦熙修、高集等。中国民主同盟上海支盟、民主建国会、九三联谊社、中国妇联上海分会、上海出版界同人联谊会、工人学生和平促进会、上海新闻界、上海工人协会、上海第三区百货职业工会、上海市学生争取和平联合会、小教联、东吴大学、之江大学、复旦大学、上海美专、上海文艺联谊会、上海各产业工会以及银行、商店、中学等都纷纷写信、发表谈话或宣言,抗议当局暴行,声援人民代表。广大市民群众和学生自愿为受伤代表捐献钱款和药品,形成了一个"和平献金"运动高潮。

除上海外,北平、天津、重庆、汉口、昆明、南京、苏州、无锡、杭州、嘉兴等各地的团体、群众也纷纷写信慰问马叙伦等代表,斥责国民党当局。平津新闻界还发起声援运动,誓作被殴代表的后盾,与凶暴者抗争到底。

中国共产党的热情关怀,全国各界人民的巨大声援,使上海赴京的请愿代表受到巨大的鼓励和支持,他们在南京积极活动,竭尽全力。6月24日,蒉延芳、盛丕华等到南京国民大会堂出席国民参政会,向参政会报告组织请愿之经过,并出示上海53个正式团体盖章的小册子,证明代表团确系上海人民委托。盛丕华并受权代表请愿团声明:得受伤代表同意,本相忍为国的精神,放弃法律起诉,以便促进和平,但是要揭露事实真相,以杜后患。25日,代表团未受伤代表在南京大陆餐厅举行南京市新闻界人士招待会,报告代表团来京的目的及抵京时在下关车站所发生的惨案经过。蒉延芳在会上重申:"为了和平我们不惜任何牺牲,被打伤的几位代表,他们不愿起诉,只希望能达成和平的任务。"受伤代表也在医院接受记者采访。马叙伦对记者说:"我这大的年纪怕死吗?只要死得有代价,我在死前能看到中国永久的和平!"26日,蒉延芳等拜访了冯玉祥、李济深、邵力子等人,感谢他们为处理事件及善后所做的努力。27日下午,代表团前往马歇尔公馆,向马歇尔陈述了上海人民的要求,并将上海南洋女中学生送给马歇尔的锦旗、上海各界群众的请愿书及代表团的备忘录交给了他。28 日下午，代表团大部分代表去梅园新村 17 号访问中共代表团，周恩来给予热情接待，并表示："中共一向主张和平，不愿打仗。倘若政治民主有保障，军事问题可以让步。"晚上周恩来设便宴招待代表。此时雷洁琼应邀赴蒋介石官邸与宋美龄晤谈，雷洁琼请宋美龄用自己特殊的影响力来阻止内战、促进和平。① 同日，黄延芳一人往见蒋介石，恳切反映民意说："以民间情形为工业危机、农村破产、饥饿满地、人民厌战。""再打内战，国家前途不堪设想。"他对蒋说："人民深恶战争，不要再见打仗。"并要蒋介石答复。蒋说："和平很有希望的，就是他打过来，我也不打过去。"事实上，蒋介石已于 6 月 26 日下达密令，向共产党的中原解放区发动全面进攻，全面内战正式爆发。

要真正制止内战，只能依靠全国人民的奋起。马叙伦在去南京之前，就强调这次行动"手段就是目的"，即通过广大群众推派代表晋京请愿和平的方式，达到发动群众奋起制止内战的目的。国民党当局制造了下关惨案，非但没有震慑人民的革命行动，相反更进一步激起了人民更大的愤怒。人民真正动员起来了。从这个意义上讲，代表们晋京请愿的目的已经达到。6 月 29 日，马叙伦等乘飞机胜利返回上海。

马叙伦回沪后在其寓所玻璃门上贴了如下告示：

> 伦等入京呼吁停战，业于前昨分别谒见蒋主席、周恩来先生、马歇尔特使，蒋主席答复："和平很有希望，即使他打过来，我也不打过去。"周恩来先生答复："绝对赞成和平。"马歇尔特使答复："我定要使中国和平实现。"知关锦注，略具奉告。伦伤创渐瘥，惟尚神经衰弱，不能多语，拟休息数日，再图答晤。劳劳感甚，特此志谢！
>
> 叙伦六月二十九日

---

① 卢沟桥事变爆发后，雷洁琼离开燕京大学，受聘为江西省地方政治讲习院的训导教师兼妇女干部训练班主任，期间她主持创办了《江西妇女》周刊、《江西妇女》月刊等刊物，并与邓颖超、宋美龄等有所交往。

代表团在南京被殴的凶讯传到上海后，上海人民在地下党的领导下，发起了"和平献金"运动，从6月下旬一直持续到7月上旬，共计10047980元。马叙伦、雷洁琼、阎宝航等写了一封公开信感谢各界人民，发表在1946年7月17日的《文汇报》上，全文如下：

> 敬启者：六月二十三日，叙伦等代表上海五十三个人民团体入京访调政府当局及中共代表、美国特使，不幸甫抵都门，即遭所谓"苏北难民"围击，致受创痛。乃承各地团体及中外友好，或驰函致问，或劳步相存，馈贶不绝，慰励有加。叙伦等虽勉成使命，实未获效果，心深惭悚，无以塞责！顾仍荷社会各方面矜其遇暴，勖其就医，先后赐致药饵之资，业由文汇报馆汇集交到。叙伦等接受之余，莫名感荷。惟是叙伦等病伤渐愈，敬此恳辞再此隆惠；至叙伦等医药所需，业已经各团体屏当讫事。兹将尊款移助上海人民团体联合会，用诸社会事业，以广仁风。特此声明，并致谢忱。
>
> 顺颂公安！
>
> 雷洁琼　马叙伦　阎宝航
三十五年七月十三日

六二三下关事件具有重大的历史意义。它撕下了蒋介石的伪装，教育了广大人民群众，使他们从根本上打破了对国民党政府的幻想，认识到只有自己行动起来，投入到反对内战的人民运动中去，内战才有可能制止；认识到中国共产党才是中国真正的希望所在。为了制止内战、争取和平，民进与上海人团联等一起，在中国共产党的影响和帮助下，成功地发起的"大革命以来上海的乃至全国的第一次声势浩大的群众运动"，在中国革命史上留下了光辉的一页。在下关事件中，马叙伦、雷洁琼等用鲜血为中国向何处去写下了醒目的路标，警醒和教育了人民。此后，民进和人团联更加自觉地接受党的领导，结成广泛的反蒋统一战线，使国统区内的爱国民主运动出现了前所未有的高潮。

第二章
投入爱国民主运动，参与建国大业

二、投入第二条战线的斗争

（一）全面内战的爆发和第二条战线的开辟

1946年6月26日，蒋介石集团悍然向共产党领导的人民军队和解放区发动军事进攻，全面内战爆发了。国民党用于进攻解放区的兵力总计为160万人，到10月底，共占领了解放区城市105座，气焰十分嚣张。与此同时，蒋介石集团进一步加紧了对国民党统治区人民的独裁统治。7月间，他们派出特务暗杀了著名的民主人士李公朴、闻一多；8月至10月，在上海，禁封了《民主》《周报》等一大批进步刊物；11月，国民党当局与美国签订了全面出卖国家主权的"新二十一条"——《中美友好通商航海条约》和其他一系列公开或秘密的丧权辱国的条约或协定，使国民党统治区形同美国的殖民地。他们还疯狂地镇压国统区的工人和学生运动，在经济上，滥发纸币，制造通货膨胀，残酷榨取劳动人民的血汗。就在国民党军队侵占张家口的当天，蒋介石公然撕毁政协的协议，悍然宣布将召开所谓的"国民大会"，企图以此使他的统治"合法化"。至此，蒋介石内战、独裁、卖国的真面目终于暴露无遗。

但是，蒋介石错误估计了人民的力量。在中国共产党"放手发动群众，团结一切可以团结的力量，建立最广泛的人民民主统一战线"的政治方针的指引下，解放区军民和国民党统治区内的广大群众奋起反击，蒋介石的美梦很快就被打得粉碎。在军事上，中国人民解放军根据毛泽东集中优势兵力、各个歼灭敌人的作战方针，节节获胜，使蒋介石的军事优势变成了劣势。在国民党统治区，蒋介石的法西斯独裁统治也遭到了广大人民群众空前激烈的反抗。他们从国民党的所作所为中看清了这场斗争不只是国共两党谁胜谁败的问题，而是几代中国人所要求的独立、统一、自由、富强的中国能否最终实现的问题。他们开展了广泛的轰轰烈烈的反蒋爱国民主运动。在城市，工人罢工、商人罢市、学生罢课；在农村，挣扎在死亡线上的农民揭竿而起，纷纷发动组织农民武装。国民党的后院从根本上发生了动摇。

随着解放战争时期历史进程的发展，毛泽东关于解放战争"两条战线"的论断也逐渐形成。第二条战线，是指国民党统治区人民的爱国民主运动。在解放战争时期，国民党统治区广大爱国学生、工人、市民及其他阶层人民，在中国共产党领导下，反对美军暴行，反对蒋介石政权的内战、独裁和卖国政策的爱国民主运动，相对于中国共产党领导的人民武装反对国民党军队的军事斗争战线，被称作第二条战线。毛泽东指出，中国境内已有两条战线。蒋介石进犯军和人民解放军的战争，这是第一条战线。第二条战线，就是国民党统治区内各阶层广大群众轰轰烈烈的民主运动。解放区人民解放军的胜利和蒋管区人民运动的发展，预示着中国新的反帝、反封建斗争的人民大革命毫无疑义地将要到来，并可能取得胜利。第二条战线的开辟和两条战线斗争的结合，形成了全国革命的新高潮。

民进积极参加了第二条战线上的斗争，为中国革命作出了积极有益的贡献。

（二）战斗在第二条战线上

1946年7月中旬，下关事件的阴霾未散，国民党特务又在昆明相继暗杀了著名民主战士李公朴和闻一多，这一新的暴行激起了全国人民极大的愤怒。噩耗传到上海后，民进立即与上海人团联、全国争取和平运动大会联合召开监理事联席紧急会议，发表《宣言》，强烈要求政府立即实行下列诸事：

一、全面停战，恢复和平；

二、履行四项诺言，切实保障人民自由；

三、执行政协五项协议及整军方案，成立民主的联合政府，召开民主的国民大会，制定民主的宪法；

四、取消一切特务组织；

五、由各党派共同组织调查委员会，彻查较场口事件以来一切暴行惨案的真相，严办祸首和凶手，并惩办负责的治安当局；

六、优恤一切死者，赔偿一切伤者的医药费及其他损失；

七、释放一切政治犯。

民进还向李公朴夫人张曼筠发出唁电，表示慰问，唁电原文是："阴霾蔽日，妖孽横行。骇悉公朴先生惨遭暗杀，陨我民主运动之巨星，殊深震悼。公朴先生仍万古，精神不死，同人誓循遗范，以慰英灵。"在商量祭悼李、闻烈士事宜的会上，马叙伦提议，李公朴不应国葬，因为他反对这个不民主的国家，也不应同盟葬，因为他不仅仅是属于民主同盟的，而应举行人民葬，因为他是为人民而死的。这一提议立即得到了大家的一致赞同。7月19日，为了向全世界揭露国民党的法西斯暴行，周建人、许广平、郑振铎、叶圣陶和郭沫若、茅盾等上海文化界知名人士联名向联合国人权委员会发出电函，要求联合国派调查团来华调查李、闻惨案。7月20日，郑振铎主编的《民主》第40期，辟出"敬悼李公朴、闻一多二先生"专栏，刊登了郭沫若、茅盾、郑振铎、叶圣陶、吴晗等的文章，《周报》《群众》等杂志也登载了马叙伦、周建人等的文章。马叙伦在《从李闻案谈到暗杀政策》一文中愤怒指出：用暗杀作为政治斗争的手段，"是国民党日薄西山的象征"，他痛斥国民党暗杀李、闻是"自掘坟墓"。他还说："我自然预备着接受一颗子弹，但是我也预备送还他一颗原子弹。"

10月4日，由中国民主同盟组织的有中国共产党、国民党代表及无党派人士、各界群众参加的上海各界追悼李、闻烈士大会在天蟾舞台隆重举行。马叙伦、王绍鏊代表民进参加大会主席团。10月6日，民进又与上海人团联、民主建国会、人民救国会等30个社会团体在静安寺公祭李、闻二烈士。中共代表团周恩来等亲自参加公祭。对死者的隆重悼念，是对反动政府的愤怒抗议，也是对生者的激励和鞭策。正如马叙伦所说："李公朴先生已经发出了太阳的光明，在照着我们前进。我们只有达到他的志愿，才是对他的安慰。"

正是在这一精神的激励下，民进全体成员以"预备死"的大无畏气概，同蒋介石反动派展开了英勇的斗争。

继续反对内战。1946年7月间，民进成员林汉达、郑振铎、许广平、柯灵、傅彬然等和上海文化界知名人士共200余人联名发表《上海文化界反内战争自由宣言》。7月23日，宋庆龄在上海发表反对内战独裁、要求成立民主联合政府并呼吁美国人民制止美国政府援助蒋介石政府的声明。7月27日，郑振铎在《民主》发表署名文章，盛赞宋庆龄的声明。8月18日，上海人团联等组织发表了由民进主稿的《对时局联合宣言》，指出内战已使"经济到了面临崩溃的前夜"，国家"已到了将要断气的时候"，《对时局联合宣言》警告国民党政府必须停止战争，"从政治上补过赎罪，再打下去，只是加重了过，加深了罪"。这期间，马叙伦、周建人、许广平等也相继发表文章，谴责国民党的内战罪行，强烈要求美国政府迅速改变支持中国内战的对华政策。1947年1月28日，在一·二八事变①15周年之际，上海各界3000人在八仙桥青年会举行了纪念大会。民进马叙伦、王绍鏊被推选为大会主席团成员。大会通过了《告国人书》，呼吁展开与一·二八时代形式不同而精神无异的爱国团结运动，要求美国迅速改变对华政策与撤退全部驻华美军和军政机构；要求国民党政府抛弃依赖外力政策，实现四项诺言。

反对伪国大、伪宪法和改组伪政府。蒋介石置政协决议于不顾，悍然宣布单方面召开"国民大会"的行径，激起了全国人民的强烈反对。蒋介石命令发出后，民进立即与中国民主建国会、上海人团联等17个人民团体，联名通电国民党政府，提出国民大会必须由改组以后的民主联合政府来召开，并强烈要求政府立即无条件地下令全面停战、坚决遵循政协的决议和程序来解决一切政治军事问题。但是蒋介石置若罔闻，不顾全国人民的反对，在美国特使马歇尔和大使司徒雷登的支持下，迫不及待地于11月15日在南京召开伪国大，并在12月25日通过了伪宪法。这部"宪

---

① 日本侵略者为了转移国际视线并迫使南京国民政府屈服，于1932年1月28日晚，突然向上海闸北的国民党第十九路军发起了攻击，十九路军在军长蔡廷锴、总指挥蒋光鼐的率领下，奋起抵抗。史称一·二八事变。

法"以国家根本法的形式"确认"了以蒋介石卖国独裁统治为核心的法西斯国家制度。"人民无权,政府有权;地方无权,中央有权;立法无权,总统有权即蒋介石一人有权"是这部"宪法"的基本核心,另外它还以"国家所有"之名,保证"四大家族"合法占有国家资源,用"尊重条约"来保障帝国主义在中国的特权。因此,这部"宪法"一出笼,立即遭到了全国人民和各群众团体的抵制和否认。12月31日,民进与民主建国会、工商协会、妇女节制会、中国妇女联谊会上海分会、九三学社等11个人民团体在上海发表《对一党宪法的联合声明》(以下简称《声明》),一针见血地指出,国民党"一党专政的政府"公布它"违反政协决议""破坏整个政府精神"而制定的所谓民主宪法,是"企图借此欺骗国内外不明真相的人士,并向美国继续取索军事的、财政的以及其他种种的援助,用以巩固自己的统治地位,继续扩大并延长战争,把人民送上死路,把国家送上绝道",对国民党的这种做法和企图,我们"表示坚决的反对,并愿与全国人民共同以行动制止这种反动企图的实现"。《声明》深刻地揭露了伪宪法的反动性,坚决主张:"立即停止战争,恢复和平,根据政协决议的精神和原则,重新召开'政协'会议,成立真正民主统一的联合政府,制定新选举法,实行全国普选,选举真正的国民代表,召开和平团结的国民大会,制定真正的民主宪法,以作全国人民及政府共同遵守的准绳。"

伪国大之后,蒋介石为装点门面,摆出了一副愿意实现和平的样子。1947年1月,上海市政当局唆使几个工商界的头面人物和一些参政员,在上海发起所谓的和平运动,替蒋介石摇旗呐喊。民进当即识破了这一阴谋,于2月2日发表《对于上海和平运动的宣言》予以无情揭露,指出国民党这样做是想蒙蔽一般人民的耳目,指出只有实现真正的民主的政治和经济,才能实现真正的永久的和平,而这种和平应是整个国家的完整的和平,和平的实现,权力操控在人民手里。

但是国民党依然一意孤行,4月间,他们把国民党的外围政学系、青年党、民社党的头目及某些无党派的政客拉入政府,给他们戴上了国府委员、部长的桂冠后，即宣称政府已经完成"改组"，已经"还政于民"，开始"三党宪政"。这些花招，丝毫掩盖不了他们政权的反动实质。4月25日，民进理事会发表声明，揭露并谴责国民党的所谓改组政府及其"施政方针"的反动性和虚伪性。

反对蒋介石的独裁统治。蒋介石在发动内战的同时，在国统区内不断制造白色恐怖，加强其法西斯独裁统治。1946年8月和10月，代表人民呼声的进步刊物《周报》《民主》相继被国民党当局查禁。民进领导人立即连续撰文表示强烈抗议。马叙伦先后写了《〈周报〉被勒令停刊了》《周报！总会有再会的日子》《民主是禁封不了的！》《民主还是封禁不了的！！》等文章，周建人、郑振铎、许广平、叶圣陶等也分别在《民主》《周报》《文汇报》等杂志报纸上发表文章。10月10日，马叙伦、王绍鏊、周建人、郑振铎、许广平、徐伯昕、董秋斯、柯灵、唐弢、冯宾符、罗稷南以及上海各界知名人士郭沫若、沈钧儒、茅盾、叶圣陶、柳亚子、梁漱溟、胡厥文、吴耀宗、史良、章伯钧、章乃器等39人联名发表文章，尖锐地指出政府在"加强实施登记管制"的幌子下禁封刊物，这是"扼杀人民的言论自由"，"我们愿意忠诚地奉告：人民的口是终归封锁不住的，文化是终归虐杀不了的"，文章呼吁"全体人民一致起来争取人民所应有的自由的权利"，充分表达了他们不畏强暴、斗争到底的决心。

1946年8月，上海有关当局密令各大中学校将参加6月23日反内战大会和示威游行的学生，以"行为不合"的罪名勒令退学。仅之江大学一校，"成绩单发下，应退学者200多"，这一卑劣行径，又一次激起上海人民的极大愤慨。许广平、周建人等相继在《民主》和《文汇报》上发表文章，强烈抗议政府当局无故开除学生、镇压学生运动，并呼吁教育界人士"不要为当前不死不活的教学生涯苟活下去，把教育者、教育家的真精神拿出来，正义之火举起来"。为了保障人民言论、出版、集会等基本自由权利，11月9日，民进和上海各界群众团体一起，在沪发起成立了"国际人权保障会"。马叙伦被选为该会理事。

第二章
投入爱国民主运动，参与建国大业

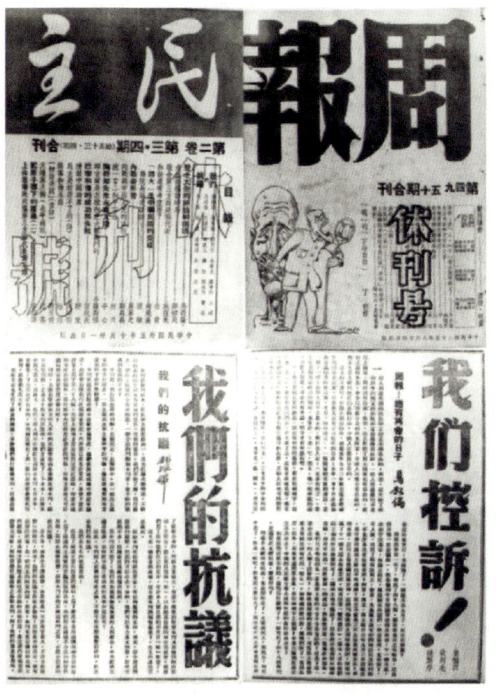

★ 《周报》《民主》休刊号。

1947年2月9日，上海政府当局又一次指使特务暴徒镇压群众运动，制造了震惊全国的二九劝工大楼血案。抗战胜利以后，美国以"援华"为名，行倾销剩余物资之实。上海市百货业职工为此发起"爱用国货、抵制美货"运动。2月9日，上海市第三区百货业工会邀请上海各界代表在南京路劝工大楼召开筹备大会，参加大会的有四五百人。大会刚开始，一群国民党特务、暴徒手持铁尺、榔头和手枪冲进会场，大打出手，百货业工会的梁仁达当场被暴徒打死，近百人被殴伤，参加大会的郭沫若、邓初民等也险遭不测。惨案发生后，民进立即与上海各人民团体组成二九惨案后援会，马叙伦、王绍鏊及沈钧儒、章伯钧、张絅伯等五人被推为后援会主席团，民进并发表《为"二九"惨案宣言》。2月15日，二九惨案后援会招待上海各界及新闻记者，报告二九惨案真相。马叙伦在会上发表演说，声明要把本案的是非辩明白，并彻底要求人权保障。18日，上海人团联发表了由民进主稿的《宣言》。《宣言》指出，"2月9日南京路劝工

61

大楼因提倡国货而发生的大惨案，无疑是反动派事前有计划有组织的行动","全上海的市民，全中国的同胞，都应当从这次劝工大楼的惨案中，认识今日上海统治者及中国统治者的反民主反人民的真面目"。《宣言》呼吁："我们大家今后要更紧密地手拉着手，一致团结起来，以人民自己的力量来提倡国货，保障人权，并争取和平民主的全部实现。"

反对美国政府的侵华政策和美军暴行。国民党准备和发动内战的过程，也就是把中国变为美帝国主义的独占殖民地的过程。国民党要发动内战，就必须取得美帝国主义的支持，为此不惜拍卖国家主权；而美帝国主义想扩张侵略势力，也需要傀儡政权，因此它乐于支援蒋介石进行内战。他们互相勾结，互相利用。

抗战胜利后，美国政府即奉行扶蒋反共的对华政策。日本一投降，蒋介石以接收敌占区为名，让美军替代日本占驻了青岛等处的海空军基地。作为交换，美国政府帮助国民党运送内战军队，同时向中国倾销战后剩余物资，在经济上为蒋介石输血。在经济援助的背后，美国政府从蒋介石那里索得了中国全部的航空权、长江等内河航行和沿海航行权。蒋介石和美国政府就这样狼狈为奸，把中国拖入了内战深渊，使中国沦为美国的殖民地。他们的行径，激起了全国人民的无比愤怒。民进也以积极战斗的姿态，投入了反对美国政府的对华政策、维护国家主权的爱国斗争。

马叙伦、周建人、郑振铎、许广平以及沈志远、梁纯夫、罗稷南等人接连在《民主》《周报》《文汇报》等报刊上发表文章，谴责国民党政府出卖国家主权，反对美国政府的对华政策，马叙伦在他的一系列文章中说："美国的对华政策，一是要把中国做成他对苏联战争的基地，二是要中国做他生产剩余的市场。"他们达到目的的手段是帮助国民党政府打中国共产党。马叙伦还指出：凡帝国主义没有不是侵略的，不过侵略的方式和技术有不同，方式有文化、经济或武力，技术有聪明、愚蠢、强硬、温和。现在美国对中国则是三种方式并用，强硬和"聪明"结合，"他利用帮助接受日本投降，得了契约上的保障，海陆空军都进入中国；利用租借法案，物质——包括武器输入中国；代为训练陆军、建立海军、组织空军，就把中国的海陆空军权都入了他的掌握；最近还订了价值八亿多的战时剩余物资卖给中国的契约，一方面帮助他在中国的武力加强，一方面还捞了本钱回去。这是从前清鸦片战争以后在中国被侵略史上最重要最惨酷的一页"。他指出，蒋介石"把外国军队请进来，就是引狼入室，就得负丧主权辱国体的责任"。他还说，美国政府和国民党反动政府签订的"不经过人民通过的种种明或密的条约，将来会和日本与袁世凯订的二十一条密约一样地遭到人民的否决"。马叙伦站在中国人民的立场上，疾呼："美军必须立刻退出中国！""外国军队驻在我们国内，是对我们国家的威胁，是我们人民的耻辱，我们为保护主权，维持国体，恢复我们国家新得的国际地位，我们必须立刻叫美军退出中国。"9月23日至28日，包括民进在内的上海人团联等十团体，为响应美国35个城市举行的"美军退出中国周"，先后举行招待会或座谈会，坚决要求美国撤退在华驻军。

但是，美蒋反动派为了各自的利益，毫无改辙之意，反而进一步加紧勾结。1946年11月4日，国民党当局和美国反动政府签订了新的丧权辱国的《中美商约》。根据这个条约，中国的领土、领海、领空主权，中国的经济、文化等各个领域全部都向美帝国主义开放，而且美国人在中国享有比中国人更多的优惠特权。这是历史上空前的卖国条约。中国人民坚决反对《中美商约》，把它叫作"新二十一条"，把11月4日叫作"国耻日"。13日，上海人团联发表对于《中美商约》的《声明》，坚决反对国民党政府签订的这一丧权辱国的新的不平等条约。国民党政府的卖国行径纵容了美军在中国土地上的为非作歹。他们在所驻之地耀武扬威，无恶不作。任意殴打枪杀平民，强奸妇女，抢劫财物，肆意践踏我国的法律法令。据不完全统计，从1945年8月至1946年年底的17个月中，美军在华暴行事件至少在3800起以上。全国各地不断掀起反对美军暴行的爱国民主运动浪潮。1946年12月24日，发生在北平的美国士兵强奸北大女学生的事件，使反对美军暴行的爱国民主运动达到了一个新的高潮。

12月29日，民进和上海人团联等11个党派团体，发表了抗议美军暴行的联合声明，愤怒指出"美军驻华以来，种种暴行，屡见不鲜。而且变本加厉，竟在北平强奸女生侮辱妇女，群情激愤，莫可言状"，"美军一日不去，暴行即一日不止"，强烈要求美军"立即退出中国，以平民愤而绝后患"。在北平燕京大学任教的雷洁琼，积极参加北平学生反对美军暴行的运动。12月30日，她在北大学生的集会上登台发表演说，抗议美军暴行，支持学生的爱国行动。1947年1月5日，马叙伦在《文萃》发表《美军在华暴行的责任》的文章，痛斥国民党政府与美国政府相互勾结、欺压中国人民的罪行。

国民党当局对全国出现的反对美军驻华、抗议美军暴行的运动十分恐惧，采取了高压政策。3月初，北京军政当局出动大批军警搜捕学生和进步人士，2000多人遭逮捕。南京、重庆、武汉、上海等地也相继发生类似情况，消息传来，民进理事会立即发表宣言，抗议当局的新罪行，要求政府迅速释放一切无辜被捕同胞，停止一切侵害人权自由的暴行，并表示全力声援各地被难同胞，团结各地力争人权自由的力量，扩大人民求生的自卫运动。马叙伦还发表《人权保障与保障人权》的专文，号召团结力量，争取人权，保障人权。反对美国政府的侵华政策和反对美军暴行的斗争，与反对蒋介石独裁政权的斗争融合在一起，形成了中国第二条战线斗争的一个新的高潮。

在积极投身第二条战线斗争的同时，民进作为一个政治组织，十分注重理论思考和总结经验以明确前进方向、制定方针策略，参加第一次中间路线的论战就是这一特点的体现。全面内战爆发后，国共和谈大门彻底关闭，曾以第三方面姿态出现的各民主党派不得不面对现实，思考今后何去何从的问题，于是"中间路线"的思想出现了。围绕中间路线，民主力量内部发生了一场深刻的讨论。这场讨论涉及面很广，各民主党派的代表人物都发表了意见，民进、民盟、民建等党派还在内部开展讨论，一些中间阶层的民主人士也参加了讨论。第一次中间路线论战的缘起，是由于1946年12月22日上海《文汇报》发表的一篇社论。这篇社论提出，在目前局势下，"第三方面的立场'没有中立，只有是非'"。2月，在民主党派内部出现了一种关于"中间派的政治路线"的观点，产生了较大的反响，因为它提出了一个各民主党派的定位和价值取向问题，即各民主党派是国共外的第三方面力量，各民主党派走的路应该是有别于现在国共之外的路。许多党派领导人及无党派人士纷纷就此或发表谈话或撰写文章，赞成者有之，反对者亦有之。于是，在爱国民主力量中间引起了争论，争论的实质，就是中国的革命应当由谁来领导，爱国民主力量应该依附于谁。

1947年1月，马叙伦发表题为《论第三方面与民主阵线》的文章，对"第三方面"和"中间路线"进行了深入的剖析。他指出，"第三方面"在本质上是不存在的。他说，现在"只有反民主的政府和民主的民众两方面，不能有第三方面"，我们应该"建立一个民主统一阵线，团结全国民主力量"，来进行争取民主的斗争，"我希望第三方面这个名词，跟着过去的事实而过去，不让它再为民主斗争的障碍"。3月21日至4月9日，民进理事李平心在上海《文汇报》连载论"第三方面"与民主运动的长篇文章，指出，提出中间的政治路线，"在理论上极易模糊群众的政治路线，教大家更迷惘，更困惑，并易于限制徬徨分子的进步的可能性"，同时它还会"涣散民主力量，使第三方面由歧途而走向孤立"，因此我们"不能不警惕"。他强调说，在民主与反民主对垒分明的今天，只有加紧"组成全国规模的民主联合阵线"才是我们争取民主斗争胜利的唯一出路。

马叙伦、李平心的两篇文章发表后，立即得到了广泛的支持和赞同。许多党派的代表人物和有影响的人士纷纷撰文发表意见，表示拥护。通过讨论，意见得到了基本统一，即政协路线不能成为"第三方面的中间路线"，第三方面只有赞成支持共产党的革命路线，向中共革命路线一边倒，继续与他们亲密合作才是正确的出路。时至1947年5月，国民党当局加紧了对各民主党派的压迫和打击。10月，国民党当局宣布民盟为非法组织。至此，这项持续半年之久的大讨论无法也不能进行下去——残酷的事实与讨论的结局都已经证明了所谓"中间路线"的失败。

在参加"中间路线"大讨论的同时，1947年2月9日，民进召开了第五次会员大会。由于环境恶劣，出席这次会议的会员仅39人，不到全体会员的五分之二。马叙伦、王绍鏊、许广平、周建人、严景耀、徐伯昕、朱绍文、李平心、柯灵、谢仁冰等出席了会议。陈巳生任大会主席。王绍鏊代表第一届理事会向大会作会务报告。他首先说明自六二三上海人民推举九代表赴京呼吁和平，举行反内战大游行后，"政府对于民主运动之压迫加剧，本会及团联（即上海人团联）进行工作自增困难"，本应召开的会员大会屡次受阻，这次得到马寅初先生帮助才得以召开，但终因环境险恶，会员不能全部参加。所幸理事会工作不曾间断。接着，他全面总结了自上次大会之后理事会在组织和行动方面所开展的工作。

严景耀作国际形势报告，指出："就整个国际形势来说，无论从世界规模的两条阵线的斗争，或是从美帝国主义者与中国反动势力的关系变化看，对于中国人民的新民主解放运动是提供了空前有利的条件的，中国人民应把握住这一有利时机和这种有利条件，加强自身的团结，勇敢地向着新民主解放的道路迈进。"马叙伦向大会作了国内形势的报告。与会会员对理事会的工作报告和国际国内形势报告进行了认真讨论，对理事会的工作给予了充分肯定，对今后一段时间的斗争方向和任务达成了共识。大会选举马叙伦、王绍鏊、许广平、周建人、陈巳生、李平心、徐伯昕、严景耀、朱绍文九人为理事，柯灵、郑振铎、蔡尚思、余之介、董秋斯为候补理事。因严景耀即将离沪，大会当即决议由柯灵替补为理事。大会并讨论了今后民进的行动原则和自身建设问题，大会认为，由于环境恶劣，会员大会不易召集，理事会也不能常与会员联系，故以后活动分小组进行，由各理事分头召集，每月一次。大会要求理事会积极争取同人意见，以为工作进行之依据，同时希望各同人多贡献意见，以便通声气而利工作进行。大会还批准了理事会关于发展新会员以加强本会力量的提案。2月28日，第二届理事会召开第一次会议，推举马叙伦、王绍鏊、许广平为常务理事，并通过了组织机构和人事安排，任命谢仁冰为秘书处主任，宓逸群、黄国光为秘书；陈巳生为联络处主任，金孟为干事；李平心为宣传处主任；陈巳生兼任财务委员会主任；周建人为研究委员会主任；徐伯昕为出版委员会主任。

第五次会员大会是一次重要的会议,它是在民进经过了实际斗争考验后召开的。这次会议总结了一年多的斗争经验,明确了方向和任务,选出了新的领导,作出了行动原则和自身建设方面的重要决定,对发展以后的斗争具有十分重要的意义。

(三) 白色恐怖时期转入地下

全面内战爆发后,国民党政府的军费开支数额占到财政支出的一半以上,巨额赤字不得不依靠发行货币来弥补。国民党政府1947年的法币发行量达30多万亿元,比1945年抗战结束时增加25倍,这样做的结果是导致恶性通货膨胀,物价飞涨,民不聊生。国家经济面临总崩溃,民族工商业大批倒闭,农业生产大幅度下降,失业人数陡增,公教人员的生活陷入绝境。国民党政府还加强对各阶层人民的层层盘剥,苛捐杂税多如牛毛。为了取得美国的支持,国民党政府不断签订卖国条约。国民党统治集团的内战卖国政策导致了极其严重的后果,它自身已经陷入严重的政治、经济危机之中。

哪里有压迫,哪里就有反抗。国民党政府的倒行逆施激起了广大群众的强烈愤慨,各爱国民主力量的团结联合斗争,沉重地打击了国民党集团的反动气焰,引起了当局极大的恐慌。国民党集团为了维护它在国统区内的封建法西斯专制统治,疯狂镇压人民群众,不断制造白色恐怖,他们决定向民主党派开刀。1947年5月2日,国民党当局公然宣称中共"以民主同盟、民主建国会、三民主义同志联合会、民主促进会四大基干层作号召","准备利用一切机会去动员……力量",进行反政府的活动。第二天又在《中央日报》发表所谓政治观察家的评论,说"素以独立、和平、合法自诩之民主同盟及其化身民主建国会、民主促进会、三民主义同志联合会等团体,其组织已为中共所实际控制,其行动亦系循中共意旨而行",他们所倡导的民主统一战线,"亦为受中共之命,而准备甘为中共之新的暴乱工具"。5月4日,国民党中宣部向各地发出训令,要各地

"揭露"民盟、民进、民建等人民团体的所谓"共产奸谋",并称"民盟……连同其化身之民主建国会、民主促进会、三民主义同志联合会等团体,实为叛党之干部,一切行动均听命于中共",发出了有计划迫害民主党派团体和爱国民主人士的信号。

民进和民盟、民建等对国民党的谰言立即给予揭露。国民党发出高压信号的第二天,适逢民进招待各民主团体讨论时局和民主运动情况。出席招待会的有民盟沈钧儒、罗隆基,民建黄炎培、胡厥文,三民主义同志联合会谭平山、许宝驹,人民救国会史良、沙千里,农工民主党章伯钧,国际人权保障会吴耀宗以及马叙伦、王绍鏊等。大家一致表示要联名向国民党当局提抗议,同时致书国民党总裁与各国使节,声明立场。后来考虑到如果各团体联名,则很可能中敌人圈套,因此四团体决定,由各团体各自发表宣言。5月9日,民进召开理事会议,讨论向国民党抗议事。12日,《文汇报》发表中国民主促进会《致张院长(岳军)公开书》,揭露国民党"创此罗织周密之计划,对人民组织有力之民主团体,作一网打尽之企图,以遏制民主运动之生长,其目的首在对付上海之前文所列各民主团体(即指民盟、民建、民进、三民主义同志联合会),而并威胁一般趋向民主之民众"。这封信无情鞭笞,正气凛然,表明了民进为争取民主不惧威胁恐吓乃至迫害的坚强意志。

针对国民党法西斯独裁的日益加剧,中国共产党在1947年2月及时对国统区工作发出指示,指出党"应扩大宣传,避免硬碰,争取中间分子,利用合法形式,力求从为生存而斗争的基础上,建立反卖国、反内战、反独裁与反特务恐怖的广大阵线",为国统区的爱国民主运动指明了前进的方向。与此同时,各民主党派通过"中间路线"的讨论,也明确了爱国民主运动只有以共产党的目标为目标,实行一边倒的政策才有出路的道理。因此,国民党的重压政策,非但没有吓退国统区各民主党派和广大群众,相反激励他们以更大的勇气和决心投身战斗。民进在国民党的高压下,不畏强暴、不怕牺牲,义无反顾地投身于爱国民主运动。

声援学生运动和群众反内战运动。1947年5月4日,上海学生纪念五

第二章
投入爱国民主运动，参与建国大业

四运动28周年，举行反内战、反饥饿示威游行，遭到国民党军警镇压，各校的学生立即罢课，掀开了全国学生运动的序幕。马叙伦、许广平在《文汇报》分别发表《中国现代青年之路》和《新五四运动》的文章，高度赞扬学生们的革命行动。5月15日，全国学联在上海成立，开始酝酿举行全国性大示威。在学生运动的推动下，上海工人、教师、职员等各阶层群众也参加到反内战、反饥饿运动的行列中去。5月9日，上海丝织业10000多名工人举行示威游行，反对物价高涨；电业、水力、纺织工人以及电信局职工开始罢工；12日，上海百货业职工举行游行，抗议政府蓄意哄抬物价，鱼肉百姓；17日，上海大中小学教师，参加到反饥饿、反内战、反迫害的斗争中去。蒋介石对这一局面十分害怕，下令采取高压手段进行镇压。5月18日，国民党当局颁布《维持社会秩序临时办法》，严禁工人学生罢工、罢课、集会和游行示威，公开指使军警特务使用暴力对付群众运动。面对蒋介石的法西斯行径，民进挺身而出，于5月20日，发表《对和平运动的意见》，代表广大人民群众争取和平民主的普遍要求，谴责蒋介石挑起内战和镇压群众的罪行。

就在民进发表《对和平运动的意见》的当天，国统区内又发生了国民党武装军警残酷镇压学生的五二〇血案。血案发生后，学生运动进一步发展为全国性的反饥饿、反内战、反迫害运动，这一运动席卷武汉、重庆、广州、杭州、长沙、昆明、福州、南昌、桂林、济南、开封、沈阳等60多个大中城市。消息传来，民进在《对和平运动的意见》一文的末尾添上了这样一段话："属稿才完，得到首都学生游行，军警出动阻止，竟酿成流血的不幸消息，同人非常愤怒。更信非有爱好和平的广大人民团结起来，一致呼吁和平不可。倘忍令青年学生身冒锋镝，而无动于衷，结果将不堪设想。"第二天，马叙伦、王绍鏊、许广平又与在沪的其他民主党派领导人张澜、沈钧儒、柳亚子、谭平山、朱蕴山等17人举行紧急会议，讨论支持学生运动事宜，接着，周建人、李平心、叶圣陶和傅彬然等在《文汇报》分别发表《关于忍受的限度》《学潮平议》《我们对于最近学生运动的意见》等文章，声援学生运动，谴责国民党当局的野蛮行径。

痛批国民党当局封堵人民口舌。5月下旬,国民党上海市当局以妨碍军事、希图颠覆政府等罪名,悍然勒令忠实报道学生运动消息的《文汇报》《新民报》《联合晚报》三家报纸停刊,企图封住人民的口舌。面对这一严重局面,民进立即作出强烈反应。5月28日,民进理事会召开紧急会议,商讨对策。会议决定:一是立即在全市范围内发动对三报馆同人慰劳金捐集运动,以策励报馆职工的斗志、挫败当局的阴谋,同时委托王绍鏊、李平心代表民进慰问《文汇报》《联合晚报》《新民报》三报同人,请李平心拟函稿,鼓励他们要以不变态度争取光荣复刊;二是发动全国教授,行动一致地支援学生运动,同时决定本会向这次学运捐款200万元,派员慰问学运受伤同学;三是就当前的和平问题、学潮、三报馆事件向政府提出严重抗议。这一决定得到了上海人团联的坚决支持。

5月29日,由民进主稿、以上海人团联署名的《对最近时事宣言》(以下简称《宣言》)公开发表。《宣言》代表上海68个人民团体、40万群众严正提出要求和平的八项主张,严正宣称,我们的和平要求是代表着除少数特殊阶级以外的一切人民,是人们心底的呼声。《宣言》指出,青年,尤其是青年的学生,是我们的子弟,是国家下一代的主人,我们不能看着他们在铁棍、钉棒、皮带、刺刀、子弹、手铐底下生活。《宣言》说,用共产党来作罪名捕杀人民或青年学生,这种手段太老式、太不合时宜了,因为人民已经明白了共产党是什么。这次学潮,是政府逼的,它的背景就是整个社会和国家的不安和危机,它的策动势力就是人民的爱国赤忱。对于《文汇报》《联合晚报》《新民报》三家报纸被封事件,《宣言》提出强烈抗议,提出我们要保障做人的权利,首先要有身体、言论、出版、集会、结社的自由。政府把真正能替人民说话、传达人民的意见的《文汇报》等报,以莫须有的罪名,勒令停刊,这是扼住人民的喉咙,不许人民说话,因此我们绝对抗议中央和地方军政当局的这种无理决定。我们还要抗议政府颁发的《维持社会秩序临时办法》。《宣言》最后要求政府立即释放被拘捕学生和一切因政治性被拘捕的人民,立即恢复全国一切因政治性被封闭的刊物。

第二章
投入爱国民主运动，参与建国大业

1947年夏秋，国内战场形势发生了根本变化，人民解放军由战略防御转入战略进攻，将战争引向国民党统治区，国民党军队则由进攻转为防御，蒋介石开始走上全盘覆灭的道路。但是，国民党不甘失败，还在垂死挣扎。7月4日，国民党政府悍然颁布《国家总动员案》，下达《戡平共匪叛乱总动员令》，把国民党统治区内广大人民群众的爱国民主运动，统统作为是共产党的"叛乱"，直接出动宪兵、警察并配备机动军队进行镇压。7月19日，又明令公布《动员戡乱完成宪政实施纲要》，随后又颁布《后方共产党处理办法》《戒严法》等一系列反动法令。仅1947年10月，上海、杭州、北平等8个城市就有2100余人惨遭杀害，全国被列入黑名单的竟达6万人。国民党当局还把矛头直接对准各民主党派，欲置之于死地。《动员令》颁布后不久，国民党即训令其组织对民主同盟、民主促进会和三民主义同志联合会实行对上层分子"暂时容忍敷衍"，对其余中下层人士则"不必客气"，只要发现，不问其情由如何，"一律格杀不论"的政策。一时间乌云密布，白色恐怖甚嚣尘上。为了避免不必要的损失和牺牲，民进决定暂时隐蔽，转入地下活动，同时逐步实行力量转移，易地继续战斗。

1947年7月下旬以后，民进减少了在公开场合组织群众斗争的活动，而是分组活动，化整为零，继续宣传群众、教育群众、鼓动群众。他们或者到工厂学校向工人学生秘密报告形势，或者编印各种宣传提纲通过会员个人向各阶层群众散发。在形势报告或宣传提纲中，他们详细地报告国内外的真实情况，指明当前的斗争目标，提出实现目标的手段，鼓励大家斗争。

自1947年8月之后，国民党想各个击破民主党派的企图越来越明显。上海的各民主党派和团体认识到，各民主党派团体必须团结起来，结成一个整体，才能有效地对抗国民党政府的阴谋。于是民进和民建、民盟在沪机构及三民主义同志联合会等党派团体，在1947年9月至10月间，曾着手组织"民主运动联席会议"。但是，10月29日国民党政府悍然宣布民主同盟为"非法团体"，明令"严加取缔"后，国统区白色恐怖愈趋严重,"民主运动联席会议"也因此被迫流产。

国民党当局把矛头指向民进和其他民主团体,公开诬陷马叙伦等在沪组织民主运动是"适应"共产党的需要,有意扩大事态反对政府。马叙伦洞悉国民党的阴谋,大义凛然,于10月30日给家人预立遗嘱说:

> 余如遭逮捕,必无幸生。求仁得仁,无所归怨。余虽不见夫己[①]之亡,汝曹必能见之,则犹吾见也。余之遗体,若为毁弃,不必寻求。皮囊盛血,本无足珍。苟得见归,即付诸火,期于悉成灰烬,播散海陆。汝曹欲寓纪念,可于吾母墓前立石,仅足书姓名,勿事增华也。

11月1日,马叙伦又致函国民党行政院长张群,怒斥国民党对他的诬陷和镇压人民的暴行,指出"方今事变日亟,政府宜以百姓心为心,察人民之好恶,戒前代之覆辙",并郑重声明:"至伦立身,本末不移,贫富威武,无动于衷,达观早成,生死一致。自今以拥疾之躬,待命陋巷之内,捕杀不辞,驱胁无畏,穷以私剑,投诸浊流,皆系于政府,于伦无与焉。"马叙伦置生死于度外,作好了为革命献身的准备。他的铮铮之言不仅是他个人意志的表白,也是中国民主促进会全体会员的共同誓言。

当时在北平燕京大学任教的严景耀、雷洁琼夫妇,也对国民党镇压民主党派、民主人士的罪行作出强烈反应。他们和许德珩等北京大学、清华大学、燕京大学的47名知名教授,在北平《新民报》联名发表《我们对于政府压迫民盟的看法》,指出政府"对于一个持异见的在野政团如民盟者横施压迫、强加摧残,这是不民主、不合理而且不智的举动","稍有批评,遽谓之'乱',又且从而'戡'之,试问人民的权利何在?人民的自由何在?"

中国共产党对在国统区白色恐怖下进行无畏斗争的民主党派和民主人士的安全十分关注重视,1947年5月5日也就是在国民党对民盟、民进等

[①] 夫己,语出《左传》:齐公子元不顺懿公之为政也,终不曰公,曰"夫己氏"。意为不欲指其人也。此处是指蒋介石。

第二章
投入爱国民主运动，参与建国大业

发出高压信号的第二天，中共中央就及时指示地下党组织"要保护我党及民主进步力量"，"一切要从长期存在打算，以推动群众斗争，开展统一战线"。在国民党勒令解散民盟并准备打击迫害其他民主团体和爱国民主人士这一紧要关头，1947年年底，地下党又及时帮助马叙伦、王绍鏊、徐伯昕等人秘密撤出上海转抵香港，保护了民进重要的领导力量。在此之前林汉达已于1946年8月由上海经大连转抵东北解放区，并在1947年6月担任了东北解放区辽北省教育厅厅长。雷洁琼、严景耀夫妇也分别于1946年9月和1947年2月离开上海抵达北平。

部分领导人撤离上海后，留在上海的常务理事许广平、理事周建人、柯灵及候补理事郑振铎等，继续领导民进成员在白色恐怖下坚持斗争。1948年春夏，为争取生存，全国各大中城市的学生教师率先行动起来，开展了反饥饿、反迫害的各种斗争。1948年3月，与民进有密切联系的小教联，在理事长葛志成的带领下，联合了上海市中等教育研究会，掀起了一场全市规模的"上海市各界抢救教育危机"的斗争。周建人以学生家长身份参加了这场斗争。6月28日，小教联等团体又引导这场斗争朝反饥饿、反迫害的方向发展，在葛志成带领下，1000多名教师上街游行示威，抗议国民党对教育界的饥饿压迫政策，教师们冒雨静坐街头27小时，迫使当局答应了全部条件。这一斗争得到了北京、天津、南京、成都等地师生的积极响应。这场斗争后，小教联、中教会的一些主要骨干被列入国民党宪警的黑名单。11月，葛志成等接到组织通知，撤离上海经镇江进入苏北解放区，后辗转抵达华北解放区。

在沪的民进成员积极参加了声势浩大的反对美帝扶助日本的运动。5月，上海学生掀起大规模的反对美国扶助日本恢复经济和侵略势力，抗议美政府侵华政策的斗争。许广平应邀到大学为学生作演讲，鼓舞学生斗志。6月4日，美国大使司徒雷登在南京举行记者招待会，否认美国扶助日本，并对我国人民的抗议进行恫吓。第二天，国民党政府发表声明制止群众的反美扶日运动并派大批军警镇压学生，因而引起了各民主党派和全国人民的更大愤慨。周建人、郑振铎联合上海文化界人士114人发表了

《正告美大使书》，指出我国的反美扶日运动"是民气昂扬、舆情激愤的具体表现，完全合情合理"，他们正告司徒雷登：我国的"独立主权不容任何人侵犯，爱国自由不容任何人干涉"！许广平与史良、胡子婴等联合上海妇女界知名人士300余人发表声明，对司徒雷登训斥中国人民爱国行动的霸道嘴脸和无耻行径提出最严重的抗议。

1948年秋，形势益发严峻，国民党的假民主面目已彻底暴露，许广平的"鲁迅夫人"身份已难以保障她的安全。地下党的领导方方、潘汉年、连贯等和已达香港的马叙伦慎重地安排了许广平由陆路离沪的方案。组织委派吴企尧以随从的身份一路护送许广平母子，从上海出发辗转到达香港。

1947年年底前后，国内一些民主党派团体的负责人和知名爱国民主人士纷纷撤至香港，利用香港的特殊环境，坚持与蒋介石集团继续斗争。香港成了民主人士汇聚的中心和反对蒋介石反动统治的又一阵地。

1948年元旦，马叙伦抵达香港。第二天，在港民主党派及文化、工商各界人士在金陵大酒家举行团拜典礼，并欢迎马叙伦自沪来港。参加典礼的有柳亚子、沈钧儒、彭泽民、谭平山、陈劭先、朱蕴山、王绍鏊、陈其尤、方方等100多人。

当时由于在港的民进会员不多，马叙伦、王绍鏊、徐伯昕就与李济深、沈钧儒、章伯钧、郭沫若、马寅初等民主人士联系，以星期聚餐会的方式，座谈国内形势，商讨斗争策略。同时马叙伦以其犀利的笔锋，继续撰写文章，揭露、抨击国民党罪行，宣传、歌颂共产党政治主张，鼓舞、激励群众斗志。后来去港的民进会员逐渐增多，同时又吸收了当地部分文化界民主人士加入组织，民进在港的活动就逐渐活跃起来。

抗议国民党签订卖国条约。1948年年初，美国总统杜鲁门和国务卿马歇尔向美国国会提出援华法案，进一步支持蒋介石扩大内战，国民党则继续出卖国家主权，与美国签订《中美海军协定》等不平等条约作为回报。这又一次激起了全国人民反美浪潮的高涨。民进在香港也积极投入斗争，2月3日，民进和民革、民盟、农工、致公等党派一起，在香港联合发表《不承认卖国条约》声明，24日，马叙伦在《华商报》发表《中国人民不会再受骗》的文章，深刻揭露美国侵华政策的本质，正告美国政府不要再用这种手段来欺骗已经觉醒了的中国人民。

揭露"新的第三方面"的反动实质。美蒋反动派为阻挠中国革命的顺利前进又制造阴谋，在北平策划成立了"社会经济研究会"，扶植所谓"新的第三种势力"，企图以此对民主党派进行分化、破坏。其实，所谓"新的第三种势力"实际就是已被各民主党派认清了的"中间路线"，这在民盟、民革、民建、民进、农工、致公等党派中早已没有市场了。1948年2月26日，马叙伦在《华商报》发表《揭穿和谈阴谋》的文章；3月3日，沈钧儒、谭平山、马叙伦、郭沫若、邓初民、侯外庐、邵荃麟等，以《"和谈"阴谋与"自由主义"》为题，在《华商报》举行座谈会，集中批判"自由主义"运动和"中间路线"，揭露抨击美蒋反动派的"和谈阴谋"。马叙伦在会上作了题为《争取中层工商界，共同打击这个阴谋》的发言。《华商报》还开设《"社会经济研究会"的批判》专栏，揭露"新的第三方面"的反动实质。马叙伦在专栏中先后发表了《平沪的教授们不要上当!》《这救得了南京独裁政权的命?》等文章，指出所谓"社会经济研究会""新的第三方面""中间路线"都是一条线上来的，他奉劝被蒙蔽的知识分子应悬崖勒马，早点退出。

声援反饥饿、反迫害、求生存的斗争。1948年4月，北平、天津、上海等地方大专院校的广大教师学生掀起了大规模的反饥饿、反迫害、求生存的斗争，遭到当局的残酷镇压。4月20日，马叙伦发表《我们该大踏步前进》的文章，愤怒斥责国民党新的罪行。4月25日，民进从香港致电平津学生表示慰问。翌日，马叙伦、王绍鏊等又与在港民主人士百余人联名致电慰问平津教授学生。

抨击伪国大。1948年3月29日至5月1日，在美帝国主义的全力支持下，国民党在南京召开了丑态百出的所谓"行宪国大"，选举蒋介石为"总统"，李宗仁为"副总统"。这一自导自演的把戏，理所当然地遭到全国人民的坚决反对和否认。4月26日，民进在香港发表《宣言》，对国民党操纵选举产生的所谓总统、副总统和伪国大的一切决议及未来的伪政府和伪政府的一切行为，表示一概否认。

民进自成立之日起，就带领全体会员为寻求中国的民主和平统一进行不懈的努力，起了积极作用。广大民进会员认识到，对窃有国家政权、得到美帝国主义全力支持、武装到牙齿的国民党反动集团，是不能靠文章、口号打倒的。中国人民要取得革命的胜利，只有在共产党的领导下，走武装夺取政权的道路。各民主党派包括中国民主促进会在内，也只有紧紧团结在中国共产党的周围，依靠共产党的伟大力量与正确领导，才能真正实现自己的政治理想，在全国实现真正的民主和平。

1948年4月21日，中国人民解放军收复革命圣地延安，消息传来，民进为此感到欢欣鼓舞。23日，民进首席理事、上海人团联对外代表马叙伦为延安重光，驰贺毛泽东，全文如下：

毛润之先生：

往昔共事北大，相交失臂，遥念风采，倍增倾企。先生领导人民，卅年奋斗，解悬拯溺，所至欢迎。兹闻延安收复，殊慰喁喁。民赋瞻寒，宇内动色。自此义蠢所趋，人情归如流水；逆势自消，余烬扫于指顾。世界和平，待吾国奠其基础；人类解放，实吾人肩其任务。用申贺忱，并勖努力，为国加餐，不胜奉曲。

马叙伦

这份贺信，充分表达了民进对中国共产党及其领袖毛泽东的倾慕敬仰之情，同时也充分体现了民进愿意跟中国共产党走的坚定决心。

三、响应中共中央"五一口号"

（一）庄严宣布团结在中国共产党周围

进入1948年，中国国内的形势发生了巨大变化。中国共产党领导的人民解放军和解放区在军事、政治、经济等各方面都取得迅猛发展，随着人民解放军的节节胜利，国民党统治区内的人民爱国民主运动也不断高涨，这一切预示了蒋介石政权的全面覆没已经为期不远了。

为了进一步孤立蒋介石反动集团，团结一切人民革命力量，将革命进行到底，中国共产党于1948年4月30日发布了具有重要历史意义的《纪念"五一"劳动节口号》（即"五一口号"），共23条。其中第五条提出"各民主党派、各人民团体、各社会贤达迅速召开政治协商会议，讨论并实现召集人民代表大会，成立联合政府"。在此之前，1947年10月10日，中国共产党就通过《中国人民解放军宣言》，向全国人民发出了"打倒蒋介石，解放全中国"的伟大号召，并提出了联合工农兵学商各被压迫阶级、各人民团体、各民主党派、各少数民族、各地华侨和其他爱国分子，组成民族统一战线，打倒蒋介石独裁政府，成立民主联合政府的主张。"五一口号"是中国共产党在中国革命的关键时刻，向全国人民提出的彻底摧毁国民党反动政权、夺取新民主主义革命胜利，建立真正民主的联合政府新政权的行动纲领，也可以说，是中国共产党的开国动员令。

为了做好陆续转移到香港的民主党派人士的工作，中共设立了香港分局，隶属于中共上海局。当时负责香港分局工作的是乔冠华、方方、潘汉年等。5月2日，中共香港分局向在港的民主党派和无党派人士通报了中共中央的"五一口号"，与会者无比欢欣鼓舞。民进在斗争的实践中已经深刻认识到：中国共产党是真正代表人民根本利益的，是为人民的利益而奋斗的；只有紧跟共产党，中国才能实现真正的民主和平，人民才能真正自强幸福，民进为之奋斗的目标才能真正达到，因此"五一口号"一发表，民进就立即表示坚决支持和热烈拥护。5月5日，马叙伦、王绍鏊和民革、民盟、致公、农工、救国会、民促、民联等团体领导人李济深、何香凝、沈钧儒、章伯钧、陈其尤、彭泽民、李章达、蔡廷锴、谭平山以及无党派代表郭沫若等在香港联名致电中国共产党主席毛泽东并转解放区全体同胞，积极响应"五一口号"，称赞这是"适合人民时势之要求，尤符同人等之本旨"，表示要和共产党一起"共同策进，完成大业"。同日他们还通电国内外各报馆、各团体并转全国同胞，指出共产党的"五一口号""事关国家民族前途，至为重要"，呼吁全国人民响应这一号召，迅速集中意志，研讨办法，以期根绝反动派，实现民主。

1948年5月24日，民进还在香港《华商报》上单独发表《宣言》响应"五一口号"，庄严宣布：本会对于中共的"五一口号"，以十分的兴奋心，同意其号召，并望中国的民主党派，人民团体，社会贤达，起而响应，共同奋斗，使新政治协商会议及早召开，进而有步骤地实现召集人民代表大会，成立民主联合政府。这个《宣言》是民进重要的历史性文件。它首次公开庄严宣布民进要团结在中国共产党的周围，参加共产党领导的爱国民主统一战线，为彻底反对帝国主义、封建主义、官僚资本主义而奋斗。这是民进在中国"光明与黑暗，生存与死灭，中间没有任何第三种路径可循进的"斗争实践中作出的正确抉择，它标志了民进在中国革命过程中一个质的变化。

（二）在香港进一步开展活动

中共"五一口号"发布后，民进开始同时承担在第二条战线上继续同国民党政权进行斗争和与中共及其他民主党派亲密合作，积极筹备新政治协商会议的双重任务。在第二条战线方面，留守在上海的民进会员，在国民党的重压统治下，继续同反动政权进行面对面的斗争。在香港，由于成员较少但环境相对自由，民进采取了和其他民主党派、人民团体联合战斗的形式，公开同国民党进行斗争，同样表现了高昂的斗志和活跃的姿态。当时民进主要集中在三个方面开展活动。

反对美国政府援蒋扶日的对华政策，揭露美蒋反动派的阴谋。1948年6月初，美国驻华大使司徒雷登公然否认美国扶植日本、国民党，制止和镇压人民群众反美扶日运动的行径激起了在港各民主党派和爱国民主人士的强烈谴责。6月7日,马叙伦、王绍鏊与李济深、何香凝、沈钧儒、章伯钧、谭平山、陈其尤、郭沫若等在《华商报》头版联名发表《反美扶日宣言》,痛斥司徒雷登的谬论,指出"美帝国主义欲奴役我中国,全力支持反动势力,以华制华。顾因诡计未易实现,乃复扶植日本复兴",这种"借刀杀人,暴戾如狂"的行为,已"举世共见",赖是赖不掉的。28日,马叙伦又与学术工作者一起联名发表《正告美国大使》的声明,谴责美帝国主义的对华政策。在纪念九一八之际,民进以《警惕国人,新"九一八"又来临了》为题发表谈话,抗议美国政府扶持日本军国主义复活,呼吁全国人民"更加

★ 1948年5月24日,民进单独发表宣言,热烈响应中共"五一号召"。

团结起来,更坚决和人民的革命力量站在一起,共同努力奋斗,争取中国人民革命的最后胜利,把日本战犯和国内战犯一起交给人民去审判"。10月22日,民盟、民革、民进、农工、致公等民主党派,联名向联合国大会提交控诉书,在世界人民面前揭露美帝国主义自二次大战以来的侵华罪行,指出"美国政府利用蒋介石政府的腐败和中国的内战,来一步步遂行其内部去占领的政策",其手段就是和蒋介石政权订立不平等条约,以此去"敞开中国的大门","压杀中国的民族工业和商业","侵略中国主权的完整","打入中国的政府内部",从而达到"侵略中国,使中国殖民

地化"的目的。"美国政府的这种侵略政策，是在防共反共的口号之下进行的"，"但是，在我们中国人民看来，中国共产党给农民以土地，实行保护工商业，执行劳资两利的政策这是适合人民的要求的"，"今天中国所进行的内战，乃是中国人民反对独裁的革命战争"。民进等民主党派在世界人民面前，高度称赞了中国共产党的政策，并郑重声明："南京政府派出的王世杰为首的中国代表团，没有资格代表中国人民说话。"民进在这场反对美帝国主义侵华政策的斗争中，态度坚决，旗帜鲜明，表现了强烈的民族自尊和历史责任感。

继续揭露和谴责国民党独裁政府的罪行。1948年7月中旬，国民党政府在南京又残酷地杀害四名无辜群众。7月18日，马叙伦、王绍鏊等民主人士联名在《华商报》发表文章，控诉独裁政府屠杀人民的罪行。19日，马叙伦发表《蒋管区的同胞应该起来制止独裁者的罪行》，号召国统区人民自觉行动起来，为推翻南京独裁政权而斗争。国民党集团为进一步掠夺广大劳动人民的财产，于8月19日发布了一个《财政经济紧急处分令》（以下简称《紧急处分令》）（即所谓"改革币制"）。民进认清这一命令"表面似为追求美元，内幕或有重要阴谋"，故于24日邀请许涤新、章乃器、千家驹、狄超白、陈文川等经济专家座谈讨论，揭露《紧急处分令》的反动本质，并在8月31日发表《为南京政府"改革币制"声明》，指出所谓币制改革，完全是南京政府进一步掠夺全国国民的财富、企图延长其独裁政权寿命的手段。9月17日，民进在香港发表谈话，指斥南京政府迫害学生。10月10日，民进和香港的其他民主党派为纪念双十节联名发表《告海外同胞书》，指出南京政府是一个卖国反人民的独裁政府，在反革命内战中，残害了千千万万的生命，毁灭了不可计数的财产，现在，"南京独裁政府的丧钟敲响了，军事战场和经济战场都在溃败，政治更是从根腐烂，无可救药"。同日，马叙伦在《华商报》发表《三十七年的双十节》，热情歌颂中国共产党领导中国革命的巨大成功。文章说："实足两年来，中国共产党领导的人民民主革命，蓬蓬勃勃地发展了,这就证明民众转了方向。现在虽然还没有把整个的中国从国民党反动集团和统治下解放出来,但是民众的力量步步南行了。最近,人民解放军解放了济南,离开反动集团的巢穴——南京,只隔着一个徐州重镇了。这次的济南胜利,是中国的人民民主革命要彻底胜利的象征,真正的民主的中华民国,会实现了。"10月27日,马叙伦再次发表谈话,斥责独裁政府倒行逆施。民进在港的这些活动,有力地揭露了蒋介石政府的罪恶,鼓舞了留在内地同志的斗志,教育和推动了广大中间群众丢掉幻想,全力支持中国共产党领导的人民革命战争。

热情宣传讴歌中国共产党,支持人民革命斗争。在相对比较自由的香港,民进以极大的热情宣传、讴歌中国共产党,并自觉拥护中共的领导,积极投身人民革命斗争。1948年1月,马叙伦抵达香港后,就接连发表两篇重要文章《做中国人该勇敢地迎接大革命》《从"正名"说到民主国家的叛逆》。文章详尽剖析了辛亥革命以来中国所走过的艰难曲折的道路,指出现在中国已临到必须大革命而大革命也正在进行的时期,这场大革命的意义,就是"把绝大多数的人民包含工农阶级和小资产阶级及其他被压迫的"都从独裁政权和帝国主义奴役的双重压迫底下解放出来,"从根本上改造出一个新中国"。马叙伦指出,蒋介石是"中国人民的叛逆者,是一个中华民国的国贼",他热情称颂共产党"是一个有主义的为解放绝大多数的工农民众而有武力的集团","在绝大多数的工农民众看来,(中国共产党)是他们的救星,就像我们从国家和人民的立场上来说,他是为国家人民而斗争的先锋集团"。

中共"五一口号"发布后,马叙伦在《群众》发表《读了中共"五一"口号以后》的文章,公开明确表示,中国共产党是中国人民革命"当然的领导者",他高度称赞中国共产党为着中华民族的生存,制定了"先要生产"的政策,盛情称颂共产党的"土地法是没收地主的土地,分配给无地及少地的农民,但仍给地主有同样的一份",这就是"耕者有其田";共产党关于"大工业、大银行、大商业归国家所有,但同时并不主张没收其他资本主义的私有财产，也不禁止'不能操纵国民经济生计'的资本主义生产发展，换句话说他是保护民族工商业的"，这符合"节制资本"的政策。因此，共产党的"农工两大政策，就是新民主主义的经济政策"，也是"救国的经济政策"。马叙伦说：中国共产党的土地法和"五一"号召，是中国历史上"重要的文献，转捩时局的曙钟"，是"胜利的檄文"。中共"五一口号"发表后，民进把共产党的奋斗目标作为自己的战斗任务，把共产党的胜利看作是自己的胜利。1948年9月初，华北人民政府在石家庄宣告成立，民进闻讯后，即驰电祝贺，称华北人民政府的成立"为中国民主史程上伟大标志，预示世界的新中国之即将诞生"，同日马叙伦也发表谈话，称华北人民政府的成立，是"未来全国民主联合政府的雏形"。11月2日，辽沈战役胜利结束，4日，民进向毛主席、朱总司令致电贺捷，贺电说："关外三乘，定全局于磐基，遂使民主之光，焕若朝阳，独裁之焰，微同爝火，全球为之刮目，美帝于焉坠心。"贺电还热烈称颂毛主席、朱总司令的英明决断和人民解放军各级指战员的英勇善战，"实赖两先生老谋荩画，领导有方；各司令运筹致果，凌厉无前；是以肤功叠奏，捷报频传"。随着解放战争的节节胜利，各大中城市相继解放，需要大量干部到那里去工作。中国共产党欢迎各民主党派和民主人士去解放区，并鼓励他们输送优秀干部。民进响应中国共产党的提议。1948年12月，马叙伦、徐伯昕布置会员吴企尧利用租借外轮进行贸易的机会，陪送三位文化界战士经朝鲜转赴东北解放区，同时还带去了许多图书的纸型，以支援解放区的文化出版工作。

四、参加新政协，参与创建新中国

（一）参与新政协的筹备工作

为了实现中共"迅速召开政治协商会议"的号召，民进以极大的热情，进行了积极的工作。

协商讨论政治协商会议的施政纲要。要实现"迅速召开政治协商会议"，首先要统一对本次政治协商会议性质的认识。1948年5月中旬，马叙伦在《读了中共"五一"口号以后》一文中，将新政协与1946年重庆政治协商会议作了比较，指出两者有质的不同。他说，重庆政协会议"是民主和反民主、伪民主的妥协的。这次的政协，是民主方面的各阶级各阶层的代表自己互相商量'国是'，取得一个协议，只是'和衷共济'的而不是妥协的"，"上次政协是反民主的反动集团的主体，而伪民主派也参加了的，这次是民主阵线的各方面自己的集合体，而中国共产党是当然的领导者"。对参加新政协民主党派的标准，马叙伦提出了自己的看法，"无疑地是一贯主张民主，而且有工作表现，有群众的拥护，可以代表全国性的政治团体"。这些意见，得到了在港民主党派和民主人士的一致认同。6月26日，民进在港理事根据各党派星期座谈会的要求，讨论了新政协召开时间、地点及召集人、代表资格等问题。马叙伦等提出新政协的地点应在解放区，以关内有安全保障处为适宜；关于召集人，大家一致认为"当然由中共担任"，同时提出"可由各党派授权中共召集之形式出之"；对于代表资格，主张不论民主党派、人民团体或社会贤达，都必须以其对现阶段民主运动的实际态度和贡献为原则。这些主张，在各党派星期座谈会上又得到了大家的一致赞同，并成为各党派的共同意见。

在中国共产党的倡议和领导下，各民主党派和团体对拟议中的政治协商会议的施政纲要进行了认真、充分的协商和讨论。7月17日，民进在港理事召开会议，讨论新政协施政纲要。7月31日，民进在港理事会议通过《中国民主促进会拟提出于政治协商会议之行动公约及政治纲领》。这一文件全面系统地提出了民进对于新政治协商会议的各项政治主张。文件首先指出，民进认为政治协商会议的三项任务是：加强人民革命统一战线之团结与其力量；筹备各革命阶级民主联合政权之施政纲领；筹备召开全国人民代表大会，组织民主联合政府（并临时性的）。根据第一项要求，民进提出参加政治协商会议之各民主党派、各人民团体、各民主人士应该采取一致行动，订立反对中途妥协以及在各自的斗争中尽可能灵活运用民主政略，配合军事，以期迅速完成人民革命之任务的行动公约。根据第二项任务的要求，民进提出了关于建立民主联合政府的政治纲领，这项纲领分总则、人民权力、政治、军事、财政及经济、外交、教育、交通、社会等九部分。《中国民主促进会拟提出于政治协商会议之行动公约及政治纲领》是民进一个极其重要的文件，它与后来1949年中国人民政治协商会议通过的《共同纲领》的基本精神是一致的。

前往解放区，参与新政协的筹备工作。为了更好地开展新政协的各项筹建工作，争取及早召开政治协商会议，在中国共产党的倡议和帮助安排下，在国统区和香港的各民主党派、各民主阶层的代表人士，于1948年8月起陆续进入解放区。周建人于8月由上海进入华北解放区。10月，王绍鏊由香港抵达东北解放区。12月，马叙伦和同年秋由上海撤至香港的许广平等也一起转抵东北解放区。随着领导人进入解放区，民进开始了以解放区为根据地的活动阶段。

10月初，新成立的中共中央统一战线工作部邀请已在平山县李家庄的周建人和其他民主人士一起商讨，提出了《关于召开新的政治协商会议诸问题》的文件草案，报送中共中央。文件内容包括：新政协召集问题；新政协人选问题；召开新政协的时间、地点问题；新政协准备讨论的事项等。经毛泽东修改后，中共中央将该文件草案电发中共东北局高岗、李富春，请他们约集已在哈尔滨的沈钧儒、谭平山、章伯钧、蔡廷锴、王绍鏊、高崇民、朱学范等七人就其中诸项问题正式征求意见。10月21日，王绍鏊代表民进出席了由高岗、李富春召集的《关于召开新的政治协商会议诸问题（草案）》第一次座谈会。与会同志均表示同意中共中央的主张，并希望将出席新政协的各单位尽快组成。10月23日，王绍鏊出席第二次座谈会，就参加新政协筹备会的单位组成进行协商讨论。讨论中王绍鏊提出增加"上海人民团体联合会"为参加新政协筹备会单位的意见。11月3日，中共中央作出答复，同意增加"上海人民团体联合会"作为新政协的筹备单位。

10月30日，中共中央致电中共华南分局，将经过与在哈尔滨各民主党派领导讨论修改过的《关于召开新的政治协商会议诸问题》的文件转发他们，并指示将该文件即抄送民革李济深、何香凝，民盟周新民，民进马叙伦等，"并由潘汉年、连贯分请他们或邀请他们一起聚谈，征询他们的意见"。经过广泛征求意见和反复协商，11月25日，高岗、李富春代表中共中央与在哈尔滨的民主党派人士沈钧儒、谭平山、章伯钧、蔡廷锴、王绍鏊、朱学范、高崇民、李德全等座谈，对《关于召开新的政治协商会议诸问题》，达成共同协议。至此，筹备新政协筹备会的工作大致完成。

1949年1月31日平津战役胜利结束，中国共产党立即邀请在哈尔滨的各民主党派负责人和民主人士到解放区共商建国大计。1月中旬，在燕大任教的严景耀、雷洁琼夫妇，受在哈尔滨的马叙伦的委请，到西柏坡出席中共中央召开的有关民主党派的会议。他们同时接受中国人民解放军第四野战军的邀请，参观访问了华北解放区。在西柏坡，严景耀、雷洁琼夫妇受到了中共中央领导毛泽东、刘少奇、朱德、周恩来、任弼时等的亲切接见，毛泽东并与严景耀、雷洁琼作了彻夜长谈，使他们受到巨大鼓舞和教育。

2月中旬，中共中央特派林伯渠同志到沈阳迎接民主人士入关。行前，周恩来特亲笔给马叙伦、许广平写了信，委请林带交马、许。信的全文如下：

彝老、景宋两先生：

得电逾月，尚未作复，不能以忙碌求恕，唯向往之心，则无时或已。兹乘林伯渠同志出关迎迓之便，特致歉忱，并祝康健！

周恩来

2月14日

★ 1949年2月14日，周恩来亲笔致信马叙伦、许广平，欢迎他们到北平共商国家大计。

这份信函充分表达了中国共产党人对民进两位领导人的深切关怀和重视。2月下旬，各民主党派、人民团体的领导人和民主人士代表聚会北平。26日，人民解放军平津前线司令员举行欢迎民主人士大会。马叙伦以民进常务理事身份在欢迎会上发表了热情洋溢的讲话。他代表全体民进会员向中国共产党主席、中国革命的伟大领导者毛泽东主席致敬，同时表示，中共领导了各个民主阶层广大的人民群众，并经过他们自身的觉悟，已经团结起来向国民党反动政府去进行共同的斗争，所以必然会得到完全的胜利；我们到了解放区以后，更相信革命必然成功和革命进展这样迅速的原因，是中国共产党时时只有人民的利益，完全站在人民的立场上，全心全意为人民服务，我们要好好学习他们的精神；革命要彻底，解放全中国人民，而且还要解放全世界被压迫的人民。3月14日，马叙伦、王绍鏊、许广平、周建人、雷洁琼等出席中共中央在北京饭店举行的座谈会，座谈北平解放后大学的教育管理问题。3月25日，毛泽东、朱德、刘少奇、周恩来等中共中央领导人从西柏坡进驻北平。马叙伦、周建人等与其他民主党派领导人、无党派知名人士一起，到西苑机场热烈欢迎。4月3日，毛泽东会见各民主党派领袖李济深、沈钧儒、马叙伦、谭平山、彭泽民、蔡廷锴、陈其尤等，对国共正在进行的和平谈判情况及今后的方针进行交谈。

★ 1949年3月25日，中共中央领导人从西柏坡进入北平，民主党派负责人和民主人士在西苑机场迎接。右起第一人为马叙伦。

民进领导人齐聚北平，结束了过去分散隐蔽的状态。1949年2月28日，民进在北平举行进入解放区后的第一次正式理事会议。出席会议的有马叙伦、王绍鏊、周建人、许广平、严景耀、雷洁琼等六人。会议举行了三天。马叙伦、许广平两位常务理事首先汇报和总结了自1947年春第五次会员大会以来进行的各项活动和会务情况，接着与会者各自报告到解放区后的见闻与感受，最后研讨了今后工作。会议在讨论今后工作时认为："新民主主义是全国人民在现阶段一致要求实行的主义，本会同仁当尽力与中共及其他党派在这主义之下，一致努力，促其迅速实现。"会议决定：为加紧会务工作，在平理事每星期开会一次，同时电邀徐伯昕、柯灵、李平心等理事速从香港北上，共商会务。会议还推举马叙伦为民进总发言人，王绍鏊负责总务，许广平负责联络，严景耀负责宣传。以后理事会就如期每周召开会议，讨论新政协的筹备工作事项及会务工作，直至新中国正式成立。这次会议标志着民进恢复了正常的活动。

5月中旬，毛泽东邀请马叙伦等商谈有关政协筹备、经济建设以及外交、贸易等问题。28日晚，周恩来、林伯渠邀请民进理事座谈，讨论有关统一战线和民主党派前途问题。6月5日，理事会讨论了由中国人民革命军事委员会准备提交给新政治协商会议讨论通过的一系列重要文件的草案提纲如政协《共同纲领》《中华人民共和国婚姻法》《关于建立中央财政经济机构大纲》等，并提出修改意见；同时对中国人民革命军事委员会草拟的中国人民解放军军旗和军徽的式样、图案，也提出了建设性建议。另外，理事会根据民主协商的原则，还多次讨论酝酿出席政协会议的代表人选。为了推荐确有专长的同志参加中央人民政府各部门工作，理事会还对全体会员的专长和志趣进行调查，同时强调，确有成就地位的专家，不属于其他党派而为我们会员所熟知者，也可以负责推荐，这一做法对团结会外群众起了积极作用。

根据共同协议，民进作为新政协筹备会的组成单位之一，参加了新政治协商会议筹备会的各项工作，为新政治协商会议的胜利召开，作出了自己应有的贡献。

1949年6月15日，中国人民政治协商会议筹备会议在北平中南海勤政殿隆重举行。马叙伦、王绍鏊、许广平、林汉达代表中国民主促进会，参加筹备会的民进成员还有郑振铎（代表文化界民主人士）、周建人、雷洁琼、葛志成（代表上海人民团体联合会）出席了会议（汤桂芬、陈震中是上海人民团体联合会代表，未到北平时由雷洁琼、葛志成代）。

毛泽东主持了会议并发表重要讲话，提出了迅速召开新的政治协商会议，宣告成立中华人民共和国，选举产生民主联合政府，以使我们完成伟大的祖国脱离半殖民地半封建道路的伟大历史任务。会议选出了以毛泽东为首的筹备会常务委员会，马叙伦被选为常务委员会委员。会议之后分各个筹备小组进行工作。马叙伦参加第一小组，拟定参加中国人民政治协商会议之单位及其代表名额；王绍鏊、郑振铎、葛志成参加第二小组，起草《中国人民政治协商会议组织法》；周建人、许广平参加第三小组，起草《中国人民政治协商会议共同纲领》；林汉达、雷洁琼参加第四小组，起草《中华人民共和国中央人民政府组织法》；马叙伦、郑振铎并参加第六小组，拟定国旗、国徽、国歌方案，马叙伦为该组组长。

中国人民政治协商会议筹备会议的召开，预示着光明的新中国即将诞生。

（二）以实际行动迎接全国解放

随着中国人民解放军三大战役的展开，蒋介石集团在军事上已全面崩溃，在这种颓势下，1949年1月1日，蒋介石发出"求和"声明，提出在保存伪宪法、伪法统和国民党反动军队的条件下同中国共产党进行"和平谈判"。1月14日，毛泽东代表中国共产党发表《关于时局的声明》，揭露蒋介石求和的欺骗性和虚伪性，同时代表广大人民的根本利益，提出了八项条件作为和平谈判的基础。1月22日，马叙伦、王绍鏊、周建人、许广平和到达解放区的其他民主党派、人民团体的代表人物李济深、沈钧儒等共55人联名发表《对时局的意见》，最坚决地响应和支持毛泽东代表中国共产党提出的八项条件，以实际行动迎接全国的解放，恳切表示"愿在中共领导下，献其绵薄，共策进行，以期中国人民民主革命之迅速成功，独立、自由、和平、幸福的新中国之早日实现"。这个政治声明表明民进自愿地接受中国共产党的领导，决心走人民革命的道路，拥护建立人民民主的新中国。

为了迎接全国解放，早日建立新中国，民进以高涨的政治热情作了扎实的工作。

揭露蒋介石的"和谈"阴谋。1月22日，民进单独发表了《为争取永久和平宣言》（以下简称《宣言》），揭露蒋介石的"求和"是"企图阻止革命力量的向前发展，挽救他将被灭亡的命运"，指出毛泽东代表共产党提出的八项和平条件"是和全国人民的要求相符合，也是真正人民民主的和平的基本要求，是被牺牲的广大人民最低限度的要求"，"除表示我们极端同意，还相信全国人民也一致地支持这些条件，并要请中国共产党、人民解放军和全国人民、各民主党派、各人民团体、各民主人士一致联合起来,坚决迅速实现全部条件"。民进在《宣言》中还深刻总结了自己对中国革命的认识,检讨过去"温和地呼吁民主和平"的做法无疑是"向虎狼口里要求还给我们的生命",承认"事实自然给了我们一个否定的答复",表示今后一定要走彻底革命的道路。《宣言》热情歌颂了中国共产党的英明和正确:"我们中国民主促进会的总部也暂时移到解放区了。我们只见中国共产党在替人民苦干,只见他们被人们拥护。解放区满眼是新气象,使我们充满了新中国的新希望。"《宣言》最后诚恳表示:"我们希望中国共产党坚强地领导全国人民造成一个新的、美的、快乐的、和平的、统一的、民主的中国;我们决定一致的合作完成这次革命的任务。"1月25日,东北各界举行欢迎民主党派人士大会,马叙伦在会上发表演说,完全拥护毛泽东提出的和平民主的八项条件。

教育会员,发表告各地会员书。为了向国民党统治区内的民进成员和广大人民群众揭露蒋介石的"和谈"阴谋,宣传共产党的八项和平条件和共产党领导的解放区欣欣向荣的大好景象,以进一步动员大家起来与蒋介石展开最后的斗争,2月4日,马叙伦、王绍鏊、许广平发表告各地会员书。他们说:"叙伦等已先后进至解放区,一遂平生向慕之愿;据所闻见,中共领导人民解放革命,确已成功,由其全心全力为人民利益服务,故所到立被欢迎拥护。……与伪统治区相比,实已不啻天壤之分。"他们揭露蒋介石的求和是"以虚伪的和平,蒙蔽伪统治区人民,造成政治进攻之势,冀得片时喘息之机",他们号召大家为全部实现毛主席的八项和平条件而奋斗,指出:"今日情势,显然只有南京反动集团无条件接受毛先生八项主张,树立真正和平之基础,然后可以会谈。"他们还说:"此次为人民翻身之革命,进行必须到底;为国家独立之大业,任务必须完成。本会宗旨必须贯彻,同志努力必须加紧。"他们特别提醒各地会员要警惕反动派拉拢民主人士的伎俩,指出"在今日革命目标之下,言'进行调解'者,即为反民主之行动;走'中间路线'者,便是真和平之罪人","革命与反革命,民主与反民主之间,鸿沟画界,绝无调和之可能",要求全体会员走彻底革命的道路,并希望他们联合各阶层民主人士,"共同击灭为美帝奴才卖国殃民之反动集团与其首领蒋介石"。

2月3日,马叙伦、王绍鏊、许广平和沙千里、沈志远、罗叔章以上海人民团体联合会理事的名义,发表告上海同胞书,呼吁上海人民团结起来,坚定意志,伸出铁拳,无情粉碎蒋介石反动集团的和谈阴谋,为全部实现毛主席所提出的八项和平条件而努力奋斗。

在此期间,民进成员出席了一次重要的国际会议。3月29日,许广平、葛志成作为中国代表团团员出席世界拥护和平大会。这是中华人民共和国成立前,由中国共产党和各民主党派摒除国民党政府而联合组建的第一个代表中国出席世界会议的代表团。大会在巴黎、布拉格同时举行。由于帝国主义的破坏干扰,和平代表团在进入法国时受阻,后改往布拉格。4月20日,民进致电世界拥护和平大会,向和平代表团表示最高的敬意,并祝大会成功;同时发表声明、谈话,对法国政府无理拒绝我和平代表入境表示强烈抗议。

4月10日,民进理事会讨论"国内和平协定最后修正案"的有关内容,提出在战犯问题上对"四大家族"决不能姑息,对自现在起能够认清形势、放下武器、弃暗投明者,可以区别对待之。

在这一时期,为了适应革命形势迅速发展的需要,民进认真加强了自身建设的三个方面的工作。

首先是加强总部的建设工作。1949年2月民进主要领导进入北平后,即正式组建总部机构并恢复理事会正常活动。4月2日,设立组织委员会。5月14日,总部成立学习小组。6月25日,总部制订民进理事会组织纲要并增设交际组。这样,总部的组织机构健全了,工作也走上了正轨。

其次是建立和健全地方组织。1947年7月前民进不设地方组织。马叙伦、王绍鏊等到达香港后,在港积极开展活动,吸引了一部分爱国民主人士团结在民进周围,不久,民进吸收他们参加组织,壮大了基干力量。这些活动适应了人民解放战争胜利发展形势的需要,为民进在华南地区建立组织作了必要的准备。1948年6月26日,民进在港理事举行谈话会,一方面讨论新政协召开的时间、地点、召集人、代表资格等问题，同时决定筹建民进港九分会，以扩大民进在港九和华南地区的影响，适应新的斗争形势的需要，并推举孟秋江、司马文森、陈秋安、林伯子、王幸生、梁园、孙用均等七人为筹备委员，陈秋安为召集人。在民进领导人马叙伦、王绍鏊、徐伯昕的直接领导下，1948年8月15日，港九分会在香港柯布连道8号3楼（华南救济会）举行成立大会。这是民进在全国首先建立的地方组织。港九分会成立后，积极在港进行反抗独裁、争取民主的斗争。分会成员大多数是文化出版界人士，他们充分利用各自优势通过各种渠道展开斗争。1949年2月中旬，分会理事会郑重向总部提议，将港九分会改为华南分会。4月2日，总部理事会议同意分会提议。4月2日，民进理事会决定筹建上海分会，推定徐伯昕为总部驻沪代表负责联络。由赵朴初、谢仁冰、李平心、冯宾符、宓逸群负责筹备。6月19日，经总部批准，民进上海分会正式成立，谢仁冰出任主任理事，赵朴初为副主任理事。民进总部决定建立（包括筹建）分会组织后，及时制定了和分会间加强联系与指导的制度，并随着形势的不断发展变化，随时指示分会开展工作。

4月20日，蒋介石拒绝在"国内和平协定最后修正案"上签字，国共和谈破裂。21日，毛泽东、朱德发布《向全国进军命令》。4月22日，马叙伦对新华社记者发表谈话，严厉谴责国民党反动当局拒绝和平协定的又一罪行，对毛主席、朱总司令的命令表示万分赞同。23日，民进与各民主党派发表联合声明，竭诚拥护毛主席、朱总司令的《向全国进军令》。4月24日，马叙伦和其他民主党派负责人联名致电毛泽东、朱德及人民解放军全体指战员，祝贺南京解放。4月25日，马叙伦在《新民报》发表题为《悼念李守常先生——李大钊先生为人类殉难的廿二年的纪念》，怀着深沉的革命情谊讴歌李大钊高尚的革命情操和大无畏的牺牲精神，并以此告慰革命先烈。4月29日，马叙伦以中国民主促进会和上海人民团体联合会常务理事的身份，通过新华社向上海人民发表广播讲话，号召上海各阶层人民迅速团结起来，协助解放军，迎接上海解放。5月27日，上海解放，民进留沪同人根据总部指示精神，于当天发表告全市人民书，号召全市同胞做好慰劳人民解放军、救护伤员、协助人民解放军搞好接收、协助新政府机关救护难胞、检举潜伏战犯和国民党特务、防止反动分子破坏捣乱等八项工作。6月1日，留沪会员在上海红棉酒家召开解放后第一次会员联欢大会，徐伯昕代表总部对上海工作作五点指示，留沪会员根据总部的指示，积极推进各项工作，为上海解放后迅速恢复秩序与繁荣作出了一定的贡献。至此，民进除北平的总部外，有了华南和上海两个分会组织，这为以后民进在全国范围的发展打下了基础。

再次，民进切实加强思想建设。渡江战役开始后，革命形势飞速发展，为使干部和会员了解熟悉各种新情况，适应新形势，5月14日，总部作出加强学习的决定，提出要认真学习中共的各项文件，对急转直下的各种现实问题应深入讨论研究，必要时并在中共领导之下参加各种工作。总部和各分会的同志认真学习了毛泽东同志的《新民主主义论》和中共的各项文件，并结合实际工作，加深对中共的路线方针政策的认识和理解。在此基础上，总部于5月21日，提出了关于促进实现建设新民主主义的工作纲要，作出了六点决议。6月19日，总部作出四点决议：目前的工作重心在整理会务；会员进行重新登记，暂不公开吸收新会员；对于有人提议在宁杭建立分会一事，从缓计议；为集中与密切联系起见，各分会如有与总部或整个会有关的重大决定，应在事先与总部方面共同商决，经常工作则多与马叙伦加强联系。通过这一系列工作，民进不仅在组织上得到恢复和发展，思想认识上也达到了统一，政策水平、领导艺术也有了提高，全会上下热情高昂，步调一致，这为民进胜利完成迎接全国解放、进入新的历史发展阶段奠定了坚实的基础。

（三）出席中国人民政治协商会议

1949年9月21日至30日，中国人民政治协商会议第一届全体会议在北平中南海怀仁堂隆重开幕。这次会议是中华人民共和国的开国盛会，是中国人民盼望已久的大事，是中国共产党领导全国人民包括各民主党派、人民团体同蒋介石反动统治集团进行了多年艰苦卓绝的斗争后取得的伟大成果。出席会议的有 45 个单位,共有代表 662 人,代表中国共产党和各民主党派、各人民团体、人民解放军、各地区、各民族及国外侨胞。在参会代表中,有各民主党派 12 个,正式代表 116 名,候补代表 19 名,民进有正式代表 8 名,候补代表 1 名。

★ 参加政协第一届全体会议的民进代表合影和签名。前排左起:林汉达、周建人、马叙伦、许广平、王绍鏊。后排左起:梅达君、雷洁琼、徐伯昕、严景耀(候补代表)。

毛泽东主持会议并致开幕词,他庄严宣告:"占人类总数四分之一的中国人从此站立起来了。"他庄严地指出:这次会议"具有代表全国人民的性质,获得全国人民的信任和拥护。因此,中国人民政治协商会议宣布自己执行全国人民代表大会的职权"。

民进经过民主协商,一致推举马叙伦、许广平、周建人、王绍鏊、梅达君、徐伯昕、林汉达、雷洁琼为正式代表,严景耀为候补代表,出席第一届政治协商会议。另外,赵朴初作为宗教界民主人士代表,郑振铎作为全国文联代表,葛志成作为全国教育工作者候补代表,冯少山作为全国工商界候补代表也参加了大会。马叙伦还被推为大会主席团常务委员。

会议期间,王绍鏊、赵朴初担任大会《中国人民政治协商会议组织法》草案整理委员会委员,许广平为《共同纲领》草案整理委员会委员,周建人为《中华人民共和国中央人民政府组织法》草案整理委员会委员,

第二章
投入爱国民主运动，参与建国大业

雷洁琼为《大会宣言》起草委员会委员，马叙伦、郑振铎为《国旗、国徽、国都、纪年方案》审查委员会委员，马叙伦并为该委员会召集人。民进代表积极投入了各项筹备工作。《国旗、国徽、国都、纪年方案》审查委员会的前身即"拟定国旗、国歌及国徽方案"的第六小组，马叙伦为组长。该小组曾于7月10日以新政协筹备会的名义发出了由周恩来签发的《征求国旗国徽图案及国歌词谱启事》，截至8月24日收到各种应征稿件2000多份，其中国歌歌词350余份。

9月24日，民进致电祝贺中国人民政治协商会议胜利召开。9月25日，民进首席代表马叙伦在全体会议上发言。他首先代表民进向政治协商会议的胜利召开敬致热烈的祝贺，向领导人民获得伟大胜利的中国共产党和中国人民英明的领袖毛主席致敬！接着他联系中国革命的实际，深刻指出"没有无产阶级的领导，中国反帝反封建的革命是不能成功的"。他对中国共产党领导中国人民继续革命充满了信心，说"我们不但得到了胜利，而且能够巩固这个胜利，开始建设新中国。这是有保证的，因为有中国共产党在领导我们"。马叙伦在发言中针对民进联系有较多知识分子的实际，提出在新的历史条件下，知识分子一定要注意所谓"民主个人主义"的思想，克服资本主义的民主主义思想，"我们必须加紧学习马列主义、毛泽东思想，并扩大推行这种教育，大家密切团结，改造自己，在新民主主义这一目标下，全心全意为人民服务"。

9月25日晚，毛泽东、周恩来在中南海丰泽园召开座谈会，听取关于国旗、国徽、国歌、纪年、国都问题的意见。郭沫若、沈雁冰、马叙伦、田汉等出席了座谈会。马叙伦提议用《义勇军进行曲》暂代国歌，他说："我们的政府就要成立，而国歌根据目前情况一下子是制作不出来的，是否我们可暂时用《义勇军进行曲》暂代国歌。"许多委员表示赞成，也有的委员提出需要修改歌词。周恩来表示，就用原来的歌词，他说："这样才能鼓动情感，修改后，唱起来就不会有那种情感。"毛泽东也同意歌词不改。与会者一致赞同，在中华人民共和国的国歌未正式制定以前，以《义勇军进行曲》为代国歌。最后，毛泽东、周恩来与马叙伦等与会者一起合唱了《义勇军进行曲》①。

会议期间，代表们通过充分讨论协商，一致通过了《中国人民政治协商会议组织法》《中华人民共和国中央人民政府组织法》和《中国人民政治协商会议共同纲领》。《共同纲领》起了临时宪法的作用，规定了中华人民共和国的性质，指出中华人民共和国为新民主主义即人民民主主义的国家，实行工人阶级领导的、以工农联盟为基础、团结各民主阶级和国内各民族的人民民主专政；国家政权属于人民，行使国家政权的机关为各级人民代表大会和各级人民政府，各级政权机关一律实行民主集中制；中国人民政治协商会议为人民民主统一战线的组织形式。纲领还规定了经济、军事、外交、文化教育等各方面的基本政策。

9月30日，大会选举了中国人民政治协商会议第一届全国委员会委员。民进马叙伦、许广平、赵朴初、陈巳生等当选为政协第一届全国委员会委员，马叙伦并为常务委员会委员。当天，根据《中华人民共和国中央人民政府组织法》，会议选举产生了中央人民政府委员会，毛泽东当选为中央人民政府主席，朱德、刘少奇、宋庆龄、李济深、张澜、高岗为副主席，并选举陈毅、马叙伦等56人为中央人民政府委员会委员。下午6时，出席政协第一届全体会议的代表来到天安门广场，隆重举行人民英雄纪念碑奠基典礼。毛泽东宣读纪念碑碑文后，与各单位首席代表一起，一一执锹铲土，为人民英雄纪念碑奠基。

中国民主促进会作为新政治协商会议的组成单位之一，参加了中央人民政府的组建和部分领导工作。马叙伦当选为中央人民政府委员、政务院政务委员，并任文化教育委员会副主任、教育部部长；王绍鏊任财政部副部长；许广平任政务院副秘书长；周建人任出版总署副署长；徐伯昕任出版总署办公厅副主任；雷洁琼任政务院文化教育委员会委员；葛志成任教育部办公厅副主任；陈巳生、谢仁冰任华东军政委员会委员。

10月1日，北京天安门广场30万人集会隆重举行中华人民共和国开

---

① 确定国歌事宜，见逄先知、金冲及主编，《毛泽东传（1949—1976）》，中央文献出版社2003年版，第3页。

第二章
投入爱国民主运动，参与建国大业

国大典。参加政协第一届全体会议的民进代表登上天安门城楼和两侧的观礼台，出席了为世界所瞩目的盛大典礼。毛泽东向世界庄严宣布，中华人民共和国成立了，中国人民从此站起来了，从此，中国历史开始了一个新的纪元。

★ 在中国人民政治协商会议第一届全国委员会第一次会议上，许广平代表马叙伦建议中央人民政府定10月1日为中华人民共和国国庆纪念日。

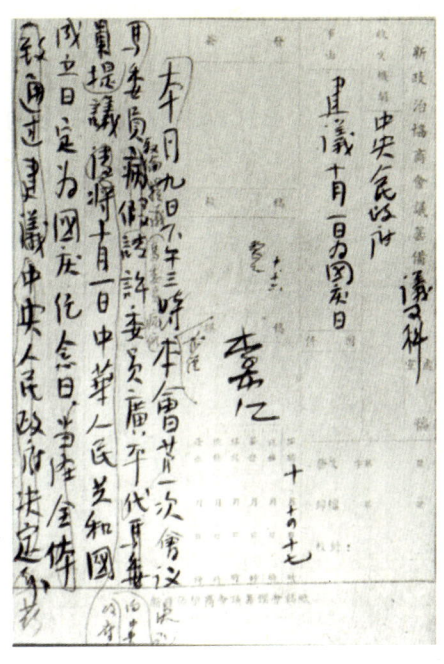

中国人民政治协商会议第一届全国委员会第一次会议于1949年10月9日在中南海勤政殿举行。会议选举产生第一届政协全国委员会主席、副主席、常务委员和秘书长。马叙伦因为夜以继日地工作，身心疲惫，开国大典后在家休息。在病中他考虑到新中国应该有自己的国庆纪念日。他觉得10月1日是个很有国际意义的日子，在这一天新中国举行了开国大典，可以作为国庆日，于是他亲笔写好关于新中国国庆日的建议书并委托许广平委员向会议提出。当全国政协一届一次会议即将结束时，许广平即席请求发言，得到主席的同意后，她宣读了马叙伦常委的"请政府明定10月1日为中华人民共和国国庆日，以代替10月10日的旧国庆日"的建议。毛泽东即席请与会者讨论，最后一致通过了这个议案并决定送请中央人民政府采择施行。1949年12月2日，中央人民政府委员会第四次会议通过

《关于中华人民共和国国庆日的决议》,宣告:"自一九五〇年起,即以每年的十月一日,即中华人民共和国宣告成立的日子,为中华人民共和国的国庆日。"

开国大典前国徽尚未确定,建国后马叙伦继续主持设计国徽事宜,1950年9月20日,毛泽东签署了《中央人民政府命令》,公布中华人民共和国国徽。

中华人民共和国成立以后,民进的工作也随之进入了一个新的阶段。

第三章

为建设新中国而奋斗

第三章
为建设新中国而奋斗

一、为恢复国民经济献计出力

(一) 第一次全国代表大会

中华人民共和国的成立，标志着一个独立、统一、人民当家作主的新中国屹立于世界的东方，开始了中华民族伟大复兴的新篇章。中华人民共和国的成立，也使民进走上了新的历史征程。

中华人民共和国成立了，民进成立之时所追求的人民当家作主的目标已经实现，全体成员无不扬眉吐气、欢欣鼓舞。包括民进在内的各民主党派、各人民团体更加紧密地团结在中国共产党的周围，中国人民民主统一战线达到了空前广大的规模。但是也存在着若干不利于统一战线发展的问题。一部分民进成员认为人民已经当家作主，因而产生了民进是否应继续存在的疑惑。另一方面，中共一部分同志在统一战线问题上存在一种"左"的关门主义、宗派主义倾向，在少数同志中还存在敷衍主义和迁就主义的倾向。这些问题严重妨碍了中共领导的统一战线工作的开展，需要进一步明确并及时克服纠正。

1950年3月16日，中共第一次全国统战工作会议在北京召开。中共中央统战部部长李维汉作了题为《人民民主统一战线的新形势与新任务》的报告，就新中国成立初期人民民主统一战线的形势和任务以及各方面工作的基本政策作了明确的阐述。关于民主党派的性质、作用和中共对民主党派的基本方针政策，报告指出，各民主党派都是阶级联盟的性质，不是单一阶级的政党，中共同各民主党派关系的基本原则是：既要在政治上和思想上以《共同纲领》为准则，团结他们共同奋斗，同时又必须在组织上尊重他们的独立性，与他们诚恳地协商、建议和说理，必要时进行适当的批评，而不是从组织上去控制他们。这次会议为统战工作指明了前进方向，强调在新的历史条件下应充分发挥统一战线的积极作用，具有继往开来的重要意义。

会议期间，周恩来到会作了两次报告，毛泽东听取了会议的汇报，作了重要指示。毛泽东指出：要充分看到民主党派的作用，有人认为民主党派只是一根头发的功劳，一根头发拔不拔去都没有什么关系，这种说法是不对的，民主党派和民主人士是联系资产阶级、小资产阶级的，从他们的背后联系看，就不是一根头发，而是一把头发，就不可藐视。他还指出：从整体看，从长远看，必须要民主党派，要把民主党派的干部看成跟我们的干部一样，我们对民主党派在抗战时有"团结、抗战、进步"的口号，今天应是"团结、建设、进步"。

中共第一次全国统战工作会议，明确了在新形势下统一战线工作的新任务以及各方面统战工作的基本方针政策，提高了中共领导干部和广大党员对统一战线工作的必要性和重要性的认识，纠正了"左"的关门主义倾向，指出了敷衍主义和迁就主义的危害，同时，也使包括民进在内的各民主党派消除了疑惑、坚定了信心、明确了任务、看清了方向。

为了认清形势、统一认识，推进民进的工作，民进理事会决定召开第一次全国代表大会。民进成立时的章程曾规定，本会以会员大会为最高权力机关。1948年秋季之后，由于形势变化，民进组织已从上海扩展到香港、广州、北京等地，会员也大量增加，因此，按原规定召开全体会员大会已不适时宜。1950年1月2日，民进第二届理事会第三次扩大会议决定以全国代表大会代替全体会员大会。

1950年4月15日，民进第一次全国代表大会在北京召开。出席民进一大的代表共43人，其中民进总部代表12人，上海分会代表17人，华南分会代表5人，出席中国人民政治协商会议代表被邀请为大会代表者4人，北方会员代表5人。大会的主要议题是总结民进在民主革命时期的工作和经验，充分认识当前的形势，明确在新历史时期民进的地位、任务和作用，选举产生新的领导机构。在4月15日至23日的预备会上，与会代表对章程修改、提案、各分会工作进行了充分的讨论，推选马叙伦、王绍鏊等11人为大会主席团，马叙伦为主席团召集人。民进一大得到了中共中央、人民政协和中央人民政府的大力支持与热情关怀。中共中央统战部为大会举行了招待会，周恩来亲临讲话。他详细地分析了中华人民共和国成立后国际国内的形势，指出了我国人民民主专政的性质和特点，并对民进今后的工作方向提出了恳切的意见。朱德总司令、陈毅副总理以及北京市委书记彭真、教育部副部长钱俊瑞、新闻总署副署长范长江等也莅临大会并就《共同纲领》、财经工作、知识分子改造等问题作了专题讲演。

4月24日，民进一大举行开幕式，王绍鏊致大会开幕词，马叙伦向大会作政治报告。报告详细回顾了自1946年以来中国和国际形势的巨大变化，中国人民在中国共产党的领导下，推翻国民党反动政权，建立了人民当家作主的人民民主专政的新政权，这一伟大胜利，不但改变了中国的历史，也改变了远东以及全世界的面貌。报告指出，全心全意、毫无保留地拥护中国人民政治协商会议制订的《共同纲领》，动员一切我们可以动员的力量，在毛主席和中国共产党领导之下为加强人民民主专政、巩固世界和平、争取《共同纲领》的全部实现而奋斗，是我们当前总的政治方向和任务。许广平代表第二届理事会向大会作了会务总结报告，雷洁琼向全体代表汇报了出席中国人民政治协商会议的经过。

大会通过了《关于本会应继续存在并加强工作的决议》《关于接受人民政治协商会议共同纲领为本会纲领的决议》《关于接受中国共产党的领导，学习中共加强与非党群众及民主人士团结合作的精神，以巩固扩大民主统一战线的决议》《关于拥护中苏友好同盟互助条约，巩固中苏两大民族永久团结合作的决议》《关于保卫世界和平、巩固与扩大和平斗争力量的决议》《关于建立经常学习制度，团结本会会员加强思想教育的决议》《关于筹备成立北京市分会的决议》等七项重要决议，通过了新修订的中国民主促进会章程，发表了大会宣言和向毛主席、朱总司令的致敬电。大会选举产生了新的中央领导机构——由25名理事、8名候补理事组成的第三届中央理事会①。

4月26日，在第一次全体理事会议上，选举马叙伦、王绍鏊、许广平、周建人、徐伯昕、林汉达、葛志成七人为中央常务理事，并选举马叙伦为中央理事会主席，王绍鏊为副主席，许广平为中央理事会秘书长。这次大会还作出了筹备成立民进北京市分会②的决议。

★ 中国民主促进会第一次全国代表大会合影。

民进第一次全国代表大会是在中华人民共和国成立初期召开的一次重要会议，在中国共产党的支持和关怀下，在全体与会代表的共同努力下，这次大会取得了极大的成功，大会通过的七个重要文件在民进历史上具有十分重要的意义。

《关于本会应继续存在并加强工作的决议》。民进成立时的会章规定："本会至国民最高权力机构成立后，由大会决议宣告结束。"这反映了民

---

① 民进在第一届全国代表大会之前曾在1946年1月2日和1947年2月9日产生过两届理事会。民进一大产生的领导机构，在届次上承前续记，在称谓上改为中央理事会。

② 1950年9月10日，民进北京市分会正式成立，林汉达任主任理事，冯宾符为副主任理事。

进同人在发起成立民进时,一心为争取国家和平统一、建立民主政权而奋斗的初衷。中华人民共和国的成立标志了民主政权的建立,但这个政权还不完善,还需要进一步发展和巩固,建设民主政权的任务并没有全部完成。因此,民进是否应为民主政权的发展和巩固继续作出贡献,成为全会集中关注的一个焦点,而其核心则是民进的去存问题。

中国共产党对中华人民共和国成立后继续加强统一战线工作,与各民主党派长期合作共事,早已有了明确的战略决策。在1949年3月中国共产党七届二中全会上,毛泽东就从实现民族发达昌盛和国家繁荣富强的战略高度指出:"我党同党外民主人士长期合作的政策,必须在全党思想上和工作上确定下来。我们必须把党外大多数民主人士看成和自己的干部一样,同他们诚恳地坦白地商量和解决那些必须商量和解决的问题,给他们工作做,使他们在工作上有职有权,使他们在工作上做出成绩来。"据此,中国共产党以极其热忱的态度劝说民进和其他一些民主党派应该继续存在并进一步加强工作,周恩来在民进一大的预备会议上向代表们作的重要讲话,使参加会议的全体代表受到极大的教育和鼓舞,大家认识到民主政权建立后,我们的任务并没有结束,而是更重了也更光荣了。经过充分讨论,大会一致作出了《关于本会应继续存在并加强工作的决议》,这一决议为民进在中国历史新纪元中继续存在并为以后在加强和巩固人民民主专政、进行社会主义革命和建设事业中作出贡献,最终成为中国共产党领导的多党合作和政治协商制度中的一个参政党奠定了基础。

《关于接受人民政治协商会议共同纲领为本会纲领的决议》。《共同纲领》的序言规定:"凡参加人民政治协商会议的各单位、各级人民政府和全国人民均应共同遵守(该纲领)。"据此,民进一大作出了《关于接受人民政治协商会议共同纲领为本会纲领的决议》,指出:中国民主促进会是人民民主统一阵线的组成分子之一,本会政协代表曾参加了这一共同纲领的制订,这一切已从事实上说明了《共同纲领》也就是本会的纲领,根据这一决议,大会通过的会章也作出了民进"以中国人民政治协商会议共同纲领为纲领,以团结自由职业者及工商界人士,巩固人民民主统一战线，加强人民民主专政，积极参加新民主主义建设，贯彻实现共同纲领为宗旨"的明确规定。

《关于接受中国共产党的领导，学习中共加强与非党群众及民主人士团结合作的精神，以巩固扩大民主统一战线的决议》指出：我们应该更深刻地认识中共是人民民主统一战线的组织者和领导者，更应该坚定地信赖人民领袖毛主席及中国共产党的正确领导是中国革命走到彻底胜利的最主要的保障。因此，我们应该更紧密地与共产党亲密合作。接受毛主席与中国共产党的政策领导与思想领导，应该是我们固定不移的永远不变的方针。

第一次全国代表大会是民进历史上一个重要的里程碑，它不仅统一了全会对民进在新的历史时期的地位、任务、作用的认识，而且作出了一系列的重要决议，统一了思想，提高了认识，加强了组织建设，这为民进在巩固和发展人民民主专政，恢复国民经济时期发挥作用创造了条件。

（二）参加三大运动及"三反""五反"运动和开展思想改造运动

根据《共同纲领》，中华人民共和国成立初期，我国各族人民的基本任务是彻底完成我国民主主义革命的全部历史任务，恢复和发展遭受长期战争破坏的国民经济，为建设社会主义准备必要的条件。为此，中国共产党领导全国各族人民，在政治、经济、思想、文化等各条战线上开展了多方面的卓有成效的工作。1950年至1952年在全国范围进行的土地改革、抗美援朝、镇压反革命三大运动和知识分子思想改造、"三反""五反"运动，都是为实现《共同纲领》而进行的伟大革命斗争。民进积极投身其中，经受了锻炼和考验，努力作出自己的贡献。

参加土地改革运动。土地改革运动是一场伟大的反封建革命群众运动，也是我国新民主主义革命的一项基本任务。1950年6月，政协全国委员会第二次会议通过了《中华人民共和国土地改革法（草案）》。10月11日，民进总部向各分会发出《发动会员中的积极分子参加土改工作的通告》，1951年5月，马叙伦在《民进》创刊号上发表《当前的情势和我们的任务》的文章，文章指出："我们民主党派不但该参加土改工作，并该向进行土改和将进行土改地区的人民宣传土改政策，教育人民、帮助人民进行土改，这也是我们为了贯彻《共同纲领》的土改政策的当前的必要任务。"各分会积极参加当地政府组织的土改运动，配合有关部门宣传群众、动员群众。各地分会还发动干部和会员直接参加或实地参观土地改革运动。北京分会组织三批会员分赴河南、皖北、西北、西南等地参观。上海分会有八人参加了土改工作，另组织了几十人次参观了土改运动。广州分会也有八人参加了宝安、英德、新会等县的土改工作。这些同志通过实践，在思想上都有很大提高，不少参加土改的同志还在工作中立了功，受到政府的表扬。各分会还纷纷召开座谈会、报告会，请参加土改的同志作报告、谈体会，使广大会员受到了深刻的教育。

参加抗美援朝运动。抗美援朝是中华人民共和国成立后全国各族人民在中国共产党领导下进行的一场伟大的反帝爱国运动。1950年6月，美帝国主义悍然武装入侵朝鲜北方，并直逼我东北地区，严重威胁我国的和平与安全。9月30日，周恩来总理代表我国政府庄严表示："中国人民决不能容忍外国的侵略，也不能听任帝国主义者对自己的邻人肆意侵略而置之不理。"民进和全国人民一道，对美帝国主义的侵略行为表示极大愤慨，坚决拥护周恩来总理的严正声明。10月，毛泽东提出"抗美援朝、保家卫国"的战略决策，周恩来和中共中央统战部部长李维汉代表党中央邀请民主党派进行座谈，征求意见。民进领导人应邀出席，表示坚决拥护中共中央的决策。11月4日，中国共产党和民革、民盟、民建、民进等十个党派团体和无党派民主人士联名发表了具有重要历史意义的抗美援朝、保家卫国的《各民主党派联合宣言》，严正宣布：中国各民主党派誓以全力拥护全国人民的正义要求，拥护全国人民在志愿基础上为着抗美援朝、保家卫国的神圣任务而奋斗！11月19日，民进三届二中全会作出了《关于贯彻1950年11月4日各民主党派联合宣言的决议》，要求各级组织："动员一切力量，以志愿行动积极援助朝鲜人民兄弟，为抗击美帝国主义对朝鲜和中国的侵略，为保卫我们祖国的神圣疆土、解放台湾，为保卫世界持久和平而坚决奋斗到底！"1951年3月，民进总部订立了《本会会员爱国公约》，以此作为全体会员在抗美援朝运动中的具体行动纲领。4月3日，民进总部发出《为普及与深入抗美援朝工作给各分会的指示》，提出各地要引导会员和所联系的各界人士正确认识形势，控诉美国侵略及国民党特务迫害人民的罪行，要求会员发扬爱国热情，在自己的岗位上起带头作用，在各种场合起积极推进作用，并向群众进行爱国的宣传教育。6月，民进总部在北京成立"民进爱国武器捐献委员会"，并发出指示，要求每个会员以实际行动响应中国人民抗美援朝总会关于在全国开展订立爱国公约、开展捐献飞机大炮和做好优待革命军人、死难烈士家属及残废军人工作的三大爱国号召。

各级组织遵照总部指示，以多种形式，广泛深入地开展抗美援朝的各种活动。各地纷纷举办控诉会，激发广大会员群众的爱国热情，发动会员给志愿军写慰问信，给志愿军以精神上的支持，发动捐款捐物，给抗美援朝以物质上的援助，发动会员参加示威游行，给抗美援朝以道义上的声援。上海分会专门成立了抗美援朝保家卫国工作委员会，负责会内抗美援朝的各项工作。一些会员毅然参加志愿军奔赴前线，在当地产生了积极的影响。北京分会发起了"一碗肉劳军运动"，发动会员节约春节买肉的钱，献给在朝鲜前线的志愿军战士。广州分会发起募捐手榴弹代金运动，全体会员在很短时间里就完成了150颗的定额任务，并通过游行等其他活动募得手榴弹代金1500余万元（人民币旧币）转交给志愿军。广州分会的全体干部还从每月薪金中捐献5%支援抗美援朝，直至战争结束为止。他们还自筹资金印制年画等宣传品，向社会广泛宣传抗美援朝。

总部和各分部领导人雷洁琼、陈已生、严景耀、葛志成、梁纯夫、张纪元、金芝轩、柴德赓、李霁野、郁文、戚逸影、江芷千、周之芹、杨明书等还分批参加了中国人民赴朝鲜慰问团，参加慰问的同志在朝鲜前线切身体会到志愿军战士艰苦的作战环境和乐观主义精神，对美帝国主义者的残暴感到触目惊心。雷洁琼亲眼看到慰问团的著名相声演员常宝堃被美国飞机丢下的炸弹当场炸死的惨状，面对一系列铁的事实，她真正看清了美帝国主义的野蛮、残暴的本质，感到自己实实在在受到了一次深刻的爱国主义和国际主义教育。中央常务理事周建人于1951年3月作为"美帝国主义细菌战罪行调查团"成员，赴朝鲜和我东北地区进行美帝细菌战罪行的调查和取证工作。在抗美援朝、保家卫国的伟大运动中，民进表现出高度的爱国热情和政治责任心。

参加镇压反革命运动。镇压反革命运动是中国人民保卫革命成果、巩固人民民主专政的一场伟大斗争。国民党败逃台湾时在大陆遗留下的一批反革命分子以及土匪、黑社会势力，不甘心自己的失败，对新政权进行各种破坏和捣乱活动。朝鲜战争爆发后，他们的反动气焰更加嚣张，严重影响了新中国社会的团结与稳定。根据《共同纲领》的规定，中国共产党于1950年10月发出了《关于镇压反革命活动的指示》，在全国范围大张旗鼓地开展镇压反革命的运动。1951年2月，中央人民政府又颁布了《中华人民共和国惩治反革命条例》，为镇反斗争提供了法律依据和量刑标准，使镇反运动形成了高潮。

这场运动得到了包括民进在内的各民主党派和人民团体的一致拥护和支持。《中华人民共和国惩治反革命条例》颁布后不久，民进发言人连续两次发表谈话，表示坚决拥护，并号召全体会员提高警惕，为坚决镇压反革命、巩固人民民主专政而斗争。5月，马叙伦在《当前的情势和我们的任务》一文中指出，我们应该毫不容情地严厉地镇压一切反革命，否则就是对人民的不仁，对人民事业的不仁。他说，这是一项艰巨的任务，也是我们民主党派责无旁贷的任务。我们应该结合抗美援朝保家卫国运动、土改运动一起来做，通过教育广大群众、依靠广大群众来一起进行。

各地分会响应总部号召，积极动员会员投身镇反运动。北京分会组织了有千余人参加的新闻出版界的控诉大会，控诉反革命分子破坏人民政权和人民生命财产安全的罪行。上海、广州也召开了控诉会。各地干部和部分会员还参加了政府和司法部门对反革命案件的审查工作。各级组织还根据中央常务理事会《关于动员会员交代历史性政治问题的处理暂行办法》，在组织内部对有历史问题的会员作了处理。广大会员通过镇反运动，提高了政治觉悟，民进也纯洁了组织，这为以后组织的健康发展打下了基础。

参加"三反""五反"运动。"三反"和"五反"运动是中国共产党在执政的情况下保持其成员和国家干部廉洁、抵制资产阶级思想腐蚀侵袭的斗争，是中华人民共和国成立初期工人阶级向不法资本家进行的一次大规模的斗争，也是对资产阶级一次集中的改造运动。中华人民共和国成立后，国家遵照《共同纲领》，保护私营工商业的合法经营和适当发展。但是资本家中的不法分子用向国家干部行贿、偷税漏税、偷工减料等违法手段牟取暴利，严重破坏国家经济的正常发展。面对不法资本家的猖狂进攻，党和政府毅然决定在党政机关工作人员中间开展一场反对贪污、反对浪费、反对官僚主义的"三反"运动，在私营工商业者中开展一场反对行贿、反对偷税漏税、反对偷工减料、反对盗窃国家财产和反对盗窃国家经济情报的"五反"运动。

民进的主要成员虽然是教育文化出版工作者，但对这场经济领域里的重大斗争依然十分重视。1951年11月，中共中央作出在党政机关工作人员中开展"三反"运动的决定后，民进立即积极响应。12月8日，民进总部发出《为开展反对贪污、反对浪费、反对官僚主义运动，成立本会节约委员会的通知（第一号）》，总部要求全体同志通过学习，进行一次彻底的思想检查和工作检查。1952年1月，"五反"运动正式开始，民进接连两次向全会发出通知，要求领导带头，发动群众进行自查和检举揭发。民进总部还专为"三反""五反"向各地发出情况通报，沟通各地开展运动的情况。4月10日，中央常务理事会向各分会下发了《本会"三反""五反"运动会内处理办法》，对犯有"三毒""五毒"的成员作出了组织处理。

参加知识分子思想改造运动。中华人民共和国成立后，随着民主党派的性质和地位的变化，就必须要求党派成员在思想上也有个根本转变，需要进行政治学习和思想改造，以改变旧观念，跟上新形势。中共对此项工作十分关注。1950年3月,中共中央召开第一次全国统战工作会议,将推动和帮助各党派进行学习改造作为一项重要工作来做。从1951年秋天开始,中国共产党决定在知识分子中进行一次思想改造的学习运动。这场运动是为了帮助从旧社会过来的知识分子清除资本主义和封建主义的思想,转变思想、态度和立场,逐步跟上革命和建设的步伐,树立起为人民服务的思想。民进对这场学习改造运动十分重视。在京中央理事和总部机关的负责干部定期参加全国政协组织的学习座谈会。1951年11月,民进总部发出指示,指出广泛开展思想改造和学习活动是本会当前最主要的任务之一。12月,民进总部成立了以马叙伦为主任的民进毛泽东思想学习委员会(后改为民进全国学习委员会),负责全会的学习活动。该委员会结合实际多次召开会议,座谈学习《共同纲领》、毛泽东思想以及时事政治的认识和体会。马叙伦、王绍鏊、周建人、许广平等还经常在会刊上发表文章,强调学习的重要性,鼓励会员用马列主义毛泽东思想武装头脑。为指导会员学习,会刊还经常转载有关辅导文章。

  1952年8月,总部在京召开了首次全国宣教工作汇报会议。会议在交流总结了前阶段各地开展学习、进行思想改造的情况和经验后,提出今后民进政治思想工作的一项重要任务,就是要在中国共产党领导下,进行自我教育和自我改造,并指出这场以《共同纲领》为标准,以学习时事政策、毛泽东思想为主要内容,以克服资产阶级小资产阶级思想、改造世界观、向工人阶级靠拢为目的的学习和思想改造运动,是一场伟大的有深远意义的运动。会后,全会掀起了学习和思想改造运动的高潮。各地先后成立了学习委员会,以基层支部为主开展活动,联系本职工作重点解决会员业务和思想上存在的问题。有的地方举办专题讲座,有的组织会员到工矿农村参观,各地还定期召开基层组织负责人联席会议,沟通情况,交流经验。广大会员通过学习改造,政治思想觉悟普遍有了提高,不少同志还纠正了重业务轻政治甚至把政治与业务对立起来的错误观点,克服了雇佣思想,树立起了主人翁责任感。这次学习改造运动持续到1953年年底,随后转入了对国家过渡时期总路线的学习。

(三) 为文教事业发展建言献策

民进会员以教育、文化、出版工作者为主,做好本职工作,使我国的文教出版事业迅速得到恢复和发展,就是为恢复国民经济出力。广大会员立足本职,努力工作,默默奉献。

教育部部长马叙伦与钱俊瑞、韦悫、曾昭抡三位副部长一起主持了改造旧教育,开创人民教育的伟大事业。1949年12月至1950年9月,马叙伦先后主持召开了第一次全国教育工作会议、第一次中等教育会议、第一次全国中等技术教育会议、第一次全国初等教育会议、第一次全国师范教育会议、第一次全国工农教育会议和第一次全国民族教育会议,还召开了社会教育、职业教育以及业余教育会议,举办了全国初等教育展览会。

马叙伦根据《共同纲领》,具体阐述了新中国教育的性质和总任务。他指出,为了实行新教育,"我们对于旧教育不能不作根本的改革",提出了"全国教育的制度,各级学校的课程、教材、教学方法、师资等,都要求一个彻底的,同时是有计划有步骤的变革和解决"的任务。随着会议精神在全国各地的贯彻落实,新中国的教育事业不断发展:一批新型学校——中国人民大学、民族学院和工农速成中学兴建起来,一批工农干部及优秀产业工人被选拔到学校深造,开办了大量工人补习学校,开展了全国规模的识字和扫盲运动,加强师资培训,解决师资缺乏的困难,发展中等技术教育,以适应经济建设的急需。

马叙伦特别关心学生的健康问题,他看到一份反映学生健康水准有所下降的报告,非常着急,及时向毛泽东作了汇报,毛泽东听后,旋即手书"健康第一"。1950年6月19日,毛泽东又专门为此致函马叙伦:"此事宜速解决,要各校注意健康第一,学习第二,营养不足,宜酌增经费,学习和开会的时间宜大减,病人应有特殊待遇,全国一切学校都应如此。"1951年1月15日,毛泽东就学生健康问题再次写信给马叙伦,信中说:"关于学生健康问题,前与先生谈过,此问题深值注意。""提出'健康第一,学习第二'的方针,我以为是正确的。""提议采取行政步骤,具体地解决此问题。"根据毛泽东的批示,马叙伦立即领导教育部组织调查研究,拟订具体措施,并将其作为1951年教育工作的主要任务重点落实,切实解决问题。1951年1月18日,马叙伦致信毛泽东,汇报了邀集财政部、卫生部、青年团、学联及有关部门洽商此事的进展情况,并请卫生部给学生作一次全面检查。第一次全国中等教育会议讨论通过了《关于学生健康问题的决定》。随后,马叙伦参加了1951年7月召开的专门讨论学生健康的政务院政务会议,这次会议发布了《关于改善各级学校学生健康状况的决定》。1951年4月5日,《人民日报》为此还专门发表了社论。在教育部和全国各级各类学校的一致努力下,学生的健康状况逐步得到改善。

★ 马叙伦陪同毛泽东走进全国工农教育会议会场。

1952年11月,高等教育部成立,马叙伦出任第一任高等教育部部长,集中领导培养高级建设人才的工作。其中带有全局性的是1952年夏开始的全国高等院校院系调整。高校院系调整是国家将外国教会学校和接受外国津贴的学校收归国办、夺回长期为帝国主义国家和宗教势力所霸占的文化教育阵地、改变旧中国遗留下来的不合理高教体系格局、建立符合社会主义建设发展需要的新高教体系的一项重大举措,马叙伦为此呕心沥血，竭尽全力，作出了重大贡献。

在高等院校工作的民进会员也积极响应国家号召。在民进总部召开的座谈会上，常务理事周建人要求在大专院校工作的会员以实际行动来拥护支持这项工作，不但本人要积极参加，并且有责任去团结所联系的一切与这工作有关的群众，共同做好这项工作。民进先后有几十位在大学工作的会员克服种种困难，顾全大局，服从分配，离开自己工作生活多年的城市或学校，愉快地走上新的工作岗位。到1952年年底，全国已有3/4的高等学校进行了院系调整并开始有计划地开展专业科系设置工作。1953年高校院系调整工作基本完成，从根本上改变了大学设置混乱、科系重叠、教育脱离实际等局面，建立起以理工科为重点的高等教育制度，为今后国家的基本建设打下良好的基础。

各分会在推动教师会员为国家文教事业多作贡献中也做了很多工作。上海分会主办的"双周座谈"，以中小学教员为主要听众，先后邀请了华东教育部的领导、复旦大学的教授就教育方针、学校的领导与管理等问题，举办报告会和讲座，受到普遍欢迎。北京分会在中山公园中山堂举办了大型报告会，邀请出席全国初等及师范教育会议的模范教育工作者介绍经验，有500多人出席，他们还邀请苏联教育专家介绍苏联教育、教学情况。广州分会多次召开教育界、科技界、工商界会员座谈会，讨论如何协助政府争取科技人员参加祖国大建设等问题并提出积极建议。

1953年6月，在民进三届四中全会上，马叙伦指出，各地所做的大量工作，为维护国家文教政策扫除了思想障碍，为发展国家文教事业发挥了作用。民进还为推动我国出版事业的繁荣发展贡献了力量。民进常务理事、国家出版总署副署长周建人协助胡愈之署长开创了新中国的出版事业。1950年9月15日，全国出版会议在北京召开，周建人参加会议并为大会题词："人民不但要吃、饮、住、衣，来维持身体的健康，还需要优良的'精神食粮'来增进精神的健康，所以出版者应尽力出版真正滋养精神的好出版物，并把它们运到读者面前供他们阅读。"这一题词，对新中国的出版事业起到了指导作用。

二、在过渡时期的稳步发展

（一）学习总路线，参加国家建设

随着土地改革的基本完成，国民经济的迅速恢复和初步发展，我国的人民民主政权得到了加强和巩固。中共中央认为，解决工人阶级与资产阶级的矛盾，在农村和城市开始逐步进行社会主义改造已经成为必要并有现实可能，于是提出向社会主义过渡的问题。1953年6月，中共中央提出了中国共产党在过渡时期的总路线："从中华人民共和国成立，到社会主义改造基本完成，这是一个过渡时期。党在这个过渡时期的总路线和总任务，是要在一个相当长的时期内，逐步实现国家的社会主义工业化，并逐步实现国家对农业、对手工业和对资本主义工商业的社会主义改造。"这是一条社会主义建设与改造同时并举的路线。

总路线公布后，民进总部立即向各地发出《关于加强学习国家过渡时期总路线的通知》，指出学习宣传和贯彻执行过渡时期总路线，是民进各级组织和全体会员当前最伟大的政治任务，学习总路线的过程，就是思想改造的过程，也就是贯彻总路线、实行社会主义革命的过程，对广大会员来说，还具有特别迫切的重大的实践意义。民进总部成立了学习委员会，指导中央委员会成员和机关干部进行学习，各地分会认真贯彻总部指示，相继举办各种报告会、座谈会，掀起了学习、宣传、贯彻过渡时期总路线的热潮。

在向社会主义过渡的时期，我国开展了第一个五年计划的大规模经济建设。1953年年初，周恩来在政协一届四次会议上指出：今年是第一个五年计划的第一年，"动员工人阶级和全国人民，集中力量，克服困难，为完成和超额完成1953年度的建设计划而奋斗，是我们贯穿全年的压倒一切的中心任务"。这标志着党和国家已把工作重心转移到了加速国家经济发展上来。

1953年6月15日，民进举行第三届中央理事会第四次全体会议。马叙伦在会上作了《积极参加国家建设为巩固和扩大人民民主统一战线而努力》的报告。他指出，民进当前最中心的政治任务就是动员会员和所联系的群众积极参加国家建设。他要求广大会员在各自的岗位上努力工作，出色完成任务，同时提出民进参加国家建设"主要是参加国家文教建设工作，而其中以中小学的工作为重点"。1954年5月、7月，民进总部两次发出通知，要求各地分会和基层组织协助党和行政在中小学教育中贯彻劳动教育的方针，全面执行新中国的教育路线。1954年，国家发行经济建设公债。民进总部发出通知，要求全会从贯彻执行过渡时期总路线的高度，踊跃认购公债，支援国家建设。广大会员热烈响应，积极认购。上海、广州、杭州、北京、天津、沈阳等地方组织都超额完成了任务。

随着国家大规模经济建设的开始，进一步加强和完善政治、政权建设，提到了重要议事日程。1954年9月15日至28日，具有里程碑意义的第一届全国人民代表大会在北京隆重举行。经过全国普选，民进有16人当选为全国人民代表。他们是马叙伦、王绍鏊、许广平、周建人、徐伯昕、林汉达、车向忱、杨东莼、吴若安、雷洁琼、赵朴初、严景耀、许崇清、冯宾符、杨石先、陆渊雷。第一届全国人民代表大会集中了全国人民的根本意志和共同愿望，体现了中国共产党与全国各民族、各民主阶级、各民主党派的大团结。大会制定并一致通过的新中国第一部根本大法《中华人民共和国宪法》，以法律的形式，确认了我国从新民主主义过渡到社会主义的历史道路，规定了国家对农业、手工业和资本主义工商业实行社会主义改造的根本方针和具体步骤。会议期间，毛泽东、周恩来同各民主党派领导人进行了充分协商，恳切地征求意见，广泛地发扬民主，提出了国家领导人选的名单。大会确定了新的国家领导机构，选举毛泽东同志为中华人民共和国主席、朱德同志为副主席、刘少奇同志为全国人民代表大会常务委员会委员长。

在第一届全国人民代表大会上，民进作为人民民主统一战线的一员，继续参加国家政权的工作，马叙伦当选为全国人大常务委员会委员，并继续兼任国家高等教育部部长；王绍鏊出任全国人大预算委员会副主任、国家财政部副部长。10月，周建人被任命为高等教育部副部长。还有不少民进同志参加了地方政权和政府的工作。

全国人民代表大会结束了由中国人民政治协商会议代行全国人民代表大会职权、由《共同纲领》作为国家根本大法的过渡状态，人民政协的性质地位任务和作用随之发生了变化。1954年12月21日至25日，人民政协第二届全国委员会第一次全体会议在北京举行，参加会议的政协委员559人，民进马叙伦、王绍鏊、葛志成、柯灵等18位全国政协委员出席会议。依据《中华人民共和国宪法》关于"我国的人民民主统一战线将继续发挥它的作用"的规定，大会通过的《中国人民政治协商会议章程》（以下简称《章程》）明确指出：人民政协作为团结全国各民族、各民主阶级、各民主党派、各人民团体、国外华侨和其他爱国民主人士的人民民主统一战线的组织，仍然需要存在。《章程》制定了参加人民政协各单位和个人必须共同遵守的七条准则，毛泽东将它归纳为五大任务：协商国际问题；对全国人民代表大会和地方同级人民代表大会代表的候选人名单以及中国人民政治协商会议各级组织组成人员的人选进行协商；协助国家机关，推动社会力量，解决社会生活中各阶级间相互关系问题，并联系人民群众，向国家有关机关反映群众的意见和提出建议；协商和处理政协内部和党派团体之间的合作问题；在自愿的基础上，学习马克思列宁主义和努力进行思想改造。

会议推选毛泽东同志为政协名誉主席，选举周恩来同志为政协主席，民进领导人马叙伦、周建人、许广平、车向忱当选为政协常委。一届全国人大和政协二届一次会议的胜利召开，标志了我国人民民主制度和国家领导体制已更加完备，我国的人民民主统一战线更加巩固和发展，全国人民代表大会和中国人民政治协商会议同时存在，职能各异，相辅相成，形成了中国人民民主制度的一大特色。

民进对两个大会的召开非常重视。第一届全国人大召开之前，中央人民政府公布了《中华人民共和国宪法草案》，广泛征求意见。民进总部立即发出通知，要求各分会动员和组织全体会员及所联系群众认真参加宪法草案的学习、讨论和宣传，对宪法草案积极发表意见。中华人民共和国宪法起草委员会委员、民进中央主席马叙伦以及王绍鏊、许广平等领导带头学习，在《民进》会刊发表文章，对宪法草案表示拥护。各地方组织集中了两个月的时间组织干部和会员学习讨论，并将讨论中提出的意见建议及时反映给有关部门。人大会议闭幕后，民进总部发出《关于学习、宣传中华人民共和国宪法和第一届全国人民代表大会第一次全体会议的各项文件的通知》，要求全体会员认真理解宪法所规定的人民民主统一战线的各项任务，并结合民进实际，进一步发挥本会在过渡时期应起的作用。

政协二届一次会议结束后，民进总部及时发出通知，要求各级组织和会员认真学习和贯彻大会精神，特别要认真学习政协《章程》。通知指出，《章程》总纲中规定的七条准则亦即毛泽东归纳的人民政协的五大任务，"是我们各级组织和全体会员今后的行动纲领"，全会要以此来"切实检查和改进我们的工作"，通知要求各级组织和会员要在新的形势下增强自己的历史使命感和责任感，"那种认为全国人民代表大会已经召开，宪法已经颁布，政协可有可无，统一战线的基础已经缩小，统一战线的工作可以放弃或削弱的看法是错误的，有害的，那种现在还认为中国人民政治协商会议是政权或半政权性质的组织的看法也是错误的，有害的，都必须加以批判"。为帮助会员学习领会并在工作中贯彻执行章程规定的各项任务，马叙伦在会刊上发表了《民主党派的历史任务》的重要文章，称赞政协章程使"今后民主党派的工作更有了明确的依据"，他在分析了我国过渡时期的形势和统一战线的变化后指出："今后民主党派应当着重加强思想教育工作，首先团结、教育、改造自己的成员，解决他们的思想问题，向有关国家机关反映他们的情况，再扩大到团结、教育、改造所联系的群众，愈广泛愈好，使大家都能得到改造，使每一个愿意改造的人都能经过改造，一道进入社会主义社会，享受社会主义社会的幸福。这是人民民主统一战线的历史任务之一，也是民主党派今后应着重去做的重要工作。"《光明日报》全文转载了这篇文章。马叙伦的这篇文章在兄弟党派中也产生了积极的影响,对后来广大党派成员积极开展自我学习、自我教育、自我改造活动,在思想上顺利过好从民主革命向社会主义转变这一关起到了推动作用。

(二)贯彻"长期共存、互相监督"的方针,做好知识分子工作

面对世界范围内科学技术的迅猛发展和我国社会主义建设的大规模展开,科学技术和知识分子的作用日益重要。但是,我国知识分子在数量上远不能满足大规模经济建设的需要。这就要求一方面尽快大量培养各种人才,另一方面充分发挥现有知识分子队伍的作用。

中国共产党一向十分重视知识分子工作,早在1950年,毛泽东就提出要"争取一切爱国的知识分子为人民服务";1951年10月24日,他又提出,在从新民主主义革命到社会主义革命的过渡阶段中,知识分子在思想认识上应该有个适应过程,知识分子应该进行自我教育、自我改造,并强调这是"我国在各方面彻底实现民主改革和逐步实现工业化的重要条件之一"。中国的广大知识分子具有极高的爱国热情,他们中的绝大多数都信服和拥护共产党的领导。经过近六年的社会实践特别是土地改革、抗美援朝、镇压反革命等运动的洗礼,通过思想改造和过渡时期总路线的学习,广大知识分子的思想面貌发生了巨大的变化,他们积极投身国家的建设事业,以自己的知识和智慧才干为人民做了许多有益的工作。

但是当时在知识分子工作中还存在某些问题,共产党内有些同志没有充分认识到现代科学文化对社会主义建设的重要作用,对科技人才的重要性缺乏认识,甚至存在不尊重知识分子的严重宗派主义倾向。1954年召开的第五次全国统战工作会议提出,要把文教、科技方面的统战工作也列为统战部门的工作重点。切实解决知识分子中的问题,已提到中共中央议事日程上来了。

为了改进和加强中国共产党对知识分子工作的领导,协调同党外知识分子的关系,1955年11月23日,毛泽东召集中央书记处全体成员和中央

有关方面负责人会议，决定召开全面解决知识分子问题的会议，成立了由周恩来负责的研究知识分子问题十人小组，进行会议的筹备。周恩来部署并直接组织对知识分子状况的调查工作，指示各省、自治区、直辖市党委及有关部门，先期对知识分子问题进行调查研究，并将有关情况及时报告中共中央。

民进对中共中央的号召十分重视并认真贯彻执行。1955年11月23日至12月5日，总部连续三次举行知识分子问题座谈会，在京的中央理事、总部各部门负责人及部分有代表性的高级知识分子出席，分别由马叙伦、周建人主持。大家认为，民进有责任协助党和政府深入了解知识分子生活、学习和工作等方面的情况，为此总部制定了调查研究知识分子问题的详细计划发往各地，要求在一个月之内，有重点有计划地对有代表性的会员和所联系的知识分子进行深入的调查研究。

王绍鏊、许广平、徐伯昕、雷洁琼等分赴天津、上海、广州、南京、杭州、西安、武汉等地，深入基层，召开座谈会进行调查研究，听取意见。北京市分会重点调查了中学教师的情况，他们邀请了20多所中学里有代表性的老年教师举行了三次座谈会；天津市分会重点调查了天津大学、南开大学两所高等院校教师的情况。其他分会也都进行调查研究，收集了大量第一手资料。总部根据这些材料，整理成《中国民主促进会关于知识分子调查研究的综合材料》（以下简称《综合材料》），于1956年年初呈送中共中央和政府有关部门。《综合材料》包括存在问题和建议两大部分。在存在问题中所列举的对非党知识分子的信任问题、知识分子入党问题、人事安排问题、工资和福利待遇问题等，都有较大的普遍性。在建议部分，提出了应该加强对非党知识分子的信任，放手让他们工作，应尽量对口安排知识分子的工作让他们发挥特长，应适当提高知识分子特别是中小学教师的工资，改善他们的工作、生活条件等八条建议，这些建议十分中肯积极，受到了有关方面的重视和好评。

1956年1月14日至20日，中共中央召开有关知识分子工作的会议，周恩来在会上作了《关于知识分子问题的报告》。他高度评价了中华人民共和国成立后我国知识分子发生的巨大变化，说中国知识分子的"绝大多数已经成为国家工作人员，已经为社会主义服务，已经是工人阶级的一部分"，我们今后进行大规模社会主义建设"必须依靠体力劳动同脑力劳动的密切合作，依靠工人、农民、知识分子的兄弟联盟"。周恩来严肃批评了共产党内存在的排斥歧视知识分子的错误倾向。

1956年1月25日，毛泽东在最高国务会议上的讲话中指出："我国人民应该有一个远大的规划，要在几十年内，努力改变我国在经济上和科学文化上的落后状况，迅速达到世界上的先进水平。"为此，他提出："要有数量足够的优秀的科学技术专家，同时，要继续巩固和扩大人民民主统一战线，团结一切可能团结的力量。"毛泽东的这一号召指明了继续前进的方向，也对我国的统一战线工作提出了新的任务和要求。

1956年1月30日，周恩来在政协二届二次会议上，再次阐述了党和政府对知识分子的一贯立场和政策，并指出，当前的知识分子问题，就是中国现有的知识分子无论在数量方面、在业务水平方面、在政治觉悟方面，都还不能适应社会主义事业急速发展的需要；而政府若干部门对于知识分子的使用和待遇还有某些不合理现象，又在不同程度上妨碍了知识分子力量的充分发挥，这就需要我们加强领导，克服缺点，采取一系列措施加以改进。为此，他提出："第一，应该改善对知识分子的使用和安排，使他们能够发挥对于国家有益的专长；第二，应该对知识分子给以应有的信任和支持，使他们能够积极地放手地工作；第三，应该给知识分子以必要的工作条件和适当待遇，使他们能够集中主要精力于自己的业务。"他还指出，帮助知识分子进行自我改造，对于充分动员和发挥知识分子力量，具有极大的意义，他希望："知识分子能够在中国共产党的领导下，采取自我教育的方法，通过社会生活的观察和实践、业务的实践和马克思列宁主义理论的学习这样三个互相联系的途径，逐步地成长为全心全意地为社会主义服务的知识分子。"出席会议的民进同志积极参加讨论，发表意见，把自己考察和通过调查研究了解到的情况和问题，反映到会议上，增强了说服力。周建人在全体会议上发言，表示完全拥护周恩来同志的政治报告，并代表民进全体同志重申："一定要更加紧密地团结在中国共产党的周围，发挥最大的积极性和创造性，完成我们光荣的任务，这样才不辜负党和人民对我们知识分子深切的期待！"

为贯彻落实政协二届二次会议精神，推动全体会员和所联系的知识分子的自我教育、自我改造，进一步协助党和政府做好知识分子的工作，民进总部于1956年2月9日召开了中央常务理事会扩大会议，交流和总结会员进行自我思想改造的体会和经验，周建人在会上作了重要讲话。会议通过了《关于拥护和贯彻〈中国人民政治协商会议第二届全国委员会第二次全体会议的决议〉的决议》（以下简称《决议》），强调全会要进一步认真贯彻知识分子的政策，协助党和政府做好知识分子工作；要尽力鼓励、帮助会员和所联系的知识分子继续通过社会实践、业务实践和马克思列宁主义理论学习，进行自我教育和自我改造，提高社会主义觉悟，逐步地把自己改造成为全心全意地为社会主义服务的知识分子。

《决议》下发之后，各地分会认真贯彻执行。上海市委会深入调查研究，发现在代课教师中普遍存在的一些问题，就及时整理出《关于代课教师的问题和意见》，经总部转送国家教育部。教育部对此十分重视，认为"反映的情况是应该注意的"，要求有关司局"迅速设法解决"。这事在上海的代课教师中引起很大反响。各级组织还通过细致的工作，帮助自我改造较慢的同志转变。天津民进对一位被认为是后进的老教师进行耐心帮助，使他很受感动，后来在各方面都有积极表现，并加入了民进组织。

1956年4月25日，毛泽东在中共中央政治局扩大会议上作了《论十大关系》的讲话，其中提出中国共产党与民主党派要实行"长期共存、互相监督"的方针。他在论述党和非党的关系时，不赞成苏联共产党的一党制，坚持共产党同民主党派合作的方针，他说："究竟是一个党好，还是几个党好？现在看来，恐怕是几个党好，不但过去如此，而且将来也可以如此，就是长期共存、互相监督。"他在讲话中生动地比喻说："我们的方针是要把民主党派、资产阶级都调动起来。要有两个万岁，一个是共产党万岁，另一个是民主党派万岁……在这一点上我们和苏联不同，他们是打倒一切，把其他党派搞得光光的，只剩下共产党的办法，很少能听到不同意见，弄得大家无所顾忌。这样做很不好。"

1956年6月，中共中央统战部部长李维汉在第一届全国人民代表大会第三次会议上作了题为《巩固和扩大人民民主统一战线》的发言，他指出："共产党和各民主党派长期共同存在，互相监督，首先是对共产党起监督作用。""这是一个重大的方针，这个方针的提出，同时就是再一次地宣告，同党外人士实行合作，是共产党的一条'固定不移'和'永远不变'的原则。"1956年9月，刘少奇同志在中国共产党第八次全国代表大会的政治报告中，明确指出在今后我们"应当采取共产党和各民主党派长期共存、互相监督"的方针。1956年9月召开的中国共产党第八次全国代表大会，将"长期共存、互相监督"的方针写入大会决议，要求共产党各级组织"必须按照长期共存、互相监督的方针，继续加强同各民主党派、无党派人士的合作，并且充分发挥人民政治协商会议和各级政协机构的作用"。

实行"长期共存、互相监督"方针，可以使中国共产党更好地团结和帮助各民主党派发挥他们的作用，也可以使中国的社会主义民主更加发展和完善。这一方针的提出，也使全体民进会员受到极大鼓舞，一致认为这是共产党对我们民主党派的极大信任，同时对我们提出了新的更高要求。各地分会采取多种形式如召开座谈会、举办演讲会、组织宣讲队到群众中进行宣讲等，表示热烈拥护，并在实践中努力贯彻执行。民进杭州市委会在学习这一方针时向中共浙江省委统战部提出建议，希望党委在宣传这一方针时要落实到单位党支部，使民主党派能在单位党支部的领导下，更好地发挥作用。中共浙江省委统战部认真听取了民进的意见。总部还针对学习中反映出的一些认识问题，请领导人撰写文章或在会刊上登载辅导学习材料，帮助会员澄清模糊认识，从而提高广大成员的思想觉悟。

(三) 第二次全国代表大会

人民民主统一战线新的历史发展阶段对民主党派自身的思想建设和组

织建设,提出了新的更高的要求。中国共产党对各民主党派在新形势下加强自身建设给予了热情的支持和帮助。周恩来在全国第一次统战工作会议上首次提出了"民主党派可以发展,也有发展前途"的意见,不久他又代表中共中央正式向各民主党派提出了发展成员的建议。

中华人民共和国建立后不久,中央统战部就着手指导并协助民主党派进行了一系列的工作,其中包括帮助各民主党派召开全国代表大会或中央会议,总结历史经验,确立在新的历史发展阶段的政治纲领和组织方针;明确民主党派的指导思想;帮助各党派协商确定各自分工活动的主要范围和重点;帮助民主党派发展成员,推动帮助党派成员进行学习改造等。这些工作对于推动各民主党派在新的历史条件下继续前进起了积极的作用。

1950年4月民进召开一代大会时,全会会员总数仅150人左右,显然这样的组织规模与所肩负的历史任务是不相适应的。1950年11月21日至12月1日,民进总部召开第三届中央理事会第二次全体会议,研究讨论组织发展问题。会议作出了《关于发展与巩固组织的决议》(以下简称《决议》),指出在新的历史发展阶段,民进担负了艰巨而伟大的历史使命,为了实现这一任务,"必须以适当的发展组织作为重要任务之一"。《决议》确定,民进要在原有的进步团结的基础上,掌握有重点、有条件、发展与巩固相结合的原则,采取质量并重、稳步前进的方针发展组织,发展对象为进步的知识分子、自由职业者及工商界人士(着重有知识分子成分的工商业者),重点是文化教育、科学技术工作者。同时提出发展对象"必须是拥护《共同纲领》、愿为其实现而奋斗,在现阶段中并须积极参加'抗美援朝,保家卫国'的运动,为贯彻此政策而奋斗"。

1951年1月,中共中央召开第二次全国统战工作会议,讨论三大运动中的统战工作问题和帮助民主党派发展组织问题。会议认为,目前民主党派的组织人数同他们的政治地位是很不相称的,共产党要帮助民主党派发展。经过与会者的认真分析和深入探讨,会议拟定了《1951年协助各民主党派发展党员的建议》(以下简称《建议》)。《建议》要求各级党委积极协助各民主党派在今年内完成发展党员一至二倍的任务。在民主党派组织发展方针上，建议："主要应该在大、中城市和省会就现有基础加以发展，使之具备相当规模，而不要采取分散力量，到处搭架子的办法。""吸收党员的政治条件，必须是拥护《共同纲领》并愿为其实现而奋斗者。"

1951年8月，民进第三届中央理事会第三次全体会议发布了《关于建立基层组织，加强组织教育，进一步发展组织的决议》，确定全会要有计划有重点有步骤地在大中城市发展组织和建立新的分会，建立基层组织，并强调要以中小学教师为本会的主要发展对象。

1952年6月6日至23日，中共中央召开了第三次全国统战工作会议，会议的主题是讨论民族资产阶级和民主党派的工作问题。会议认为，对民主党派，是要他们确立"接受工人阶级和共产党的领导"的思想，而不是要求他们具有工人阶级的立场和思想。对于他们成员中一部分从事文教、科技等方面工作的知识分子，应要求他们学习马列主义理论，逐步具备工人阶级的立场和思想。民主党派发展成员，应以其所联系阶级、阶层的中上层代表人物为主要对象。

民进以统战工作会议精神为指导，稳步推进组织发展工作，经过一年的努力，组织发展工作取得了相当的成绩。截至1952年8月，会员总数达1000余人，杭州、天津、南宁、沈阳以及苏南的一些城市先后成立了地方分会筹委会或筹备小组；各地组织加强了对会员的思想教育，健全了组织生活和学习制度，增强了组织的活力。

8月4日至14日，总部在北京召开全国组织宣教工作汇报会议，对《关于发展组织工作的指示》《关于建立新分会组织的补充指示》《关于补充〈建立基层组织暂行办法〉的通知》进行了讨论，这三个文件在8月15日召开的民进三届五十六次常务理事会议上通过，成为后来一个阶段发展组织的重要依据。到1956年8月民进第二次全国代表大会前，全会人数已经达到2800余人，会员中中小学教职员占65.1%，高等院校（包括高等师范学校）教职员占8.5%，教育行政工作者占4%；文化出版工作者占7.3%，医卫科技及其他方面的知识分子为16.9%；全国共有上海、北京、广州、杭州、天津、沈阳6个分会和广西、陕西、武汉、南京、旅大、抚顺、苏州等7个分会筹委会，300多个基层支会（小组），已初具全国性规模。

1956年8月11日至23日，中国民主促进会第二次全国代表大会在北京举行。这次大会是在国家对生产资料私有制的社会主义改造取得决定性胜利，社会主义建设新高潮即将到来之际，在中共中央重视知识分子工作、提出与民主党派实行"长期共存、互相监督"方针以后的新形势下召开的。出席大会的正式代表216名，列席56人，来自全国21个大中城市。大会主要议程是：检查和总结过去六年的工作，在深刻认识"长期共存、互相监督"方针的基础上，确定今后的工作方针和任务，修订会的章程，选举新的中央领导机构。

这次大会得到了中共中央和国家政府的热情关怀和支持。会议期间，国家副主席朱德、国务院总理周恩来接见了全体与会代表并一起合影留念。陈毅副总理应邀向代表们作了贯彻党的"长期共存、互相监督"和"百花齐放、百家争鸣"方针以及国际形势的报告，中共中央统战部为代表们举行了招待宴会；国家教育部副部长董纯才向大会作了中小学教育工作和师范教育问题的报告。代表们还聆听了周恩来的报告录音。党和政府的关怀和支持使全体与会代表受到极大鼓舞。

★ 中共中央和国家领导人接见民进第二次全国代表大会代表后，周恩来与马叙伦等亲切交谈。左一为车向忱，右一为徐伯昕。

第三章
为建设新中国而奋斗

马叙伦致大会开幕词，他要求与会代表认真深入学习讨论，统一认识，将会议开成向社会主义进军的动员大会、誓师大会。周建人代表第三届中央理事会向大会作工作报告。他全面回顾了六年来全会所进行的各项工作，肯定了各级组织在推动会员参加各项政治运动、做好本职工作、在学习和工作实践中不断提高政治觉悟为社会主义事业奋斗以及在加强自身建设方面所取得的成绩，同时实事求是地指出工作中还存在"领导落后于群众，工作落后于实际"的不足。报告在分析了形势后提出了今后工作的指导方针和具体任务。周建人说，事实证明，民进一大所提出的"紧密地与共产党亲密合作，接受共产党的政策领导与思想领导，应该是我们固定不移的永久不变的方针"是完全正确的，今后各级组织和全体会员必须毫不迟疑地继续贯彻这个根本方针。

关于今后民进的具体工作，周建人重申了2月中央常务理事扩大会议所确定的"一切为了社会主义，更多更好地为社会主义服务"这一根本任务，同时结合形势，提出应着重做好五方面的工作：密切联系群众，加强对要求进步而政治上开展较慢的人进行工作；协调各方面的关系，加强团结；积极代表会员和所联系群众的合理要求和正当利益；提高觉悟，贡献力量，为社会主义服务；积极发展组织，做好基层组织工作。

大会批准了第三届中央理事会的工作报告并通过了决议。王绍鏊在会上作了关于修改中国民主促进会章程的说明。他说自民进一大对会章进行修改后，由于客观形势的变化和组织自身的发展，章程中的有关表述和规定，已不适应实际情况和工作需要，有必要进行修改。新章程在以下几处较原有章程作了修改补充：一是明确规定中国民主促进会"以中国人民政治协商会议章程的总纲为纲领"，过去的表述为"以中国人民政治协商会议共同纲领为纲领"；二是明确规定中国民主促进会"是中国共产党领导的人民民主统一战线中的一个民主党派"，原章程为：民进是"人民民主统一战线中的一个组成部分"；三是增加了体现民进特点的基本任务的表述：民进要"团结教育从事文化教育工作和其他方面的知识分子，并反映他们的意见和要求，代表他们的正当利益"；四是增加了必须贯彻执行中共中央提出的共产党和民主党派实行"长期共存、互相监督"方针的规定；五是增加了有关本会实行民主集中制、集体领导制以及运用批评与自我批评方法加强组织团结，充分发挥组织力量的规定。大会通过了新修订的中国民主促进会章程。

8月23日，大会以无记名投票方式选举产生了新的中央领导机构——中国民主促进会第四届中央委员会①。新一届中央委员会由62名中央委员和28名候补中央委员组成。在四届一中全会上，选举产生了由15人组成的中央常务委员会，选举马叙伦为民进中央主席，王绍鏊、周建人、许广平、车向忱、林汉达为副主席。

在民进第二次全国代表大会上，代表们对中小学教育的现状和发展规划提出了许多意见和建议，经大会综合整理后向中央有关部门送交了《关于中小学教育的问题和建议》。大会结束后不久，民进中央就收到了中央统战部转来的国家教育部的复函，对代表所提的问题和建议作了详尽的答复。

民进第二次全国代表大会为民进今后的工作指明了方向。大会选举产生的新一届中央委员会和通过的新会章，从组织上纪律上为实现工作目标提供了坚实的基础和保证。

---

① 民进一大选出的中央领导机构称中央理事会，其办公机关称总部。民进二大之后中央领导机构称中央委员会，总部改称中央机关。

第四章

服从和服务于社会主义建设

▶ 第四章
服从和服务于社会主义建设

一、配合党和国家部署，参加政治活动

（一）在整风和反右运动中

1956年9月，毛泽东在中共八大开幕词中指出，现在我们许多同志中间仍然存在主观主义、官僚主义、宗派主义的思想和作风，不利于党内团结和党同人民的团结，必须大力克服这些严重缺点，才能把我们面前伟大的建设工作做好。同年11月中共八届二中全会作出了1957年在全党开展整风的决定。毛泽东在党的八届二中全会上提出，全党明年要采取整风的方法，同主观主义、宗派主义、官僚主义的倾向作斗争。他指出："我们一定要警惕，不要滋长官僚主义作风，不要形成一个脱离人民的贵族阶层。""整风是在我们历史上行之有效的方法，以后凡是人民内部的事情，党内的事情，都要用整风的方法，用批评和自我批评的方法来解决。""在人民内部，对犯错误的人，都用保护他又批评他的方法。这样就很得人心，就能够团结全国人民，调动六亿人口中的一切积极因素，来建设社会主义。"

1957年2月27日，毛泽东在最高国务会议上作了《关于正确处理人民内部矛盾的问题》的重要讲话，提出了在人民内部政治上要实行"团结——批评——团结"，在共产党和各民主党派关系上要采取"长期共存、互相监督"，在知识分子和科学文化方面要采取"百花齐放、百家争鸣"等一系列原则和方针。3月12日，毛泽东在中共中央宣传部召开的全国宣传工作会议上讲话，进一步阐述了上述思想，并重申党对知识分子的估计：绝大多数赞成社会主义制度；少数对社会主义不那么欢迎，但还

是爱国的；抱敌对情绪的是极少数。重申了知识分子改造、同工农相结合的必要性，同时明确宣布："百花齐放、百家争鸣"是共产党的一个基本的也是长期的方针，其目的就是放手让大家讲意见，使人们敢于说话，敢于批评，敢于争论。整风先在党内整，党外自愿参加，批评主观主义（包括教条主义）、宗派主义、官僚主义，克服错误，造成自由批判的环境和习惯。

这两篇讲话在广大干部和知识分子中进行了传达和讨论，引起了热烈的反响。民进各级组织也发动广大干部和会员认真学习和讨论这两篇重要讲话，一致认为毛泽东的这一思想发展和丰富了马克思主义科学社会主义的理论，对于全党全国人民团结一致地建设伟大的社会主义祖国具有重大的意义。

1957年4月27日，中共中央发出《关于整风运动的指示》，正式宣布在共产党内部进行一次以正确处理人民内部矛盾为主题，以反对官僚主义、宗派主义和主观主义为内容的整风运动。此后，中共全党整风运动逐步展开。广大群众和爱国人士积极响应中共中央的号召，向各级党组织和党员干部提出了许多有益的批评建议。中共中央高度重视邀请党外人士帮助共产党整风，4月30日，毛泽东邀请各民主党派负责人在天安门城楼上举行座谈，请他们帮助中国共产党整风。5月4日，中共中央发出了《关于请党外人士帮助整风的指示》（以下简称《指示》），指出：最近两个月来，在有党外人士参加的会议和报刊上所展开的关于人民内部矛盾的分析和对于党和政府所犯错误缺点的批评，应继续展开，以利于我党整风，改正缺点错误，没有社会压力，整风不易收效。《指示》强调，党外人士参加我党的整风座谈会和整风小组，是请他们向我们提意见、作批评，而不是要他们批评他们自己，要请他们畅所欲言地对党的工作上的缺点错误提出意见。

为了贯彻落实毛泽东主席和中共中央的指示，发动党外人士帮助共产党整风，中央统战部于5月8日到6月3日召开了13次各民主党派负责人、无党派民主人士座谈会，听取党外人士的意见建议。与此同时，国务院各部门、各省市和一些高等院校的中共党委，也相继召开党外人士座谈会，征求他们的意见。中共这种真诚的态度，使党外人士消除了顾虑，鼓起了勇气，提出了大量的批评、意见和建议，其中绝大多数是正确的、善意的，有些批评尽管措辞尖锐，但却切中时弊，不无益处。

对于党外人士的批评和意见，中共中央表示衷心欢迎并非常重视，在多次向党内发出的指示中指出，党外人士对我们的批评不管如何尖锐，基本上是诚恳的、正确的，这类批评占90%以上，对于党整风、改正缺点错误是大有益处的。从揭露出来的问题看，党内有一部分人存在着反人民的思想作风。党员不尊重党外人士，高人一等，盛气凌人虽非全部，但甚普遍。这种错误倾向，必须完全扳过来，而且越快越好。中共中央的这些指示说明，中国共产党确实非常重视和尊重党外人士的意见，希望通过整风，正确解决人民内部包括人民群众同政府和各级领导之间的矛盾，加强党和人民的团结。

这次整风的初衷是正确处理人民内部矛盾的问题，开展整风是发扬社会主义民主的正常步骤。但是，在发展过程中，逐步起了变化。极少数人乘机向中共和新生的社会主义制度发动进攻，他们乘机散布反对共产党的领导、反对社会主义制度的言论，妄图取代共产党的领导，在社会上造成了很大的思想混乱。1957年5月15日，毛泽东写出《事情正在起变化》一文，发给党内高级干部阅读。6月8日，中共中央发出《组织力量反击右派分子的猖狂进攻》的党内指示。6月8日，《人民日报》发表了《这是为什么》的社论，这标志着中共中央指导思想上从全党整风转向反击右派，由以正确处理人民内部矛盾转向解决敌我矛盾的变化。接着，中共中央又发出一系列的指示，进行了部署。之后，又进一步把反右派斗争推向自然科学界和中小学教职员，推向全国各个领域。运动中发生了阶级斗争扩大化的严重错误，把许多知识分子、党员干部错划为"右派分子"，造成了不幸的后果。

在大形势的驱动下，民进也开展了整风运动和反右派斗争。5月8日，王绍鏊、周建人、许广平、林汉达、杨东莼、徐伯昕、冯宾符、徐楚波、吴研因、金芝轩等人参加了中共中央统战部召开的座谈会。从6月中旬开始,民进中央先后发出文件、召开会议、成立中央整风领导小组,要求全会进行会内整风。这期间,全会停止了发展组织,停出《民进》会刊,而以《民进整风简报》作为替代,提出了在会内全面展开、彻底深入进行反右斗争的口号。直到10月25日,民进中央整风领导小组才认为,民进的反右派斗争已经取得基本胜利,可以转入一般整风,即通过学习文件,进行自我反省,批评与自我批评,达到改造思想、互相提高的目的,而不再"采取人人过关的方式"。1958年1月13日,民进召开四届二中全会扩大会议,作出了关于在全会《全面开展一般整风的决定》。

1958年1月,毛泽东在最高国务会议上讲话,在提出要把党和国家的工作重点逐步转到技术革命和社会主义建设上来的同时,继续强调社会革命要天天革,整风还要整,不能松劲,各民主党派也要整,要整得适合人民的要求。

1958年3月1日,民进全体在京中央委员和中央机关干部举行"自我改造跃进大会",通过了《自我改造决心书》,"保证把整风运动搞深搞透,促进全会组织和成员的本质改造,争取在三年内使会员中的左派和中左分子达到百分之八十五,使民进成为社会主义性质的政党"。3月4日,各民主党派和无党派民主人士协商通过了《各民主党派中央关于在各民主党派内部进一步开展整风运动的决定》,提出了"加速改造""向党交心"等口号。3月16日,民进中央机关和北京市的850多名会员参加了在天安门广场举行的各民主党派和无党派民主人士"社会主义自我改造促进大会",通过了"自我改造公约",并参加了会后的游行。各地方组织也纷纷举行了类似活动。这表明整风运动、思想改造再次出现了不正常现象。

截至1958年11月,民进在整风中受到牵连的会员达1100余人,到1964年年底,民进会员被错划"右派分子"的933人,除极个别因下放、遣送农村劳动而失去联系外,其余均摘除了右派帽子。在扩大化了的反右斗争中,民主党派遭到了不公正的批判和打击。其结果是民主党派又被戴上资产阶级政党的帽子,一大批爱国的党派人士被打成"反共反社会主义"的"右派分子"。被错打成"右派"的知识分子，不能在社会主义建设中发挥应有的作用。反右斗争的扩大化，还使更多知识分子的积极性和对党的信任受到相当程度的打击，这是党和国家的重大损失。同其他民主党派一样，民进在整风、反右斗争中遭到了沉重的打击，各项工作受到了严重的挫折，但是广大成员依然坚决相信共产党，相信社会主义道路，按照中国共产党所指示的方向前进，广大干部依然勤勤恳恳、孜孜不倦地刻苦工作，在艰苦的环境中继续以自己出色的工作为社会主义事业服务，经受住了严峻的考验。

（二）第三次全国代表大会

1958年5月5日至23日，中国共产党召开了八大二次会议，通过了"鼓足干劲，力争上游，多快好省地建设社会主义"的总路线，提出了全党全国的主要任务是进行社会主义建设，号召工人和知识分子要踊跃投身技术革命和文化革命。

为调整和改善党和知识分子的关系，调动知识分子的社会主义积极性，1958年7月，中共中央召开第十次全国统战工作会议。中共中央政治局委员、书记处书记彭真在会上作了重要讲话。他指出，对民主党派、知识分子和资产阶级分子不要总是斗下去，把弦绷得那么紧。现在整风应该告一段落，转到为社会主义建设服务的实践上来，从斗争为主转入以团结为主，让他们到实践中去以实际行动来表现思想改造的决心和成果。工业资本家也好，商业资本家也好，小业主也好，民主党派成员也好，知识分子也好，大家统统到实际中去鼓足干劲，力争上游，多快好省地建设社会主义。

中共中央批准了中共中央统战部根据上述意见制定的统战工作方针，确定在今后一段时间里要领导知识分子和各民主党派成员到实践中去，同全国人民一道，鼓足干劲，力争上游，积极参加社会主义建设，参加技术革命和文化革命，从工作和劳动的实际中，调动和发展他们为社会主义服务的积极作用，检验他们的整风成果；同时要求他们在实践中按照毛泽东主席在《关于正确处理人民内部矛盾的问题》中提出的六条政治标准，继续进行自我改造，使社会主义改造和为社会主义服务密切结合，相互促进。这一方针表明中国共产党决定结束党外整风，这对于调动各民主党派的社会主义积极性，推动统一战线的巩固和发展，产生了良好的影响。

1958年8月，民进中央常务委员会根据全国统战工作会议精神，作出了关于提前召开民进第三次全国代表大会的决定。要求各级组织在当地中共党委的领导和统一部署下，结束一般整风。11月5日，民进中央整风办公室在《民进整风简报》上发表社论，宣布民进的整风运动"已经胜利结束"。

1958年11月至12月，民进在北京召开了第三次全国代表大会。会议分两阶段进行，11月16日至30日为预备会议，12月1日至9日为正式会议。出席这次大会的共313人，其中正式代表235名，来自中央和41个地方组织。大会主要议程是：总结过去工作，特别是反右斗争和一般整风的收获和经验教训；讨论并决定今后的方针任务和根本改造规划；改选中央领导机构。

预备会议期间，代表们听取了毛泽东在最高国务会议上讲话和周恩来关于国际国内形势报告、关于民主党派作用与改造问题报告的传达。陈毅副总理和文化部、教育部的领导分别到会向大家作国际形势和国内文化、教育方面的报告。周恩来忙中抽暇，接见了民进负责同志并进行了座谈。

12月1日，民进第三次全国代表大会开幕，周建人致大会开幕词。王绍鏊代表第四届中央委员会向大会作工作报告，他回顾了民进二大以来所开展的各项工作，总结了整风反右斗争的收获、经验和教训。报告在分析了国际国内形势和经过整风反右斗争成员的思想状态及组织状况后，提出今后全会的工作方针是：坚决接受中国共产党的领导，加速进行组织和成员的根本改造，破资产阶级立场，立社会主义立场，继续深入政治战线和思想战线上的社会主义革命，积极参加技术革命和文化革命，发扬共产主义精神，努力建设社会主义。大会一致批准了这个工作方针。

由于当时"左"的思想的错误指导，这次大会"确认"了民进"绝大多数成员,过去是、现在仍然是资产阶级知识分子;我们会过去是、现在仍然是资产阶级性政党",提出"继续从根本上改变我们会的政治面貌和组织面貌,应当是我们会今后严重的政治任务"。因此,大会决定把整顿和改造组织、强调个人进行根本改造作为全会工作的一项重要内容。车向忱在大会作了《中国民主促进会组织改造规划》的报告。这一报告和大会通过的《决议》都强调,各级组织和个人都要制订改造规划,通过改造达到改变组织面貌和政治面貌的目标。

大会以无记名投票选举产生了由76名中央委员、29名候补中央委员组成的第五届中央委员会。在五届一中全会上,选举产生了由29人组成的第五届中央常务委员会,马叙伦继续当选为中央委员会主席,王绍鏊、周建人、许广平、车向忱、杨东莼当选为副主席,徐伯昕为秘书长。

民进三大是在我国历史上一个特殊的年代召开的一次会议,因此带有深深的时代烙印。这次大会做出的判断和决定是"左"的思想的产物,是不符合实际情况的。但是大会要求成员进行思想改造,提出"服务与改造相结合""改造是为了服务,多一份改造就多一份服务"的口号,对调动成员的积极性,推动他们为社会主义建设事业多作贡献,还是起到了积极推动的作用。

二、加强学习和自我教育,为社会主义建设作贡献

(一)贯彻服务和改造相结合的方针,参与社会主义建设

从1958年年底到1959年7月,中共中央多次召开会议,纠正从"大跃进"和人民公社化运动中已经觉察的"左"的错误。同时,毛泽东引用《礼记》上"文武之道,一张一弛"这句话,提出要贯彻"弛"的方针,以调整几年来一直比较紧张的阶级关系和同民主党派的关系,端正知识分子工作的方向,争取一切可能争取的力量为无产阶级的教育事业和文

化科学事业服务。

中共各级组织遵照中央指示精神,在这方面做了不少积极的具体的工作,大大缓和了共产党与民主党派间的紧张关系,调动了民主党派成员建设社会主义的积极性,推动和促进了民主党派工作的正常开展。在三年经济困难时期,正是由于共产党正确贯彻了"弛"的方针,使统一战线内部的团结有了加强,民主党派在严重困难面前,经受住了考验,他们紧密团结在共产党周围,与党同心同德,为克服暂时困难和建设社会主义作出了积极的贡献。

中共调整改善与民主党派的关系。自毛泽东提出以"弛"来调整中共与民主党派的合作关系后,中共各级党委和统战部门都认真贯彻落实。民进三大提出"服务与改造相结合"这一口号,就是根据同年8月中共全国统战工作会议贯彻"弛"的方针而来的。1959年年初,中共中央又宣布了"五不变"政策,即"定息政策不变、高薪不变、政治上适当安排的方针不变、学衔制不变、根本改造的政策不变"。这对工商界、知识界和民主党派起到了很好的团结和稳定作用。

4月中旬,第二届全国人民代表大会第一次全体会议和政协第三届全国委员会第一次会议在北京同时召开,根据"政治上适当安排的方针不变"的精神,民进有比1954年更多的同志出席了这两个大会。当选为全国人大代表的有马叙伦、王绍鏊等20人,当选为全国政协委员的有许广平、葛志成等37人。

在对待非党知识分子的根本改造问题上,共产党也采取了更温和的政策。1959年5月,中共中央统战部提出,对党外人士的政治思想工作应当更加和风细雨,坚持正面教育,一般不进行群众性的批判和斗争。同年夏天"庐山会议"后,共产党又开展了"反右倾"运动,但对待党外人士和民主党派,则采取了十分慎重、稳妥的做法。9月15日,毛泽东在同各民主党派负责人座谈时明确宣布:在非共产党人士中不开展"反右倾"运动,他还说,知识分子大有进步,民主党派大有进步,工商界也大有进步。毛泽东的这次讲话,解除了民主党派成员的思想顾虑,使他们受到鼓舞。两天后,中共中央、国务院根据毛泽东的建议作出决定:在庆祝建国十周年的时候,摘掉一批确实改造好了的"右派分子"的帽子,并宣布:"今后,根据右派分子的表现,对那些确实改造好了的人,还准备分期分批摘掉他们的帽子。"决定下达后,中共各级党委和各级政府纷纷贯彻落实。到这年年底,民进中央委员一级被错打成"右派分子"的同志中,有六人首批宣布摘帽。

民进五届二中全会和"神仙会"。中国共产党的一系列举措,体现了其在努力调整和改善与民主党派合作共事关系方面的真诚态度和积极行动,民主党派和广大非党知识分子也从中受到教育和激励。统一战线内部的团结得到了加强,互相间关系逐渐和谐融洽,一个相对比较宽松的政治环境开始形成。在这样的形势下,1960年7月25日至9月6日,民进在京召开了长达40多天的五届二中全会(扩大)会议。会议的主题是进行国内外形势和总路线的自我教育,交流自我改造的经验,明确今后的工作方向和任务。民进中央委员和地方组织负责人共271人出席了会议。会前,民进中央和地方组织做了大量的准备工作。3月,民进中央分别在上海、沈阳和武汉举行了华东、东北、中南地区工作会议,为开好这次会议作了充分准备。

这次会议得到了中共中央和政府的高度重视和热情关怀。会议期间,毛泽东、刘少奇、周恩来、朱德等党和国家领导亲切接见了全体与会代表;周恩来总理、李富春副总理、中央统战部部长李维汉等分别向代表们作了国际形势、国内形势、民主党派前途及知识分子改造问题的报告,周恩来出席了中央统战部举行的招待宴会,热情鼓励大家积极参加社会主义建设事业,为社会主义服务,要不断学习,不断改造,做到老、学到老。这些都使与会同志受到很大的鼓舞和教育。

王绍鏊代表中央常务委员会向大会作了工作报告。他总结了民进三大以来的工作,肯定了广大成员在服务和改造方面取得的成绩,并对今后的工作提出了建议。

会议以"三自""三不"(由"自己提出问题、自己分析问题、自己解决问题","不抓辫子、不扣帽子、不打棍子")的"神仙会"的方式进行,开得生动活泼。与会同志在宽松的气氛中畅所欲言,在自由争辩中互相启发,通过小组讨论会、谈心会、游园活动、经验交流会、报告会以及大会发言等形式,交流思想,接受教育,大家普遍感到心情舒畅,充满信心,收获颇丰。"神仙会"这种新的工作方法,既与知识分子的特点相适合,又与知识分子自我改造的任务相适合,使这次会议基本上做到了解除顾虑,敞开思想,揭露矛盾,提出问题,共同分析,自由辩论,达到了认清形势、明确方向、提高认识、鼓舞斗志的目的。在统一认识的基础上,会议通过了《决议》,提出今后一个时期民进各级组织的主要任务是贯彻服务与改造的方针,推动会员认真学习马列主义和毛泽东思想,联系实际,改造世界观;推动会员积极参加技术革命、文化革命和教育革命的群众运动,特别是教学改革运动,积极为社会主义服务。

这次会议由于采取了和风细雨、自我教育的方式进行,总体上是成功的,但由于当时"左"的思想并未根本扭转,会议在对待"大跃进"、人民公社化以及知识分子思想改造等问题上,仍有偏颇的看法。

会后,各级组织逐级传达贯彻会议精神,并纷纷采用"神仙会"的方式,在全会开展广泛深入的形势教育,掀起了自我教育和自我改造的高潮。北京、上海、陕西、天津、杭州、武汉等地先后以"神仙会"方式召开会议,出席率均极高。上海六位中学校长自觉组织起来开"小神仙会",解决共性的思想问题,民进中央及时在会刊介绍了他们的经验,推动了基层组织"神仙会"活动的开展。1961年年初,民进中央在年度工作计划要点中,提出各级组织要把推广"神仙会"作为一项重要工作来做,并要及时总结和推广好的经验。各级组织认真贯彻民进中央指示,广泛运用"神仙会"方法积极推动会员进行自我教育,增强为社会主义服务的积极性和自我改造的自觉性。这项活动一直持续到1963年年底才告一段落。

民进三大以后,在较为宽松的政治环境下,民进作为人民民主统一战线中的一员,积极参与国家政治生活,积极为社会主义建设多作贡献,表现出了认真负责的责任心和使命感。

民进组织和主要领导人经常对国际上发生的重大事件发表意见、表明立场,曾先后就美帝国主义武装侵略古巴、巴拿马、越南,美国政府策动反共阴谋、操纵第十四届联合国大会非法通过所谓的"西藏问题决议"等,发表声明、谈话或文章,强烈谴责美帝国主义的侵略、反共和干涉中国内政、企图分裂中国的罪行。

1959年3月,民进中央发言人就西藏叛乱事件发表谈话,坚决拥护国务院为平息西藏叛乱所采取的一切措施;同年9月,民进中央常委会对中印边界问题发表声明,坚决拥护我国政府处理中印边界的严正立场和正确方针。

民进领导人多次参加国际间的文化交流和有关教育、妇女、世界和平、宗教等方面的活动。许广平、谢冰心、雷洁琼、赵朴初及冯宾符、方明、古楳等同志曾分别到日本、印度、锡兰、苏联、古巴及东欧国家进行访问,开展友好活动,为促进世界和平和人类文明,加强中国与这些国家人民的友好往来,作出了积极的贡献。

民进领导人多次出席国家的最高国务会议,与中共中央和国家领导人一起共商国家大事,积极提出意见和建议。担任人大代表、政协委员的民进会员,除出席每年的例会外,还积极参加人大和政协组织的各种学习、参观、视察、调研及"双周讲座"等活动,并认真提出意见建议,供政府及有关方面参考。

马叙伦于1958年6月5日在病榻前写下"我们只有跟着共产党走,才是在正道上行,才有良好的结果,否则根本上就错了"的条幅,勉励全体会员永远自觉接受共产党的领导,永远跟党走。1961年,中国共产党成立40周年,民进与其他民主党派联合向党的生日献词,王绍鏊还发表了《永远跟着党走》的文章,表示民进今后"更要下定决心,认真学习毛主席著作,坚决进行自我改造,逐步改造世界观,同工人农民一道,为建设社会主义新中国贡献出一切知识和力量"。

★ 马叙伦晚年手迹。

广大民进会员在服务与改造相结合方针的鼓舞下，激发出了巨大的社会主义积极性，他们在各自的岗位上，兢兢业业，努力工作，尽智竭力，为社会主义建设多作贡献，涌现了一大批在社会主义文教事业和其他领域做出优秀成绩的先进人物。

1959年，国庆十周年之际，民进中央候补委员、太原玻璃厂工程师王幸生，民进中央文教委员会委员、科学技术出版社副总编贾祖璋，光荣出席了在北京召开的全国群英会。1960年6月，车向忱、吴若安、何炳麟、刘震华、杨明书、李楚材、刘佩琪、薛正、林耀华、张弦、张正芳、张淑贞、康明德、汪润泽、郑天挺、陈秀夫、刘公铎、杨一南18位同志光荣出席了全国文教群英大会。北京、广州、杭州、上海、南京、天津等市也涌现了一大批先进模范人物，受到了当地党委和政府的表扬或表彰。武汉市委会还在会员中掀起为文教事业"献智慧、献力量"的双献运动，取得了积极的成果。

民进会员大部分是文教工作者，在轰轰烈烈的社会主义建设高潮中，他们以本职工作为立足点，努力探索，勇于实践，在平凡的岗位上，为教育革命和教育改革，为贯彻党的教育方针作出了不懈的努力。其他岗位的同志，同样为社会主义建设事业积极奉献力量。著名化学家、南开大学教授杨石先带领一班人，在20世纪50年代末和60年代初研制出了一批新型农药，填补了国内空白，为农业增产丰收作出了卓越的贡献。地矿专家王鸿祯、岳希新，农业专家黄敬芳，物理专家金建中、肖健、汪德熙，化学专家蔡镏生、刘复光，机械专家吴学蔺，医学专家刘震华、左克明、刘天香，经济学家巫宝三等都在各自的本职岗位上做出了显著成绩，为我国科学技术的进步发展作出了积极的贡献。

"脱帽加冕"和"三个主义"教育活动。1962年1月11日至2月7日，中共中央召开扩大的中央工作会议（史称"七千人大会"），进一步总结了"大跃进"的经验教训，比较实事求是地展开了批评与自我批评，在党内产生了积极的影响。会议结束后，中共中央及时将会议精神向各民主党派和党外人士通气，诚恳表示几年来国内工作的缺点和错误，责任在中国共产党，主要责任在党中央。出席通气会的各民主党派和无党派民主人士深为共产党襟怀坦白、敢于承认错误和纠正错误的诚恳态度所感召，纷纷表示愿与共产党同舟共济，团结一致，克服困难。

1962年4月，第十二次全国统战工作会议在北京召开，检查纠正近几年来统战工作中"左"的错误，确定了以发扬民主，调整关系，充分使用，耐心教育为统战工作的基本任务。这对进一步调动民主党派的政治积极性起到了良好的作用。

与此同时，共产党还主动端正对知识分子工作的方向，重新对知识分子的阶级属性作出科学判断。1962年3月，周恩来总理在广州的一次会上，毅然从实质上恢复1956年中共对知识分子阶级状况的基本估计，肯定我国知识分子的绝大多数已经是属于劳动人民的知识分子，而不是属于资产阶级的知识分子。陈毅副总理更在会上宣布：给知识分子"脱帽"（脱"资产阶级知识分子"之帽）、"加冕"（加"劳动人民知识分子"之冕）。随后，周恩来在当年全国人大二届三次会议所作的《政府工作报告》中，再次宣布了这一科学论断，重申为知识分子"脱帽加冕"。

1962年4月19日，民进在京召开中央常委扩大会议。与会同志对周恩来总理关于知识分子阶级属性的科学论断反应极为强烈,一致表示深受鼓舞。会议认为必须把这一精神迅速传达到各级组织,动员全体会员,坚决执行党中央提出的"调整、巩固、充实、提高"的八字方针,开创一个又有集中又有民主,又有纪律又有自由,又有统一意志又有个人心情舒畅、生动活泼的政治局面,为克服暂时困难而奋斗。会议还提出,各级组织还应深入调查研究,了解会员和所联系的知识分子的情况,代表他们的合法利益和合理要求,协助党和政府帮助他们解决一些实际困难。会后,各地方组织相继召开会议,贯彻落实中常委的各项指示并积极开展多种形式的活动,如谈心会、座谈会、学习观摩、调查研究、经验交流会等,大大活跃了工作,使全会逐渐出现了一个政治上较为宽松和谐,工作上紧张活泼,组织上团结融洽的大好局面。

1962年9月,中共召开八届十中全会。会上把社会主义社会中一定范围内存在的阶级斗争扩大化、绝对化,提出了"千万不要忘记阶级斗争"的口号,导致了党内"左"倾错误的再度发展。反映在统战工作上,则是否定了前阶段中央统战部为调整与民主党派、知识分子紧张关系所做的大量工作,事事处处都强调要以阶级斗争为纲,阶级斗争这根弦又被绷得紧紧的。根据这一精神,全国政协常委会率先作出了"在全国政协委员、各民主党派中央委员进行爱国主义、国际主义和社会主义(简称'三个主义')教育的活动"。这年年底,民进召开五届三中全会,作出决议,号召各级组织推动会员认真进行"三个主义"的自我教育运动。"三个主义"教育运动也采取"神仙会"形式进行,这对广大成员敞开思想,正确认识形势,认识自己肩负的历史使命从而调动积极性,鼓舞斗志是有帮助的。但是由于受"左"的思想的影响,"三个主义"教育也出现了不良的负面效应,在内容上表现为对所谓的"三和一少"(对帝国主义、各国反动派和现代修正主义要和,对民族解放运动支持要少)、"三自一包"(多留自留地,多搞自负盈亏企业,多搞自由市场,包产到户)等进行了不恰当的批判,在形式上表现为无限上纲,一切都从阶级斗争的高度出发,结果造成了思想认识问题变成政治问题、展开过火的政治批判等不良后果，损害了民进自我教育和自我改造的优良传统。

（二）在曲折中巩固和整顿组织

贯彻"长期共存、互相监督"方针，要求民主党派担负起更广泛地团结广大非党知识分子的责任。早在1956年，民进二大就把积极发展组织，做好基层工作作为全会的主要工作之一。大会指出发展组织是为了适应形势，为了团结更多的知识分子。大会确定，民进的发展对象还是按重点分工原则，以从事文化教育工作的知识分子尤其以高等师范院校、中小学教育工作者以及文化出版工作者为主；可以在大中城市筹建组织。大会之后，各级组织根据民进中央提出的原则和要求，认真做好组织发展工作。到1957年6月，会员人数就增长了两倍多，达到8400余人；地方组织由11个增加到40个。

在扩大化的反右斗争中，民主党派根据形势的需要发展组织也成了一条罪状，受到严厉批判。1957年6月23日，民进中常会在《关于在会内进行整风的决议》中作出规定："在会内整风期间，各级组织应当暂停吸收会员，发展组织。"这就在实际上关上了发展组织的大门。随着运动的不断强化，一大批成员被错戴上"右派"帽子，为"纯洁"组织，有800余人被开除出会。再加上自然减员，到1958年11月召开民进三大时，会员总数减至7400余人，地方组织则徘徊在原来水平上。

民进三大制定了《中国民主促进会组织改造规划》，强调在今后一个时期内，全会要着重整顿和巩固组织。在以后的几年中，民进的组织发展工作基本处于停滞状态，而且随着自然减员，会员人数继续下降。

1962年周恩来宣布为知识分子"脱帽加冕"后，统一战线形势呈现了较为宽松和谐的新气象。4月，民进中常会通过了《关于适当发展组织的几点意见》《关于加强基层组织工作的几点意见》两个文件，指出为了适应新形势的要求，加强民进的工作，有必要贯彻"巩固与发展相结合"的方针，适当发展组织；发展工作既要慎重，又要积极，要在中共党委的领导和帮助下进行。文件下达后，一些条件成熟的地方新建立了地方组织,各地也发展了一些会员。但仅一年后,阶级斗争这根弦又紧绷起来,民主党派的组织发展再次陷于停顿。到1966年6月,民进地方组织由三代大会时的41个增加至46个,会员人数则由7459人减至7245人。

从1956年8月民进二大至1966年6月这十年间,民进的组织发展工作呈一驼峰形曲线。这从一个侧面反映了民进在曲折中前进的历史轨迹。

鉴于马叙伦自1958年后长期卧病在床,1966年7月31日,中央常委会决定由周建人代理民进中央主席职务。

三、经受"文化大革命"的冲击和考验

正当全国人民经过艰苦努力完成调整经济任务,开始执行发展国民经济第三个五年计划的时候,中国大地发生了一场持续十年之久的历史悲剧。1966年5月至1976年10月的"文化大革命",使党和国家及全国各族人民遭受到中华人民共和国成立以来最严重的挫折和损失,这是一场由领导者错误发动,被反革命集团利用,给党和国家以及各族人民带来严重灾难的内乱。民进同其他民主党派一样,在"文化大革命"中受到了严重的冲击,经受了严峻的考验。

1966年8月24日,北京市中学红卫兵向民进中央发出"通牒",勒令在72小时内"自动解散"。26日,红卫兵查封民进中央机关并抄走全部印章。民进被迫停止办公。与此同时,各地方组织也相继遭到冲击,被迫停止活动。不久,冲击愈演愈烈。民进中央及许多地方组织被"砸烂",房屋被占,档案被毁,大批干部被赶出机关,下放五七干校或农场劳动。广大成员再次被戴上资产阶级的帽子,在政治上遭受歧视,很多普通教师会员被打成"反动学术权威",遭到批斗,不少会员被扣上莫须有的罪名而遭受打击迫害。据统计,五届中央委员会99名委员,在"文化大革命"中被林彪、江青两个反革命集团残酷迫害致死的有12人,被殴致残的4人;50人被抄家,45人被关押(包括隔离审查)。地方上遭受迫

害的民进会员更多。

在这十年中,民进领导人马叙伦于1970年5月4日逝世,王绍鏊于1970年3月31日逝世,许广平于1968年3月3日逝世,林汉达于1972年7月26日逝世,车向忱于1971年1月8日逝世,中央常委冯宾符、许崇清、陈秋安、吴研因、梁纯夫、严景耀等同志,有的因病去世,有的因受到不同程度的冲击和迫害、病后又得不到及时治疗而去世,这是民进的重大损失。

但就是在这样的情况下,广大民进会员依然坚定不移地相信中国共产党,相信人民群众,相信自己的组织,表现了难能可贵的忍辱负重的崇高品德和鞠躬尽瘁的献身精神。身处林彪、江青反革命集团在教育战线掀起所谓"反复辟""反回潮""反击右倾翻案风"以及鼓噪"反潮流精神"、狠批"师道尊严"的阵阵恶浪中,民进的许多教师会员看在眼里,痛在心底,在欲教不能、欲罢不成的困难情势下,依然坚守岗位,抵制歪风邪气,恪尽人民教师的职守。广大机关干部在被剥夺了工作权利的情况下,也竭尽全力、千方百计地保护机关的财产和资料,尽量使损失减少到最低限度。广大会员也都坚守自己的岗位,做自己力所能及的工作,为社会主义经济建设和科技发展尽自己的绵薄之力。

邓小平中肯地指出:"在万恶的林彪、'四人帮'横行的十年里,各民主党派和工商联被迫停止活动,很多成员遭到了残酷的迫害,绝大多数人经受住了这场严峻的政治考验,仍然坚信共产党的领导,没有动摇走社会主义道路的决心,这是难能可贵的。"① 广大民进会员正如邓小平所说,在"文化大革命"动乱中经受住了考验,得到了锻炼。他们在自己的组织被砸烂,人的尊严遭到肆意践踏的恶劣环境中,依然坚定不移地相信共产党,相信人民群众,相信自己的组织,充分表现了知识分子对人民事业的赤诚之心。

---

① 1979年10月19日,邓小平在政协全国委员会、中共中央统战部宴请各民主党派和全国工商联全国代表大会全体代表招待会上的讲话。

第五章

努力开创民进工作新局面

▶ **第五章**
努力开创民进工作新局面

一、恢复组织活动

(一)学习贯彻中共十一届三中全会和政协五届二次会议精神

1976年10月6日,华国锋、叶剑英代表中共中央政治局,执行党和人民的意志,采取果断措施,一举粉碎了江青反革命集团,结束了持续十年之久的"文化大革命"全面内乱。国家从此脱离了苦难深渊,民进也获得了新生。

1977年6月,中共中央任命全国人民代表大会常务委员会副委员长乌兰夫兼任中央统战部部长,中央统战部正式恢复工作。9月,中共中央召开全国各省、自治区、直辖市党委组织部部长、统战部部长会议,集中讨论帮助各民主党派恢复活动的问题。10月,中共中央向各民主党派、工商联提出恢复活动的建议,并与各民主党派、工商联负责人协商恢复活动事宜,一致认为首先要恢复、建立各民主党派中央、全国工商联的领导班子。1977年11月以后,民进领导人和中央机关的部分同志开始参加全国政协举办的活动。12月,民进成立了由周建人、杨东莼、叶圣陶、徐伯昕四人组成的临时领导小组,1978年7月又增加赵朴初、葛志成两人为领导小组成员。民进中央临时领导小组的成立,标志着民进在停止工作长达11年之后开始恢复活动。

1977年8月12日至18日,中共第十一次全国代表大会在北京召开,宣告"文化大革命"结束,重申了要在20世纪内把我国建设成为社会主义现代化强国。为了完成这个战略任务,必须加强统一战线工作。在当前形势下,进一步发展革命统一战线,更好地调动党内外一切积极因素,团结一切可以团结的力量，对于把我国建设成为社会主义的现代化强国，具有重大意义。1977年12月，全国政协召开四届七次常委扩大会议，中共中央副主席叶剑英在会上作重要讲话，重申要恢复和坚持毛泽东、周恩来关于统一战线的思想、理论和政策，发扬民主协商的优良传统，继续执行"长期共存、互相监督"的方针，把民主党派的积极性调动起来，为社会主义服务。这个重要讲话对民主党派恢复工作给予了政治上的指导和帮助。

1978年2月，五届全国人大一次会议和全国政协五届一次会议在北京召开。19位民进会员出席了人大会议，46人当选为第五届全国政协委员，周建人当选为全国政协副主席。3月9日至10日，民进中央临时领导小组邀集出席全国人大和政协会议的民进成员和部分民进地方组织负责人举行工作座谈会，交流各地会员的思想状况和组织恢复活动的情况并就今后工作交换意见。4月，领导小组举行在京中央委员扩大会议，对今后工作提出了设想。

这两次会议之后，各地相继整顿健全了领导班子，并陆续恢复活动。当时，各级组织主要做了五项工作。一是开展调查研究。1978年11月，中常会制定了《民进中央调查研究工作提纲》，深入了解和掌握基层组织和会员在"文化大革命"时期所受冲击和迫害的情况，以及粉碎"四人帮"后组织恢复和会员思想情况，并委派中央领导小组成员葛志成带队专程赴南京、杭州、上海进行调查研究。二是开展学习和揭批活动。各级组织都在当地中共党委的统一领导部署下，深入开展揭批"四人帮"反革命集团的罪行，深入学习中共中央关于抓纲治国的一系列措施和统一战线政策，正确认识国内外政治形势。1978年12月7日，民进中央举行会议，坚决拥护中共中央为"天安门事件"彻底平反。三是初步协助中共和政府有关方面落实政策，使一些会员在"文化大革命"中的冤假错案尽快得以平反昭雪。四是积极参与人民代表、政协委员和其他重要人事安排的民主协商工作，认真提出意见建议，举荐人才。五是帮助会员提高岗位业务水平。民进中央和地方组织通过举办教育讲座、业务培训、观摩交

第五章
努力开创民进工作新局面

流及编辑《文教学习资料》等,帮助广大教师会员提高业务水平。通过调查研究,收集当时教育、文化、出版等领域亟待解决的问题,积极提出意见建议,向有关方面反映。

  1978年12月,中共中央召开了具有重要历史意义的十一届三中全会,使历史出现了真正伟大的转折。这次会议本着"解放思想、实事求是"这一马列主义的基本原则,从根本上冲破了"左"的错误指导思想,在思想上、政治上、组织上全面恢复了马克思主义的正确路线,作出了把全党全国工作的重点转移到社会主义现代化建设上来的重大决策,为社会主义事业的健康发展规定了正确的道路。从此中国进入了以实现四个现代化为中心任务的新的历史时期,统一战线和民主党派工作也随之进入了一个新的历史发展阶段。

  1979年6月,邓小平在政协五届二次会议上作了具有深刻历史意义的重要讲话。他说,中华人民共和国成立30年来,我国的社会阶级状况发生了根本变化,我国的统一战线、民主党派的性质也发生了根本性变化。统一战线"已经成为工人阶级领导的、工农联盟为基础的社会主义劳动者和拥护社会主义的爱国者的广泛联盟"。各民主党派"都已经成为各自所联系的一部分社会主义劳动者和一部分拥护社会主义的爱国者的政治联盟,都是在中国共产党领导下为社会主义服务的政治力量"。在新的历史时期,统一战线和民主党派的任务,是"调动一切积极因素,努力化消极因素为积极因素,团结一切可以团结的力量,同心同德,群策群力,维护和发展安定团结的政治局面,为把我国建设成为现代化的社会主义强国而奋斗"。邓小平的讲话是新时期统一战线工作的行动纲领,为新时期统一战线和民主党派工作指明了方向。

  中共十一届三中全会和全国政协五届二次会议后,民进各级组织纷纷召开会议,认真学习三中全会公报和邓小平重要讲话,周建人、杨东莼、叶圣陶、徐伯昕、赵朴初、雷洁琼、谢冰心、柯灵、李霁野、葛志成等先后撰文或发表谈话,一致认为邓小平重要讲话为民进的工作指明了方向。民进各级组织把学习贯彻落实三中全会和邓小平重要讲话精神作为首要任务。1979年3月，民进中央在京召开了全国工作座谈会，为召开民进第四次全国代表大会作准备。会议着重讨论了民进的性质、任务、作用及如何实现工作重点转移的问题。会议提出用"胸怀四化，思想领先，深入实际，昂首向前"四句话作为今后一阶段工作的口号。会议之后，各级组织积极进行准备工作，迎接大会的召开。

（二）第四次全国代表大会

民进三大是在1958年11月召开的，到1979年10月，已经过了21年。这期间，我们国家经历了艰难曲折的道路，特别是十年"文化大革命"内乱，国家遭受了严重的挫折和损失，民进也遭受了史无前例的冲击。中共十一届三中全会恢复了实事求是的马克思主义正确路线，作出了工作重点转移的伟大决策，全国政治经济形势发生了巨大深刻的变化，统一战线也进入了一个新的发展阶段。民进第四次全国代表大会就是在这样的背景下召开的。

1979年10月11日至22日，中国民主促进会第四次全国代表大会在北京召开。出席这次大会的正式代表248人，列席32人，来自中央和19个地方组织。大会的主要议题是：以中共十一届三中全会方针作指导，贯彻五届全国人大一次会议和全国政协五届二次会议精神，总结民进三大以来的工作，并根据新时期总任务的要求，确定今后的方针任务，修改会章，选举新的中央领导机构，团结全体会员，为加速社会主义现代化建设和完成祖国统一大业贡献力量。

周建人致开幕词。徐伯昕代表第五届中央委员会向大会作了题为《团结起来，为加速社会主义现代化建设贡献力量》的工作报告。报告首先回顾和总结了民进三大以来的工作，指出民进三大提出服务与改造相结合的方针，把"以政治为统帅，以社会主义工作岗位为基地，以参加业务实践和劳动实践为基础"作为改造世界观和为社会主义建设服务的主要途径，做了大量的工作，取得了显著的收获。五届三中全会后，民进又开展了"三个主义"的思想教育运动，广大会员进一步提高了思想觉悟。

▶ **第五章**
努力开创民进工作新局面

★ 1979年10月11日至22日，中国民主促进会第四次全国代表大会在京隆重举行。

1966年开始的"文化大革命"，迫使民进中断工作长达11年。粉碎"四人帮"后，各级组织在中共的热忱帮助下，很快恢复了活动。回顾21年来的历程，成绩是主要的，但也存在着缺点和错误。从主流看，民进的政治路线和组织路线是正确的，为社会主义革命和社会主义建设作出了有益的贡献。报告第二部分根据中共十一届三中全会精神，详细地阐述了现阶段我国的社会阶级关系发生的根本变化，我国的统一战线"应当称为革命的爱国的统一战线，担负着为四个现代化服务和统一祖国的双重任务"。据此，报告的第三部分提出了今后一段时期的方针和目标，提出了全会要努力做好调动会员积极性，积极参与国家政治生活，继续改造世界观，扩大团结面，加强领导班子建设等七项工作任务。大会审议并批准了这个工作报告。大会通过了新的《中国民主促进会章程》。雷洁琼就章程的修改向大会作了说明。她说，原有的会章是1956年民进二大时修改通过的，已经23年了。现在形势已发生了巨大变化，因此有必要对原来的章程进行修改和补充，以与时代相适应。新会章在会的性质、会的历史任务、组织成员以及发挥组织作用等处作了较大的修改和补充。

大会选举产生了第六届中央委员会。新一届中央委员会由99名中央委员、19名候补中央委员组成。六届一中全会选举产生了由29人组成的中央常务委员会，选举周建人①为民进中央主席，叶圣陶、徐伯昕、赵朴初、吴贻芳、雷洁琼、谢冰心、吴若安为副主席，葛志成为秘书长。

民进四大得到了中共中央和国家政府的热情关怀和支持。邓小平、叶剑英、李先念、王震、乌兰夫、邓颖超等党和国家领导人亲切接见了包括民进在内的各民主党派全国代表大会的全体代表，并合影留念。全国政协和中共中央统战部在人民大会堂举行盛大的招待会，邓小平出席招待会并在会上发表重要讲话，指出在新的历史时期，统一战线仍然是一个重要法宝，"不是可以削弱，而是应该加强；不是可以缩小，而是应该扩大"，他勉励大家要为实现统一战线的双重任务而努力奋斗。

民进四大是民进历史上一次承前启后的重要大会。它以中共十一届三中全会精神为指导，确立了民进在新的历史时期的工作方针和任务，通过了符合时代要求的新会章，选举产生了新的中央领导集体，为在新时期动员全体会员努力为社会主义现代化事业和祖国统一服务，提供了坚实的思想基础和牢固的组织保证。

（三）协助落实政策，调动会员积极性

1957年之后，由于"左"的错误，社会各方面的关系出现了严重扭曲，尤其是十年"文化大革命"动乱，知识分子遭到了惨重的迫害。中

---

① 周建人（1888—1984），字乔峰，浙江绍兴人，著名社会活动家、生物学家，鲁迅先生的胞弟。他因家境衰落，幼年辍学，后坚持自学成才，曾任教师、编辑。早年与瞿秋白等共产党人密切交往，学习马列主义，讨论中国社会问题，与反动势力作斗争。抗战胜利后，他积极参与发起成立中国民主促进会，1948年4月加入中国共产党。他作为中国民主促进会正式代表出席了中国人民政治协商会议第一届全体会议，并为政府组织法草案整理委员会委员。中华人民共和国成立后，他曾出任中央人民政府出版总署副署长、浙江省人民政府副主席、高教部副部长、浙江省省长。他是中共第九、十、十一届中央委员；第一、二届全国人大常委会委员；第三、四、五届全国人大常委会副委员长；第二、三、四届全国政协常委；第五、六届全国政协副主席。他在会内历任第一、二届理事会理事；第三届中央理事会常务理事兼文教部长；第四、五届民进中央副主席。1966年7月任民进中央代主席。1979年10月任民进中央主席。

第五章
努力开创民进工作新局面

共十一届三中全会全面恢复了党的正确路线，采取了切实有效的措施，拨乱反正，解决历史遗留问题，调整被扰乱了的社会关系，为全面开创社会主义建设新局面创造条件。民进重视协助党和政府落实政策，在平反冤假错案和正确安排使用知识分子等方面做了大量的工作。自 1978 年恢复活动至 1983 年，民进各级组织协助政府有关部门落实政策 3000 余人次；其中政治上（主要是平反各种冤假错案）落实 1400 余人次；工作调动、合理使用方面 260 多人次；生活上（包括退赔抄家物资、被占房屋等）帮助落实政策 1300 余人次。这些切实的工作，使被落实政策的会员深切感受到党的政策的温暖和正确，在会内也产生了很好的影响。

1978 年，中共中央、国务院联合发出给错划为"右派分子"的同志改正平反的文件。1979 年 2 月，民进中央向各地方组织发出《关于撤销被错划右派的会内处分问题的意见》，要求各地认真进行清理，给错划为"右派"的同志改正平反，恢复名誉。各地方组织认真落实，至 1982 年，在反右期间被错划为"右派"的会员全部改正平反、恢复名誉。

"文化大革命"期间，许多干部会员受到冲击，不少同志遭受迫害，有的甚至含冤死去。中共十一届三中全会后，各级组织积极配合有关方面，为这些同志落实政策，纠正冤假错案。1977 年至 1981 年，在"文化大革命"中被迫害致死的民进中央原副主席、辽宁省原副省长车向忱，民进中央原副主席、教育部原副部长林汉达，民进中央原副主席、财政部原副部长王绍鏊都得到了平反昭雪，恢复了政治名誉和相应待遇。

民进在协助中共和政府有关部门落实知识分子政策方面也做了大量工作。1979 年 12 月，民进中央会同全国政协在北京连续召开两次文化出版界、两次中小学界、一次文艺界、一次高教科技界座谈会，着重了解中老年知识分子的工作生活情况以及文教知识界存在的问题。1980 年 3 月，民进中央制定了《关于今年开展调查研究工作的计划》，要求各地通过调研了解党的知识分子政策的落实情况。1982 年 4 月，根据中共中央《关于检查一次知识分子工作的通知》精神，民进中央又制定了《关于调查研究党的知识分子政策贯彻落实情况的工作计划》，对调查工作提出了具体的项目和要求，并成立了以雷洁琼为组长的知识分子工作研究小组。五六月间，民进中央会同全国政协工作组，联合邀请高教、科技、中小学、幼教、文艺、出版、财经等方面有代表性的民进会员和所联系的知识分子，连续召开六次座谈会，广泛听取意见。各地方组织也对会员和所联系的知识分子进行走访和调查，累计达10000余人次，取得了大量的第一手资料。

1982年9月，民进中央对这些材料进行综合分析整理后，向中共中央书记处呈送了《民进中央关于进一步落实知识分子政策，继续做好知识分子工作的几点建议》（以下简称《建议》）。在《建议》中，民进中央提出加强四个方面的工作的建议以及16条可操作的具体建议。中共中央对民进的《建议》十分重视，中共中央办公厅很快复函民进中央，对民进所做的工作给予了充分的肯定，对所提的意见、建议表示感谢。

随着知识分子政策的进一步落实，广大会员感到心情舒畅，精神振奋，社会主义积极性空前高涨。他们在各自的岗位上勤奋工作，无私奉献，为社会主义现代化建设作出了积极的贡献，也使全会的精神面貌出现了新气象。

二、致力"四化"建设

（一）拓宽工作领域，实现工作重点转移

中共十一届三中全会后，我国的统一战线进入了一个新的历史发展阶段，民进的各项工作也出现了新的局面。1979年6月和10月，邓小平就新时期统一战线问题发表了两次重要讲话，对形势和任务作了全面科学的分析，对新时期民主党派的性质、地位和作用作了深刻明确的阐述，是指导新时期统一战线的纲领性文件，也是民主党派开展工作的行动指南。根据中共十一届三中全会精神和邓小平两个重要讲话的精神，民进四大确定

的今后一段时期的工作方针，具有鲜明的时代特征，充分体现了民进对自己在新时期性质、地位和作用的正确理解，拓宽了民进新的工作领域，调动了全会成员投身社会主义的积极性。

民进各级组织遵照民进四大制定的工作方针，解放思想，勇于实践，拓宽工作领域，广大成员以极其饱满的政治热情，投身"四化"建设，立足本职，发挥优势，探索面向社会服务的形式和途径，取得了可喜的成绩。从1980年起，民进的工作开始进入一个全面发展的新阶段。

立足本职作贡献是民进会员为"四化"建设服务最直接最有效的途径。针对"文化大革命"给广大知识分子造成的对现代知识的空缺和业务上的荒疏，各级组织有计划地开展了各种以提高业务水平为目的的讲座和专业培训。1980年9月，天津市委会举办了"小学语文骨干教师进修班""小学行政干部进修班"，民进中央及时对此进行了宣传，各地组织纷纷学习效仿，并在实践中进一步发展创新。至1983年6月，民进各级组织共举办有关教育、出版、文史、医卫、科技等方面的讲座和报告会880余次，听众达336000人次。民进中央恢复编印《文教学习资料》，在经费和条件有限的情况下还创办了流动图书馆，为各级组织和会员提供借阅书刊、邮购图书、查阅教学参考资料、传递信息等多项服务，使几百所学校单位、千余名会员从中受益。

由于调动了广大会员投身社会主义的积极性，民进涌现了一大批在"四化"建设中成绩显著的先进人物。民进天津、长春、重庆、成都、苏州、广西、陕西、杭州等省市级组织分别举行了民进会员为"四化"服务经验交流会。1980年12月20日，民进中央在北京召开了首次"为'四化'建设服务经验交流会"，这次会议标志着民进重点工作的转移。各地向大会选送了166篇典型经验材料，近百名代表出席了会议。他们在会上交流了先进经验，有22人在大会作了经验介绍，会议期间还举办了科研成果和先进事迹图片展览。中共中央和国家有关部门对这次会议给予热情的支持。教育部部长蒋南翔出席了开幕式并向大会作了热情洋溢的讲话。中共中央统战部为这次会议举行了招待会，乌兰夫部长，刘澜涛、平杰三副部长等出席并分别作了重要讲话。统战部领导还参观了民进举办的科研成果和先进事迹图片展览。会议之后，民进中央从众多的先进材料中挑选出典型材料汇编成册，发至各地组织，在全会进行广泛宣传。

1981年4月，国家粉碎"四人帮"以后首次进行中国科学院学部委员的评选工作。经过严格评选，肖健、金建中、申泮文、汪德熙、杨石先、陈荣悌、蔡镏生、王鸿祯、岳希新、吴学蔺、张沛霖等11名民进会员，被国务院批准为中国科学院学部委员。1982年2月，在"全国千名优秀体育教师奖"评选活动中，民进有十人荣获"全国优秀体育教师金质奖章"。至1983年6月，民进会员中获得各级劳动模范、先进工作者、"三八红旗手"等光荣称号的达3000余人次，占会员总数的20%。广大会员做好本职工作，直接为"四化"建设作贡献，使组织充满了生机活力，呈现了一派新气象。

积极参与国家政治生活，发挥政治协商和民主监督的作用，是民进的一个新的历史任务。1981年年底，中共中央提出"长期共存、互相监督，肝胆相照、荣辱与共"的方针；不久又提出，民主党派人士对国家大事要"知情出力"。民进各级组织带领广大成员关心国家大事，认真参与国家政治生活。1979年6月，中共中央邀集各民主党派和无党派民主人士举行了粉碎"四人帮"后的第一次民主协商会，就政协的人事安排及会议主要内容进行情况通报和协商讨论。周建人、叶圣陶应邀出席会议并代表民进中央在会上发表了意见。此后，中共中央和各级地方党委、各级政协经常就国家大事、地方施政方针、重要人事安排等与民主党派进行民主协商，听取意见和建议。民进各级组织都以极其认真负责的态度参加当地党委召集的民主协商会。

参加各级人大、政协和担任政府部门的领导工作是民主党派参与国家政治生活的重要形式。至1983年9月，民进当选为全国和地方各级人大代表、担任全国和地方各级政协委员的有1000多人，还有不少同志担任了各级政府有关部门的领导职务。这些同志本着对国家和人民负责的态度，在人大、政协会上积极认真履行职责，敢于发表意见，提出对国家人

第五章
努力开创民进工作新局面

★ 1981年2月，在全国政协举办的春节茶话会上，邓小平、周建人互致问候。

民有利的提案和建议。1981年全国政协五届四次会议期间，民进全国政协委员提交了14件提案，其中，徐伯昕、吴贻芳、史念海、李霁野、张明养、叶至善、徐楚波、郑效洵、马力可、霍懋征、葛志成、方明、巫宝三、张景宁、叶圣陶、雷洁琼、柯灵17位委员向大会提交了《建议确定全国教师节日期及活动内容》的提案，周建人、叶圣陶、徐伯昕、叶至善、郑效洵、马力可、张景宁、霍懋征、雷洁琼、张明养、柯灵、徐楚波、李霁野、巫宝三、陈一百、吴贻芳、葛志成、王枫、方明19位委员向大会提交了《明确出版工作的性质任务，加强对出版工作的领导》的提案，这些提案都受到了国家有关部门的高度重视。民进组委员还联合其他组的委员和部分全国人大代表，向全国发出了《坚决纠正片面追求升学率的呼吁书》。担任各级地方人大代表和政协委员的民进会员，同样认真负责地对当地工作提出建议。苏州民进主委谢孝思在市政协会上就保护苏州的名胜古迹、古城风貌提出了许多建议，都得到了政府的采纳，为苏州这座历史古城重现昔日的光彩作出了重要的贡献。

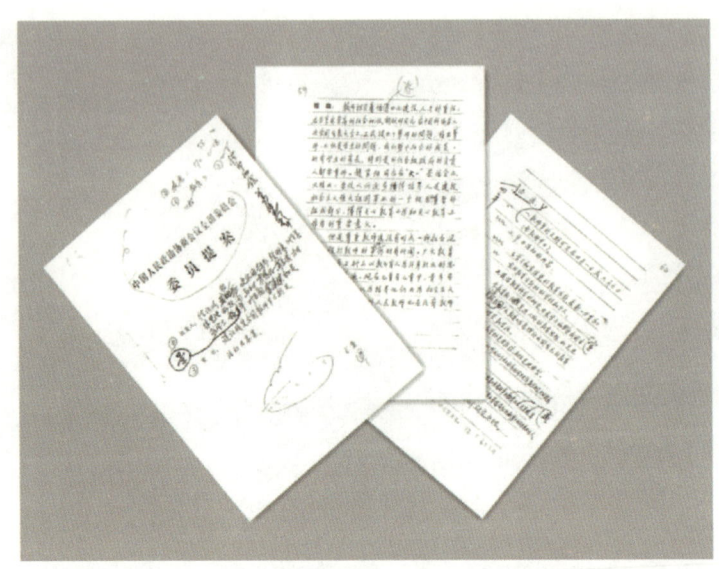

★ 1981年11月,全国政协五届四次会议上,包括叶圣陶、雷洁琼在内的民进17位政协委员联名提交了《建议确定全国教师节日期及活动内容案》(第170号提案),建议重新设立教师节。

实行民主监督的基本方法是提出意见、批评和建议。民进各级组织利用自己在教育、出版、文化艺术、医卫及科技界拥有众多会员、熟悉情况的优势,充分发动群众,就我国的教育文化事业、社会主义精神文明建设及落实知识分子政策等问题,经常向党和政府有关部门积极提出意见和建议。各级组织以多种形式广泛听取会员和所联系群众的意见和要求,通过组织向有关方面转达。在民进四大期间,与会代表就我国的教育工作、出版工作、卫生防疫工作以及科学技术进步等问题,分别向教育部、国家出版事业管理局、卫生部、国家科委提交了书面意见和建议。不久,四部委(局)先后向民进中央复函,对民进所提的意见建议表示感谢,并作出认真答复。

1980年3月,中共中央提议要制订适合国民经济发展需要的教育计划和教育体制。4月7日,民进中常会作出决定,在全会开展一次为制订教育计划和教育体制献计献策的群众运动(简称"双献")。决定下达后,各级组织立即认真贯彻。仅四个多月的时间里，全会累计召开座谈会、讨论会230余次，提出建议2100多条，写出书面材料340余份。民进中央先后编写了93期简报，随时报送中共中央统战部、教育部等有关部门。经进一步综合整理，民进中央正式提出了《对中小学和师范教育的建议》和《关于会员对教育计划、教育体制建议的综合报告》两个文件，于10月报送中共中央书记处。两个文件均受到了党中央的高度重视和称赞。不久，民进又会同全国政协教育组、中国教育工会，对上海育才中学和上海、辽宁的农村教育进行了专题调查，分别提出了调查报告和《对发展农村教育的建议》。其中，关于上海育才中学全面贯彻教育方针、坚持教育改革的调研报告在《光明日报》上全文刊登；综合形成的民进中央《对发展农村教育的建议》，报送中共中央书记处。

1981年2月，民进中央制定了《关于推动会员对出版工作献计献策的计划》。北京、上海、天津、浙江、广西、江苏、广东等地积极响应。民进会同全国政协文化组、国家出版事业管理局等多次联合召开座谈会，讨论对出版工作的意见和建议。在综合各地材料后，民进于1981年12月向中共中央和国家有关部门报送了《对出版工作的建议》，国家出版事业管理局及时复函民进中央。从事文艺、医卫、科技等工作的会员通过组织向有关部门提出有益的建设性意见，一些地方组织发动会员开展双献活动，内容涉及地方施政、城市建设和管理、文物保护等许多方面，得到了当地党委和政府的欢迎和肯定。

1981年10月，叶圣陶针对当时社会上片面追求升学率的错误倾向，发表了《我呼吁》的文章，呼吁有关部门要端正教育思想，全社会各有关方面要采取"比说话更有效的措施"，把中学生从片面追求升学率的重压下解救出来，让他们全面健康地发展。叶圣陶的文章得到了中共中央和政府的重视，在当年11月举行的全国人大五届四次会议上，国务院总理在《政府工作报告》中肯定了叶圣陶的意见，要求"各有关方面认真注意这个问题，切实加以改正"。

宣传和维护社会主义法制，是民主党派参与国家政治生活、促进社会主义民主建设的又一重要内容。1980年10月，民进中央常委巫宝三被任命为国家特别法庭审判员，参加了对林彪、江青两个反革命集团十名主犯的公审。1982年4月，民进根据全国人大常委会的要求，发动全会对《中华人民共和国宪法修改草案》进行深入认真的讨论。在四个月时间里，共收到修改意见和建议745条，民进综合归纳汇集成72条，送交宪法修改委员会，其中大部分意见被吸收采纳。

各级组织为维护社会主义法制的尊严作出了努力。1981年年初，河北完县发生殴打小学教师事件，民进获悉后，立即致函中央人民广播电台，呼吁有关方面严肃处理打人凶手。1983年5月，四川重庆长寿县发生女教师被毒打和侮辱的严重事件，周建人、叶圣陶得知后，立即联名写信给中共中央办公厅，要求有关方面严肃处理。周建人同时致函《光明日报》，公开揭露这一事件，呼吁全社会尊重教师合法权益，维护宪法尊严，要求有关当局对凶手绳之以法，以平民愤。民进领导人的这一举动，履行了民主监督的职责，推动了事件严肃公正的查处，在社会上产生了良好的影响。

发挥界别优势和会员特长，开展社会服务活动，是民进一项新的重要工作，主要包括为社会办学、开展智力支边、开展咨询服务、开展三胞联谊四个方面。

为社会办学。民进在社会力量办学方面起步很早，开创了新时期为社会办学的诸多"第一"的纪录：1979年2月到1980年6月，沈阳市委会举办了各种有关教育的报告和讲座，是民进社会力量办学的第一次。1980年1月，上海徐汇区委会组建"民进徐汇区文化补习学校"，这是民进地方组织创办的第一所民办文化补习学校。1980年11月，山西省一些民进会员和省会部分老中医发起筹办、太原市委会主办的山西中医业余大学，是民进地方组织创办的第一所业余职业大学。1981年4月，苏州市委会与苏州教育学会联合创办苏州业余美术专科学校，这是民进地方组织创办的第一所专科学校。1981年6月，民进中央组织北京、上海、天津、辽宁、江苏等地著名校长和教师赴陕西、宁夏、甘肃等地进行讲学和培训活动，这是民进智力支边活动启动后的第一次。1981年11月，上海市川沙县民进直属支部创办川沙县民进业余中学，这是民进地方组织创办的第一所民办业余中学。这些可贵的"第一"的纪录，是开拓者坚强的足迹。各地学习他们的办学经验，很快就出现了一个办学的高潮。1981年3月，民进浙江省委会和杭州市委会联合开办了杭州市中华业余职业学校，受到了有关方面的好评。在1982年9月全国政协召开的各民主党派、工商联、中华职教社办学座谈会上，民进介绍了为社会办学的经验和做法，引起了与会者的很大兴趣。至1984年年底，民进有80多个地方和基层组织共开办了184所学校，在校学员62000余人，加上历年已经结业的，三年来累计为社会培养了117000余人。

开展智力支边活动。民进各级组织积极支持和帮助老少边地区发展教育事业，组织会内的专家、学者、特级教师、优秀教育工作者等到那里去开课讲学，开展智力支边活动。1981年6月，在中共中央统战部和教育部的支持下，民进中央首次组织了北京、天津、南京、上海等地的五位老教师和优秀教育工作者到陕西的延安、西安，宁夏的银川、石嘴山，甘肃的兰州等地进行讲学，并与当地同行一起交流经验。这是民主党派开展智力支边、讲学交流活动的首举。之后，民进又组织著名语言学家张志公、特级教师霍懋征等赴内蒙古进行教学经验介绍，受到当地教育界的热烈欢迎。不久，北京、上海、天津、江苏、河北、浙江等地方组织也相继开展了这一活动。仅一年多时间，这些地方组织先后到30多个边远中小城市进行了讲学活动，作学术、业务知识报告230余次，听众逾160000人次。1983年2月，中共中央统战部和国家民委联合召开的民主党派为边疆少数民族地区"四化"建设服务的挂钩会议上，民进的智力支边工作得到了充分的肯定。这次会议还研究确定了民主党派进一步开展智力支边的内容和措施，此项工作从启动阶段进入项目支边阶段。民进共承担了70多个项目。会议之后，民进立即组织落实，北京、上海、辽宁、广东、四川、陕西、天津、江苏、浙江等十多个地方组织，先后派出智力交流小组、讲学团、咨询服务小组等，深入到云南、贵州、内蒙古、宁夏、甘肃、新疆等13个省、自治区的39个县市（区），为当地干部、教师举办各种讲座200多场次，开办中小学和幼儿师资培训班、医卫人员培训班80多个。1984年，支边工作进一步深入，当年各地先后派出专家、学者、优秀教师300余人次，深入到全国47个地市县（区），完成讲学、经验交流、培训项目54项，培训师资及各类业务骨干4400多人，参加听讲的近40000人次。不少地方组织还在本省（市）范围内对贫穷落后地区进行智力支郊、智力支农活动。

开展咨询服务工作。这是民进面向社会服务的又一创举。1982年2月，民进浙江省委会在杭州创办了妇幼保健咨询服务站，这是民进地方组织创立的第一个咨询服务机构。该咨询服务站设置了儿童保健、老年保健和妇女保健三个小组，从九个方面为群众开展咨询服务，深入基层，义务为工厂、机关、学校、部队、幼儿园和街道各界群众进行医疗普查、医卫防治知识的咨询、答疑，举办科普讲座等，受到了广大群众的热烈欢迎。《人民日报》《健康报》《浙江日报》《杭州日报》及省广播电台对他们的工作都先后作了报道。在创办的当年，就被评为浙江省"三八"红旗集体。该咨询服务站开创了民主党派开展社会咨询服务的先河，各地民进组织纷纷学习效仿。

努力为社会主义精神文明多做实事。1980年，苏州书画家沈彬如向云南边防前线英勇守边战士赠送了《九骏图》，不久民进苏州市委会又组织书画界访问团到滇桂前线慰劳中国人民解放军，赠送书画700多件，受到了前线广大指战员的欢迎和总政治部的好评。哈尔滨、长春、北京、广西、贵州等地的文艺界会员先后为募集少年儿童福利基金或图书基金，举行义演；天津、南京等地组织了文艺小分队到郊县为农村教师和驻地部队战士进行慰问演出。

开展三胞联谊工作。促进台湾回归祖国、实现祖国统一大业，是新时期统一战线一项重要的战略任务，也是民进工作的一个新领域。1979年元旦，全国人大常委会发布《告台湾同胞书》，民进代主席周建人当即发表谈话，代表民进表示坚决拥护和赞同。1981年10月1日，周建人发表谈话，竭诚拥护叶剑英委员长的讲话，表示愿为推进祖国统一大业作出最大努力。叶圣陶、吴贻芳、雷洁琼、谢冰心、吴若安等民进领导也分别发表谈话，拥护叶剑英委员长的讲话。1982年7月，民进领导人就廖承志同志致蒋经国先生的信发表意见，诚挚希望蒋经国先生当机立断，捐弃前嫌，以民族利益为重，从速实现与中国共产党的第三次合作。民进积极开展与台湾同胞、港澳同胞和海外侨胞的联谊活动，在1981年3月召开的三省四市工作座谈会上，民进中央专门研讨了三胞工作。会后，各级组织都建立了相应的工作机构，通过举行联欢会、座谈会、茶话会等形式，加强与三胞的联系，积极宣传相关方针政策，鼓励和推动有三胞关系的会员与海外亲友联系。1981年10月，民进中央宴请了回国参加辛亥革命70周年纪念活动的柳亚子先生的长子柳无忌教授和蔡元培先生的次子蔡伯龄博士。1982年，举行了"迎春节，忆亲人"茶话会。对回大陆探亲观光的三胞亲友，民进会员都热情接待，向他们介绍祖国的巨大变化和亲人的幸福生活，使他们增进对祖国的了解和信任。各地还组织了一批有影响的稿件，如"访问陈布雷的女儿陈绣""吴贻芳北京会弟子"等，经新闻单位采用后，在海外产生了较好的影响。福建沿海地区的民进组织，还根据当地的特点，与有关部门一起制作宣传品，空飘过海，传递乡音。积极引进海外先进技术、优秀人才和资金，成为三胞工作的新课题。1982年，民进广州市委会为当地的企事业单位与三胞之间穿针引线，联系引资合作项目，至1985年，三胞与省内有关企业洽谈了投资或合作项目共20多个，吸引资金超过1亿元。

（二）整顿和发展组织

在"文化大革命"中，民进组织遭到了严重破坏。1979年民进恢复活动后，经过近两年时间的恢复整顿，各级组织的会务工作逐渐正常，但会员年龄偏高，基层组织不健全，骨干力量不足的"老、散、弱"现象依然严重存在。1980年9月，针对这种情况民进中央制定了《关于发展组织工作的暂行办法》，要求各级组织积极行动，吸收符合条件的同志入会。1981年7月,民进中央在沈阳召开两省六市(辽宁、河北、北京、天津、长春、哈尔滨、太原、济南)工作座谈会,讨论研究基层组织的任务、作用、活动形式及加强基层组织工作的问题。

在此基础上,民进中央制定了《关于加强基层组织工作的意见》,提出了基层组织应做好帮助会员学习党的方针政策、提高会员的思想业务水平,推动会员为"四化"建设服务及代表会员合法权益等七项工作。各地组织对发展新会员、加强基层组织建设都十分重视,根据政治第一的标准,积极物色发展对象,做到成熟一个发展一个;有计划地培训基层工作干部和骨干力量;总结和交流基层工作经验,开展评选先进基层和会务积极分子的活动。不少地方还利用寒暑假时间,组织基层干部集中学习,使民进的组织建设工作得到了明显的加强。

民进甘肃省委主委应中逸是1950年经赵朴初先生推荐在上海入会的老会员,1979年恢复活动以来,配合中共甘肃省委统战部的部署,参与了民进兰州直属支部、民进甘肃省委会的组建工作。他骑着自行车登门拜访,发展组织,一时传为佳话。

至1983年10月,全国有县市以上地方组织100多个,基层组织1200多个,拥有会员15000余人,其中8000多人是恢复活动后新发展的。新入会的同志平均年龄50岁,大部分是单位的业务骨干,不少还是全国和省、市人民代表、政协委员、特级教师、劳动模范和先进工作者,知识层次较高,代表性较强。他们关心会务,热爱组织,积极参加各项组织活动,使民进增加了新鲜血液,增添了新的活力。

各级组织还加强了对会员的思想政治工作。进入新时期后,政治的、经济的、文化的变化,势必在各阶层群众中产生不同的思想反应,因此,切实加强思想政治工作,成为民进加强自身建设的一项重要任务。各级组织都建立了学习制度,定期学习政治理论、时事政策,学习党中央和国家重要会议的文件和领导同志的重要讲话等,使广大会员干部了解和正确分析形势,增强对党和国家重大政策的理解,提高了政治思想觉悟。

1981年3月,民进中央在广州召开了江苏、浙江、广西、上海、广州、武汉、长沙三省四市工作座谈会,专门探讨加强思想政治工作的问题,探索在新形势下的新方法。会议在广泛分析了新时期会员的思想特点、交流了各地进行思想政治工作的经验后,提出了《民进中央关于加强思想政治工作的意见》(以下简称《意见》),明确了会内进行思想政治工作的基本任务、方针原则、方式方法。指出思想政治工作要采取疏导的方针,要从实际出发,实事求是,用平等、商量的态度,讨论的方法,充分发扬民主,坚持正面教育,表扬好人好事,善于启发引导,区别不同情况,做细致的工作,要贯彻"不抓辫子、不打棍子、不扣帽子、不装袋子"的原则。《意见》下达后,全会很快出现了一个自觉加强政治学习的热潮。各地在进行思想工作中创造了许多新的形式和行之有效的方法,如开展暑假集训、组织参观访问等。民进中央自1980年起开始举办外地教师暑期来京参观学习的活动。

民进中央于1979年恢复出版了会内刊物《民进》,作为民进进行思想政治工作的阵地。对全会范围内进行的一些重大政治学习,民进中央都及时下达通知,并印发有关学习参考资料,有时还举办学习辅导报告会或讲座,并将录音寄发各地,供各地会员学习参考。1983年8月,《邓小平文选》出版发行。9月14日,民进中央向各地发出了《关于认真学习〈邓小平文选〉的通知》,推动了全会学习《邓小平文选》活动的开展。

加强会史和会的光荣传统的教育,是进行思想政治工作的一项重要内容。民进四大后,民进中央陆续编写了《民进简史(解放前部分)》《民进大事记》《民进重要历史文献》等书籍供会员学习。1983年11月,民进中央举办了民进会史展览,以400余件实物、图书及有关资料形象地展示了民进走过的历史路程,出席民进全国代表大会的代表集体参观了展览,北京、天津、河北等地都组织会员前来参观。为让全会的同志都能了解会史、接受民进优良传统教育,民进中央还将展览录制成幻灯片送发各地组织放映,收到了很好的效果。

加强机关工作和做好退休会员的工作是民进自身建设的一个方面。1983年,民进中央机关制定了《关于加强民进领导班子和工作班子的意见》，对机关秘书长、各部门负责人的任职提出明确要求，明确了机关机构的设立及其职责，对改进工作作风提出了要求。1981年11月，民进中央发出了《关于加强退休会员工作的意见》。各地根据中央意见，建立专门机构或指定专人负责，组织退休人员定期过好组织生活，组织他们参观游览，开办老年图书室和"老红斋"活动室，有的还帮助退休成员联系补习学校、师资培训班讲课，协助他们总结经验，著书立说。对年老有病的同志，组织经常去登门探望，帮助他们解决实际困难。政治上的关心，事业上的帮助，生活上的照顾，使广大退休会员感到了组织的温暖，从而有力地增强了组织的向心力和凝聚力。

三、开创新的格局

（一）第五次全国代表大会

1981年6月，中国共产党十一届六中全会通过的《关于建国以来党的若干历史问题的决议》提出："一定要毫不动摇地团结一切可以团结的力量，巩固和扩大爱国统一战线。"将新时期的统一战线明确地称为"爱国统一战线"，更加明确地强调了新时期统一战线的爱国主义性质，从而更加扩大了统一战线的范围。爱国统一战线成为实现中华民族团结振兴和建设有中国特色社会主义的一面具有巨大凝聚力、感召力的旗帜。1982年9月，中国共产党第十二次全国代表大会在确认全党全国"已经在指导思想上完成了拨乱反正的艰巨任务，在各条战线的实际工作中取得了拨乱反正的重大胜利，实现了历史性的伟大转变"后，进一步向全党全国人民发出了"全面开创社会主义现代化建设的新局面"的伟大号召。在这一新形势下，民进中央常委会依据会章有关条款并在征求了全体中央委员的意见后，决定提前召开第五次全国代表大会。

1983年11月9日至21日，中国民主促进会第五次全国代表大会在北京隆重举行。出席这次大会的正式代表370人，列席代表50人。大会主要议程：一是审议第六届中央委员会的工作报告，确定全面开创民进工作新局面的方针和任务；二是修改中国民主促进会章程；三是选举产生新的中央领导机构。

中共中央对民进五大的召开十分关心重视。大会开幕时，中共中央向大会发来热情洋溢的贺词，这在民进历史上还是第一次。中共中央政治局委员宋任穷代表中共中央在大会开幕式上宣读了贺词。贺词高度评价民进在进入新的历史时期后所开展的各项工作，指出在实现伟大历史转变的过程中，民进"积极参与国家事务重大问题的协商，对教育、出版事业的改革问题提出了重要的建议，积极协助党和政府落实文教界知识分子的政策。广大会员以'振兴中华'为己任，积极献身'四化'，在各自岗位上作出了显著成绩，不少人被评为劳动模范、特级教师、先进工作者、'三八'红旗手、'五讲四美'先进教师；许多专家、学者、优秀的教育工作者，面向社会，到各地讲学，以智力支援边疆和少数民族地区的建设，付出了辛勤劳动，开拓了为'四化'服务的新领域"。中共中央的贺词，使全体与会代表受到巨大的鼓舞。全国人大常委会副委员长彭冲，国务院副总理李鹏，全国政协副主席、中共中央统战部部长杨静仁等领导同志出席了开幕式。大会期间，中共中央和国家领导人邓小平、胡耀邦、彭真、邓颖超、万里、习仲勋、乔石、王震、宋任穷等在人民大会堂亲切接见了全体与会代表并合影留念，中共中央统战部、国家民委联合在人民大会堂举行盛大的招待会，使代表们受到巨大鼓舞。

周建人致开幕词。雷洁琼受第六届中央委员会委托，向大会作了题为《团结奋斗，自强不息，全面开创民进工作新局面》的工作报告。报告回顾了过去四年的工作，提出了今后五年民进的工作方针和任务，即在中国共产党的领导下，遵循"长期共存、互相监督、肝胆相照、荣辱与共"的方针，以坚持四项基本原则为政治基础，加强思想建设与组织建设，立志改革，发挥优势，独立自主、积极主动地开展工作，充分调动全体会员和所联系的知识分子的积极性，为推进社会主义物质文明和精神文明建设，维护社会主义民主和法制，促进祖国统一，保卫世界和平，贡献我们的最大力量。为了实现这一目标，报告向全会提出要做好以下六个方面的工作：重新学习，努力提高政治水平和业务能力；继续发挥政治协商、民主监督的作用；建设社会主义精神文明，努力清除精神污染；继续协助党和政府落实政策，做好知识分子的工作；积极开展对台湾同胞、港澳同胞和海外侨胞的工作；加强组织建设，保证任务的完成。

代表们认真审议并批准了雷洁琼所作的工作报告，大会通过决议，要求各级组织根据各自的实际情况，采取具体措施，坚决贯彻落实。

大会修改通过了《中国民主促进会章程》。新章程依据《中华人民共和国宪法》和《中国人民政治协商会议章程》，对民进的性质、任务、作用作了如下的表述："中国民主促进会是中国共产党领导的爱国统一战线的一个民主党派，是以从事文教工作的知识分子为主的社会主义劳动者和拥护社会主义爱国者的政治联盟，是为社会主义事业服务的政党。"

大会选举产生了由154人组成的新一届中央委员会。在七届一中全会上，周建人继续当选为主席，叶圣陶、徐伯昕、赵朴初、吴贻芳、雷洁琼、谢冰心、吴若安、陈舜礼当选为副主席，葛志成当选为秘书长。会议选举王鸿祯等41人为中央常务委员会委员，会议还决定：杨石先、陈礼节、周煦良为民进第七届中央委员会顾问。中央常务委员会第一次会议根据新会章规定，决定成立执行局，负责处理中央日常的重要工作。会议推举陈舜礼为执行局主任，葛志成、叶至善、楚庄、吴荣为委员。1984年12月，民进中央常委会增选方明、张志公、梅向明为执行局委员；1986年10月，增选陈益群为执行局委员。

中国民主促进会第五次全国代表大会是在我国实现伟大的历史转变，中国共产党向全国人民发出"全面开创社会主义现代化建设新局面"号召的重要时刻召开的。大会制定的今后民进工作的指导方针和任务，选举产生的新的领导班子，为民进在新形势下的发展奠定了基础。

（二）全面开拓创新

民进五大后，各级组织团结和带领全体成员紧密围绕社会主义现代化建设这个中心任务，在参政议政、民主监督、尊师重教、服务精神文明建设、拓展社会服务领域、加强海外联谊等方面，全面开创民进工作新局面。

1. 提高参政议政水平，在国家政治生活中积极发挥政治协商、民主监督的作用

参与民主协商。民进中央和地方组织领导人，经常参加中共召开的民主协商会，参与对国家和地方大政方针以及重大人事安排的协商讨论。1984年至1986年，中共中央就发展经济、加快社会主义物质文明和社会主义精神文明建设作出了一系列重大决策，如《关于经济体制改革的决定》《关于科学技术体制改革的决定》《关于教育体制改革的决定》《关于社会主义精神文明建设指导方针的决议》等。在这些重大决策正式出台前，中共中央都邀请民主党派领导人进行民主协商，诚恳地征求意见。民进领导人本着"肝胆相照、荣辱与共"的精神，坦陈看法和建议。

1985年，中共中央征求各民主党派对《中共中央关于教育体制改革决定（草案）》的意见，民进提出了重要的修改意见，中共中央十分重视，予以吸收采纳。《中共中央关于教育体制改革决定》（以下简称《决定》）公布后，民进中央又及时向全会发出通知，要求各级组织和全体会员认真学习并贯彻落实《决定》中的各项任务，为建设和发展具有中国特色的社会主义教育事业建立新功。

1985年11月，民进为贯彻落实《决定》中有关加强师资队伍建设的问题，连续召开座谈会进行深入的探讨，向有关方面提出了4条13款建议。1986年4月，受国家教委委托，民进中央会同全国政协教育组、全国教育工会组成联合调查组，对职业技术教育做了专题调查。调查报告呈送后，中共中央书记处在有关刊物上予以全文登载。1986年9月上旬，中共中央连续召开党外人士座谈会，就中共十二届六中全会将要审议的关于社会主义精神文明建设指导方针的决议稿征求意见。民进中央领导赵朴初、雷洁琼、陈舜礼、葛志成等应邀出席，发表了恳切的意见。1987年7月下旬，民进中央又连续两次邀集会内有关专家和资深教育工作者，就

国家教委为进一步贯彻《关于教育体制改革的决定》而提出的有关深化教育体制改革、发展我国教育事业的设想等问题进行座谈研讨。与会者对解决教育面临的困境、教育的行政管理、教育规划的制定、教育结构的调整以及中小学师资质量的提高等深层次问题,提出了许多意见和建议。这些都得到了中共中央的肯定,也引起了国家有关部门的重视。

1988年年初,在七届人大和政协七届一次会议召开之前,中共中央、全国政协及党中央有关部门多次邀请民主党派就人大代表、政协委员的人选、国家和政府的重要人事安排等问题进行民主协商,征求意见。民进领导出席了这些会议并积极认真做好人选的推荐工作。

参与健全法制。中共十二大提出要把我国建设成为高度文明、高度民主的社会主义国家这一目标后,民进各级组织为建立和健全各项法律、法规,特别在比较熟悉的教育、文化、出版等领域,为加强法制建设做了大量具体而切实的工作。

1985年1月21日,第六届全国人民代表大会常务委员会第九次会议通过了国务院提请审议的关于建立"教师节"的议案,正式批准每年的9月10日为教师节。这一法定节日的诞生,凝聚了民进多年呼吁和争取的辛劳。

1986年1月,受全国人大常委会法制工作委员会委托,民进中央有关部门连续邀集部分中小学教师会员和教育行政人员举行座谈,广泛征求对《九年制义务教育法(草案)》的修订意见。义务教育法通过后,各级组织又对贯彻实施该法进行了有效的督促和检查,民进中央会同民进江西省委会对南昌及周围部分县(区)的义务教育情况进行调查,并将结果报送国家教委参考。

民进为教师法的制定献计出力。1986年,民进就起草了《教师法(草案)》,送交有关部门,之后又广泛征求会内外教师的意见,不断修改充实。这一做法得到了广大教师的热情支持,也引起了国家有关部门的重视,对后来全国人大常委会制定通过教师法起了促进作用。

各级组织还从调查研究着手,对改革出版事业体制、文艺团体建设等问题献计献策，有组织有计划地向有关部门提出有价值的建议。1988年5月，受人大常委会委托，民进中央召集部分在京中央委员，就《香港基本法（征求意见稿）》征求意见。全国人大常委会副委员长、香港基本法起草委员会委员雷洁琼在会上详细介绍了该稿起草的经过，与会者进行了认真的讨论，提出了一些修改意见。所有这些，都为健全社会主义法制，加强社会主义民主以及实现国家重大决策的民主化和科学化作出了贡献。

认真履行职责。担任各级人大代表和政协委员的民进会员，参政意识进一步增强。他们通过参观视察，深入调查研究，了解实际情况，同时密切联系群众，听取他们的意见和呼声，在人大和政协的有关会议上提出兴利除弊的批评和建议。1985年全国政协六届三次会议上，民进全国政协委员向大会提交了15件提案，涉及教育体制改革、纠正行业不正之风、进一步落实知识分子政策、提高中小学教师待遇和改善其工作条件等许多方面。1988年3月全国人大和全国政协换届时，民进有39人当选为七届全国人大代表，71人担任全国政协委员，均比上届有较大幅度的增加。担任地方各级人大代表和政协委员的会员超过3000人，还有不少同志担任了地方各级政府部门的领导职务。

加强民主监督。1983年，中共十二届二中全会作出了关于整党的重要决定，中共中央及时向民主党派传达了二中全会精神，并就整党、清除精神污染等问题听取意见。中共领导人胡耀邦、彭真等在情况通报会上还分别作了重要讲话，希望民主党派帮助党整好风。叶圣陶、雷洁琼、赵朴初、葛志成等应邀参加，叶圣陶并在会上发了言。

1983年12月，民进五大后不久，民进第七届中央常务委员会就作出了《关于响应中共中央号召，在帮助整党中积极作出贡献的通知》，要求各级组织在同级中共党委的统一领导和部署下，以休戚相关、荣辱与共的态度，诚心诚意地帮助党胜利完成整党任务。1984年年初，民进中央在本年度工作要点中，将积极帮助中国共产党整党列为当年的重要工作。

1984年2月下旬，应中共中央统战部要求，民进举行在京常委座谈会，征求对统战部工作的意见。常委们就纠正不正之风、加强统战政策的再教育、落实知识分子政策等问题，提出了积极的意见和建议。随后，中共中央统战部连续十次召开座谈会，征求和听取党派负责人对中央统战部工作和党风问题的意见，雷洁琼、葛志成、张志公、巫宝三、吴荣等同志参加了座谈。党风建设关系到我国社会主义事业的成败，民进领导人和各级组织从人民和国家的根本利益出发，积极响应中共的号召，诚心诚意帮助党整风的做法，不仅表现了民进与共产党"肝胆相照、荣辱与共"的亲密关系，而且也体现了民主党派与共产党的"互相监督"，体现了民主党派在国家政治生活中实行"民主监督"的地位和作用。

1986年7月，中共中央批准并转发了中共中央统战部关于在新的历史时期民主党派工作方针的文件，比较系统地明确了民主党派在我国多党合作和政治协商制度中地位和作用的问题，强调了民主党派积极参政议政的重要意义。这对民进进一步增强自己的政党意识，更好地履行政党职能，起到指导和推动的作用。之后，民进的参政议政工作进一步发展，体现了多层次、多渠道、多形式的特点，推动多党合作和政治协商、民主监督制度向经常化、制度化的方向发展。

1987年，谢冰心在了解到一些政府部门和地方政府工作不细致，不认真解决教师待遇低、生活有困难的问题后，在《人民日报》发表文章，提出直率的批评。

2. 广泛深入开展尊师重教活动

尊师重教、传播文明，历来是民进的一个优良传统。教师节的设立对全国广大教育工作者是个巨大的鼓舞，民进以此为契机开展了一系列尊师重教的活动。

批准设立教师节决定的当天，民进中央立即召开座谈会，叶圣陶、赵朴初、雷洁琼、谢冰心、吴若安、葛志成等还相继发表谈话或撰写文章，表示热烈拥护。北京、西安、上海、桂林、南京、汕头、湖州、赣州等地方组织也及时召开座谈会。为迎接第一个教师节的到来，民进各级组织普遍精心举办一系列以倡导尊师重教和为教师办实事为主要内容的活动。1985年6月，民进中央向各地方组织发出《关于组织好第一个教师节庆祝活动的通知》，要求将学习贯彻《中共中央关于教育体制改革的决定》与庆祝教师节相结合，开展内容丰富、形式多样的庆祝活动。

民进中央宣传部精心组织、策划拍摄了一部歌颂人民教师的电视片《托着太阳升起的人》，在第一个教师节的晚上，由中央电视台向全国播放。这是民主党派主持拍摄的第一部尊师重教题材的电视片，也是民进在教师节为全国教育工作者献上的一份厚礼。民进中央文化出版委员会和有关单位在中国美术馆联合举办"庆祝教师节书画义捐展"，胡耀邦总书记特地写信表示支持："你们在教师节举办书画义捐展很好，祝成功。"展览募征所得的3万余元全部赠送有关部门用于尊师活动和兴办文教事业。民进中央隆重举行了庆祝教师节茶话会，100多位业绩卓著的教师会员出席。中共中央统战部、全国政协、国家教委的领导同志也到会，向教师们表示节日祝贺。

民进上海市委会在市政府礼堂召开庆祝教师节大会，中共上海市委、市政协、市委统战部的领导出席。在教师节前后，上海市委会还开展了一系列以给教师办实事为中心的尊师活动，组织义诊咨询、保健讲座、推介新书、法律咨询、参观游览、走访祝寿以及组织大型文艺专场演出等。这些活动将上海市庆祝第一个教师节的气氛推向了高潮，为全社会尊师重教作出了榜样。北京、辽宁、江苏、云南、陕西、福建、广西等地方组织也都开展了各有特色的庆祝活动，通过表彰先进、向老教师颁发荣誉证书、慰问教师、为教师办实事等，倡导全社会都来尊师重教。

此后，每年一度的教师节就成为民进为教师办实事、提倡尊师重教的好机会，各级组织都以极其认真的态度，精心组织活动，表达对教师的慰问和敬意。在以后的几届教师节活动中，除了举行庆祝会、联欢会外，民进中央还与中央电视台等单位联合组织精彩的文艺晚会慰问全国的教师，到郊县、山区以及贫困地区慰问教师，向老少边地区和少数民族地区赠送图书，编辑出版反映教师会员先进事迹的《应当尊敬的人》《献给老师》《为孩子们呼喊》等书籍。

民进四大后，民进中央在暑期连续组织外地会员教师来京参观、学习活动。叶圣陶副主席出席活动并与会员座谈。1989年4月，雷洁琼主席提议，在全会开展"尊师重教一元钱奉献"活动，建立"尊师重教基金会"。这一倡议得到了广大会员和所联系群众的积极支持，在不长的时间里即募集到10万余元。民进中央成立了以雷洁琼为理事长的尊师重教基金理事会，用这笔资金开展尊师重教活动，这是民进的一个创举。

3. 为社会主义精神文明建设服务

发挥界别优势，为社会主义精神文明建设服务，这是民进在新的历史时期的一项重要任务。各级组织把这项工作放在重要位置，要求会员为人师表、作出表率，充分发挥会员在建设精神文明中的作用。广大教育界会员在教学中加强对学生的德育教育，努力把学生培养成有理想、有道德、有文化、守纪律的"四有"新人。

1987年6月，民进中央邀请部分中小学校长和教师，就国家教委制订的《学生日常行为规范（征求意见稿）》和《中学生日常行为规范（讨论稿）》进行座谈讨论，征求意见。与会同志根据工作实践提出了五条很有价值的参考意见，受到国家教委有关方面的重视。

广大文艺工作者热心为社会公益事业服务，举办格调清新、内容健康向上的各种书画展，组织文艺演出，到边防前线慰问解放军，到劳教场所教育失足青少年，到高等院校传播传统戏曲艺术，为社会福利募集基金等。一批作家、剧作家会员，创作了许多弘扬传统美德、反映时代面貌、歌颂当代英雄的好作品。1986年、1987年、1988年，出版界的民进会员以强烈的社会责任感分别在长沙、长春和哈尔滨召开出版工作座谈会，深入讨论新形势下出版工作如何为社会主义精神文明建设服务的问题，并将意见及时呈送给了国家有关部门。

中共中央《关于社会主义精神文明建设指导方针的决议》发出后，民进各级组织立即认真学习并加以贯彻落实。为帮助会员和干部提高坚持四项基本原则，反对资产阶级自由化的认识和自觉性，1987年4月，民进中央会同全国政协教育组、全国教育工会等12个单位联合举办了"坚持四项基本原则、教书育人"系列讲座，使全体听讲者受到很大教育。

4. 拓展工作领域，为社会主义现代化建设事业服务

各级组织在推动会员做好本职工作的同时，更加注意面向社会、为社会服务的工作。1979年12月，民进中央恢复设立联络委员会，进一步加强三胞工作。

开展办学活动。各地的办学活动有了进一步发展，形成了多学科、多形式、多层次的格局，办学方向从短期补习培训逐步转向以培训中小学和幼教师资为重点，并朝着提高在职员工文化素质的成人教育方向发展。自1984年至1987年，民进中央单独或会同有关单位一起举办了各种专业系列讲座十余类120多场次，如教育要"三个面向"系列讲座（14讲）、文化双周讲座（10讲）、幼儿园教学专题讲座（15讲）、教育心理学讲座（4讲）、编辑业务知识讲座（连办3年，共45讲）、"坚持四项基本原则，教书育人"系列讲座（10讲），以及科技编辑进修班、中国书法视觉心理教学研究讲座等。这些讲座具有连续性、系统性的特点和培训班的性质，有助于提高广大会员和会外中青年相关人群的思想和业务素质，收效十分显著。

至1987年年底，民进各级组织共开办各级各类学校和培训班268个，其中大专院校6所，中专学校8所，在校学员11万人，累计为社会培养人才30余万人次。这些学校教学认真，注重质量，深受社会各方面欢迎，其中有32所学校被评为省、市先进集体。有些地方组织还以智力拥军，培养军地两用人才，受到部队的好评。

智力支边扶贫。1988年，中共中央统战部、国家民委和各民主党派中央联合成立中央智力支边扶贫协调小组，确定贵州毕节地区作为民进智力支边的重点。民进和国家有关部门密切配合，以甘肃会宁和贵州毕节地区作为支边的重点联系区。1988年4月，民进中央派出考察小组赴贵州，深入黔西南、黔南、黔东南三个民族自治州，实地考察当地的经济、教育情况，为智力扶贫作调查研究。考察小组带去了许多适合于当地开发的项目，与当地签订了12项协作意向书，受到了贵州党政部门的热烈欢迎。

各地方组织纷纷组织专家学者组成智力支边咨询服务小组，分赴边疆

和少数民族地区，辐射面到达内蒙古、宁夏、甘肃、云南、贵州、新疆六省（区）的呼和浩特、包头、集宁、银川、石嘴山、吴忠、固原、临夏、楚雄、大理、德宏、丽江、红河、毕节等18个边疆少数民族聚居区。北京、上海、浙江等十多个地方组织也同边疆少数民族自治州县建立了定点协作关系。支边内容从教育扩展到医卫、文艺、财经、农林等领域。从1984年到1987年，中央和地方先后组织了包括专家学者和特级教师在内的各级专业技术人员2500余人赴内地和边疆，共开办培训班400余个，接受培训人员达42000余人次；办讲座2700余场，听众达25万。这些活动沟通了东南沿海发达地区与边疆、内地的文化科技联系，为贫困地区输送了知识，培训了人才，促进了当地经济的开发，对加快那里的社会发展起了积极的作用。

开展咨询服务。围绕为经济建设服务这个中心，民进咨询服务的内容也有了进一步的拓宽。为了解决全国各地文教信息闭塞的问题，1985年6月，民进中央成立了文教信息服务中心，利用音像手段，及时向各地成员传递和介绍教育理论、教育改革、教育教学方法、学校行政管理、培训师资等方面的信息和先进经验。1987年7月，经国家有关部门批准，文教信息服务中心更名为开明文教音像出版社。此后，信息传播工作得到进一步开展，信息网络遍及全国各地，并同新加坡等国家的有关单位建立了联系。

成立于1985年5月的天津民进咨询服务部，一开始就以乡镇企业为工作重点，为其提供技术咨询和服务，受到乡镇企业的欢迎。之后，太原、临汾、衡阳、沈阳、石家庄和广东等地也纷纷开展了这类咨询服务工作。山西民进创办的临汾地区霍县蔬菜科技咨询服务部，自1985年10月成立至1987年年底的两年多时间里，先后为该县引进最新蔬菜优良品种7个，为农民提供良种500多斤，推广应用面积达2000多亩，使该县的蔬菜产量提高20%—50%。他们还无偿为当地农民提供塑料拱棚、地膜覆盖等新技术，指导农民正确使用农药技术，有力促进了当地城乡蔬菜业的发展。一些地方组织运用会内外专家力量，帮助乡镇企业进行技术攻关，开发新产品，并为他们提供发展外向型经济的信息。到1987年10月底，民进全会共有30个经常性的咨询服务专业机构。

为了检阅成果，表彰先进，交流经验，1985年5月，民进在北京召开了第二次为"四化"建设服务经验交流会，来自教育、文化、出版、科技等各条战线的148位同志出席，27人作了大会发言。另有各地送来的142份先进材料参加了书面交流。同年10月，各民主党派、工商联在北京联合召开了为"四化"服务先进集体和先进个人代表表彰大会。叶圣陶、赵朴初、雷洁琼、陈舜礼、葛志成等民进领导出席了大会，雷洁琼兼任民进代表团团长。民进有36名先进个人、9个先进集体出席了大会。余国琮（天津）、刘运来（江西）、张秀媛（山西）、林承璋（福建）、邢籁（黑龙江）等5位同志在大会作了发言。

1988年8月，民进中央在北京召开全国咨询服务工作会议，总结工作经验，对今后工作提出设想。会议认为，开展办学、智力支边、咨询服务等工作，对民进有重要意义：其一，各种面向社会的服务工作，是民进参政议政、深入了解国情、参加社会实践的重要途径，不仅有利于精神文明建设，有利于发展生产力，而且参加国家或地区发展规划和经济政策的咨询论证，本身就是参政议政的组成部分；其二，有利于发挥民进的人才优势，团结和联系更多的会内外知识分子，扩大民进的社会影响；其三，通过文化、教育、经济等各种形式开展海外联谊工作，有利于推进"一国两制"的实施，为实现祖国和平统一大业服务；其四，开展各项服务活动，有利于在实践中发现人才，培养和锻炼干部，促进民进的自身建设。

会议对今后民进开展社会服务工作的内容、形式、方法等进行了认真讨论，统一了认识，一致认为应掌握以下几点原则：第一，在办学内容上，要根据各自优势，结合社会实际需要，做好拾遗补缺；在办学方法上要灵活多样，特别要提倡与厂矿、企业、机关、团体联合办学；办学要讲求质量，要以保证质量求得发展。第二，进一步做好智力支边工作，要从政治的高度认识这项工作的重要性，力求做到定点联系，讲求实效。第三，积极开展各种经济、科技、医卫、教育咨询服务，要以服务为宗旨，首先要注意社会效益，在此基础上也可考虑经济效益。第四，坚持"牵线搭桥，挖潜引资，组织协调，提供服务"的工作方法。中心是团结调动会内外各方面的积极性，共同为社会主义现代化建设服务。会议并要求各地要建立工作机构，加强对办学、智力支边、咨询服务工作的领导，中央和地方，地方之间都要加强联系，互通信息，互相支持，加强合作。这次会议对进一步搞好全会面向社会服务的工作起了积极的推动作用。

5. 认真贯彻"一国两制"方针，海外联谊工作取得新进展

1982年1月，邓小平同志以政治家的恢宏气度，创造性地提出了实行"一个国家，两种制度"即"一国两制"的构想。1984年5月，全国人大会议正式通过将"一国两制"构想作为一项长期的国策。这一国策的确定，得到了包括台湾同胞、港澳同胞在内的全国人民的热情拥护。"一国两制"成为各民主党派开展三胞工作，为祖国和平统一服务的行动纲领，对进一步拓宽海外统战新领域发挥了指导作用。民进各级组织遵照邓小平同志的讲话以及党和国家制定的一系列方针政策，积极开展对台湾同胞、港澳同胞和海外侨胞的联谊工作。

1985年5月，民进在北京召开了三胞工作座谈会，总结经验，研讨三胞工作的指导思想和基本任务，并对今后工作提出设想。会议提出三胞工作的指导思想和基本任务应当是：在中共统战政策、侨务政策、对外开放政策的指导下，发挥民进的特点和优势，积极主动地开展工作，既要有政治观点，要为巩固和发展爱国统一战线，发展和加强中华民族的大团结、大统一服务；也要有经济观点，要面向经济建设，为对外开放，对内搞活经济服务，为引进资金、技术和人才出力。座谈会还提出，三胞工作是做人的工作，所以要以诚待人，广交朋友，积极宣传政策，做细致的工作，帮助不了解大陆真实情况的三胞释疑除虑，增强三胞对祖国大陆的向心力，把政治影响扩大到海外。

会议之后，民进各级组织和广大会员遵照座谈会精神，运用多种渠道加强三胞联谊工作。民进中央接待了多批从港澳、台湾等地区及美国、泰

国等国家来京访问的朋友,与他们建立了联系。各地在积极推动会员主动积极与三胞亲友进行联系、联谊,在同他们交往过程中呼唤乡情,穿针引线,促成亲友来大陆投资,引进先进技术,在开发家乡建设,兴办公益事业等方面,都取得不少实效。民进广州市委会的工作尤为细致踏实,成绩显著,《民进》会刊及时作了介绍,在会内引起很大的反响。

1986年5月下旬,民进中央在北京召开对海外统战工作座谈会。与会同志听取了中共中央书记处对当前统战工作重要指示及中共中央和国务院办公厅关于《充分发挥经济特区、沿海开放城市人民政协、党派和工商联作用的意见》文件精神的传达。会上,葛志成对今后民进的海外统战工作提出了八条意见,使各级组织进一步明确了海外统战工作的新形势、新任务,认识到了肩负的历史重任和工作方向,从而为进一步开创海外联谊工作的新局面创造了条件。

1988年4月,民进组织了以楚庄为团长的民进京沪出版界人士访港团到香港进行友好访问,并同台湾的出版界同行会面,为沟通海峡两岸的文化学术交流进行了探索。

(三) 加强自身建设

民进各级组织充分认识到加强自身思想建设和组织建设的重要性,以扎实的工作为全面开创新局面奠定牢固的思想基础,提供坚实的组织保证。

发扬自我教育传统,加强思想政治工作。通过社会实践进行自我教育,这是民进政治思想工作的一个优良传统。中共十一届三中全会以来,广大会员长期被压抑的积极性被激发出来,出现了前所未有的为"四化"建功立业的热潮。要让这股热情持久地保持下去,就必须做好深入细致的政治思想工作。各级组织认真贯彻落实民进五大精神,切实抓好对广大会员的政治思想工作。他们除继续坚持学习制度,过好组织生活以及举办读书班、学习班以外,还鼓励和引导广大会员通过社会实践提高政治思想觉悟。

1986年8月，民进中央从众多的先进事迹中挑选出35份典型材料，汇编成《应当尊敬的人》一书，由赵朴初题写书名并公开出版发行。一些被评为劳动模范的优秀会员还参加当地党政组织的精神文明宣讲团，到各地进行社会主义道德理想的宣传教育，传播竭诚为祖国"四化"建设服务的奉献精神。这些同志成为社会上各行各业的学习标兵，同时扩大了民进的社会影响。至1988年，获各级各类光荣称号的先进人物累计超过万人，约占全会总人数的四分之一。

民进五大后全会在加强自身思想建设方面有四个方面的特点。

制订正确的思想政治教育工作的方针。1984年4月，民进中央在南京召开全国工作会议，经过充分的讨论研究后，提出了在新形势下进行思想政治工作的十六字方针，即"背靠马列，面向实际，坚持疏导，实事求是"，这十六个字完整地概括了进行思想政治工作的原则、方针和具体方法，这对全会政治思想工作的健康发展起了很好的指导和保证作用。1985年5月，民进中央在北京召开全国宣传工作座谈会，提出了在今后一段时间里，全会要大力开展形势与改革、理想与纪律方面的教育。1986年年初，民进七届三中全会作出《关于动员全会积极参加社会主义精神文明建设的决议》，号召全体会员结合自己的本职工作，切实为社会主义精神文明建设多做实事，同时使自己成为爱祖国、爱人民、有理想、有道德的民进会员。9月，中常会根据中共十二届六中全会精神又作出《关于认真学习贯彻中共十二届六中全会精神的决议》，要求全会广泛开展社会主义、爱国主义和有理想、有道德、有文化、有纪律的宣传教育运动，以加强自身的精神文明建设，抵制封建主义和资本主义腐朽思想的侵蚀。

明确不同时期思想政治工作的重点。1986年年底，邓小平发表了《旗帜鲜明地反对资产阶级自由化》的重要谈话。1987年1月，民进及时召开中常会，赵朴初在会上指出：全体民进会员要坚定不移地坚持四项基本原则，旗帜鲜明地反对资产阶级自由化，在政治上同中共中央保持一致。雷洁琼在会上提出，今年全会思想政治工作的重要任务就是进行坚持四项基本原则和反对资产阶级自由化的教育。各级组织认真贯彻民进中央的上述部署安排，先后在全会掀起了为社会主义精神文明建设多作贡献和反对资产阶级自由化的学习宣传高潮。

加强对统战理论的学习和研究。民进五大之后，各级组织加强了对新时期党的统一战线理论的学习和研究，民进中央和一些地方组织先后举办了专职干部学习班和理论研讨会。1984年10月，民进中央在北京举办专职干部学习班，来自全国21个省市组织和中央的40多名专职干部参加。在民进中央的指导和带动下，北京、上海、吉林等地也分别举办了统战理论学习班、研讨班。1988年6月，民进在京召开了全国统战理论研讨会，来自全国13个省市的20多位中年骨干参加。雷洁琼、陈舜礼、葛志成、楚庄、叶至善等出席了会议。会议根据中共十三大坚持"一个中心、两个基本点"的基本路线，对如何坚持和完善中国共产党领导的多党合作和政治协商制度，对民进在社会主义初级阶段的性质、地位、任务和作用等问题，进行了深入具体的讨论。雷洁琼以自己的亲身经历，回顾了民进在中国共产党影响和帮助下成立和发展壮大的过程，这次研讨会对民进在建设中国特色社会主义历史阶段中摆正自己的政治地位，更好地发挥政党职能，起了很好的作用。《民进》会刊也加强了对统战理论的宣传，专门开设了"理论探讨""参政议政笔谈""问题研究"等专栏，为广大会员对统战理论的学习和研究提供了便利。

把对会史和会的传统的学习和教育作为全会思想政治工作的一个重要内容。1985年12月，庆祝民进成立40周年大会在北京隆重举行。雷洁琼在会上作了重要讲话。她在回顾了民进40年走过的历程后深刻指出：坚持接受共产党的领导，是民进的光荣传统和最重要最根本的历史经验，也是民进今后同党"长期共存、互相监督、肝胆相照、荣辱与共"的根本性前提。各地组织也相继召开了纪念大会。为满足各地会员学习的需要，民进中央宣传部编撰出版了《中国民主促进会四十年》一书。1985年以来，民进先后为马叙伦、王绍鏊、周建人的百年诞辰举行纪念大会，并出版了《马叙伦政论文选》《马叙伦诗词选》《王绍鏊纪念集》《周建人文选》等书，上海、辽宁、广西等地方组织分别为林汉达、车向忱、杨东莼等举行了纪念会并出版了有关他们史料的专集。徐伯昕、吴贻芳逝世后，民进中央和江苏省委会分别为他们举行了悼念活动，并在报刊发表纪念文章，出版纪念他们的文集。

组织建设是民进自身建设带有基础性的组成部分。1983年11月，各民主党派中央主要负责人就各党派的组织发展问题在京举行座谈会，达成共识，明确提出为健全和巩固组织，以利今后更健康地发展，各民主党派在以后的一段时间里，坚持巩固与发展相结合的方针，适当放慢发展步子；发展新成员必须注意质量，发展对象必须坚持四项基本原则；各党派发展成员和新建组织必须坚持重点分工，坚持大中城市为主，坚持中上层人士为主的原则等。

1986年10月下旬，民进中央执行局在京召开全国组织工作座谈会。会议认为在新形势下，民进肩负着为两个文明建设服务、推动一国两制的实施和发展、完善共产党领导的多党合作制度三项政治任务，全会的组织工作要为这三项任务服务，发挥组织保证的作用。今后的组织建设工作，要把加强领导班子建设，稳步发展和巩固组织作为组织工作的重点。

这次会议之后，民进的组织工作走上了健康发展的道路。截至1987年6月，全会共有市县以上组织122个，其中67个是1985年以后改建和创建的，有基层支部2720余个，吸收新会员15000余人，平均年龄47岁左右，他们都是各自所在战线上的骨干力量和积极分子，不少人在社会上有一定的知名度。政治素质好，思想比较活跃，爱护会的组织，热心会的工作，是这些新同志的共同特点。他们给民进增加了新生力量，给工作带来了活力。

（四）民进全国代表会议

随着组织的不断发展壮大，加强各级组织领导班子的建设的紧迫性突显出来。民进五大后不久，1984年3月，民进中央副主席徐伯昕因病去

第五章
努力开创民进工作新局面

世。同年7月，周建人在京病逝。同年9月，叶圣陶①出任民进中央代主席。12月18日，在民进七届二中全会上叶圣陶当选为民进第三任中央主席。会议同时增选葛志成、楚庄为民进中央副主席。1985年11月，民进中央副主席吴贻芳因病在南京逝世。同月，民进中常会在北京召开会议，讨论加强中央和省级组织领导班子的建设问题。常委们一致认为对干部老龄化、青黄不接的现象，应该及时予以解决。

★ 1984年12月18日，民进在京举行七届二中全会。会议选举叶圣陶（中）为民进中央主席。

1985年9月，中国共产党召开全国代表会议②，确定了"七五"计划的指导思想、发展战略方针、政策和实施步骤；局部调整中央领导机构成员，大大加快了新老交替的进程，具有重大的战略意义。这次会议也为各

---

① 叶圣陶（1894—1988），原名绍钧，字秉臣，江苏苏州人，著名作家、教育家、出版家和社会活动家。1912年中学毕业后做小学教师并从事文学创作。1921年与沈雁冰、郑振铎等发起组织文学研究会，并与朱自清等人创办了我国新文坛上第一个诗刊。1923年进入商务印书馆，1930年转入开明书店，主办《中学生》杂志。九一八事变后他积极投身抗日救亡运动，抗战胜利后在上海积极投身于爱国民主运动。1949年年初，他应中共中央的邀请辗转到达北平，在华北人民政府任教科书编审委员会主任，其后出席了中国人民政治协商会议第一届全体会议。中华人民共和国成立之后，他先后担任中央人民政府出版总署副署长兼编审局局长、教育部副部长兼人民教育出版社社长和总编、中央文史研究馆馆长等职务，并当选为第一届至第四届全国人大代表和第五届全国人大常委会委员、全国政协第一届委员，第五届常委，第六届副主席等重要职务。他于1963年加入中国民主促进会，在1979年民进四大上当选为民进中央副主席，1984年9月任民进中央代主席，1984年12月任民进中央主席，1987年6月任民进中央名誉主席。

② 中华人民共和国成立以来，中国共产党举行过两次全国代表会议，分别是1955年3月和1985年9月。全国代表会议召开的目的是解决重大问题。

民主党派解决领导班子新老交替的问题做出了表率。

1986年10月，民进七届中常委举行第十次（扩大）会议，讨论加强中央和地方组织领导班子的建设问题。会议认为，为了加快实现中央和省级领导班子新老合作和交替的步伐，有必要在民进六大之前对中央委员会的组成作适当的充实和调整。为此，会议提出：建议中央委员会根据会章的有关规定和本会的实际需要，在1987年第二季度召开中国民主促进会全国代表会议。常委会《关于召开全国代表会议向中央委员会的建议》以通信确认的方式，得到了全体中央委员的一致同意。

1987年6月5日，民进全国代表会议在北京隆重举行。363名代表出席了全国代表会议，代表中包括第七届中央委员、中央候补委员，各地推选代表，省级地方组织负责人和中央各部门、委员会负责人，中央特邀代表。他们来自全国各地，老中青各占一定的比例，具有广泛的代表性，显示了民进人才辈出、事业兴旺的新气象。中共中央对民进全国代表会议高度重视，中共中央政治局委员习仲勋，中共中央书记处书记、全国人大常委会副委员长陈丕显，全国人大常委会副委员长彭冲，全国政协副主席杨静仁等党和国家领导人出席开幕式。习仲勋同志代表中共中央对会议的召开表示热烈祝贺。

赵朴初[①]向大会致开幕词，他指出这次会议的主要任务是在逐步实现领导班子的新老合作和交替方面迈出新的步子，重点是加强自身建设问

---

① 赵朴初（1907—2000），安徽太湖人，著名爱国人士、社会活动家、宗教界领袖。早年就读于东吴大学，后来从事佛教及社会救济工作，曾任江浙佛教联合会、上海佛教会秘书，中国佛教会主任秘书，上海慈联救济战区难民委员会常委兼收容股主任，上海净业流浪儿童教养院副院长，上海少年村村长。1939年，参加了宪政促进运动，八一三事变之后，他积极参加抗日救亡运动，任上海文化界救亡协会理事。抗战胜利后积极投入爱国民主运动，参与发起成立中国民主促进会。1949年以宗教界民主人士代表身份出席中国人民政治协商会议第一届全体会议。中华人民共和国成立后，历任华东军政委员会民政部副部长、人事部副部长，上海市人民政府政法委员会副主任等职。他曾当选为全国人大第一届至第五届代表；全国政协第一、二、三届委员，第四、五届常委，第六、七、八、九届副主席，曾任全国政协宗教委员会主任。他是中国佛教协会会长。在会内任民进上海市分会主任理事；第三届中央理事会理事，1955年增选为常务理事，第四、五届中央委员会常委，第六、七、八届中央委员会副主席，第九、十届中央委员会名誉主席。曾任民进第一、二、三届中央参议委员会主席。

第五章
努力开创民进工作新局面

题。雷洁琼代表中央委员会作了题为《加强自身建设,担负起当前新形势下民进的新任务》的工作报告。她在阐述了爱国统一战线的新形势和民进肩负的新任务后说,近几年来民进组织有了较大发展,而思想建设和组织建设相对来说还比较薄弱,各级领导班子尤其是中央和一些省级组织领导班子的建设跟不上形势的需要,严重影响了我们任务的完成。加强自身建设,尤其是领导班子的建设,已经成为民进一件亟待解决的大事。她说,我们这次会议就是为实现民进中央领导机构的新老合作交替而采取的非常措施,将对中央领导机构作局部的调整,在逐步实现领导层年轻化的道路上,迈出重要一步。

叶圣陶、谢冰心因健康原因,没有出席大会,他们分别为大会写了书面发言,葛志成在大会上宣读了他们的发言。会议之前,有一部分老同志已口头或书面向中央提出了辞去第七届中央委员会委员职务的申请。代表会议充分尊重他们本人意愿,并从实际工作需要全面考虑,同意叶圣陶、吴若安等27位老同志主动辞去中央委员会委员职务的申请,接受叶圣陶、吴若安辞去中央主席和副主席职务的请求。会议结束前,叶圣陶同志扶病到会场与大家亲切见面,作了语重心长的讲话,并以"有诸己而后求诸人,无诸己而后非诸人"① 与大家共勉。出席会议的全体代表以会议的名义给叶圣陶、吴若安等27位老同志发了致敬信。

代表们审议通过了工作报告,并在统一认识的基础上,对中央领导机构作了局部调整。会议递补14名中央候补委员为中央委员,新增选31人为第七届中央委员会委员,补选22人为第七届中央委员会候补委员。会议决定设立中央名誉主席,并设置顾问机构——民进中央参议委员会。会议选举了由38人组成的第一届中央参议委员会。6月10日,全国代表会议圆满完成了各项任务,胜利闭幕。

6月11日,第七届中央委员会举行第五次全体会议,一致选举叶圣

---

① "君子有诸己而后求诸人,无诸己而后非诸人",该句出自《大学》。意思是:品德高尚的人,总是自己先做到,然后才要求别人做到;自己没有这些缺点,才能够去劝导别人不要有这些缺点。诸是"之于"的合音。

陶为民进中央名誉主席,选举雷洁琼①为民进中央主席。会议增选叶至善为民进中央副主席,增选邓伟志等 11 人为中央常务委员会委员。会议还一致决定,在 1988 年适当时候召开第六次全国代表大会。同日,中央参议委员会举行第一次全体会议,一致推举赵朴初副主席兼任民进中央参议委员会主席,推举吴若安、张明养、柯灵、董纯才、潘承孝为副主席。会议还选举赵朴初等 13 人为民进第一届中央参议委员会常委。

民进全国代表会议是民进历史上一次特殊的会议,是民进"为实现中央领导机构的新老合作交替而采取的非常措施"。经过与会代表的共同努力,会议圆满地完成了各项任务。

(五)第六次全国代表大会

1987 年 10 月,中国共产党召开了第十三次全国代表大会。大会的突出贡献是比较系统地阐述了关于社会主义初级阶段的理论,完整地概括了党在社会主义初级阶段的基本路线。大会还提出了进行政治体制改革的任务,指出人民代表大会制度,共产党领导的多党合作和政治协商制度,按照民主集中制的原则办事,是我国社会主义民主政治的特点和优势,进行政治体制改革的重要内容之一就是"坚持'长期共存、互相监

---

① 雷洁琼(1905—2011),广东台山人,著名社会学家、法学家、教育家和社会活动家。1925 年,她抱着"教育救国"的愿望赴美留学。1931 年获南加利福尼亚大学硕士学位。在美国求学期间曾积极参加"反帝大同盟"的进步活动。回国后在燕京大学、东吴大学、圣约翰大学等高等学府任教。她积极参加抗日救亡运动,以教师身份参加过一二九运动,1938 年年初到江西南昌参加战地服务工作,1941 年她被迫离开江西到上海东吴大学、沪江大学任教。抗战胜利后她积极投身爱国民主运动,参与筹建中国民主促进会。1946 年 6 月,她作为和平愿代表之一到南京呼吁和平,在下关遭受国民党特务的围攻殴打。她临危不惧,坚持完成了上海人民交付的重任。1949 年 1 月,她偕严景耀接受马叙伦的委请到河北西柏坡参观华北解放区并受到毛泽东、朱德、刘少奇、周恩来、任弼时等领导人的亲切接见。1949 年 6 月,她参加了中国人民政治协商会议的筹备工作,出席了中国人民政治协商会议第一届全体会议,并当选为政务院文化教育委员会委员。中华人民共和国成立后,曾任国务院专家局副局长、北京市副市长,她是第一、二、三届全国人大代表,第六届全国人大常委会委员兼法制委员会副主任,香港基本法起草委员会委员,澳门基本法起草委员会副主任委员,第七、八届全国人大常委会副委员长;第五届全国政协常委,第六届全国政协副主席;全国妇联副主席,中国国际交流协会副会长,中国社会学会副会长。在会内曾任民进北京市分会主任理事;第三届中央理事会理事,第四、五届中央委员会常委,第六届中央委员会副主席,第七、八、九届中央委员会主席,第十、十一届中央委员会名誉主席。

督、肝胆相照、荣辱与共'的方针，完善共产党领导下的多党合作和政治协商制度，进一步发挥民主党派和无党派爱国人士在国家政治生活中的作用"。

民进中常会在中共十三大结束后不久，立即举行会议，确定民进六大的主要任务是贯彻中共十三大精神，动员全会为坚持和完善我国的基本政治制度而努力，更好地为社会主义物质文明和精神文明建设服务。会后一年多的时间里，民进各级组织为开好民进六大做了充分的准备工作。

1988年11月19日至28日，中国民主促进会第六次全国代表大会在北京召开。出席这次代表大会的有正式代表475名、列席代表41名。中共中央向民进六大发来热情洋溢的贺词。中共中央和国家领导人宋平、芮杏文、陈慕华、余秋里、方毅等到会祝贺。中共中央书记处书记芮杏文代表中共中央向大会致贺词。

陈舜礼致大会开幕词。雷洁琼代表第七届中央委员会向大会作了《发挥政党职能，推进全面改革，为建设有中国特色的社会主义贡献力量》的工作报告。她在报告中阐述了民进在新时期开展工作所应确立的基本指导思想并据此制定了今后五年工作的方针，这就是：在社会主义初级阶段基本路线指引下，高举爱国主义和社会主义的旗帜，调动全会力量，发挥政党职能，加强自身建设，为改革开放、建设社会主义两个文明服务，为完善社会主义民主和法制服务、为发展安定团结的政治局面服务，为促进"一国两制"的实施、统一祖国服务，在建设有中国特色的社会主义伟大事业中，作出更大的贡献。大会同时提出了民进今后要进一步提高参政议政能力、更好地发挥政治协商、民主监督作用等六项具体任务。

大会根据坚持和完善中国共产党领导的多党合作和政治协商制度的精神，对会章作了必要的修改和补充。大会选举了新一届中央委员会。第八届中央委员会由173名中央委员、22名中央候补委员组成。由于叶圣陶名誉主席于 1988 年 2 月 16 日在北京逝世，本次大会一致推举谢冰心①为民进中央名誉主席。大会以直接选举方式，选举雷洁琼为民进中央主席，选举赵朴初、陈舜礼、葛志成、楚庄、叶至善、梅向明、陈难先、冯骥才、邓伟志为民进中央副主席。在八届一中全会上，雷洁琼等 41 人当选为第八届中央常务委员会委员。在八届中常会第二次会议上，陈益群当选为民进中央秘书长。

大会还听取并批准了第一届中央参议委员会向大会所作的工作报告，通过了中央参议委员会组织条例，并选举产生了由 59 人组成的第二届中央参议委员会。参议委员会二届一次全会一致选举赵朴初副主席继续兼任中央参议委员会主席，选举吴若安、张明养、柯灵、董纯才、潘承孝、梅达君等为副主席；赵朴初等 17 人为中央参议委员会常委。

民进六大所确定的民进工作的基本指导思想，是民进多年来参政议政、为社会主义现代化建设服务实践经验的结晶，它贯穿了坚持和完善中国共产党领导的多党合作和政治协商制度，进一步发挥民主党派在国家政治生活中作用的精神，是民进在社会主义初级阶段履行政党职能的理论基础和行为准则，对民进今后的工作有积极的指导意义。

---

① 谢冰心（1900—1999），原名谢婉莹，福建长乐人，我国著名女作家、教育家。她从五四时期起就从事文学创作，1923 年毕业于燕京大学文科。后赴美留学，就读于威尔斯利女子大学研究院，1926 年获文学硕士学位。毕业后回国，先后在北平燕京大学女子文理学院、清华大学任教。抗日战争爆发后她积极从事抗日救亡运动。抗战胜利后随丈夫吴文藻去日本从事教育工作。中华人民共和国成立后，她和吴文藻于 1951 年冒着生命的危险毅然秘密返回祖国。回国后曾在中国作家协会、全国文联、全国妇联任职。她是第一、二、三、四、五届全国人大代表，全国政协第五、六、七届常委。1956 年 7 月加入中国民主促进会，曾任民进第四届中央委员会委员，第五届中央委员会常务委员，第六、七届中央委员会副主席，第八、九、十届中央委员会名誉主席。

第六章

担负起参政党的历史职责

▶ 第六章
担负起参政党的历史职责

一、为坚持和完善我国的基本政治制度而努力

(一) 学习贯彻中共中央重要文件精神

1989年12月,中共中央颁发了《关于坚持和完善中国共产党领导的多党合作和政治协商制度的意见》(以下简称《意见》),以此为标志,我国的多党合作制度进入了一个全新的发展时期。民进中央参加了这个文件的研讨和起草工作,并且受到了充分的尊重。

1990年1月,民进中央主席会议率先带头学习,决定将学习宣传贯彻《意见》作为当年全会工作的首要任务,并以民进中央名义向各省级组织发出通知,对学习《意见》提出明确的要求。1990年3月,民进八届五次中央常委会对全会学习贯彻中共中央《意见》作进一步的部署,雷洁琼、赵朴初先后在会上作了重要讲话。这次中常会认为,当前各级组织贯彻落实《意见》的主要任务,一是组织广大会员认真学习《意见》精神,二是切实加强自身建设。为此,会议制定《关于进一步加强思想政治教育的意见》和《关于当前民进巩固与发展组织工作的意见》两个文件,对各级组织开展思想政治教育和组织发展工作提出了具体的目标和要求。

1990年6月,中共中央召开了全国统战工作会议。江泽民在会上作了两次重要讲话,强调全党都要重视做好统战工作。会后,中共中央发出《关于加强统一战线工作的通知》。7月初,民进举行八届六次中常会,传达全国统战工作会议精神,进一步研究了加强自身建设的问题,并作出了

《关于组织建设若干问题的决定》。民进各级组织认真贯彻民进中央指示，组织干部和会员学习中共中央《意见》，制定措施，贯彻关于加强自身建设的三个文件，华东六省一市、中南六省（区）、东北三省以及北京、天津、山西、四川等地方组织先后召开专门会议予以落实。10月，民进中央组织三个调查组，分赴辽宁、江西、河北、北京等地检查。各级组织通过学习和贯彻《意见》，进一步增强了接受中国共产党领导的观念，明确了参政党的地位和作用，更加重视自身的思想建设和组织建设。

12月5日，民进八届三中全会在京举行。雷洁琼在会上作了题为《为更好地发挥民进参政党作用而努力前进》的工作报告，她回顾和总结了一年来全会在学习宣传、贯彻落实中共中央《意见》和全国统战工作会议精神，积极参政议政、参与政治协商、民主监督，为两个文明建设多办实事，加强海外联谊，加强自身建设等五个方面的工作与成绩，着重阐述了三点体会和认识：第一，中共中央的《意见》，推进了我国社会主义民主政治的建设，民进要为坚持和完善中国共产党领导的多党合作和政治协商制度多作贡献。第二，我们面临着积极发挥参政党作用和加强自身建设的双重任务。第三，加强思想政治教育，做好组织巩固工作，是形势对我们提出的要求。雷洁琼指出，今后一段时间民进要继续以《意见》和全国统战工作会议精神为指针，履行参政党的责任，更好地发挥参政党的作用，同时认真抓好自身建设。她对各级组织提出了要抓好参政议政、思想政治教育、以领导班子建设为中心的自身建设等五项要求。

民进八届五次中常会和八届三中全会以后，民进各级组织认真贯彻会议所作出的各项决定，自觉置身于中国共产党领导之下，同共产党通力合作，共同奋斗，通过加强自身建设、履行参政党职能、发挥参政党作用的实践，为进一步加强和完善中国共产党领导的多党合作和政治协商制度作出了自己的贡献。

（二）认真履行参政党职能

中共中央《意见》的制定和实施，对民主党派提出了更高的要求，同时也提供了更加广阔的舞台。民进各级组织按照《意见》精神，在政治协商、民主监督和参政议政及开展社会服务工作等诸多方面作了许多工作，取得了一定的成绩。

1. 参加国家重大方针政策和重要人事安排的协商

民进作为参政党，积极参加了与共产党的政治协商，对国家重大方针政策的制定和重要人事安排认真负责地发表意见，提出建议。中共十一届三中全会以来至1995年，中共中央、国务院邀请民主党派主要领导人参加民主协商会、座谈会、情况通报会达150余次，其中1989年6月中共十三届四中全会以来就达82次。民进领导人应邀参加了其中的大部分会议，对党和国家的重大问题，都本着"肝胆相照、荣辱与共"的精神，认真负责地发表意见，提出建议。中共中央的重大决策作出之前，民进都通过情况通报会了解情况，发表意见，建言献策，特别是《关于教育体制改革的决定》《关于社会主义精神文明建设指导方针的决议》，民进领导人的建议都被中共中央和国务院吸收采纳。作为参政党，民进还经常应邀参加重要的国事和外事活动。

1990年《意见》实施后，中共中央与民主党派的政治协商进一步制度化、规范化。民进领导人先后就历次全国人大会议的政府工作报告等关系国家大局的重要方针政策参与政治协商。民进还经常就教育、文化、出版、科技、医卫、精神文明建设等领域，向中共中央国务院或国家有关部门提出带有政策性的、可操作的建议。1989年3月初，民进中央发动各地组织对义务教育法的实施情况开展调研，并组织人员深入江西、北京、天津进行实地调查，在此基础上向中共中央提交了《关于切实贯彻〈义务教育法〉，加强基础教育的几点建议》。3月29日，中共中央复函民进中央，称赞民进对推进教育工作发展提出了很好的意见。《人民日报》《光明日报》都在显著的位置报道了这一消息。

★ 1992年7月11日,江泽民同志在中南海会见雷洁琼。

1990年12月，民进中央向中共中央书记处送交了《民进中央关于发展中等职业技术教育的建议》。中共中央书记处及时将建议报送中央领导同志，并转国家教委认真研究。1992年3月，民进中央就全面贯彻九年制义务教育、依法执行义务教育法问题，向国务院送交了《关于依法治教，大力推进义务教育的几点建议》。国家教委对这些建议作了认真研究并于8月给民进中央复函说："贵会所提出的各项建议，我委在起草《中国教育发展和改革的纲要》时都已重视研究吸收。"

2. 在人民代表大会中发挥作用

第七届全国人民代表大会期间（1988年3月至1993年3月），民进有42人担任全国人大代表，其中3人担任全国人大常委会委员，雷洁琼并任全国人大常委会副委员长；有1057人担任省以下各级人大代表，其中有4人担任省级人大常委会副主任。担任各级人大代表的民进会员，在人大中以人民代表的身份，依法认真履行职责，正确行使权力，在国家政治生活中发挥作用。

发挥立法与执法检查的作用。担任全国人大常委会委员的民进成员在人大常委会制定教师法、著作权法、义务教育法实施细则等法律法规时，认真审议，发表意见。雷洁琼作为香港特别行政区基本法起草委员会委员、澳门特别行政区基本法起草委员会副主任委员，参加了香港特别行政区基本法、澳门特别行政区基本法两个重要法案的起草、征求意见、修改、定稿的全过程。1991年，全国人大组织对义务教育法实施五年来的情况进行检查，陈舜礼、楚庄分别带队赴外地检查，并积极推进教师会员参加有关地区执法检查的工作，及时将检查情况向人大常委会写出书面汇报。

民进成员参加对精神文明建设、尊师重教、科教兴农、德育教育等问题视察考察活动，所提意见建议被吸收采纳。提出议案，反映选民意见。担任人大代表的民进成员对当地的教育事业、教师权益、文化市场、文物保护等问题反映民意，提出议案，履行了人民代表的职责。

参与国际友好交往，为增进与各国人民的友谊、维护世界和平作出贡献。1992年7月11日，雷洁琼以全国人大常委会副委员长的身份陪同国家主席江泽民会见布隆迪总统，她应江泽民主席之邀，向客人介绍中国民主党派的情况，宣传我国的人民代表大会制度、中国共产党领导的多党合作和政治协商制度，产生了很好的国际影响。

3. 参与政府工作发挥作用

民主党派成员担任国家和政府的领导职务，是实现共产党领导的多党合作的一项重要内容。一些民进会员在政府领导岗位上，遵纪守法，勤勤恳恳、全心全意为人民服务，在各自的岗位上做出了成绩，表现了民主党派成员良好的政治素质和工作能力。张怀西、潘贵玉就是很好的典型，后来因政绩显著走上省级领导岗位。天津、北京、上海、浙江、辽宁、陕西、安徽、黑龙江等地担任政府实职的同志也都作出了显著的成绩，受到好评。

参加政府及有关部门的会议，参与制定方针政策，是民主党派参与政府工作的重要形式。民进领导人多次应邀参加国务院全体会议、国务院常务会议，参与有关治理经济环境和经济秩序的整顿并参与对三峡工程、教育工作、纠正行业不正之风、加强社会治安等重大工作的讨论和决策。

加强与政府有关部门的对口联系与协商，是民主党派反映情况提供建议的一条重要渠道。多年来民进与国家教委建立起经常的联系，许多重大问题如义务教育法的制定与实施、教师法的起草等，民进都参与了讨论研究，并提供了许多好的意见和建议。民进与文化部、广电部、新闻出版署、科技部等也都保持着联系和沟通，经常参加工作会议或对口座谈。

4. 在人民政协中发挥作用

人民政协是共产党与各民主党派和各人民团体、各界代表人物团结合作、参政议政的重要场所。七届全国政协期间（1988年3月至1993年3月），民进担任全国政协委员的有75人，其中常委12人，赵朴初担任全国政协副主席；担任省级以下各级政协委员的有3300余人，其中15人担任省级政协副主席。担任各级政协委员的民进成员，在人民政协的各项活动中认真履行职责，发挥了应有的作用。民进在深入进行调查研究的基础上以党派的名义在会上作大会发言，产生了良好的影响。政协提案是民主党派及其成员参政议政的又一重要手段。在历年的全国政协会议期间，民进政协委员的提案（包括个人大会发言）都在百篇左右。在1991年全国政协首次召开的优秀提案和先进承办单位表彰大会上，民进有4项提案获优秀提案奖，获奖者33人。担任各级政协委员的民进成员踊跃参加政协组织的视察、调研活动。他们深入实际，了解情况，认真听取群众意见，然后向政协或通过政协向有关部门提出意见建议。全国政协委员葛志成、方明、梅向明等在参加政协组织的对部分城市中等职业技术教育、吕梁地区农村教育、江苏和福建两省"纠风"情况的视察活动后，分别向政协提交了相应的报告建议，受到了有关部门的重视。民进的政协委员还积极参加人民外交活动，为增进中国人民与友好国家人民的友谊作出了贡献。

5. 发挥民主监督的作用

民主监督是民主党派在国家政治生活中发挥作用的重要方面，也是参政党的一个重要职责。1992年，全国许多地方出现拖欠教师工资现象，严重干扰了教师的正常工作和生活，影响教育事业的发展。雷洁琼在一次公开场合，表达了对此现象的关注，并对这些地方政府的工作提出了意见。《人民日报》登载了雷洁琼的讲话，在社会上引起了很大反响。民主党派成员受聘担任政府特约监督员、检察员、审计员和教育督导员，是实行民主监督的一个新途径。1989年以来，许多民进会员参加这一工作，担任了中央和地方各级特约监察员、检察员、审计员和教育督导员、特约党风检查员、物价监督员等。这些同志以严明的纪律、公正的立场接收举报，转交有关材料，接待来访，对有关部门的工作提出意见，并参加政府监察、审计、工商、财政等部门组织的重大案件的调查，直接履行民主监督的职责。民进还有数十位会员参加反腐败检查组、巡视组的活动，参加每年一次的全国财务、税收、物价大检查。他们认真履职，秉公办事，树立了良好的形象。

6. 社会服务工作继续发展

民进一如既往地坚持做好面向社会服务的工作。1989年4月，民进中央设立了社会服务部，该部是民进开展社会服务工作的重要机构。1989年以来，按照中央智力支边扶贫协调小组的统一安排，民进各级组织纷纷组织专家学者和科技人员，深入到13个边远省份的40多个贫困地区开展智力支边和扶贫工作，社会服务和海外联谊工作做出了不少成绩，涌现出不少先进典型。1990年5月，民进中央参加由国家科委牵头组织的各民主党派中央、全国工商联"联合推动星火计划、科技扶贫"实验工作，承担了贵州省黔西南州实验区的芭蕉芋综合开发项目的论证工作。1990年，四川省委会被国家和省民委授予"民族团结先进集体"的称号。1991年10月，国家科委主办的"七五"全国星火计划总结表彰大会在北京召开，表彰了1769名星火功臣和329个先进集体，在这个表彰大会上，民进中央得到了国家科委的高度评价。1992年10月，民进中央开展了评选表彰办学先进集体的活动，有20所学校荣获"民进全国办学先进集体"的称号，17所学校受到"办学育人成果显著"的表彰。

（三）按照参政党标准加强自身建设

中共中央《意见》确立了民主党派参政党的政治地位后，进一步加强民主党派的自身建设，不仅是民主党派组织的内部行为，而且成为加强国家政权建设的需要，成为坚持和完善中国共产党领导的多党合作和政治协商制度的一项战略任务。民进第八届中央委员会从战略高度加强自身建设，要求各级组织按照参政党的标准，加强思想建设和组织建设，提高整体素质，增强组织活力，以适应新的历史任务的需要。民进八届五次中常会、民进八届三中全会对加强自身建设专门制订了文件，各级组织认真贯彻民进中央指示，大力加强自身建设，做了扎实有效的工作。

1. 加强思想政治建设

按照参政党标准加强自身思想建设，这是统一思想，提高觉悟，增强全体成员的责任感和使命感，发挥参政党作用的重要基础。

切实加强思想政治教育。民进八届五次中常会通过了《关于进一步加强思想政治教育的意见》，明确提出了全会开展思想政治教育的基本任务，是对广大会员进行坚持四项基本原则和反对资产阶级自由化的教育，进行爱国主义教育、国情教育和会史会章的教育，进行民主党派同中共长期合作优良传统的教育，进行时事政治的宣传和教育。文件下达后，各级组织认真贯彻落实，普遍的做法是通过健全的正常组织生活来进行思想政治教育。一些地方组织开展"我是一个民进会员""三爱三为"（即爱党、爱人民、爱民进坚定不移，为党、为人民、为民进多作贡献）的活动，有的地方开展"三爱一敬"（即爱祖国、爱社会主义、爱民进，敬重老同志）的活动，有的地方开展评选先进支部、先进会员的活动，不少地方组织还举办各种学习班、读书班、培训班，组织会员集中一段时间进行学习。这些内容充实、形式新颖、活泼多样的活动，不仅对提高会员的思想政治素质有很大帮助，而且还增强了会员对组织的凝聚力。1992年10月，中共十四大刚刚闭幕，民进中央就举行主席（扩大）会议，学习座谈江泽民在中共十四大上的报告，强调民进要做坚持社会主义方向和改革开放的促进派，并通过了《关于认真学习中共十四大精神的决定》。华东、中南、西南、东北等省市组织先后召开了地区工作会议或经验交流会，加强了相互间的沟通与交流。

在政治风浪中提高会员的思想觉悟。民进六大以后，民进与中国共产党风雨同舟，一道经受了考验和锻炼。在1989年春夏之交的政治风波中，民进各级组织和广大会员坚决拥护和支持中共中央的决策，做了许多有益的工作，为迅速稳定局势作出了贡献。面对世界局势的风云变幻，民进紧密团结在中共中央周围，正确认清错综复杂的国际形势，更加坚定了走建设有中国特色社会主义道路的信心。1989年12月召开的民进八届二中全会作出决议指出，民进在长期斗争实践中所得出的最根本的历史结论，就是坚定不移地接受中国共产党的领导，坚持社会主义道路。中国民主促进会从来不是，今后也决不做中国共产党的反对派。1991年东欧和苏联发生剧变后，民进各级组织及时举办各种形势报告会、座谈会加强教育。针对以美国为首的西方反华势力借"人权"问题攻击我国社会主义制度的阵阵恶浪，民进中央和各地组织通过学习国务院发布的《中国的人权状况》的白皮书，坚决支持我国政府维护人权、保障国家主权独立的严正立场。

以开展会庆活动为契机加强民进光荣传统教育。1990年12月7日，民进中央隆重举行纪念中国民主促进会成立45周年大会，雷洁琼作了重要讲话。民进中央还摄制了《中国民主促进会四十五年》的录像资料片，供各地组织播放。民进各级组织广泛开展了会庆活动，以此对广大会员进行爱国主义、社会主义教育和会史、会章及民进光荣传统的教育。

重视对干部和会员的理论培训工作。1990年起，民进中央和中央社会主义学院开始联合举办干部培训班，每年举办1至2期，由各地选派优秀中青年干部参加，集中学习马列主义毛泽东思想、统一战线理论政策，各地方组织也利用暑期举办各种形式的学习班、干训班。

注重思想政治教育中的阵地建设。民进有中央级刊物两份，会刊《民进》和综合性月刊《民主》；有中央所属出版社两个，开明文教音像出版社和开明出版社。《民进》创刊于1951年5月，是民进中央的机关刊物，由民进中央宣传部负责编辑出版，双月刊，面向全国会员发行，发行量每期5.5万册，深受广大会员和所联系群众的欢迎。《民主》杂志创刊于1989年8月，它是民进在新形势下，为宣传和坚持完善中国共产党领导的多党合作和政治协商制度而创办的面向国内外公开发行的综合性月刊。开明文教音像出版社成立于1985年4月，1987年7月经国家有关部门批准改建为出版社，它是民进为教育文化事业和科普教育提供健康优秀的音像制品的出版单位。开明出版社成立于1988年12月，是民进中央创办的为教育事业服务的图书出版机构。该社继承老开明书店"开来而继往，明道不计功"的传统，出版了《雷洁琼文集》《叶圣陶诗词选注》《开明文库》及中小学教科书。民进各省级地方组织也都有会内刊物，河北省委会主办的《少年智力开发报》《学生导报》，成都市委会主办的《教师之友》，哈尔滨市委会主办的《小学生阅读指南》等，都办得很有特色，在社会上有一定影响。

发挥社团活动的作用。1989年10月，民进中央成立了叶圣陶研究会，它是群众性学术团体，受民进中央领导，旨在学习叶圣陶有关教育、文化出版方面的理论建树和实践成果，学习研究他立身处世的道德模范和品格作风，以发扬中华民族优秀的文化传统。

扎实的思想政治工作取得了显著的成效。广大民进会员和干部坚持四项基本原则的自觉性普遍增强，社会主义现代化建设的积极性进一步增强，整体素质明显提高。1991年入夏以来，我国南方部分地区发生严重洪涝灾害，民进各级组织和广大会员积极投入抗洪抢险的战斗，一些会内专家还与有关部门一起召开抗洪减灾的献计献策会议。思想政治工作结出硕果，各地涌现出一大批先进个人、先进集体。1989年9月，国家在人民大会堂隆重举行"庆祝教师节表彰大会"，有71名民进会员荣获全国优秀教师、全国优秀教育工作者的称号。至1992年年底，民进有8000余人获得了各级各类光荣称号，占全会总人数的20%。1991年10月，第三次全国民进会员先进事迹经验交流会在北京召开，116名先进会员和11个先进集体的代表出席，先进会员中获得全国性荣誉称号的有30人，获得省部级荣誉称号的有20人。民进中央将先进会员的事迹经验汇辑成《挚诚的奉献》一书，发往各地供广大成员学习。

2. 加强自身组织建设

按照参政党标准加强自身组织建设，这是民进各级组织更有效地发挥整体功能，完成历史所赋予任务的重要保证。

1988年以来，民进组织和队伍进一步发展壮大。到1992年年底，民进已在除西藏、青海和台湾外的28个省（区）、直辖市建立了省级组织①，有市级组织227个，基层组织4224个，会员总数5万余人，其中有中高级职称的占71%，获得各种光荣称号的会员达万人以上，担任各级

---

① 1997年4月5日，民进重庆市委会成立。自此民进已在除西藏、青海和台湾外的29个省（区）、直辖市建立了省级组织。此前，1958年11月成立的民进重庆市委会不属于省级组织，因当时重庆市尚未直辖。

人大代表、政协委员的会员有 4500 余人。

加强领导班子建设，选配一批德才兼备的中青年会员，逐步充实到各级领导班子中去，实现新老合作和交替。民进中央领导班子经过 1987 年全国代表会议和 1988 年民进六大的调整和充实，在新老干部的合作和交替方面迈出了重要步伐。两次会上分别有 25% 的老同志退出了中央领导班子，新进了一批中青年干部，使整体年龄有所下降。但是由于历史的原因，年龄偏大的问题并没有从根本上改观。各省级领导班子也有类似情况。1990 年 1 月，民进中央在给各地关于学习贯彻中共中央《意见》的通知中，及时指出全会要进一步加强以领导班子建设为中心的组织建设。同年 3 月的八届五次中常会对此作出了部署，7 月召开的民进工作座谈会着重讨论了加强民进自身建设的问题，年底召开的八届三中全会提出要切实抓紧以领导班子建设为中心的自身建设。

1991 年 6 月召开的八届九次中常会扩大会议，集中研究了民进中央和省级组织的换届问题，决定提前召开民进第七次全国代表大会进行中央的换届工作，此前省级地方组织先期完成了换届工作。会议通过了《关于召开第七次全国代表大会和中央换届工作的意见》《关于民进第九届中央委员会委员、候补委员名额及候选人提名原则和提名办法》《民进中央关于省级组织换届工作的意见》等重要文件，对中央和省级地方组织换届中引进新人的政治要求、新老合作的比例、年龄界线等作了具体明确的规定。

各级组织在实现领导班子新老合作和交替的同时，还注意建立正常的会议制度，过好组织生活，开好民主生活会。民进中央在 1989 年先后制定了《中国民主促进会中央委员会主席会议议事规则》《中国民主促进会中央常务委员会工作规则》。这些举措，推进了民主集中制的执行，加强了领导班子的团结，取得了很好的效果。

加强各级组织的机关建设。民进中央和各级地方组织积极推进机关建设，建立健全各种规章制度。为提高干部队伍的素质，各级组织加紧对干部的培训，1988 年至 1992 年，累计有 200 多名干部参加了中央社会主义学院和民进中央举办的各类进修班的学习，地方组织培训的人数更多，各级干部的政治和业务素质有了很大提高。机关的管理开始规范化，1990年10月、1991年10月两次与兄弟党派一起，就专职干部管理、党派中央机关建设问题进行座谈，形成了《各民主党派关于加强中央机关建设问题座谈会纪要》，达成共识，统一规范，统一行动。民进中央制定了《机关廉政建设的几点规定》，对干部实行年终考评制度。各地方组织也建立和健全了机关管理的法规条例，使机关工作效率明显提高。1990年3月，民进中央制定了《关于会员会费交纳和使用的办法》，对各级组织改进基层会员管理发挥了积极的作用。

民进以参政党的标准和要求，采取切实措施加强自身建设，取得了显著的成效，全会精神面貌和组织面貌都发生了很大变化，这为民进更好地履行参政党职责、发挥参政党作用创造了良好的条件。

二、坚定不移地走有中国特色的社会主义道路

（一）第七次全国代表大会

1990年12月民进八届三中全会作出提前在1992年下半年召开第七次全国代表大会的决定，1991年6月民进八届九次中常会对提前召开七大做了专门研究并作出了相应的安排，筹备工作有条不紊地进行。1991年12月召开的民进八届四中全会再次强调，要统一思想认识，开好民进七大，以中共中央《意见》和全国统战工作会议精神为指针，在团结、稳定的前提下，搞好换届工作，推进新老合作和交替，开创民进工作的新局面。各级组织认真贯彻八届九次中常会扩大会议和八届四中全会精神，到1992年12月民进七大召开前，全会28个省级地方组织中有25个顺利完成了换届的工作，完成换届的省级组织，有28%的老同志退出了领导机构，充实了30%的新人，主委、副主委、秘书长的平均年龄比上届下降

了 6.8 岁，明显改变了领导层年龄老化的局面。

1992 年一二月间，中国改革开放的总设计师邓小平在巡视南方几个城市时，发表了重要谈话。民进中央从 1992 年 3 月至 9 月先后召开两次主席会议、两次常委会议，认真组织学习座谈邓小平南方谈话，结合实际，讨论如何进一步改进、提高民进中央的工作；先后两次发出通知，要求各级组织和广大会员认真学习、深刻领会邓小平南方谈话精神。

1992 年 10 月中旬，中国共产党第十四次全国代表大会在北京举行。江泽民在会上作了题为《加快改革开放和现代化建设步伐，夺取有中国特色社会主义事业的更大胜利》的重要报告。大会的突出特点和最大贡献是对建设有中国特色社会主义的理论作了新的概括，充分肯定了这个理论在马克思主义与中国实际相结合的思想理论发展史上的重要地位，并且把这个理论和在这个理论指导下制定的党的"一个中心、两个基本点"的基本路线正式载入党章。民进中央及时发出了《关于认真学习中共十四大精神的决定》，要求广大干部和会员用邓小平建设有中国特色社会主义的理论武装自己，把思想认识统一到中共十四大精神上来，同时结合民进自身的优势和特点，认真做好各项筹备工作，在中共十四大精神的指导下开好民进七大。

1992 年 12 月 11 日至 17 日，中国民主促进会第七次全国代表大会在北京召开。出席大会的代表 480 人，实到 417 人，列席代表 47 人，实到 43 人。大会的主要议题是：学习贯彻中共十四大精神，以邓小平同志建设有中国特色社会主义理论为指导，总结六大以来的工作，明确今后五年的任务；审议通过新的《中国民主促进会章程》；选举产生新的一届中央委员会。12 月 11 日，民进七大在人民大会堂隆重开幕。中共中央向大会发来贺词，中共中央政治局委员丁关根宣读了中共中央贺词。贺词高度评价民进自成立以来，尤其是我国进入以经济建设为中心的新的历史时期以来，为中国革命和社会主义建设事业所作出的显著成绩，称赞民进"是中国共产党久经考验的亲密战友"。中共中央的贺词，给全体与会代表以极大的鼓舞，也为开好这次大会进一步指明了方向。农工党中央主席卢嘉锡代表各民主党派、全国工商联在会上致辞。

雷洁琼主持大会开幕式,赵朴初致开幕词。雷洁琼在会上作了《解放思想,实事求是,为建设有中国特色社会主义多做贡献》的工作报告。报告以中共十四大精神为准绳,对四年来的工作实践进行了认真深刻的回顾,总结了三条基本经验:第一,坚定不移地贯彻中国共产党的基本路线,是民进工作保持正确的政治方向和健康发展最基本、最可靠的保证;第二,坚持和完善中国共产党领导的多党合作和政治协商制度,是民进工作的行动准则;第三,继续加强以领导班子建设为中心的自身建设,是民进更好地发挥参政党作用的关键。

与会代表对这三条基本经验表示完全赞同。根据上述思想,大会确定了今后五年民进工作的基本方针,这就是:在中国共产党的领导下,坚定不移地贯彻"一个中心、两个基本点"的基本路线,充分发挥参政党的职能,为加快改革开放和现代化建设步伐,夺取有中国特色社会主义事业的更大胜利,作出应有的贡献。大会批准工作报告并对今后工作提出三条建议:第一,认真贯彻中共十四大精神,围绕经济建设中心,解放思想,实事求是,积极发挥参政党作用;第二,积极开展社会服务和海外联谊工作,为社会主义物质文明、精神文明建设和实现祖国统一大业多作贡献;第三,加强自身建设,提高全会的整体素质。

大会一致通过了修改后的章程。新章程根据中共中央《意见》的精神,对原有章程作了较大的修改补充,主要有对民进的性质、民进参政党的地位、特点和在国家政治生活中作用的内容、民进在新时期的基本任务作了概括和补充,增加了对自身建设的要求。

遵照新老合作交替的原则,大会选举产生了民进新一届中央领导机构。为了圆满完成这一任务,大会之前,中央和各地方组织已经做了许多工作,不少老同志主动提出辞去在中央的领导职务,各地举荐了一大批德才兼备的中青年干部。大会以无记名投票方式选举产生了由159名中央委员、19名中央候补委员组成的第九届中央委员会,其中新当选的38人,占当选总数的21%,平均年龄为54岁,有高级职称的占84%。新一届中央委员的平均年龄比上届降低2.5岁，达到了中央领导班子新老合作交替、逐步实现年轻化的预期目标。

大会一致推举谢冰心、赵朴初为民进中央名誉主席。在九届一中全会上，选举产生了由39人组成的中央常务委员会。雷洁琼继续当选为民进中央主席，陈舜礼、葛志成、楚庄、叶至善、梅向明、陈难先、冯骥才、邓伟志、许嘉璐当选为副主席，陈益群当选为秘书长。会议审议批准了第二届中央参议委员会向大会作的工作报告，通过了中央参议委员会组织条例，推选出由83位老同志组成的第三届中央参议委员会。在中央参议委员会三届一次全体会议上，推举产生了由23人组成的中央参议委员会常务委员会，一致推举赵朴初兼任中央参议委员会主席，推举柯灵、潘承孝、梅达君、王鸿祯、方明为副主席，毛之芬为秘书长。

民进七大是民进历史上一次有重要影响的大会，是思想政治上进一步明确方向、组织上承前启后、内容上鼓舞人心的大会，是动员全体民进会员在新的历史征程上继续奋勇前进的誓师大会。

(二) 进一步拓宽工作领域，全面发挥参政党作用

1993年3月召开的八届全国人大一次会议，庄严地把"中国共产党领导的多党合作和政治协商制度将长期存在和发展"写进了宪法；同年11月召开的全国统战工作会议，全面系统地总结了新形势下统战工作各个领域的经验，部署了开创统战工作新局面的各项任务，对民主党派工作提出了新的要求。这些重大举措，标志着中国共产党领导的多党合作和政治协商制度进入了法制化阶段，在理论上、政策上有了新的发展。

为适应新形势的需要，建立和完善参政党机制，民进九届二次中常会决定设立议政调研部，这是民进中央机构设置中的一个重大突破，是加强履行参政党职能的一项重大措施。

1994年5月，民进中央在长沙召开了参政议政工作研讨会。雷洁琼出席会议并讲话。葛志成、楚庄、邓伟志、许嘉璐、陈益群等民进中央领导同志及民进28个省、自治区、直辖市组织的54位同志参加会议。会上

交流了参政议政的经验，探讨了今后的方向和任务。会议认为，民进参政议政的主要方面还是教育文化出版，这是民进优势所在，但也要努力拓宽参政议政的新领域。会议指出，随着民主政治的不断推进和改革的不断深化，民主党派参政议政的任务更重、领域更宽、要求更高了，我们要以高度的自觉性和责任感来完成这一历史使命。会议要求，各级领导都要重视参政议政工作，亲自出点子，亲自调查研究，同时动员更多的会员一起参与，发挥他们的积极性，使参政议政有更广泛坚实的基础，使所提出的意见建议更具代表性，更有科学性，使民进的参政议政工作再上新台阶。

民进各级组织遵照民进七大制定的方针，以邓小平建设有中国特色社会主义理论为指导，紧紧围绕经济建设这个中心，广泛开展了以更好地履行参政党职责、发挥参政党作用为宗旨的各项活动，在参政议政和政治协商、民主监督方面以及在社会服务和海外联谊方面都取得了新的进展。

民进在国家政治、经济、文化、法制等各个领域，切实履行参政党职能，工作水平进一步提高。

1. 积极参与国家大事的协商

1993年至1997年，民进中央领导人出席中共中央召开的民主协商会、座谈会及列席国务院全体会议等共56次，积极参加中共中央十四届三中、四中、五中、六中全会和十五大报告，历年的政府工作报告和《爱国主义教育实施纲要》等重要文件的协商讨论。

1993年二三月间，中共中央和国务院就八届全国人大、全国政协常委会的人员组成，国家和政府主要领导人选，宪法和政府工作报告的修改等重大问题，分别邀集各民主党派领导人召开情况通报会、民主协商会，通报情况，征求意见。雷洁琼、赵朴初、陈舜礼等应邀出席，雷洁琼在两次会议上都发表了意见。八届全国人大一次会议把"中国共产党领导的多党合作和政治协商制度将长期存在和发展"载入宪法，这就是中共中央听取并采纳了包括民进在内的各民主党派的意见后，向大会提出建议而通过的。同年6月，江泽民在中南海怀仁堂召开党外人士座谈会，10月15日，中共中央就《关于建立社会主义市场经济体制若干问题的决定（征求意见稿)》向各民主党派征求意见，雷洁琼作了热诚而有见地的发言。

1994年2月，国务院召开党外人士座谈会，征求对政府工作报告的意见，雷洁琼在会上表示，报告中关于精神文明建设的内容有所突出，但还需进一步加强，尤其是对于发展教育事业的重要性和紧迫性的论述还要加以强调，要体现如何进一步贯彻落实义务教育法和教师法，主持会议的李鹏同志表示一定认真加以吸收和采纳。民进领导人还参与了其他重大问题，如反腐败斗争、教育问题、精神文明建设和爱国主义教育、农业问题、党的建设等的政治协商。

2. 为完善国家重大问题的决策提出积极的建议和意见

民进曾发动广大教师会员对教师法、教育法这两部法律的草案进行广泛深入的讨论，并组织力量深入调查研究，召开座谈会听取意见。1994年4月，国务院召开征求对《教育法（草案）》意见的座谈会，葛志成代表民进提出五个方面的修改意见，受到国务院的重视，并在1995年全国人大正式通过的教育法中得到了体现。

中央宣传部、中央统战部联合召开的座谈会征求对中共中央制定的《爱国主义教育实施纲要》的意见，楚庄提出，各级党政干部应当首先接受爱国主义教育，领导干部更要以身作则，做出表率，在爱国主义教育的具体实施方面，要避免说教，注意运用"渗透"的方式，防止对典型人物宣传的简单化、绝对化。

1996年8月和9月，民进中央向中共中央书记处分别报送了关于加强中小学德育工作和加强社会主义精神文明建设的建议，均受到重视和肯定。民进还对劳动法、出版法、行政处罚法、国家赔偿法等法律法规的草案提出了修改意见。

3. 充分开展调查研究，提升参与政治协商的水平

在提出重要意见建议之前，民进中央注重深入调查研究，参与政治协商工作不断规范化制度化。1993年10月，雷洁琼、楚庄应邀参加中央统战部组织的考察团，对长江三峡库区及三峡前期准备工程的情况进行实地考察，雷洁琼在李鹏同志召开的听取考察团意见的座谈会上提出，在三峡

工程建设中要精心做好移民工作，并建议在整个工程规划中要加强精神文明建设和作好发展教育的安排，受到了国务院的重视。1994年4月，民进中央在京召开"当前农业和农村工作的主要问题及对策"座谈会，邀请国家计委、农业部等部门领导参加，深入研讨当前农业和农村工作问题。雷洁琼还于同年5月和10月亲赴湖南和江苏苏南农村，对农业生产、农田水利、农村工作、发展农村经济及农村教育等问题进行视察和调查，回来后向全国人大常委会和有关方面提交了报告和建议。1995年11月，民进中央领导参加了中央统战部组织的各民主党派中央、全国工商联领导人、无党派人士对苏南、浦东的经济和社会各项事业的发展、开发区建设、国有大中型企业的改革以及精神文明建设进行的考察活动。1995年和1997年，许嘉璐三次率民进中央调研组分赴甘肃、广西和江西，就农科教结合、老少边穷地区的义务教育和京九沿线地区经济社会发展问题开展调研。1996年5月，雷洁琼、陈舜礼、楚庄等参加了各民主党派中央、全国工商联主要领导人和无党派知名人士对京九铁路沿线地区的经济社会发展考察工作。1997年9月，张怀西赴湖南调研洞庭湖的综合治理问题，拓宽了民进参政议政的领域。

4. 在重大决策公布之后，要求全会认真模范贯彻执行

1993年9月中共中央和国务院作出反腐败斗争的部署后，民进中央立即发出《关于配合党和政府做好反腐败斗争工作的通知》，要求各级组织和广大会员在当地党委统一领导下，献计献策，帮助中共和政府做好反腐败工作。同年10月，民进中央领导人参加了由全国人大、全国政协、中共中央办公厅、国务院办公厅、中央纪委、中央统战部等单位联合组织的调查组，赴部分省市和中央国家有关部委进行检查。民进中央还制定了中央机关廉政建设的若干规定，为各地民进机关反腐败斗争作出表率。《中国教育改革与发展纲要》（以下简称《纲要》）颁布后，民进中央立即要求各地方组织在工作中认真贯彻落实，并积极协助和督促当地政府及有关部门执行《纲要》的各项规定。

5. 在政府、司法机关和团体组织发挥的作用更加突出

至1994年年底,民进在各级政府中担任领导职务的有207人,其中省部级3人、厅局级51人、处级153人。至1997年,民进有195位会员在各级政府任职,还有一大批会员在各级人大机关和司法机关任职。他们珍惜党和人民赋予的权力和责任,勤勤恳恳地为人民群众服务,努力当好人民公仆。1995年,民进参与主办"民主党派从政人士座谈会",并在会上交流总结了工作经验。民进还有相当多的同志在各级各类政协机关、群众团体、学术性团体和基层担任领导职务,他们勤勉工作,在维护国家安定团结和促进科技、教育、文化、出版等事业的发展中发挥了积极的作用。

6. 进一步发挥在人民政协中的作用,政协提案拓宽了内容、提高了质量

在八届全国政协期间,各级组织和近6000名担任各级政协委员的民进成员,以高度的政治责任感献计出力。1993年全国政协会议上,民进提交《尽早制定〈职业技术教育法〉案》,国家教委负责同志表示,民进的这个提案很好,对于教育立法是个促进,提案中的许多意见在法律的制定中应该吸收。1994年全国政协会议期间,民进中的政协委员向大会提交提案140件,大会口头和书面发言22份,内容涉及教育、经济、出版、文化艺术、科技、医卫、政策法规、反腐倡廉、精神文明建设等诸多方面。其中以党派名义提交的《建议国务院制定义务教育经费投入条例》的提案,受到国家教委的重视和好评,他们致函民进中央,表示将认真研究所提建议并在已着手制定的《义务教育投入条例》中予以吸收采纳。

在1995年、1996年、1997年的全国政协会议上,民进中央提出的关于推广普通话、加强师范教育、加强教育科研、禁吸戒毒、尽快制定民办教育法等提案,受到国家教委、司法部、卫生部等有关部门的重视。1996年12月,全国政协召开优秀提案和先进承办单位表彰会,民进有11件提案受到表彰,其中民进中央关于加强文化市场管理的提案被评为优秀提案。

在社会主义市场经济体制建立和发展的过程中，文化出版领域出现了一些新问题新情况，有些负面消极现象还十分严重。这引起了社会上许多有识之士的关注。民进中央在经过大量调查研究和征求多方意见的基础上，向中共中央提出了《关于深化出版改革的几点建议》，并在当年的全国政协会议上以党派名义提交了《关于加强文化市场管理的建议》的提案，分别得到了中央机构编制委员会和文化部的肯定和重视。1994年4月，陈舜礼等七人联名提出了《对于引进国外儿童读物要加强管理的几点建议》，分别在《光明日报》《中国教育报》《新闻出版报》全文刊载，在社会上引起很大反响，中央宣传部、国家少工委为此表示感谢和赞扬。

7. 民主监督工作有了新的进展，以多种形式和渠道履行民主监督职责

民进推荐近千名同志担任各级特邀监察员、检察员、审计员、教育督导员、土地监察专员等职务，这些同志在执法检查中坚持原则、敢于直言，严肃认真地进行民主监督。到1994年年底，民进担任中央和地方各级特约监察员、检察员、审计员和教育督导员共有819人，还有不少同志被各级地方党委、政府聘为特约党风检查员、物价监督员等。1995年2月，民进中央在北京召开了"特邀人员"座谈会，交流经验，推动了民进民主监督工作。

民进积极参与国家民主法制建设，中央领导人和有关专门委员会就监察制度的实行和多项法律法规草案进行了认真研讨，各级组织积极参加国家和地方每年一次的税务、财务和物价大检查，注意收集社情民意并及时报送有关部门，积极发挥民主监督作用，协助党和政府做好协调关系、化解矛盾、理顺情绪、保持稳定的工作。

民进在开展民主监督工作中，有两件事产生了良好的社会影响。

一是1994年，因北京王府井大街改扩建工程，使全国最大的书店——王府井新华书店出现了"存留未决"的问题，一时成为人们关心的一个社会热点。雷洁琼和民进中央的九位副主席一起，于当年11月2日在《光明日报》发表了《我们呼吁》的联名文章，表达对王府井新华书店和首都文化市场以及整个精神文明建设的关注。文章刊出后，在社会上引起很大反响，首都其他报纸纷纷转载。中共北京市委、市政府高度重视，经过研究，决定在书店原址附近建造新的王府井新华书店，且面积大幅度扩大。11月10日，中共北京市委负责同志致函雷洁琼，对民进中央给予王府井新华书店以及整个首都精神文明建设的支持和热忱关心，表示衷心感谢。中共中央统战部领导高度评价了民进的这一做法，认为这是民进参政议政的一件大事，对政府工作成功地进行了民主监督。中央宣传部也委托中央统战部向雷洁琼表示感谢。

二是1995年3月，雷洁琼、楚庄、邓伟志等在参加两会期间，了解到贵州省唯一一家大型科技书店因受地方行政干预，将被迫从贵阳市黄金地段迁出，分置几处场所营业的情况后，表示十分关注。由雷洁琼领头，包括民进楚庄、邓伟志、许嘉璐等在内的30位全国人大代表、全国政协委员联名投书《光明日报》《人民政协报》等首都报纸，呼吁贵州省和贵阳市有关部门妥善解决贵阳科技书店原地安置问题，受到了有关方面的高度重视。

从1993年至1997年的实践来看，民进各级组织的参政党的整体机制有了明显增强，参政议政和政治协商、民主监督等主要职能得到进一步发展，活动更加频繁，内容更加丰富，水平明显提高，标志着民进履行参政党职责进入了一个新的阶段。

社会服务取得新进展。围绕国家经济建设这个中心，开展智力支边扶贫和社会服务工作，是民进为现代化建设服务的重点工作之一，各级组织以极大的热情，积极参加社会服务工作，在创新中不断发展，取得了长足的进步。

1993年6月，民进中央在北京召开了民进为经济建设服务工作研讨会，各省、市、自治区地方组织的有关领导和一些业务单位的负责同志共98人参加会议。此后，民进中央陆续举办了全国民办教育研讨会、滦平扶贫工作研讨会、民进全国办学工作座谈会、民进咨询服务工作协作交流会、"温暖工程"座谈会、学习《社会力量办学条例》研讨会等多个会议。东北、华北等地区的民进省级组织也分别召开了社会服务工作的有关会议，推动社会服务工作不断向前发展。民进在社会服务方面集中开展了以下八个方面的工作：

（1）为社会办学。各级组织积极探索多形式、多渠道办学的新路，北京、上海、天津、广东、湖北、辽宁等地民进组织积极开办各级各类学校，为社会培养急需人才。1993年，湖北省委会与武汉数控机械股份有限公司联合创办湖北首家民办大学——九州大学，开办社会急需的专业，受到了市民的欢迎。广州市委会开办的金雁学校为外地民工的子女提供了上学的机会，辽宁锦州、河北衡水等民进组织为下岗职工再就业办实事，得到当地政府的很高评价。

到1997年年底，民进各级组织和会员共办学238所，在校学生15万人、已毕业或结业学生达160万人，举办培训班600余次、培训学员15万人次，向贫困地区派出专家约3000人次，协助开发各类项目730多个。

（2）定点扶贫。1993年，贵州省毕节地区金沙县成为民进中央定点扶贫县；1994年，河北滦平县成为民进中央的定点扶贫县。至1994年年底，民进各级组织共有扶贫联系点和重点挂钩单位210余个，涉及25个省市区的240多个贫困县乡镇。

民进中央承担了重点帮助贵州毕节地区、黔西南自治州及河北滦平县脱贫的任务，同时与云南普洱地区、山西吉县、河南洛阳地区及内蒙古、辽宁等地的贫困县建立了联系。民进中央先后组织多批专家学者进行实地调查研究，为贫困地区送去技术和项目。在当地政府和群众共同努力下，上述地区的经济文化都得到了一定的改善与提高，脱贫目标正在逐步实现。

民进各地方组织除积极配合中央的重点扶贫工作外，还认真做好各自扶贫联系点的工作。四川省委会一直把本省甘孜、阿坝、凉山三个少数民族地区作为自己的扶贫重点，多年来坚持为那里的藏、回、羌、彝等少数民族聚居县举办师资和教育行政管理干部的培训。浙江省委会把扶贫重点放在本省边远山区的遂昌县，组织会内医卫界会员到那里工作，帮助该县一家中医院走出困境、恢复生机，1992年该医院被评为省先进医院。贵州省委会在重点支援黔西南州三个贫困县的同时，对本省19个贫困县进行长期的智力支援和扶贫活动。天津市委会把为贫困地区开展咨询服务作为工作重点之一，组织专家赴河北、广西、贵州、内蒙古、云南，并建立了两个扶贫基地。河北省委会在做好对滦平扶贫工作的同时，还抽出力量扶持贫困的邢台地区，受到当地政府和群众的欢迎。

（3）协助制定地区性的经济发展规划。1993年以来，民进的扶贫工作从单一项目的扶持扩展到协助制定地区性的经济发展规划。民进中央参与毕节地区"生态建设、开发扶贫"试验区的规划和论证工作，黔西南州"星火计划、科技扶贫试验区"12个项目的考察论证工作，兴仁县社会经济发展战略规划的制定和论证工作，并提出了很好的意见建议。四川省委会在对本省阿坝自治州进行考察后，向省政府递交了"积极开展利用阿坝州自然资源"的报告，受到了省政府的重视。甘肃省农科院支部自1988年以来先后向省有关部门提出了《关于发展我省粮食生产的几点建议》《关于实施科技兴农发展战略的几点建议》《依靠科技促进永靖高产、优质、高效农业的发展》等六个提案和建议，为发展甘肃的农业生产作出了积极的贡献。云南省委会撰写的《采取有力措施，稳定和加强教师队伍建设》等七个专题报告，辽宁省委会对朝阳地区的扶贫活动提出的关于林业的发展及病虫害防治的两项建议，都受到省委、省政府的重视。河南洛阳市委会协助市政府制定"洛阳菜篮子工程"，被国家有关部门命名为"洛阳模式"，受到了有关方面的表彰。浙江省委会副主委陶祥洛同志1990年率民进医卫支边工作队赴贵州，他在工作之余对当地的自然资源进行实地考察后，向全国政协提交了《建议国务院有关部门加强扶持贵州黔西南布依族苗族自治州和毕节地区开发自然资源，使民族地区早日脱贫致富、利国利民》的提案，引起了国务院有关部门的重视。

（4）咨询服务。1993年11月，民进中央社会服务部举办的"93经贸科技恳谈会"在京举行，其后又先后召开了经济和科技交流恳谈会和咨询服务机构协作交流会，推动了民进社会咨询服务工作的全面开展。到1994年年底，全会共有各种咨询服务机构和实体256个，其中不少取得了一定的社会效益和经济效益。为使科技成果迅速转化为生产力,加强信息交流,1994年民进全会建立了经济咨询网络,这为民进社会咨询服务的进一步发展奠定了基础。1994年由天津市委会牵头组织召开的"北京天津联合,促进北方经济发展"研讨会,对实现区域性地区的经济联合提出建设性意见,引起了京津两地有关领导的重视。

(5) 尊师重教。各级组织和广大会员继续为尊师重教多办实事。民进组织优秀教师暑期来京参观活动始于20世纪80年代,从1990年起每年举办一届。每年教师节,民进都要举办各种庆祝和慰问教师的活动。1994年第十个教师节,各级组织更是举办了丰富多彩的以给教师办实事为主题的活动。雷洁琼发表了《贯彻〈教师法〉,维护教师合法权益》的文章,与葛志成、楚庄等一起到河北遵化市,和革命老区的教师共庆节日,并为当地学校带去图书和教学用品,向遵化市希望工程捐款,北京部分文艺界会员还为当地表演了精彩的文艺节目。民进中央还举行茶话会,慰问从事特殊教育工作的教师。

(6) 搞好"三引进"。在积极引进先进技术、引进人才、引进资金方面作出了新的努力。民进中央在协助北京地区引进台资、进行合作开发方面做了许多工作,如1993年为台商李志仁先生捐资兴学落实了新疆、内蒙古、西藏、云南、贵州、河北等老少边贫困地区重建扩建七所小学的选点工作,并使资助资金到位,为帮助这些地方发展教育作出了贡献。广东、浙江、上海等地方组织在"三引进"方面都取得了较好的成绩。

(7) 智力支边扶贫。1993年12月,中共中央统战部和国家民委联合召开"全国智力支边扶贫经验交流暨先进表彰会",民进有9个先进集体、10位先进个人受到表彰;1994年9月,国务院召开第二次全国民族团结进步表彰大会,民进云南省委会被评为先进集体,广西会员杨永兴同志被评为先进个人;1996年11月,在北京召开的各民主党派、工商联为两个文明建设服务经验交流会上,民进有12位先进个人和5个先进集体受到表彰;1997年8月,贵州省举行第三次智力支边工作经验交流暨表彰会,民进有3个组织被授予先进集体,2人被授予先进个人。被群众誉为科技功臣的山西的农业科技工作者马恩正、被誉为"孔繁森式的好医生"的浙江医科大学教授陶祥洛、被誉为"老黄牛"的山东烟台市体校校长陈文卿、身残志坚的辽宁锦州市青年女画家秦百兰、被群众誉为"平民市长"的安徽合肥市副市长朱维芳、顽强与病魔作斗争的安徽马鞍山市女教师胡平平、在"生物化学分子工程学科"取得国际领先成果的天津大学教授何志敏等一大批民进会员，成为社会服务工作的先进典型。

民进会员马恩正是我国著名的果树专家和病虫害防治专家。从1990年起，马恩正在山西吉县扶贫，先后引进推广无公害农药16种，解决了吉县严重危害果树的桃小食心虫、红蜘蛛、腐烂病的防控问题。在帮扶过程中，他改进并推广了桥接技术，挽救了35万株盛果期的大树，让8.5万农业人口年增加1500元收入。马恩正的足迹遍布山西119个县（市、区）中的116个地区。马恩正视服务"三农"、报效社会为天职。他用具体行动落实党的"三农"政策，以专业科技知识爱农、护农、帮农。他坚持义务为农民做技术鉴定，揭露假冒伪劣农药真相，打击坑农、害农、损农的现象，积极帮助农民维护合法权益。他服务过的地方，农民动情地说："马老师，真是一个大好人啊！"吉县果农赞誉马恩正是"农民的朋友，害虫的克星"。马恩正一心为农民着想，却很少想到自己。为了科技扶贫，他在养育、疼爱自己的慈父病危之际，忍悲含泪放弃了最后诀别的机会；为了科技扶贫，他带着相濡以沫、半身瘫痪的爱妻一起前往山西吉县；为了科技扶贫，他在贵州普安服务时，不顾高原反应、肺部感染，坚持晚上输液治疗，白天上山指导，圆满完成了任务。2020年7月，马恩正在因病去世前一周仍然工作在服务果农一线，他用模范的行动和突出的成绩，诠释了民进会员的家国情怀和农业科技工作者的责任担当。

（8）海外联谊工作。每年两会期间，民进领导人都专门邀请参加会议的港澳地区全国人大代表、政协委员进行联谊交流。民进领导人多次发表谈话，坚决拥护中共中央提出的"一国两制"、实现祖国和平统一的政策。民进各级组织和广大会员利用各自的优势，广泛开展各种促进海峡两岸、内地和港澳间互相交往的活动。1994年11月，民进中央、中国教育学会和海南省委会在海口市举办海峡两岸暨港澳地区部分中学校长座谈会。1995年4月，许嘉璐以学者身份到台湾访问，进行学术交流。1996年1月，陈舜礼会见了台北市交响乐团团长陈秋盛先生；1997年3月，陈舜礼率领叶圣陶研究会教育访问团赴台进行教育交流活动；1997年10月，会见了台湾中华爱国阵线促进"和平统一"神州访问团的11名团员。民进中央副主席冯骥才为促进内地与港澳台地区的文化交流与合作作了卓有成效的工作，他多次应邀到港澳作文学讲座，举办美术展览，进行学术交流，为内地与港澳台地区文化思想的交流作出了有益的贡献。

民进地方组织和会员在开展海外联谊方面也做了大量卓有成效的工作。天津市委会开展了一系列"以艺会友"的活动，先后在台湾等地多次组织演出，弘扬中华民族传统文化，艺术交流获得了很大成功。福建漳州、湖南邵阳等地方组织利用当地举办"漳州水仙花节""邵阳雪峰蜜桔节"的机会，以水仙、桔做媒，主动与三胞接触，开展联谊活动。

1997年7月1日，是香港回归祖国的日子，民进全会此前开展了一系列喜迎香港回归祖国的活动。江泽民主席率领中国政府代表团于6月30日下午抵达香港，雷洁琼作为代表团主要成员出席了香港政权交接仪式、香港特别行政区成立暨特别行政区政府宣誓就职仪式等庆祝活动。

（三）大力推进思想建设和组织建设

民进坚持以党为师，结合自身特点，抓住各种有利时机，大力推进思想建设和组织建设，参政党自身建设呈现出新的局面。

1994年9月，中共中央就《关于加强党的建设几个重大问题的决定（征求意见稿）》向各民主党派征求意见。雷洁琼主持召开民进中央主席扩大会议，学习座谈中共中央的《决定》，一致认为要以中共为榜样，努力把民进的自身建设搞好。同年年底举行的民进九届三中全会，一致作出决定：以党为师，把加强自身建设作为全会1995年的工作重点。

1. 认真加强思想政治工作

民进各级组织积极探索新形势下加强思想建设的新思路新方法，具体做法是以重大议题为抓手，思想政治教育工作取得成效。民进紧跟形势，组织学习，进行了爱国主义教育、国情教育、多党合作教育、反腐倡廉教育，特别是开展以学习《邓小平文选》和江泽民关于"讲政治"的重要论述为主题的教育活动，有力推进了民进思想政治工作的深入开展。民进中央专门召开中央常委扩大会议认真学习贯彻"讲政治"重要论述，雷洁琼指出，民主党派也要讲政治。讲政治，要讲政治方向、政治立场、政治观点、政治纪律、政治鉴别力和政治敏锐性。在民进中央的号召下，全会掀起了学习邓小平文选和江泽民关于"讲政治"重要论述的热潮。1996年，民进中央开展了以学习邓小平精神文明建设理论和江泽民关于"讲政治"为主题的理论征文活动，26个省级组织积极响应，共推荐论文143篇，其中有32篇被评为优秀论文。当年10月，民进中央举行理论研讨会，优秀论文作者在研讨会上作了交流。

总结经验、探索规律，积极探索适应新形势的思想政治工作的方式方法。1993年，民进中央在全会范围内开展会员思想状况的问卷调查，了解会员的思想动态，各地方组织也积极探索，东北三省省级组织联合举行了宣传工作座谈会，华北六省一市召开了交流研讨思想政治工作经验的会议，为更好地推进思想政治工作进行了有益的探索。

1994年9月，民进全国宣传工作会议在北京召开，与会同志认为，思想建设是自身建设的首要任务，是各项工作的基础，各级组织都要切实加强对宣传思想工作的领导。为此，民进中央机关于1995年恢复了研究室。民进中央研究室始建于1989年，初期并入议政调研部统一管理。1995年恢复单设研究室，作为一个具有基础性和综合性的工作机构，主要承担起草领导讲话、负责收集整理社会政治信息、参与理论培训、统筹理论研究等四方面的工作任务。

从1995年至1997年，民进中央每年都制定加强宣传思想教育工作的意见，总结成功做法，推广典型经验。1997年4月下发的《关于进一步加强民进思想建设的意见》（以下简称《意见》），对加强民进思想政治工作进行了全面的总结和部署，强调加强思想建设是长期性根本任务，是世纪之交的时代课题。《意见》的制定和实施，对民进在新形势下进一步做好思想政治工作，具有重要的意义。

拓宽领域，加强精神文明建设。民进对出版和文化市场问题所提出的一系列建议呼吁，都得到了党中央和国务院有关部门的重视，很多予以采纳，产生了积极的社会效益。文化界的会员努力宣传社会主义精神文明，弘扬优秀民族文化传统。1993年以来，北京市委会组织文艺界会员，排练了精彩高雅的文艺节目，先后在北京和外地演出了几百场次，受到社会尤其是中小学生们的热烈欢迎。在1993年纪念毛泽东百年诞辰的系列活动中，许多民进地方组织举办了专场文艺演出或书画展览，以文艺和艺术形式缅怀毛泽东。

民进中央还和叶圣陶研究会一起，多次联合举办活动，学习和发扬叶老的崇高品德和优秀的教育、教学思想。1994年10月，为纪念叶圣陶诞辰100周年，民进中央、民进江苏省委会和苏州市政协共同举办"叶圣陶与时代"研讨会。全国人大常委会副委员长费孝通、孙起孟出席开幕式。雷洁琼代表民进中央在开幕式上讲话。许嘉璐代表国家语委在开幕式上讲话，叶圣陶研究会会长张志公也讲了话。

2. 扎实推进组织建设

1993年6月，民进全国组织工作会议在江苏无锡召开。这次会议贯彻落实民进七大关于"继续加强以领导班子建设为中心的自身建设，是民进更好地发挥参政党作用的关键"的指导方针，就新形势下组织建设的有关问题进行研究和探索，并形成了《全国组织工作会议纪要》（以下简称《纪要》）。《纪要》提出，在今后一段时间里，各级组织要在以下几个方面进一步加强工作：一是继续积极贯彻发展与巩固相结合的方针，稳步发展组织，注重质量，不片面追求数量；坚持重点分工原则，又要注意吸收其他方面的知识分子，使民进形成有各方面人才的群体结构；坚持大中城市为主的原则；发展有代表性的中青年知识分子。二是进一步加强领导班子建设和后备干部队伍的建设。中央和部分省级组织经过换届，虽然在年轻化方面迈出步子，但各级领导班子还处在新老干部合作和交替的过程中，还没有真正形成一支跨世纪的队伍，任务仍很艰巨。各级组织要解放思想，转变论资排辈等陈旧观念，注意发现并加紧培养、锻炼中青年干部，抓紧后备队伍的建设。三是大力做好培养、举荐人才的工作。作为参政党，各级人大、政府、政协和社会各方面都要求民进有优秀人才参与工作，这就要求全会做好发现、培养和举荐人才的工作。各级组织要善于发现人才，积极为这些同志施展才能提供舞台，放手使用，深入考察，并认真向有关方面举荐。四是继续加强基层组织建设。基层组织是民进组织的基石，直接关系到民进的整体素质和战斗力水平。各地方组织要认真总结基层工作的好经验，在建设好支部领导班子的基础上，进一步丰富和活跃基层组织的活动内容和方式，更好地发挥基层组织作用，把基层工作提高到一个新水平。

会议之后，民进各级组织认真贯彻《纪要》精神，加强组织建设的各项工作。民进中央组成多路调研组赴河北、天津等地，对基层工作开展调研，各地方组织纷纷通过举办各种类型的学习班、培训班，选送优秀会员到各级社会主义学院学习，加强对骨干会员的培训，并广泛开展先进支部、先进会员评选表彰活动，进一步推动了基层工作的开展。省级组织间的合作和联系也进一步活跃，华北、东北、华东、中南、西北地区的省级组织，相继召开了区域性的工作座谈会、研讨会、交流会，对各地组织开阔思路、加强协作、交流经验、共同提高有很大的帮助。

1994年6月，为了迎接第四届世界妇女大会在我国举行，民进中央在北京召开"全国妇女工作研讨会"，来自中央和全国地方组织的女会员代表64人参加会议。1995年6月，民进中央在京召开民进基层组织工作座谈会，对民进基层工作的情况进行了总结和交流，有效推进了基层组织工作的发展。1996年2月，民进中央机关工会正式成立，这是加强机关建设的有效措施。民进各级组织的机关建设也进一步加强，各地相继建立和健全了各种规章制度，提高了工作效率，增进了团结，使机关工作呈现了高效、廉洁、团结、奋进的新气象。

领导班子建设始终是组织建设中一个带有根本性的问题。一些省级地方组织于 1994 年调整和加强了领导班子，1995 年年底召开的民进九届四中全会上，增选张怀西为民进中央副主席。

参政党成员的质量是衡量一个参政党整体素质的重要标准，做好组织发展工作关系到参政党自身的兴衰成败。民进各级组织结合本地实际，积极稳妥地做好组织发展工作。截至 1997 年 6 月底，民进有省级组织 29 个，市县组织 247 个，基层组织 5298 个，会员总数达 65000 余人，比 1992 年七大召开时增长 32.6%。从性别上看，女会员占 40%，比 1992 年的 38% 略有增加。从年龄上看，会员平均年龄 49.4 岁，比 1992 年 50.3 岁下降 0.9 岁，50 岁以下的中青年会员占 46%。从界别上看，教育界占 74.3%，文化艺术界占 7.1%，新闻出版界占 2.2%，科技界占 2.8%，医卫界占 4.4%，经济界占 2.4%，政府机关占 2.4%，党派机关占 2%，其他占 2.4%。从分布和层次看，会员主要集中在大中城市，占 87.6%，具有高级职称的占 30.8%，中级职称占 48.1%。从政治安排和实职安排看，担任全国人大代表、政协委员的 123 人，担任省级人大代表、政协委员的 810 人，担任市级人大代表、政协委员的 3223 人，担任县级人大代表、政协委员的 3147 人；担任各级政府实职的 193 人，其中省级 2 人、市级 51 人、县级 140 人。广大会员的素质普遍得到进一步增强，1993 年至 1997 年，被授予各级先进工作者、劳动模范称号的会员达 20000 多人次。

（四）庆祝民进成立 50 周年

1995 年 12 月 30 日，是中国民主促进会成立 50 周年纪念日。1994 年 12 月，民进九届九次中常会通过《关于中国民主促进会成立 50 周年纪念活动的安排意见》，要求各级组织隆重纪念民进成立 50 周年，并以此作为推动民进自身建设的一项重要工作。同月召开的民进九届三中全会要求，各级组织和全体会员要以扎实的行动和出色的成绩，迎接建会 50 周年。民进各级组织和广大会员无不欢欣鼓舞，采取各种形式庆祝自己的盛大节日。

进入 1995 年以来，民进各级组织纷纷用各种形式开展了庆祝活动。

民进中央在全会范围内开展了"我与民进"征文活动，编辑出版了《中国民主促进会简史（1945—1995）》《中国民主促进会五十年历史图册》，再版了《马叙伦》一书，出版了《雷洁琼文集》《许广平》《严景耀论文集》等书籍，回顾、介绍了民进及其老一辈领导人的业绩。上海、北京、天津、山西、福建等省、市举行了老会员座谈会、庆祝大会和小型研讨班，讲传统，讲会史，讲50年来所取得的成就。一些有条件的基层支部也开展了隆重热烈的庆祝活动，如上海企业联合支委会结合会庆积极开展热爱祖国、热爱民进、热爱党的传统教育，特邀民进老会员到支部讲课、演讲。

1995年12月12日，中国民主促进会成立50周年庆祝大会在北京人民大会堂隆重举行。朱镕基、温家宝、陈慕华、费孝通、李沛瑶、王兆国、朱光亚等领导同志出席大会。党和国家领导人为民进50周年会庆题词。

陈舜礼主持大会，雷洁琼作了重要讲话，她在总结了民进50年来在中国革命和社会主义建设中作出的贡献后指出："回顾民进50年的历史，是在中国共产党领导下同党风雨同舟、患难与共、亲密合作的历史。民进取得的各项成就，民进在组织上、思想上和事业上得到的发展，归根到底，都是在中国共产党的领导和帮助下取得的。坚持接受党的领导，是民进最重要最根本的历史经验。坚定不移地贯彻中国共产党的基本路线，是民进工作保持正确的政治方向和健康发展的最基本最可靠的保证。"

雷洁琼说，我国实行的中国共产党领导的多党合作和政治协商制度，是在中国革命和建设过程中形成的。民进是一个负有光荣使命的参政党。参政党与执政党之间既亲密合作又互相监督的新型政党关系，同西方的反对党有着根本的区别。这种新型政党制度要求参政党以高度的使命感和责任感，独立自主地开展工作，开展调查研究，不断提高参政议政水平；参与政治协商，有效地实行民主监督。唯有如此，方称得上是中国共产党的助手和诤友，才算尽到了参政党的职责。民进还要发挥自己在教育和文化出版方面的智力优势，为建设两个文明，为完成"科教兴国"的战略目标贡献力量。

雷洁琼强调，为了更好发挥参政党的作用，民进要认真学习邓小平同志建设有中国特色社会主义理论。"只有搞好自身的思想建设和组织建设，特别是领导班子建设，提高全会的整体素质，才能在思想上和政治上同党保持一致，带领全会同志沿着有中国特色社会主义道路开拓前进。"

雷洁琼号召全会同志，更加紧密地团结在中共中央周围，同心同德，奋发图强，和全国人民一道，迎接新世纪，为把我国建设成为富强、民主、文明的社会主义强国，为统一祖国、振兴中华而奋斗！

中共中央政治局常委、国务院副总理朱镕基代表中共中央致贺词，《中共中央贺词》全文如下：

中国民主促进会中央委员会：

在中国民主促进会成立50周年之际，谨向民进的全体同志致以热烈的祝贺和亲切的问候！

中国民主促进会自成立以来，始终同中国共产党并肩战斗、亲密合作，有着光荣的历史，为新中国的创建，为社会主义祖国的建设与发展作出了重要贡献，赢得了社会的广泛敬重。

当前，我国政治稳定、经济发展、民族团结，中华民族正创造着历史上最辉煌的一页。让我们紧紧地团结起来，以邓小平同志建设有中国特色社会主义理论和"一个中心、两个基本点"的基本路线为指导，共同为振兴中华、统一祖国而奋斗！祝愿中国民主促进会广大会员发扬民主促进会的优良传统，发挥自身优势，在参政议政、民主监督工作和科教兴国的伟大事业中取得新的成绩，为把中国建设成为繁荣、文明、民主的社会主义现代化强国做出新的、更大的贡献！

中国共产党中央委员会

朱镕基还即席讲话。他说，他1947年考入清华大学读书，在学生时代就对雷洁琼先生非常仰慕敬佩。他的话激起了全场热烈的掌声。

全国人大常委会副委员长、民盟中央主席费孝通代表各民主党派中央、全国工商联致了贺词。赵朴初在大会上吟诵了他特意为会庆而作的长诗《中国民主促进会成立50周年献词》。北京市宣武区副区长陈慧来作为会员代表在会上作了发言。来京参加民进九届四中全会的中央委员、中央候补委员、各省级组织负责人以及在京的中央参议委员会委员和北京市的部分会员共400余人出席了庆祝大会。大会发言后，中国人民解放军军乐团和民进文艺界会员演出了文艺节目。

民进50周年系列庆祝活动是对全体会员进行统一战线理论教育、会史教育和民进光荣传统教育的活动，在全会营造了热爱党、热爱社会主义、热爱民进的良好氛围。通过庆祝活动，各级组织和广大会员充分认识到，在新的历史时期，作为中国共产党的亲密战友，作为我国多党合作政治体制中的参政党，民进将忠诚地继承和发扬50年来的光荣传统，进一步以邓小平建设有中国特色社会主义的理论武装自己，更加紧密地团结在中国共产党周围，高举爱国主义、社会主义两面旗帜，团结奋斗，自强不息，锐意改革，开拓进取，为推进社会主义现代化建设，为统一祖国，振兴中华作出更大的贡献。

三、实现跨世纪的政治交接

（一）第八次全国代表大会

1997年2月19日，邓小平同志逝世。民进中央向中共中央发出了唁电，举行民进中央主席扩大会议，向各省级组织下发通知，举办和参加各种悼念活动。各级组织和广大会员认真学习中共中央发表的《告全党全军全国各族人民书》《在邓小平同志追悼大会上的悼词》《邓小平伟大光辉的一生》等文件以及江泽民同志为《邓小平经济理论学习纲要》所作的序言等文献，深切缅怀邓小平同志。

1997年9月12日至18日，中国共产党第十五次全国代表大会在北京召开。这次大会是在我国改革开放和社会主义现代化建设发展的关键时刻召开的，是在世纪之交，承前启后，继往开来，保证全党继承邓小平同志遗志，坚定不移地沿着十一届三中全会以来正确路线胜利前进的大会。江泽民在大会上作了题为《高举邓小平理论伟大旗帜，把建设有中国特色社会主义事业全面推向二十一世纪》的报告。中共十五大高举邓小平理论伟大旗帜，总结了我国改革和建设的新经验，把邓小平理论确立为党的指导思想，对建设有中国特色的社会主义事业的跨世纪发展作出了全面部署，展示出中华民族走向全面振兴的光辉前景。

民进中央发出贺信祝贺中共十五大的召开，雷洁琼、赵朴初等十位民进领导人列席了大会的开幕式和闭幕式。大会闭幕后，民进中央及时发出通知，要求民进各级组织和广大会员深入学习贯彻中共十五大精神，用邓小平理论武装自己，进一步解放思想，实事求是，抓住机遇，开拓进取，把思想统一到十五大精神上来，把力量凝聚到实现十五大确定的各项任务上来，并紧密结合民进实际，以中共十五大精神为指导，开好中国民主促进会第八次全国代表大会。

围绕1997年民进八大即将进行的跨世纪的换届，全会进行了大量的准备工作。1995年1月召开的民进中央第20次主席会议专门研究讨论通过了《关于加强领导班子和后备干部队伍建设的意见》。1996年6月召开的民进九届十四次中常会，通过了关于民进1997年中央换届、省级组织换届工作的意见等三个重要文件。同年底召开的民进九届五中全会，强调1997年的换届是跨世纪的政治交接，不仅只是进行组织人事调整。做好这次换届工作，直接关系到民进以什么样的面貌进入21世纪，是1997年工作的重中之重。

根据民进中央的要求，民进29个省级地方组织于1997年顺利完成换届。省级委员会新一届委员1214人，其中新委员543人占45%，新一届主委、副主委、秘书长平均年龄54.2岁，比上届降低5至6岁。省级组织新的领导班子中，新人增多，代表性人士增多，相对年轻的领导成员增多，思想政治和文化素质有所提高，平均年龄有所降低。这表明，民进的省及省以下各级领导班子顺利实现了整体性换代,实现了组织上的跨世纪的新老交替。

1997年11月26日至12月2日,民进第八次全国代表大会在北京召开。444名来自全国各地的代表出席会议,第三届中央参议委员会委员、民进中央各专门委员会负责人、民进中央机关各部门负责人、各省级组织负责同志共67人列席会议。

★ 1997年11月26日至12月2日,中国民主促进会第八次全国代表大会在京隆重举行。

11月26日上午,在人民大会堂举行了隆重的开幕式,雷洁琼致开幕词,楚庄主持开幕式。中共中央政治局委员丁关根,全国人大常委会副委员长铁木尔·达瓦买提,国务委员陈俊生,全国政协副主席杨汝岱、王兆国等党和国家领导人在主席台就座。

雷洁琼致开幕词。丁关根代表中共中央宣读贺词。贺词强调,中国民主促进会有着爱国革命的光荣历史,与中国共产党并肩战斗、风雨同舟,走过了50多年的光辉历程。贺词高度评价民进在过去五年里取得的成绩和作出的贡献,相信即将选出的民进新一届领导集体,一定能够在新老交替的基础上搞好政治交接,使民进的政治纲领、政治路线得到延续和发展，使民进老一辈坚定的政治立场和优秀品质、优良传统得到继承和发扬；一定能够团结带领广大会员和所联系的群众，深入学习邓小平理论，进一步加强自身建设，充分履行参政党职能，不断开拓民进工作的新局面。九三学社中央副主席王文元代表兄弟民主党派中央、全国工商联向大会致贺词。

陈舜礼代表第九届中央委员会作了题为《继往开来，团结奋进，为建设有中国特色社会主义做出新贡献》的工作报告。报告总结了民进工作的经验，即坚持不渝地接受中国共产党的领导，是民进一切活动的根本原则；坚定不移地围绕中心、服务大局、维护稳定，是民进发挥参政党作用的指导方针；坚持不懈地加强自身建设，是民进担当参政党历史责任的基础条件。报告提出了符合民进实际的今后五年工作的思路，具有重要指导意义。

梅向明向大会作了关于《中国民主促进会章程（修改草案）》的报告。章程修正案在总纲中总结了民进"三个坚持"的优良传统，即坚持接受中国共产党的领导，坚持爱国、民主、团结、求实，坚持立会为公。会议通过了《中国民主促进会章程》修改案。

大会通过了《给雷洁琼、陈舜礼、叶至善等不再担任中央委员会委员的同志的致敬信》，审议批准了第三届中央参议委员会向大会提交的书面工作报告，通过了《给民进中央参议委员会全体委员的致敬信》。大会认为，民进中央参议委员会是一个过渡机构，过去在咨询、参议等方面做了大量工作，发挥了积极作用，考虑到这部分同志年事已高以及本会情况的变化和发展，中央参议委员会也完成了它的历史使命，今后不再设立参议委员会。

大会经过无记名投票，选举产生了由187人组成的第十届中央委员会。第十届中央委员比上届增加6人，留任101人，新任86人，占46％，调整幅度43％；平均年龄55.8岁，比上届降低3.3岁；大专以上学历175人，占93.6％，具有高级职称140人，占74.9％，均比上届有所提高。新的民进中央领导集体形成梯形的年龄结构和有各方面人才的群体结构，在年轻化进程中迈出了重要步伐,在组织交替的同时,政治交接有了良好的开端,增强了组织的朝气和活力。

12月1日,中国民主促进会第十届中央委员会举行第一次全体会议,选举产生第十届中央委员会领导机构。会议选举许嘉璐为主席,选举楚庄、梅向明、陈难先、冯骥才、邓伟志、张怀西、潘贵玉、蔡睿贤、王立平为副主席,推举雷洁琼、谢冰心、赵朴初为名誉主席,推举陈舜礼、柯灵、叶至善为名誉副主席,推举潘承孝、王鸿祯、方明为顾问,任命陈益群为秘书长。

大会闭幕式上,新当选的中央委员会主席许嘉璐致闭幕词,着重强调了三个问题:一是关于政治交接;二是关于民主集中制;三是关于加强学习。他表示,今后一定更好地发扬民进的优良传统,加强学习,深入基层,永远谦虚谨慎,主动接受各位副主席和全会的监督,鞠躬尽瘁,决不辜负全会的期望。

1997年12月23日,中共中央邀请各民主党派中央、全国工商联新老领导人座谈。江泽民指出,政治交接的核心,是把各民主党派、工商联老一辈在长期革命和建设实践中形成的优良传统和高尚风范一代一代传下去,保证中国共产党领导的多党合作和政治协商制度得到坚持和发展。江泽民强调,中国共产党与各民主党派、工商联在长期合作中,在许多基本原则和重大方针方面取得了广泛共识。这些原则和方针,经受了长期实践的检验,要始终不渝地加以坚持。做到:第一,坚持以邓小平理论为指导;第二,坚持社会主义初级阶段的基本路线和纲领;第三,坚持中国共产党领导的多党合作和政治协商制度;第四,坚持"长期共存、互相监督、肝胆相照、荣辱与共"的方针。

民进八大是一次团结、民主、求实、奋进的大会,是一次继往开来的跨世纪的换届大会,是开创民进工作新局面的大会。

(二) 明确基本工作思路,参政议政开新局

民进八大召开后,处于世纪之交的中国民主促进会,以一个什么样的

姿态跨入新的世纪,是在实践中不断探索并解决的重大课题。经过积极探索,在2000年12月举行的民进十届四中全会上将民进八大以来的基本工作思路完整表述为:"以政治交接为主线,以参政议政和自身建设为重点,努力把民进建设成为适应21世纪的高素质参政党"。按照这一工作思路,明确工作方针,民进各级组织和广大会员积极开展工作,为建设高素质参政党作出了不懈的努力,履行参政党职能的各方面的工作呈现出朝气蓬勃的新面貌。

1998年以来,民进对参政议政工作的重视程度日益加深,1998年5月在安徽合肥召开的民进全国议政调研工作交流会上,将参政议政工作提到"民主党派命脉"的高度;1998年12月召开的十届二中全会,审议通过了《民进中央关于加强参政议政工作的意见》,指出参政议政是民进的基本任务,是民进自身价值的重要体现,是推动民进的自身建设和组织发展的必要条件。参政议政工作做好了,就可以把民进其他各方面的工作带动起来。为切实加强对参政议政工作的领导,民进中央和各级组织采取了四个方面的措施。

明确工作方针,健全工作机构。民进十届三次主席会议提出,民进参政议政工作要坚持"巩固老阵地,开拓新领域"的工作方针。"巩固老阵地",是要在有传统优势的教育和文化、出版、科技、医卫等领域继续保持领先和优势地位,并进一步拓展、深化这方面的工作。"开拓新领域",是要适应形势需要,围绕党和国家的中心工作,不断拓宽思路,扩大参政议政领域,服务大局。"巩固老阵地,开拓新领域"的工作方针,符合民进工作的实际,又具有丰富的时代内涵,成为对各级组织参政议政具有重大指导意义的工作方针。2002年10月,经报请中央编制委员会批准,民进中央将议政调研部更名为参政议政部。

采用个人与组织、中央与地方、会内与会外结合的工作方法。为进一步理顺个人与组织、中央与地方、会内与会外的关系,民进中央提出了"三个结合"的工作方法:一是个人与组织相结合,充分调动个人与组织的两种积极性;二是中央与地方、省委会与地市相结合,即中央的、省级的专题调研可以和相关的省、地市联手,或者地方有好的选题,中央和省级组织参加一起调研;三是会内会外相结合,即在充分重视发挥会内专家作用的同时,还可以借助会外专家学者的力量,邀请与我们关系密切、又有共同志向的"民进之友"一起参加调研和论证工作。

充分重视专家和骨干人士的作用。各级组织十分重视专家学者和骨干人士的作用,尊重他们的意见,充分调动他们的积极性,为他们开展工作创造良好条件,具体从三个方面入手,做好各专门委员会的工作。民进中央注意发挥各专门委员会的咨询和联系纽带的作用,专门制定《专门委员会工作通则》,明确"专门委员会是我会参政议政的研究咨询机构",并将原来的专门委员会扩充为九个,对专门委员会的人员作了相应调整和充实;重视和发挥骨干会员的作用。民进中央和各省级组织全力合作,在各类界别会员中确定了457名参政议政骨干,建立了人才档案库并形成了全国人才网络,全会共有2335名专家学者担任了各级组织专门委员会的委员。到2001年年底,民进会员中担任各级人大代表的有1449人,各级政协委员的有6859人,各级特邀监察员、检察员、审计员、教育督导员、土地监察专员近千人,他们都是参政议政的骨干力量;发挥特邀研究员和"民进之友"的作用。2000年6月在北京成立了"民进中央参政议政咨询研究中心",在会内聘请参政议政特邀研究员,北京地区的14位学有专长的中青年骨干被聘请为民进中央参政议政特邀研究员。此外,注意借船出海,重视与民进关系密切、在专业方面又有一技之长的"民进之友"的作用,广泛吸收他们参与参政议政工作。

加强与国家有关部委的对口联系。民进中央和地方组织与科技、教育、农业、国土、文化、卫生、水利、林业、环保、新闻出版等部门加强联系,交流信息,有力地推动了参政议政工作的顺利开展。

"以政治交接为主线,以参政议政和自身建设为重点,努力把民进建设成为适应21世纪的高素质参政党"这一基本工作思路激发了全会的使命感、责任感和政治热情,既有利于参政议政工作的切实加强,又使各级组织的参政议政工作气象一新,在诸多方面不断取得新的成果。

积极参与国家和地方重大事务的协商。从1998年到2002年，民进领导人参加中共中央、国务院召开的有关经济建设、社会发展等重大问题的协商会座谈会50余次，所提出的意见建议基本得到采纳。1998年9月对《中共中央关于农业和农村工作若干重大问题的决定》、1999年2月对《政府工作报告（征求意见稿）》、1999年6月对《中共中央国务院关于深化教育改革，全面推进素质教育的决定（草案）》、1999年8月对《中共中央关于国有企业改革和发展若干重大问题的决定（征求意见稿）》，民进中央领导人都提出了中肯精辟的意见。民进中央对《中共中央关于加强和改进党的作风建设的决定》《国务院关于加强基础教育的决定》《公民道德建设实施纲要》提出的修改意见和建议，得到有关方面的重视和采纳，有的建议受到中共中央领导的好评。

深入开展专题调研活动，不断拓展参政议政的新领域。从1998年到2002年，民进各级组织按照民进中央统一部署，把参政议政工作列入重要议事日程，健全参政议政工作机构，建立相关规章制度，完善工作机制，主要负责人亲自参加调研，广大会员积极参与，全会参政议政工作进入了一个新的发展阶段。民进持续关注精神文明建设，为我国教育、文化、出版事业的改革和发展献计献策，同时，围绕关系国计民生的重大问题，不断开拓参政议政的新领域，这是参政议政工作的新趋势。民进中央会同各省级组织，先后就贫困地区义务教育、发展职业技术教育、制定学前教育法、重视和加强科学普及等近20项参政议政专题课题，深入工厂、农村、学校、科研单位，认真进行调查研究，提出有质量、有水平的调研报告。

选准切入点，确定需要逐步深入或与其他方面有关联的课题开展系列性的调研，这是一个成功的经验。1998年，长江发生特大洪涝灾害，引起民进中央高度重视长江水患防治问题，以此为一个切入点，联合长江沿岸各省级组织开展调查研究。1999年1月，在武汉召开"民进长江中上游水患综合治理座谈会"，座谈会形成的成果又发至江苏、上海、贵州、云南、山东、河北、河南、陕西、山西、甘肃等地民进组织征询意见，这样对一个专题进行多学科、多角度的全面研讨在民进历史上是第一次。从民进实际力量出发,重点选择了三个不同的地段,即长江上游、中游和下游,对其中突出的问题进行研讨。在长江上游,主要是对长江上游沙土流失治理问题开展调研;在长江中游,则是针对由众多湖泊、沼泽、河流、水库、水田组成的特有的生态系统——湿地,提出了湿地保护的课题,作为长江水患综合治理系统工程中的一项重要内容;在长江下游,主要针对先行发展的较富裕地区在重视保护环境的同时,应强化对已污染的土壤、水等资源进行修复、治理的问题进行调研。在开展调查研究的基础上,从1999年开始,民进中央向中共中央、国务院提出一系列建议,包括建立长江流域性管理体制、在金沙江干热河谷地区推广种植西蒙得木、长江中游湿地保护与合理利用、长江下游环境保护与修复等。关于建立长江防洪新体系、西部大开发中"三农"问题、促进贫困地区农村义务教育等多份建议,对于加强长江流域治理、实施西部大开发战略等起到了推动作用,得到中共中央及有关部门的充分肯定和采纳。对长江流域的重视和关注,是民进开拓新领域的一次重要尝试。

坚持立足全局抓大事,为国家大政方针的制定和实施献计出力。民进每年都针对国家在社会发展和经济建设中的一些重大战略问题,向中共中央和国务院提出建议。在推进国家确定"节约资源"基本国策方面,民进参政议政做了许多带有前瞻性的工作。1998年,在张怀西的主持下,民进中央组织部分地方组织和会内外专家开展专题调研并形成《关于把"节约资源"确定为基本国策的建议》(以下简称《建议》),于同年11月报送中共中央。中共中央办公厅于1999年6月复函民进中央,对民进中央的《建议》给予了充分肯定。民进中央还在充分调研的基础上,向中共中央、国务院呈送了关于建立长江防洪新体系、西部大开发中"三农"问题、长江中游湿地保护与合理利用、促进贫困地区农村义务教育、长江下游环境保护与修复等多份建议,受到中共中央领导的重视。

通过人民政协平台做好政治协商、民主监督和参政议政的工作。在1998年全国政协大会民进和农工党联组讨论上,民进组委员分别就加强我国金融监管、重视和加紧科技人才培养、推进高等教育体制改革、加强著作权保护和保护民族工业等问题提出建设性意见，参加讨论的江泽民、李瑞环同志直接听取了这些意见。在2001年全国政协大会民进、九三学社、农工党联组讨论上，民进组委员分别就推进社区服务的产业化、保护民族文化和加快西部农村富余劳动力转移步伐等问题发了言，参加讨论的胡锦涛同志表示这次发言内容很丰富，有些问题确实值得进一步思考。在2002年全国政协大会民革、民进联组讨论上，民进组委员蔡述明（时任民进湖北省委会主委）就湿地保护等问题发了言，参加讨论的李鹏同志十分感兴趣，对湿地是"地球之肾"的提法给予肯定。民进充分利用政协提案这个渠道，围绕国家经济和社会发展中的重要问题提出意见建议，取得了很好的效果。

1998年1月，全国政协提案委员会召开优秀提案表彰座谈会。民进中央在全国政协八届五次会议上提交的《关于尽快制订〈民办教育法〉，促进民办教育健康发展》案，被评为优秀提案。蔡睿贤代表民进中央在座谈会上接受了荣誉证书并讲话。1999年3月，民进中央在全国政协会议上提出的《对加快荒漠化治理的几点建议》的提案，被列为重点提案；2000年3月，民进中央提出的《建设陇海沿线星火产业开发带，推动中西部地区经济发展》的提案，被列为大会1号提案。全国政协提案委员会认为这是一份"有前瞻性、有新意，操作性较强的提案"，会后会同国家科技部、教育部、农业部联合办理此案，认真仔细听取了民进的意见，国家科技部并决定采纳所提的建议，将建设陇海线星火产业带①列入科技部"十五"规划，作为科技部实施西部大开发战略的一项重要工作。同年民进中央提交的《"西气东输"工程应当进行更为深入的论证》的提案，全国政协提案委员会专门召开提案办理座谈会，有关成果引起了高层领导的重视，全国政协提案委员会为此召开专题办案工作座谈会，邀请国家计委

---

① 星火产业带建设行动是国家星火计划科技燎原行动之一。从2000年起，民进中央就建设陇海线星火产业带、关中星火产业带、河西走廊星火产业带先后提出建议，为党和国家西部大开发战略实施作出了参政党的贡献。

介绍西气东输的有关情况并听取意见。

2002年10月，全国政协举行政协九届全国委员会优秀提案和先进承办单位表彰会，共评选九届政协优秀提案200件，民进中央的《采取切实措施，缩小义务教育阶段学校差距案》《建设陇海线星火产业带，推动中、西部经济发展的建议案》《关于尽早制定〈湿地法〉的建议案》等三份提案以及陈守义、俞曙霞、苗永明、李前宽、蔡睿贤、穆学明、林杏光、张开逊等委员的提案，被评为优秀提案。民进各地方级组织在各级政协会议上提交提案的工作也十分活跃，仅从1998年至2000年三年间，提交的提案就接近4000件，省级组织五年中在政协会议上提交的党派提案有近200份被评为优秀提案，近50份被确定为重点提案。

及时向有关方面反映社情民意和群众呼声。各级组织不断加强信息工作机构的建设和工作力度，将及时向有关方面提供信息纳入重要工作日程。2001年4月民进中央下发《关于加强民进信息工作的意见》。从1998年至2002年，仅民进中央就向全国政协、中央统战部和有关方面提供社情民意信息2000余条，内容涉及国家政治、经济、精神生活的各个方面，对中央领导了解真实情况提供重要信息。民进中央还就加强省市政府机构改革的检查监督、教育督导机构应直属政府独立设置、尽快解决松桃县灾民安置问题、湖南益阳地区逃废债务的情况、关于城市信用社改制为商业银行、完善粮食流通体制、适当调整"西气东输"工程规划、退耕还林、组建国家纳米科学和纳米技术工程中心、城市信用社公共积累归属等问题报送了信息，受到了中央领导同志的重视。

民进中央的信息工作受到全国政协的多次表彰，1999年至2002年连续四年获得一等奖。2001年6月，民进中央领导在全国政协常委会上交流了信息工作经验。民进许多省级组织的信息工作也分别在本地获得表彰和奖励。

(三) 全面推进社会服务工作

1998年4月，民进社会力量办学研讨会在西安市举行。1998年9月，民进八省（区）第十六届社会服务工作会议在沈阳市举行。1999年11月，民进中央在河南郑州召开了民进社会服务工作研讨会。2000年2月，民进西北五省区西部大开发研讨会在宁夏银川举行。2000年4月，民进全国民营企业界会员会议在重庆市召开；同月，民进中央在重庆市召开"民进西南五省（市区）西部大开发工作座谈会"。2000年8月，民进东北、华北八省市区社会服务工作会议在吉林集安召开。2000年9月，民进西部大开发研讨会在成都举行；同月，民进办学工作会议在四川成都举行。2001年7月，民进中央在甘肃省平凉市召开了"走进西部——手拉手助学活动现场会暨工作会议"。2001年10月，民进民营企业界会员会议在南京举行。2002年1月，民进中央在京召开"星火西进"工作座谈会。2002年10月，民进中央在湖北武汉召开"民进'同心工程'——下岗职工再就业工作座谈会"；同月，"民进办学工作研讨会"在江西南昌举行。这些会议对推动民进社会服务工作发挥了积极作用。1999年9月，在温州召开了民进经济界会员座谈会，首次将经济界会员定位为民进会员的重要组成部分，对统一思想发挥了积极作用。

2001年民进中央下发《关于加强民进社会服务工作的意见》后，各级组织坚持社会服务的奉献的原则、量力而行和尽力而为的原则、务实的原则和不断向广度、深度推进的原则，围绕中心服务全局，在继续做好支边扶贫工作的同时，以推进"同心工程"和"六个西进"为抓手，积极参与全国和本地的重点热点难点问题的研究和解决，扎扎实实地为群众和基层服务。

1998年以来，民进围绕西部大开发战略的实施，贯彻"围绕中心、服务大局，发挥优势、突出重点"的原则，以定点扶贫地区为重点，以智力扶贫为方向，通过调研考察、召开会议、资金支持、人才培训等方式，积极开展社会服务工作，采取多种形式为国家中心任务服务，为深化改革、促进发展、维护稳定做实事。

1. 扎实有效地开展支边扶贫工作

民进中央多次派出干部，深入贵州、广西、河北、山西、重庆、甘肃、陕西、宁夏等地和定点扶持的贫困区县进行考察调研，为当地开发资源、发展经济出谋献策，重点开展了对河北省滦平县，贵州省黔西南州、毕节试验区和广西百色地区田东县布兵乡的定点扶贫工作。

为了支持河北滦平县早日摆脱贫困，民进中央从1998年开始，帮助滦平县引进优良品种，培养实用农业技术人才，促进农村经济发展；联系北京三家医院与滦平结成对口医院并开展医生培训；促成北京市西城区、石景山区十余所中小学与滦平县中小学结成"姊妹学校"；联系由国家级重点职业学校——北京市昌平农职校牵头的四所学校，协助培训滦平县职业高中学生。尤其是在支持滦平县教育发展中，明确发展职业教育要坚持"校乡联合、扶贫兴校""教育架金桥、走科教兴乡之路"的智力扶贫方向，并在平坊乡进行"科教兴乡"示范的实验，在付营子乡中心学校开展科技示范推广，使学校成为农村实用技术培训中心，带动全乡农民脱贫致富、初步达到小康标准的经验。《人民政协报》《中国教育报》对这两个典型进行了报道。

贵州省黔西南州作为"星火科技扶贫实验区"，多年来一直是民进的重点扶贫地区，除继续支持原有的芭蕉芋项目外，以发展职业教育为依托，引进数十个高新农业科技示范项目，着重开展了"两桃（核桃、大桃）、一棚（蔬菜大棚）、一菇（蘑菇）、一花（金银花）"的生产实验。1999年为黔西南州农校引进了获联合国科技发明之星奖的"矮株、密植、早熟、高产"桃树项目，2000年为普安县引进优质"早实薄皮核桃"项目，2001年帮助安龙县德卧中学引进"德国平菇""中国农大平菇""猴头世界菌"等菌种和栽培技术等。与此同时，大力开展对黔西南州的教育扶贫，民进中央于1998年多方筹集建立"扶贫助学基金"，每年扶助3个县50名贫困失学儿童并奖励教师，积极促进贫困地区教育事业的发展。在北京市教委大力支持下，先后组织北京市部分重点高中到黔西南州与当地有关普通中学、职业学校建立互帮互学关系，并与贵州省委会合作开展讲学培训工作。

据统计，民进各级组织自开展支边扶贫工作开始到2002年，共确立村级以上的扶贫点414个，到2002年，已完成扶贫任务的有235个，占57%，尚在继续挂钩扶贫的单位有179个。仅在2000年和2001年，就有28个省级组织的146个市县组织的14299人次参加了智力支边扶贫工作，共开展支边扶贫活动1237次，受益人数31万人，投入和引进资金1128万元，捐助的计算机、书籍等物品折合人民币391万元。

1998年10月，国家民委开展民族团结进步表彰活动，民进浙江省委会获得"民族团结进步模范单位"称号，民进会员、鞍山市政协副秘书长王革同志获得"民族团结进步模范"称号。1999年，民进四川省委会被国务院授予"民族团结进步先进集体"称号。民进中央重点支持的黔西南州安龙县德卧中学，被国家农业部批准为"全国百万工程农科教一体化实验基地"。在民进中央和四川省委会共同努力下，西蒙得木项目于2000年在国家"星火计划"中得以立项，不仅有利于保持水土的生态功能，而且在西部大开发中更有退耕还林、扶持农民脱贫的实际意义，受到社会的广泛好评。

2. 面向社会办学工作成效显著

1998年在西安召开民进办学工作会议后，办学工作取得长足进步。到2001年，民进地方组织和会员共开办民办学校309所。按举办主体分，地方组织主办164所、地方组织与其他单位联办20所、会员个人主办111所，由企事业主办聘请会员当校长的14所；按学校类型分，高教类21所、普中类39所、中职类35所、小学类9所、幼儿园29所、成人教育类15所、短训班97所、混合类55所。共有在校生299730人，累计毕结业生1761109人。有教师14777人，其中专职8398人、兼职637人。学校资产总计202435万元。学校或校长受省级以上表彰的有34所，受市级表彰的48所，受区县表彰的13所，受表彰学校占学校总数的30.7%。2001年在湖州、苏州、南京成功举办了"民进民办学校校长学习班"，18省区市的56位校长参加，受到与会校长的一致好评。

这一时期民进办学工作成效显著，取得了几个"全国第一"：黄藤创办的西安外事服务培训学院，是全国规模最大的民办高校；汤有祥创办的浙江安吉县上墅私立高中，被文化部文化信息管理中心和国家教育部信息管理中心认定为"新中国第一所私立高级中学"；上海民进自强进修学院，是成人教育学院中最大、坚持得最好的；张鹤立创办的鹤立幼儿园和鹤立小学，是全国最大的民办幼儿教育集团。在2002年光明日报社和中央教育科学研究所联合举办的"首届全国民办教育十大杰出人物"评选活动中，黄藤和汤有祥被列为候选人。

3. 稳步推进民营经济界会员工作

民进按照"团结、引导、服务、支持"的方针，倡导民营企业界会员做有坚定政治信念的有中国特色的社会主义建设者，做社会主义物质文明和精神文明的优秀建设者，在市场经济建设中不断取胜的建设者，做懂得市场经济规律知识和现代化企业管理水平的与时俱进的中国特色社会主义的优秀建设者，做积极参与国家政治生活、参加社会公益事业、有中国特色的社会主义建设者，做道德高尚、品行优秀、商德诚信的有中国特色的社会主义建设者，努力促进民进民营企业界会员提高政治素质、思想素质和业务素质。

据不完全统计，到2002年，民进有经济界会员686人（担任企业负责人的有435人），其中在公有制企业工作的252人，在非公有制企业工作的399人，担任各级人大代表、政协委员的118人。民进经济界会员为社会公益事业作出较大的贡献，五年间为社会公益事业捐款4399万元，安置下岗职工3785人。

4. 积极推动并实施"同心工程"

1997年11月，为配合党和政府实施下岗人员再就业工程，中共中央统战部邀请各民主党派中央、中华职教社共同倡导旨在为下岗职工再就业服务的"同心工程"。民进中央迅速动员各级地方组织发挥自身优势，实施好"同心工程"，积极参与下岗职工的再就业工作。各级组织对"同心工程"工作十分重视，北京、江苏、上海、天津、黑龙江等省级组织以及河北衡水、保定，辽宁锦州，黑龙江哈尔滨、佳木斯，江苏淮阴，浙江嘉兴，安徽合肥、淮北，江西南昌、赣州，广东揭阳，四川遂宁等市级组织，在参与"同心工程"中成绩突出，他们通过提出提案、议案，进行义演、义卖、募捐，举办讲座和咨询服务，开展再就业技能培训等多种形式，为下岗职工再就业献策出力，对协调关系、化解矛盾、维护稳定作出了积极的贡献。

推动民办学校为下岗职工再就业开展培训工作，深受下岗职工的欢迎，据不完全统计，从1997年开始到2001年年底，各级地方组织及所属会员共举办各种培训班284期，培训46766人次，培训后上岗29572人次。把依靠会员所办企业安置下岗职工作为开展"同心工程"的一个有效途径，共安置下岗职工27851人。

民进开展"同心工程"的工作得到有关方面的高度评价，如国家劳动和社会保障部于1998年12月回函，肯定了民进在开展"同心工程"活动中作出的贡献。

5. 开展"六个西进"活动

"六个西进"活动，成为民进八大后的五年里服务国家西部大开发战略的亮点。

星火西进。关注西部地区的"三农"问题，通过开展科技咨询、推广科技示范，为调整贫困地区农业产业结构作出贡献。2001年，民进沿陇海线"西进"，选择江苏、河南、陕西、甘肃四个不同自然条件、不同发展水平、区域特色鲜明的省份，先后到17个地市、20多个县和杨凌农业高新技术产业示范区，深入考察调研。2002年6月，民进中央与国家科技部、陕西省人民政府在西安联合召开"星火西进研讨会"，总结经验，部署工作。

青年星火西进。在2002年4月召开的全国农村青年工作会议上，民进中央与团中央、科技部共同拟定《青年星火西进计划方案》，并于同年6月联合启动"青年星火西进计划"。各地组织科技、经济、教育界的会员，以志愿服务的方式，为国家级星火西进示范县和贵州黔西南州等地区改善科技投资、科技创业环境，提供咨询指导和规划论证服务，对西部地区农村青年提高素质、促进西部农村发展起到了推动作用。

"城乡少年手拉手助学活动"走进西部。1999年11月,民进与国家教育部、团中央、全国少工委联合发出通知,在少先队组织中广泛开展"城乡少年手拉手助学活动",并于同年12月举行了启动仪式。这项活动的宗旨是,帮助农村和贫困地区的少年儿童解决学习中的困难,普及义务教育,引导城市少年儿童在关心他人、服务他人的过程中,了解国情,培养集体主义精神和社会责任感,形成乐于助人的优良品格。在两年多的时间里,民进促成城市少先队员与贫困地区少先队员手拉手助学活动结对1748对,资助贫困生3291名,向贫困地区学校捐赠了大量款物,为帮助农村和贫困地区少年儿童健康成长做了大量工作。

百名优秀教师西部行。2002年2月,在民进北京市委会、北京市一帮一助教协会支持下,民进中央组织15名特级、高级教师赴贵州黔西南布依族苗族自治州、云南楚雄彝族自治州、河北省大城县开展高考讲学,首次启动了"民进百名优秀教师西部行"活动。截至2002年年底,民进共组织67名优秀教师赴贵州黔西南、云南楚雄、四川阿坝、甘孜等地讲学10次,培训教师学生12000余人。

百企西进。在2000年重庆召开的民进民营企业界会员会议上,向民营经济界会员发出了参与西部大开发的号召。2002年6月,民进民营企业界会员会议暨"百企入桂"交流考察活动在广西南宁举行,以这次会议和交流考察活动为契机,开展了"百企西进"活动,广泛发动企业界会员投身西部大开发活动。

引资西进。为响应中央西部大开发和实施第三步发展战略的号召,民进于2002年10月促成香港"长江开发沪港促进会"第二次组团赴重庆考察投资,40多名香港企业家及部分台湾企业家参加,香港瑞安集团与重庆市渝中区签订了总额达100亿元的化龙桥片区开发意向协议。引资西进成为民进开展的第六个"西进"活动,也是民进积极参政议政、搞好社会服务的具体体现。

6. 开展海外联谊工作

民进中央领导会见大批外国贵宾、台湾同胞和港澳同胞,并以叶圣陶研究会的名义，出访加拿大、新加坡等国家和港澳台地区。特别是在对台方面，面对台湾地区领导人出现变更、两岸关系出现困难的情况，在许嘉璐主席的倡议下，2002年5月，民进以叶圣陶研究会的名义，在江苏苏州举行了首届"海峡两岸中华传统文化与现代化研讨会"，30多位台湾、香港学者应邀参加，这次研讨会成为民进对台工作的新起点，为民进今后增进海峡两岸的交流交往，促进两岸关系和平发展搭建了良好平台。

（四）坚持以政治交接为主线，加强自身建设

民进中央新一届领导集体根据国际国内新形势对民主党派工作提出的新要求，引导各级组织充分认识加强自身建设的重要性及其与巩固多党合作制度的关系，以邓小平理论为指导，以建设高素质参政党为目标，切实加强自身建设，在思想建设、组织建设、机关建设等方面都取得了新的进展。

1. 持续加强思想建设

民进中央坚持把思想建设摆在自身建设的首位，把搞好政治交接作为贯穿民进一切工作的首要任务，不断加强学习，积极倡导理性思考，加强理论建设，推动了思想建设的新发展。

以坚持民进优良传统为核心，搞好跨世纪的政治交接。1998年2月在京召开的民进十届二次主席会议和十届二次中常会，强调民进中央领导班子必须以新的精神面貌、新的工作作风，带领全会开创新局面，做出新业绩，把老一辈开创的民进事业继续推向前进。会议通过的《民进中央关于搞好政治交接、加强自身建设的几点意见》强调，搞好政治交接的目的是要实现"三个确保"、达到"三个不变"，即确保民进的政治纲领、路线和方针的延续和发展，确保民进与中国共产党亲密合作关系的延续和发展，确保民进老一辈领导人的优良传统和高尚风范在新一代领导集体中延续和发展，达到政治方向不变、优良传统不变、优势和特点不变。

1998年9月，民进中央在京召开民进全国宣传工作会议，明确了宣传思想工作的根本任务和主要内容，强调宣传思想工作要以政治交接为核

心,努力做到"三个共同",即我们和共产党有着共同的理论基础,共同的奋斗目标,共同的价值追求,努力开创宣传思想工作的新局面。2001年6月在京召开的民进十届十二次中常会通过的《民进中央关于加强和改进思想政治工作的若干意见》,进一步明确了民进思想政治工作的根本任务,表明了新一届领导集体对搞好政治交接的清醒认识,也为做好民进思想建设指明了方向。

大力倡导理论研究风气。开展统战理论研究,是增强实现政治交接自觉性和责任感的必由之路。新一届民进中央领导集体充分认识到提高理论水平和养成理性思维习惯的重要意义,率先垂范,在重要刊物上发表多篇理论文章,引导全会的理论研究。民进中央于1998年年初成立了统战理论研究会,指导协调全会的理论研究工作。1999年首次在昆明举行带有学术性的统战理论研讨会,此后,2000年、2001年、2002年又分别在北京、太原、长沙召开统战理论研讨会,并在全会范围内组织了四次以搞好政治交接、加强多党合作和社会主义民主政治建设等为主题的征文活动,编辑出版了5期《民进统战理论研究通讯》约16万字的内部学习材料,为带动全会开展理论研究起到了积极作用。到2002年年底,民进各级组织成立的统战理论研究机构达40多个,全会开展理论研究蔚然成风,初步形成了一支理论研究的骨干队伍。

加强会内外宣传和阵地建设。民进中央不断加大对外宣传工作力度,1999年5月印发《关于加强民进新闻宣传工作的几点意见》,强调民进新闻宣传要坚持以邓小平理论为指针,坚持正确舆论导向,坚持团结、稳定、鼓劲和正面宣传的方针。各级组织注意加强对会内媒体的支持和引导,主动争取各有关新闻单位的支持,开展多种形式的宣传活动,深入报道民进参政议政、自身建设和社会服务的成果,宣传民进的优秀人物和先进集体的事迹,向社会展示民进的新局面和新成果,为民进更好地发挥参政党作用提供了思想保证和舆论支持。上海、北京等省级组织的会刊工作有新的改观,天津、内蒙古、河北等省级组织创办了会刊(报)。为进一步推动全会的学习和思想建设,2001年被确定为全会的"学习年",民进中央制定下发了《中国民主促进会各级组织学习制度（试行）》，并于2002年5月首次举办民进全国省级组织通讯报道员培训班。

努力加强会史工作。遵照民进中央"要抢救会史资料"、做好会史研究的精神，在民进中央机关图书馆馆藏的数百册会史资料的基础上，通过多方收集，初步查清了首都图书馆馆藏的有关会史人物的图书共计165册。抓住时机开展会史人物专访，向老一辈会员收集会史资料，编印了《民进会史资料选辑》第1至第3辑近50万字、民进创始人和地方组织创建者的传记资料50余篇共25万字，受到民进各级组织和广大会员的欢迎。民进中央先后举办了马叙伦、赵朴初、冰心、许广平、林汉达、柯灵、车向忱纪念会，编辑出版了人物传记《马叙伦》《王绍鏊》、纪念文集《永远的冰心》，编印了民进老一辈人物的传记（普及本）并发至基层组织，为全会提供了学习会史的生动教材。

为进一步开展会史优良传统的教育，民进中央于1999年6月促成中共上海市委将中国民主促进会成立旧址，今陕西南路235号的黄浦区明复图书馆（2011年以前称卢湾区图书馆）辟为上海市爱国主义教育基地。

1999年12月，民进中央在新办公楼设立"民进会史展览"，在三年时间里接待了数千人参观。2000年11月，协助江苏省吴县政协对叶圣陶纪念馆进行了重新布馆和扩建工作，中共中央政治局常委、全国政协主席李瑞环同志欣然题写了"叶圣陶纪念馆"的匾额。

2002年7月，为进一步推进会史工作的开展，民进全国会史工作会议在京召开。会议要求民进各级组织要对会史工作进一步提高认识、摆准位置，落实工作内容、提上重要议程。

民进八大之后的五年来，民进中央面对新的国内外形势，坚持政治交接这个主线，持续加强思想政治建设，逐步健全制度和机制，不断改进内容形式和方法，形成了一些行之有效的经验和做法。坚持深入开展调查研究，摸清广大会员的思想脉搏，针对热点和难点问题开展思想政治工作。民进中央于1998年运用问卷调查的方式在全会所有29个省级组织进行调查，对50万个数据进行统计分析，形成了《对民进部分成员思想状况的调研报告》。此后又于 2000 年、2002 年对会员思想状况、各省级组织思想政治工作状况和新会员状况开展了大规模的调研，深入掌握了会员思想状况。通过邀请专家讲课、刊发理论文章、推荐图书和资料和"面对面"交流等方式，进行积极的答疑和引导。楚庄副主席直面国内外对我国政党制度的错误或模糊认识，撰写文章从经济基础、活动范围、政党活动目标、政党关系、政党与政府之间的关系五个方面，比较中国的政党制度和政党与西方的政党制度和政党的不同，有力证明了"中国的政党制度是更高更切实际更广泛的民主政治制度"。

以重大节日、纪念日为契机，增强思想政治工作的实效性和感召力。1998 年是中共中央发布"五一口号"50 周年、中共十一届三中全会召开20 周年，1999 年是新中国和人民政协成立 50 周年、中共中央颁发《关于坚持和完善中国共产党领导的多党合作和政治协商制度的意见》10 周年，2001 年是中国共产党成立 80 周年、学习"三个代表"重要思想和中共十五届六中全会决定的重要一年、贯彻第十九次全国统战工作会议的开局之年。民进中央和各级组织抓住契机，通过举办座谈会、报告会、演讲会、征文活动、书法美术摄影展、文艺演出、编发学习辅导材料等系列活动，取得了进一步推进思想建设和政治交接的良好效果。

在重大事件和重大政治斗争中接受考验，检验思想建设成果。1998 年初夏，我国长江、松花江发生历史罕见的洪水，许嘉璐亲临抗洪第一线视察并向有关方面提出建议，民进中央连续发出通知，号召各级组织和广大会员为抗洪救灾贡献力量。受灾地区的地方组织和广大会员同广大干部群众和人民子弟兵一道，积极投入抗洪抢险斗争，广大会员踊跃捐款捐物，共捐人民币 700 万元，捐献衣服被褥数以万计。抗洪救灾的过程同时也是接受思想教育的过程，各级组织和广大会员在抗洪抢险斗争中接受了生动、深刻的热爱中国共产党、热爱祖国、热爱社会主义、热爱人民、热爱人民解放军的思想教育。

1999 年，在三场重大政治斗争面前，充分反映了民进思想建设工作的成效。对于"法轮功"练习者围困中南海的"4.25"事件，对以美国为首的北约悍然对我驻南联盟大使馆进行导弹袭击造成我人员伤亡的严重事件,对同年7月李登辉公然抛出所谓的"两国论""特殊两国论",各级组织和广大会员旗帜鲜明,立场坚定,通过举行会议、集会、座谈、电传、信函、发表文章等形式,积极参加三场重大政治斗争,体现出民进作为一个参政党所具有的较高的政治水平、较强的政治敏感性和坚定的政治立场。

2. 大力加强组织建设

组织建设是自身建设的基础和保证。1998年10月,在江苏南京召开了民进全国组织工作会议,会议着重研讨新的历史时期以政治交接为主线、加强各级领导班子建设,以提高会员的素质为中心、认真做好组织发展工作和后备干部队伍建设,以增强活力为目标、切实加强基层组织建设和机关建设,进一步提高思想、统一认识、交流经验、明确任务,把全会的组织建设工作提高到新的水平。1999年5月,八个民主党派中央经讨论协商,形成了《关于加强自身建设若干问题座谈会纪要》(以下简称《纪要》)。《纪要》明确了民主党派加强自身建设的指导思想和组织建设的任务。民进全国组织工作会议和《纪要》,在即将进入新的世纪的重要时刻,对全会加强组织建设、实现政治交接,起到了重要的指导作用。

突出政治交接和立会为公,加强领导班子建设。1998年民进中央制定了《民进中央主席会议和主席办公会议议事规则》和《民进中央常务委员会工作规则》,2002年又通过了《民进中央关于加强民主集中制,改进领导作风的决定》,对主席会议、主席办公会议和常委会议的议事规则和工作规则进行了规范。1998年4月,民进中央领导班子成员参加了中央组织部、中央统战部在中央党校举办的"统一战线和多党合作理论研究班"的学习。2000年12月,民进中央决定张怀西任常务副主席、王立平任专职副主席,调整充实了会中央领导班子。针对中央和各省级组织将要换届,民进中央确定2002年作为领导班子建设年,当年9月各省级组织完成换届之际,在京举办省级组织新主委研讨会,帮助他们提高政治素质,搞好政治交接。

突出整体素质，加强后备干部队伍建设。1999年7月，民进十届六次中常会在哈尔滨举行，会议提出要主要解决认识和措施问题。会议通过了《民进中央关于进一步加强民进后备干部队伍建设的意见》（以下简称《意见》）。《意见》指出，后备干部队伍建设的重点，放在对中青年骨干、新干部和后备干部的培养提高上。要站在跨世纪的高度，抓紧选拔、培养、建立一批政治素质好、业务能力强、有一定参政议政水平的中青年骨干队伍。要健全工作机制，把后备干部的物色、考察、培养、选拔等各项工作制度化、规范化。这个《意见》，成为指导民进后备干部队伍建设的指导性文件。

《意见》颁发后，民进中央把首都高校作为高层次、高素质会员的重要来源，分别走访首都高校，与高校党委共同研究民进组织发展工作，多次召开了高等院校和文艺界人士的座谈会，亲自出面做发展新会员的工作。民进中央领导分赴有关省市开展后备队伍建设的调研活动，到2002年换届前，民进中央和省级组织后备干部分别达到230多人和2200多人。与此同时，各级组织注重对后备干部的学习培训和考察锻炼，全面提高他们的政治素质，1998年至2002年，共组织选送各省市组织的干部和骨干180人，参加中央社会主义学院一年两期的民主党派干部进修班和培训班学习，推荐60人参加中央统战部举办的党外领导干部出国（境）培训班。2001年，举办中青年骨干会员短训班和专职干部培训班，培训地方组织会员和专职干部166人，有效提高了后备干部队伍的整体素质。

突出增强活力，加强基层组织建设。1999年11月召开的民进十届三中全会，着重研究了切实加强基层组织建设问题。会议向全会提出工作任务和工作目标。会议根据会章的规定，结合当时基层组织的实际状况，通过了《中国民主促进会基层组织工作暂行条例》（以下简称《暂行条例》）。民进中央组织部也专门制定了《关于会员入会手续及审批办法的规定》。《暂行条例》总结了市场经济条件下做好基层组织工作的新路子新办法新经验，对基层组织的工作作出了规范化条例化的规定，使基层组织建设有所遵循。

3. 努力加强机关建设

民进各级组织的机关是承上启下的桥梁，是工作运转的中枢，是展示参政党形象的窗口，具有参谋、联络、组织、协调、服务等功能，机关建设是民进自身建设的重要组成部分。截至1998年年底，民进有各级机关279个，其中中央机关1个、省级机关29个、市级机关197个、县级机关52个；各级机关共有编制1741人，实有人员1380人（其中干部1229人），包括会中央机关89人、省级机关491人、市级机关736人、县级机关64人，其中处级以上干部约400人。民进中央高度重视参政党机关在参政党建设中的作用，采取一系列措施加强各级机关的自身建设。

1998年12月，民进中央新办公楼落成，民进中央机关于1999年9月迁入新办公楼。新会所的建立是民进发展史上的一件大事。新办公楼是一座集计算机网络、卫星电视、程控通讯为一体的现代化办公大楼。新办公楼的落成，寄寓着老一辈民进人的愿望，体现着党中央对民主党派的关怀，雷洁琼曾亲自向中共中央和国务院的领导同志提出要改善民进中央的办公条件，得到国务院、全国政协、中央统战部和各有关部门的关心支持。

1999年6月，民进全国机关工作会议在上海召开，这是民进第一次专门研究机关工作的全国性大会。会议认为，机关是行政决策环节上的"参谋部"，行政执行环节上的"指挥部"和"作战部"，行政反馈环节上的"信息部"，沟通领导和广大会员联系的"联络部"和"服务部"。会议指出，加强机关建设的总体要求和目标，是以强化政治交接为主线，以加强制度化、规范化为基础，以提高机关工作人员素质为重点，以改进机关作风和提高工作效率为目标，建设一支高素质的机关干部队伍，建立一整套履行参政党职能的机制，健全一系列机关工作制度，更好地担负起新形势下机关工作的历史责任。会议要求，各级机关要力争在两三年内使各级机关建设有一个新的提高。经过几年的努力，民进中央机关的规章制度达200余个，并于2002年初编印完成《民进中央制度汇编》，共分《民进中央机关管理制度汇编》《民进中央机关服务中心管理制度汇编》《民进中央机关工作手册》3册，使机关工作逐步走上了制度化规范化的轨道。民进中央机关制定了《机关工作人员培训规定》，不断完善对机关干部的培训，并从2000年开始，用了三年左右时间分期分批培训了各省级组织机关的部门负责人。按照国家有关文件精神，完成了机关干部向国家公务员过渡的工作和招录公务员的工作，建立健全竞争和更新机制，完善干部考核制度和方法，推动了机关干部队伍整体素质的提高。

1999年10月，民进中央在新落成和启用的办公楼开始建设机关局域网，并于2000年3月开通，使机关内部办公实现了电子化。2000年年初，民进中央成立机关服务中心，作为机关的综合服务性机构，为机关工作高效有序地运转提供保障。2001年开始，机关开始了广域网即民进中央宣传网站的建设，并于2002年9月正式通过验收。宣传网站开辟了与社会各界联系的窗口，可以迅速准确安全方便地将有关信息向社会发布，同时又为会内信息交流提供了平台。

2002年11月，民进2002年全国先进集体、先进会员经验交流会在北京举行，来自29个省区市的73名先进集体代表、92名先进会员代表出席了会议。他们分属教育、文化、科技、政治、财经、医卫和工商企业等界别，在不同的岗位、不同的领域取得显著成绩，他们是民进的骄傲，是民进全体会员学习的榜样。

经过全会共同努力，截至2002年6月底，民进有省级组织29个、市县组织293个、基层组织5891个，会员总数8.2万人，比5年前增长22%，其中女会员占44%，离退休会员占36%。各级组织和广大会员在本职工作和会务工作中都发挥了积极作用，受到社会的广泛赞誉。

第七章

为全面建设小康社会
作出新贡献

▶ **第七章**
为全面建设小康社会作出新贡献

一、推进适应时代要求的高素质参政党建设

（一）第九次全国代表大会

中国共产党第十六次全国代表大会于 2002 年 11 月在北京召开。这次大会是中国共产党在新世纪召开的第一次代表大会，也是在开始实施社会主义现代化建设第三步战略部署的新形势下召开的十分重要的代表大会。中共十六大把"三个代表"重要思想与马克思列宁主义、毛泽东思想、邓小平理论一道，确立为党的指导思想，联系改革开放以来的实践，系统深刻地总结了党领导人民建设中国特色社会主义必须坚持的十条基本经验，把全面建设小康社会作为我国在 21 世纪头 20 年的奋斗目标，描绘了新世纪新阶段我国发展的蓝图，选举产生了以胡锦涛为总书记的新一届中共中央领导集体，实现了中国共产党承前启后、整体性新老交替的任务。

在做好各级组织换届工作的同时持续搞好政治交接，始终是带有方向性、根本性的问题。从 2000 年 7 月开始，民进中央即开始筹备各级组织的换届工作。2001 年成立了"换届工作领导小组"，印发了相关文件。2002 年 3 月成立民进九大筹备委员会，全面启动换届工作。同年年中，29 个省级组织陆续顺利完成了换届，为民进九大的召开奠定了良好的基础。

2002 年 12 月 16 日至 21 日，民进第九次全国代表大会在北京召开，中共中央政治局委员刘云山等领导同志出席了开幕式，大会主席团常务主席张怀西、楚庄主持开幕式。这次大会的主要任务是：深入学习贯彻中共十六大精神，认真总结过去五年的工作和经验，研究部署今后五年的工作任务，修订会的章程，选举产生新一届中央委员会。民进中央名誉主席雷

洁琼发来贺信，大会主席团常务主席许嘉璐致开幕词，刘云山代表中共中央致贺词，全国人大常委会副委员长、农工党中央主席蒋正华代表各民主党派中央和全国工商联致贺词。

受民进第十届中央委员会委托，许嘉璐作了题为《开拓创新，求真务实，为全面建设小康社会作出新贡献》的工作报告。报告认真回顾了民进八大以来的工作，总结了必须自觉地接受中国共产党的领导，坚持和完善中国共产党领导的多党合作和政治协商制度，必须发扬开拓创新、求真务实的精神以及必须贯彻民主集中制的三条经验。报告指出，在今后的五年里，民进要在中共十六大精神指引下，学习实践"三个代表"重要思想，紧紧围绕全面建设小康社会的奋斗目标，讲政治、讲大局、讲团结、讲稳定，进一步搞好政治交接，抓好领导班子建设；坚持"立会为公、参政为民"的宗旨，切实履行参政党职能，充分调动全体会员的积极性，不断开创新局面，取得新成果，把民进工作提高到新水平，努力把民进建设成为与中国共产党亲密合作、致力于建设中国特色社会主义事业的高素质参政党。

大会主席团常务主席梅向明向大会作了关于《中国民主促进会章程（修改草案）》的报告，向大会说明了会章修改的四个特点。经过充分讨论，大会通过了《中国民主促进会章程（修正案）》，通过了《中国民主促进会第九次全国代表大会决议》。大会选举产生了189名同志组成的第十一届中央委员会。新一届中央委员会具有广泛的代表性，委员平均年龄51.8岁，具有大专以上学历的占96%。

民进第十一届中央委员会第一次全体会议选举产生了43名同志组成的中央常务委员会，选举许嘉璐为民进中央主席，选举张怀西、陈难先、冯骥才、潘贵玉、蔡睿贤、王立平、严隽琪、王佐书、贺旻为副主席，推举雷洁琼为名誉主席，陈舜礼、叶至善、楚庄、梅向明为名誉副主席。在当晚举行的民进十一届一次主席会议上，推举张怀西为常务副主席。在民进十一届一次中常会上，任命赵光华为中央委员会秘书长，推举潘承孝、王鸿祯、方明为中央委员会顾问。许嘉璐在这次会议上表示要充分发挥中央委员的作用，并对中央委员提出了加强团结、加强学习、加强会内监督和居安思危等四条要求。12月21日上午，大会举行了闭幕式，张怀西致闭幕词，会议一致通过了严隽琪宣读的《致不再担任中央委员的同志的致敬信》。许嘉璐在闭幕会上作了重要讲话。

民进九大是一次团结民主、务实鼓劲的大会。以此次会议的召开为契机，民进继续推进适应时代要求的高素质参政党建设，为全面建设小康社会、加快社会主义现代化建设作出新的贡献。

（二）胡锦涛总书记走访民进中央

2002年12月24日，民进九大闭幕后的第三天，中共中央总书记胡锦涛及贾庆林、曾庆红、王刚等中央领导同志，在中共中央统战部部长刘延东的陪同下走访民进中央，兴致勃勃地参观了民进中央机关自动化办公室和宣传网站，并高兴地和机关副局级以上干部合影留念。胡锦涛说，民进新会所有三好，地址选得好，建设得好，主要是管理得好。

胡锦涛与民进中央的领导同志亲切座谈，在座谈中发表了重要讲话。他充分肯定了民进长期以来与中国共产党团结合作，为我国的革命、建设和改革事业作出的重要贡献。他指出，统一战线是中国共产党团结一切可以团结的力量，夺取革命、建设和改革事业胜利的重要法宝，也是中国共产党执政兴国的重要法宝。共产党领导的多党合作和政治协商制度是我国的一项基本政治制度，也是我国社会主义政治制度的特有优势。他表示，相信民进一定会继续加强自身建设，把民进建设成为同中国共产党亲密合作、能够经受住各种困难和风险的考验、致力于建设中国特色社会主义事业的参政党。

许嘉璐代表民进中央对胡锦涛总书记以及中共中央各位领导的到来表示热烈的欢迎，他介绍了民进的革命历史和优良传统，并汇报了刚刚闭幕的民进九大的有关情况。

★ 2002年12月24日，胡锦涛同志走访民进中央时与许嘉璐亲切交谈。

时值寒冬岁阑,新年将至,京城一片银装素裹。尽管天寒地冻,但走访现场却是春意盎然,暖意融融,洋溢着中国共产党与民主党派肝胆相照、亲密合作的感人气氛。

(三) 科学有效地做好参政议政工作

2003年2月11日至13日,民进中央举行十一届二次主席会议,审议通过了《民进中央关于实施"2003年培训年"工作的意见》《民进十一届二次中常委会议方案》等文件。会议对民进中央专门委员会的设置和专门委员会主任候选人进行了审议。在民进九大精神指引下,民进各级组织开拓进取、精神振奋地谱写各项工作的新篇章。

参政议政是参政党开展工作的永恒主题。民进中央在2003年这个开局之年首先抓住参政议政这个重要任务,总结经验,理性思考,在改善体制机制上下功夫。各级组织把做好参政议政工作作为落实科学发展观、构建社会主义和谐社会的必然要求,作为完善与发展新时期多党合作和政治协商制度的重要基础,作为建设适应21世纪高素质参政党的重要方面,继续坚持"巩固老阵地,开拓新领域,围绕中心、服务大局"的方针,以坚持中国共产党领导为核心,以建设高素质参政议政队伍为目标,以建立和完善参政议政制度和工作机制为重点,以加强专门委员会工作为抓手,以加强基层组织参政议政工作为基础,始终不渝地把发展作为参政议政的第一要务,自觉主动地履行参政党职能,不断探寻新世纪新阶段参政议政工作的思路、方法、机制和途径。

2006年2月,民进中央制定下发《民进中央关于加强参政议政能力建设的意见》,在总结参政议政工作经验的基础上,对下一步的参政议政工作作出了总体部署,从四个方面进行参政议政的体制机制的创新。

建立健全工作机制和制度,为参政议政工作搭建更为广阔的平台。2004年11月,民进中央在北京召开民进参政议政工作年会,会议在总结交流经验的基础上,提出了加强参政议政能力建设的要求。以此次会议为发端,把建立民进参政议政工作年会制度作为参政议政工作制度化、规范化的一项重要举措。为使参政议政调研课题形成民主、科学的决策机制，民进中央通过集体领导和广泛参与相结合的程序来确定、实施重大的参政议政课题，坚持经由主席会议或主席办公会议审议并确定本年度重点调研课题及实施方案；课题确定后广泛征询会内外专家意见，走访国家相关部委，反复论证所选参政议政课题的必要性、可行性；调研成果形成后交由专家论证并征询政府相关部门的意见，在充分吸纳地方组织调研成果的基础上，再由主席、副主席修改后定稿、签发。各地方组织也不断完善参政议政调研课题的决策机制，仅在2005年和2006年，省级组织就出台了调研课题申报、立项，调研报告评审、成果鉴定及奖励，调研专项经费使用管理，党派提案运作规则等相关条例、办法、规定、制度等计150余项，增强了参政议政工作的科学性和规范化、制度化程度。严格的工作制度和程序，保证了调研成果的严肃性、科学性和时效性，避免了盲目性和随意性。各级组织之间初步建立起协调、合作的参政议政工作格局，促进整体配合，形成协调、合作的联动机制，在纵向上形成民进中央与省市级组织的上下联动，在横向上形成省级地方组织之间的相互联动，全会重要的参政议政活动因民进中央和地方组织的共同参与而开展得有声有色。民进参政议政工作实现了三个转变，即由个体独立调研向群体联合调研转变，由少数人参与向多数人参与转变，由党派调研内部循环向外部积极主动寻求社会资源支持转变，大幅度提高了民进参政议政工作的组织化社会化程度，达到了扩展参政议政视野，扩大参政议政力量，扩充参政议政队伍，提高参政议政水平的目的。

以完善专门委员会和特邀研究员工作为中心，加强参政议政人才队伍建设。把专门委员会作为凝聚会内参政议政人才的基本平台，把特邀研究员作为汇聚会内会外参政议政人才的重要渠道，建立参政议政的人才库。新一届民进中央领导集体履职伊始就制定了《民进中央专门委员会通则》和各专门委员会工作简则，使专门委员会成为参政议政的专业机构、参谋机构和联系广大知识分子的联络机构。在实践中，专门委员会工作机制不断得到完善。2005年促成了有关专门委员会就相关课题开展合作调研，

第七章
为全面建设小康社会作出新贡献

2006年首次建立专门委员会参政议政成果奖励机制，2007年首次以专门委员会为基本单位和主体开展实地调研。民进中央把参政议政特邀研究员作为参政议政工作的一个新的、优质的人才库，聘请了第二届民进中央参政议政特邀研究员24人。与此同时，民进中央把组织发展与参政议政相结合，有重点地选择特定界别，发现人才，吸引人才，培养人才，并积极推荐骨干人士参加大型专题调研、重点项目考察、高层政治协商、海外联谊交流等重要活动，搭建知情议政的平台，调动了他们的积极性，也为民进参政议政工作增添了活力。

加强与政府部门的沟通联系，改善参政议政工作的外部环境。从2003年至2007年，民进中央与国家部委之间的走访越来越制度化，越来越注重实效性，并逐渐成为参政议政工作的一个重要组成部分。民进中央开展的参政议政专题调研，也分别邀请国家科技部、农业部、文化部、教育部、国家民委、全国人大教科文卫委员会、林业局等部委参与其中。通过加强与政府部门的沟通联系，扩大了行政与参政两个方面的交流，增强了彼此工作的方向感和针对性，因而更加准确地把握重点与重心，选准切入点，抓住有价值的调研课题，不断提高参政议政工作的质量与实效。进一步增进民进与国家职能部门的相互了解，达成共识，增进友谊，也使参政议政工作外部环境不断改善。

重视信息质量的提高，推动信息工作深入开展。2003年9月，召开首次民进全国信息工作会议，明确"信息工作是参政议政、民主监督的快捷渠道，是参政党的基础性工作"，会后制定下发了《民进中央关于进一步加强信息工作的意见（试行）》，对全会的信息工作提出了更高更全面的要求。2005年，民进中央将信息工作从研究室调整到参政议政部。通过走访全国政协信息局和兄弟党派学习经验，加强对信息工作的宣传，加强对参政议政骨干的动员和联络，注意反映高层次人士的意见建议，拓宽信息来源，加强成果转化，提高信息反映的科学性有效性，把信息工作纳入参政议政工作年会等工作，推动了信息工作的深化和发展。

民进的参政议政工作逐步走上理性化思考、规范化操作、制度化保障的发展道路,参政议政的能力和水平得到显著提高,取得了新成绩,作出了新贡献。

选好课题,建有用之言,献务实之策。从2003年至2007年,民进各级组织就"文化建设""教育改革与发展""出版体制改革""节约资源""环境保护""三农问题""星火西进""长江保护与发展""生态家园富民计划""民族地区经济社会发展"十大参政议政课题,深入基层,深入群众,深入偏远贫困山区和民族地区,广泛开展调查研究,取得了丰硕的成果。在深入调研基础上,民进中央分别就制定"十一五"规划,加快民族地区经济社会发展,促进民族地区九年义务教育发展,推进生态家园富民计划,重视石漠化、沙漠化治理等带有全局性、综合性、前瞻性的课题,向中共中央、国务院和有关部门提出了一系列意见和建议,受到重视与肯定并被采纳。2004年2月,中央统战部办公厅致函民进中央,告知国务院领导同志于1月3日对民进中央提出的《关于大力推进生态家园富民计划,促进农村全面小康的建议》及《关于实施"生态家园富民计划"的考察报告》作出批示,并附送国家发展改革委呈送的报告。发展改革委遵照国务院领导同志的批示精神,分别征求了农业部、教育部、财政部、中国人民银行、国家林业局、国务院扶贫办、共青团中央和全国妇联的意见后,形成了《国家发展和改革委员会关于生态家园富民计划有关问题的报告》。2004年11月,中共中央领导同志对民进中央呈送的《民族地区经济社会发展专题考察报告》作出了批示。

参政议政领域不断巩固和拓宽。全会认真贯彻"巩固老阵地,开拓新领域"的工作方针,以高质量参政议政成果巩固教育文化出版三个方面的阵地。自2004年起,分别就高等教育、中国少数民族义务教育、西部地区农村义务教育教师培训能力建设等专题开展调研,尤其是在2005年,民进中央和14个省级组织共同就少数民族义务教育问题,在民族自治地区的近40个地(州、市)、100余个县(市)、近300个乡(镇)、近千所中小学进行了调研,获得了大量的数据和第一手材料。2007年,举办了首届"中国教师发展论坛"。从2003年起连续五年,以弘扬和培育民族精神、保护与弘扬民族文化、维护国家文化安全、加快汉语国际推广、促进中华文化崛起为主题,在全国政协大会上作了以文化为主题的大会口头发言或书面发言。2006年,围绕文化体制改革问题,民进中央先后赴浙江、广东两省考察调研,在京召开十余场文化界人士座谈会、研讨会,上海、河南、陕西、浙江、广东、广西、安徽、吉林、福建等省(直辖市)的50多个地方组织同步开展调研,形成了多项成果。与此同时,民进中央开拓新领域,持续关注"三农"问题,不断深入调研,连续五年提交了多份提案,从粮食安全、科技扶贫等不同角度、不同方面,提出了解决"三农"问题的建议,受到了农业部、建设部等有关部委的重视。民进中央高度重视"民族地区的经济和社会发展"问题,2004年赴浙江、贵州、云南、新疆等四省区民族自治地区的52个考察点进行考察调研,行程8000余公里,涉及经济、教育、文化、卫生、生态保护等多个方面,云南、贵州、广西、宁夏、内蒙古、新疆、四川、湖南、湖北、吉林等十省区的省级组织也参与调研,提交了16份调研报告。2006年,民进中央联合沿江八省市开展调研,并在武汉举办了"长江流域水环境安全与保障研讨会"。

提案工作和信息工作质量不断提高。从2003年至2007年,民进各级领导参加中共党委和政府召开的协商会、情况通报会、意见征询会,提出了带有战略性、前瞻性的建议,受到重视和肯定。2003年提出的《关于继续开展以创建卫生城市和环保模范城市为基本内容的爱国卫生运动,夺取抗击"非典"斗争全面胜利的建议》、2004年提出的关于大力推进生态家园富民计划的建议、2006年就林业高等教育问题提出的建议、2007年就石漠化治理和甘肃民勤地区生态治理工作提出的建议,国务院领导非常重视并作出批示。2005年5月,在国务院召开的党外人士座谈会上,就金融不良资产的处置问题提出了切实可行的建议。在全国政协大会上,以民进中央名义提交的大会发言和党派提案的质量提高、数量增加,从2003年到2007年,民进向政协大会提交大会口头发言和书面发言17份、党派提案74份,内容涉及多个领域,受到有关方面的重视。在2003年全国政协十届一次会议上,民进中央提交的《关于引进市场机制,大力推进环保产业发展的建议》《关于增强节水意识，推进城镇中水利用的建议》两份提案被列为1号和2号提案。民进信息工作取得长足的发展，从2003年至2007年，民进中央收到信息5000余条，向全国政协提供社情民意信息2000余条。2003年9月，在全国政协举行的信息工作先进单位和先进个人表彰会上，民进中央荣获"全国政协信息工作先进单位"称号。在2007年11月全国政协举行的政协第十届全国委员会优秀提案和先进承办单位表彰会上，民进中央关于建立企业财务监管机制、深化食品安全监管体制改革、尽快出台《出版物市场管理条例》、促进循环经济健康发展的四件提案被评为优秀提案，另有民进会员提交的17件个人提案也被评为优秀提案。

各级地方组织的提案工作和信息工作也不断取得较好成绩，仅在地方各级政协会议上提交的提案就有300多份被评为优秀提案，有120余份提案被确定为重点督办提案，北京、辽宁、福建、新疆、湖北、江苏、江西、浙江、吉林、宁夏、湖南、重庆、黑龙江、安徽和太原、宁波、宝鸡、岳阳等地方组织的提案或信息工作都受到了当地党政领导的重视和肯定。

(四) 广泛深入开展社会服务

2003年10月，民进全国社会服务工作会议在北京举行。会议强调社会服务工作的重要性，并对进一步加强社会服务工作作出了部署。从2003年至2007年，民进围绕促进西部大开发、振兴东北老工业基地和促进中部崛起等重大战略的实施，深入开展"科教扶贫、生态富民"示范项目和重点地区支边扶贫工作，把扶贫工作重点与当地实际结合起来，把人才培养和科技示范结合起来，把扶贫开发与生态环境保护结合起来，走"定点扶贫""科教扶贫""开发式扶贫"的路子，不断探索参政议政出实招与社会服务办实事有机结合的工作思路和途径，为改善贫困地区面貌带动农民脱贫致富作出了积极努力。民进中央还支持民办教育界会员和民营企业界会员做实事、作贡献，回馈社会和人民。

第七章
为全面建设小康社会作出新贡献

1. **定点扶贫工作取得新成绩**

河北省滦平县是国务院确定的民进中央机关定点帮扶县，民进中央出台多项措施支持滦平县的发展。一是不断加大科技扶贫力度，抓好科技培训和示范基地建设，联系北京市农业局、中国农业大学等单位，帮助滦平县发展种植山地菜和温室蔬菜；二是与中国科学院联合启动"滦平县科技扶贫生态富民示范工程"，建立"四倍体刺槐速生丰产饲料林示范基地"等七个示范项目，推动"百里白色长廊"生态型高效农业产业带的开发；三是在滦平县建立"科技扶贫生态富民培训中心"，为滦平县培训干部教师近千人；四是促进劳动力培训就业转移，帮助滦平县建立职业教育中心，几年间培训各种实用人才4000多人，并被确定为省级劳动力培训就业转移基地；五是宁波市委会先后联系多位港台爱国商人，为滦平县捐资建设七所希望学校，解决了3200多名学生上学难的问题；六是促进滦平县域支柱产业的发展。2005年，有数个北京农业产业化龙头企业将生产基地转移到滦平，带动当地近两万户农户脱贫致富，有力地推动了滦平县域经济的发展。经过坚持不懈的努力，滦平县于2007年完成了脱贫任务。

2. **重点扶贫工作取得新进展**

民进中央在贵州省黔西南州"星火计划、科技扶贫"试验区着力推进以金银花种植为主的智力支边工作。金银花的种植始于1998年5月，时值许嘉璐、张怀西赴黔西南考察，发现了这一个既能保护生态环境又能帮助农民脱贫致富的好项目，当即指示要认真加以研究，民进中央此后开始支持黔西南州安龙县德卧中学开展了金银花种植试验，并多次与国家林业局有关领导商讨此项目。2003年8月29日，《人民政协报》以"石漠绽放致富花——民进中央在黔西南地区以生态项目金银花种植帮助当地群众脱贫致富纪实"为题，对此项活动作了专门报道。在民进中央积极倡议下，2004年5月，由各民主党派中央、全国工商联和国家林业局共同建设的贵州黔西南30万亩金银花基地建设工程在贞丰县珉谷镇正式启动，在此后的三年多时间里，初步形成了"公司+基地+农户"的发展模式，金银花基地涉及黔西南州全部八个县市，共覆盖4.26万户18.25万人，取得了较好的生态效益、经济效益和社会效益。

以林业生态建设和教育文化帮扶为重点推进毕节"开发扶贫、生态建设"试验区的建设。2002年以后，民进中央主要领导多次赴毕节地区考察调研，与对口帮扶的金沙县委县政府共同开展了新农村建设中的示范村建设。民进中央把发展文教事业、培养人才作为支边工作的重点，先后从试验区组织100余名教师到北京、上海、湖南、江苏等地接受系统培训，并捐赠电脑、图书等帮助石场中学和西洛乡中心校、龙里学校的建设。以环境治理和生态建设为重点，民进中央还邀请中科院知名环保专家考察金沙环境污染与治理状况，帮助制定环保专项规划，启动了金沙县经果林基地建设。

3. 科教扶贫与服务西部大开发的工作取得新突破

民进中央继续推进"六个西进"，广泛开展科教扶贫活动，积极参与西部大开发战略和东北老工业基地战略的实施。经民进中央积极倡议推动，"关中星火产业带"与"河西走廊星火产业带"建设相继启动，民进中央主要领导多次带队深入甘肃、重庆等地调研，组织专家、企业家为星火产业带建设提供技术和资金支持。从2003年开始，民进中央相继组织了"百企入晋""百企龙江行""百企甘肃行"等活动，联系香港长江开发沪港促进会在重庆举办了主题为"新市场、机遇和增长"的"CEO真知灼见论坛重庆论坛"，组织企业家会员参加"第二届海峡两岸企业发展与合作论坛"，促进国内外企业参与西部大开发和东北老工业基地的振兴。民进中央与科技部继续共同推进"青年星火西进计划"，命名贵州省安龙县德卧中学、甘肃省酒泉职业高中、重庆市永川松溉职业高中、河北省滦平县等为全国首批青年星火西进计划示范基地。积极探索以实施"生态家园富民计划"项目为载体开展科教扶贫工作，民进中央主动争取农业部支持，支持吉林、辽宁、江西、广西、陕西、甘肃等省民进组织参加，进一步在实践中探索生态与富民相结合的有效途径，延安民进的舍饲养殖扶贫项目、山西民进的种植业扶贫项目、广西民进的生态能源文明小康村建设、四川民进的"进康合作"项目，都取得了富民和生态、社会、政治等多重效益。据不完全统计，从2000年到2003年的四年时间里，民进各级组织和会员共开展扶贫活动3019次，有36150人次参加，使606448人受益；从2003年到2007年，民进在"走进西部——城乡少年手拉手助学活动"中共结对18150对、资助贫困生15714名，组织几十名发达地区优秀教师到黔西南、遵义等地义务讲学，培训当地教师1000余名，为8000名学生上义务课，北京、上海、江苏、浙江等省级组织还先后成立了西部教师培训站，有力促进了西部地区科技教育事业的发展。

4. 民办教育界会员、民营企业界会员工作呈现新局面

民进各级组织认真贯彻"积极鼓励、大力支持，正确引导、加强管理"的方针，民办教育界会员工作呈现新局面。关注民办学校面临的困难和问题，协调有关部门帮助解决。通过多次举办民办教育论坛，联合中华职教社等单位对河南、四川等地民办教育状况进行调研，为完善《民办教育促进法》及配套政策提出意见建议。

据不完全统计，到2007年，民进各级组织和会员创办各类民办学校312所，教师总数24215人，在校生276883人，累计毕结业生1900239人，资产共计297891.77万元。这些民办学校积极参与社会公益事业，共资助贫困学生17994人，资助金额达4066万余元，培训下岗职工21140人，民进会员黄藤创办的西安外事学院仅在2006年就协助政府免费接收了1576名失学学生。

各级组织贯彻"教育、引导、支持、服务"的方针，认真开展工作，为加强与企业界会员的沟通联系，到2007年已有十余个民进省级组织成立了企业界会员联谊会，发挥了积极作用。截至2007年，民进有民营企业界会员约1000人，其中各级人大代表43人、各级政协委员206人，向社会捐资3.78多亿元，协助政府安置下岗职工和扶助灾区孤儿近5万人，捐建希望学校1012所。由于在下岗职工再就业工作中贡献突出，民进会员李国武任总经理的湖南临湘市民营企业富食村、尹明善任董事长的重庆力帆集团，被劳动和社会保障部评为"全国就业和社会保障先进

民营企业"。

民进各级组织和广大会员在社会服务工作中作出了突出贡献，受到有关方面的褒奖。在2005年国务院举行的第四次全国民族团结进步表彰大会上，民进四川省委会、云南省委会荣获先进集体称号，龙耀宏、李士杰、马文宝等三位会员荣获先进个人称号；在2006年国家科技部召开的全国星火计划和科技扶贫总结表彰会上，民进贵州省委会被授予星火科技先进集体；在2006年中共中央统战部举行的"各民主党派、工商联、无党派人士为全面建设小康社会作贡献经验交流暨表彰大会"上，民进有15个先进集体和50名先进个人受到表彰。

2006年9月，民进中央分别召开了民进全国社会服务工作经验交流暨表彰大会和民进为全面建设小康社会作贡献先进集体、先进个人表彰暨座谈会。民进全国社会服务工作经验交流暨表彰大会上，授予50个地方组织和基层组织"民进全国社会服务工作先进集体"称号，75名会员"民进全国社会服务工作先进个人"称号。民进为全面建设小康社会作贡献先进集体、先进个人表彰暨座谈会上，授予29个地方组织和基层组织"民进为全面建设小康社会作贡献先进集体"称号，50名会员"民进为全面建设小康社会作贡献先进个人"称号。

5. 港澳台联谊工作取得新发展

针对两岸关系和"一国两制"实践出现的新情况，民进中央通过"走出去、请进来"等多种形式，主动积极地开展工作，寓争取人心于交流之中。在港澳工作中，每年接待港澳访问团组和各界知名人士几十批次、近千人次，民进中央领导应邀会见了"香港中小学教师国情与通识教育高级研修班""北京大学—香港大学暑期研修班"等港澳各界人士，邀请香港大学、香港中文大学、香港教育学院等十所学校师生参加"香港—黄石英语夏令营"活动。民进中央主要领导应香港浸会大学、香港新世纪论坛、澳门中华文化交流协会等学校和爱国团体的邀请，到港澳访问讲学，宣传中央的方针政策。在对台交流方面，连续举办四届"海峡两岸中华传统文化与现代化研讨会"、两届"海峡两岸中学校长教育论坛"、两届"海峡两岸企业发展与合作论坛"等多场规模较大的对台交流活动，累计参加人员 3000 多人次。民进中央主要领导应邀出席第二届海峡两岸经济区论坛开幕式等活动，会见新党负责人、全球华人反独促统联盟访问团、台北大学师生访问团，并以叶圣陶研究会的名义组织教育出版参访团赴台交流考察。各级组织积极响应民进中央号召，北京、广东、福建、上海、广西、天津、浙江、江西、湖北、陕西、甘肃、新疆等地方组织，通过来访接待、座谈交流、举办摄影展、吸引捐资助学等形式，加强与港澳台的联系，呈现出协调一致共同做好港澳台联谊工作的局面。

（五）抗击"非典"，竭尽全力

2003 年初春，我国部分省市出现非典型性肺炎。在这场突如其来的灾害面前，民进与全国人民一道，共同谱写了和衷共济、共克时艰的壮丽诗篇。

按照中共中央、国务院的统一部署，民进中央加强领导，积极行动，沉着应对，迅速采取防治措施，4 月 21 日向全会发出通知，要求各级组织高度重视"非典"的防治任务，结合"三增强""四热爱"教育活动，夺取"非典"防治工作的全面胜利。同日，民进中央向北京人民医院等 11 所医院发出致敬信，代表八万多民进会员向战斗在抗击"非典"第一线的医务工作者们致以最崇高的敬意和最衷心的慰问。在 4 月 30 日各民主党派、工商联参加的防治"非典"工作座谈会上，许嘉璐对国家防治"非典"工作提出了四点建议。5 月 16 日，民进中央发出致奋战在抗击"非典"第一线的民进会员的致敬信。5 月 19 日，许嘉璐和张怀西联名向国务院提交了一份有关抗击"非典"的建议，得到温家宝总理的高度重视并作出批示。

民进各级地方组织纷纷行动起来，通过发出慰问信、组织义诊队伍下农村、到一线慰问医务工作者、到社区开展宣传、发动会员和企业家捐款捐物等，积极投入到抗击"非典"的斗争之中。各级组织和广大会员在这场斗争中受到了锻炼和教育，展示了民进作为参政党的良好形象。

7月2日，民进中央发出《关于通报表彰在抗击"非典"斗争中做出突出贡献的"优秀民进会员"的通知》，7月20日，民进中央在人民大会堂隆重召开抗击"非典"斗争优秀民进会员座谈会，决定授予在抗击"非典"斗争中表现突出的114名会员"优秀民进会员"称号。北京大学第一医院呼吸内科副主任王广发、天津市科委副主任兼市防治"非典"科技攻关专项组副组长何志敏、辽宁省辽阳市副市长姜军、哈尔滨工业大学机电工程学院院长邓宗全、上海上信电子商务有限公司总裁邓莹、浙江省浙医二院ICU室主治医生李立斌、郑州市儿童医院呼吸内科主任沈照波、广州美术学院民进支部主任贾云、重庆力帆集团董事长尹明善、陕西西安华海医疗信息技术股份有限公司董事长张孝林等，成为全会抗击"非典"斗争的先进典型。

（六）切实加强自身建设

民进各级组织紧紧抓住政治交接这个主题，坚持以邓小平理论和"三个代表"重要思想为指导，深入贯彻落实科学发展观，通过扎扎实实地加强思想建设和组织建设，推动民进自身建设不断提高到新水平。

（七）思想建设主题明确，全会齐动，更加富有成效

2003年9月，民进全国宣传思想工作会议在杭州萧山举行，许嘉璐、张怀西、王佐书等民进中央领导同志出席会议。时任中共浙江省委书记的习近平同志致电许嘉璐主席对会议的召开表示祝贺。许嘉璐主席在开幕式上作重要讲话，王佐书作了题为《求真务实，开拓创新，把宣传思想工作提高到一个新水平》的工作报告，张怀西作会议总结讲话。2003年6月12日，民进中央举行在京常委会议，专题研究学习和实践"三个代表"重要思想的问题，当日向各省级组织发出《关于认真组织学习"三个代表"重要思想学习纲要的通知》。2004年5月，民进学习实践"三个代表"重要思想研讨会在四川成都举行，王佐书在开幕式上致辞，并作题为《以"三个代表"重要思想为指导，加强理论建设，开创民进工作新

局面》的讲话。各级组织贯彻会议精神，深入开展主题学习教育活动，适应本年度"培训年"的需要，努力为落实政治交接、建设高素质参政党奠定坚实的思想基础，通过七个方面的工作，推进思想建设，把宣传思想工作开展得有声有色、脚踏实地。

1. 坚持以科学理论武装思想，推动形成社会主义核心价值体系倡导的价值观

2003年12月，许嘉璐为民进杭州市委会成立50周年题词"继承传统，以党为师。立会为公，参政为民"，这16个字是对民进近60年优良传统的凝练总结，被镌刻在民进中央机关大厅的屏风上。民进中央通过组织学习会、报告会、研讨会和宣讲团等，把理论学习不断引向深入。为了推动主席例会的理论学习，从2003年至2007年，民进中央领导在中央报刊发表学习文章147篇，民进中央中心学习组组织专题学习和报告会31场次，推动全会形成浓厚的学习风气。

2. 持续加强思想政治工作，不断巩固和深化政治交接

各级组织始终把思想政治工作作为落实政治交接的一项重要任务，紧密结合会内外实际，使思想政治工作取得了新的进步。民进中央先后赴华北、华东、西南、华南等十余个省区市对新一代会员的思想状况和特点开展调查研究，并与16个省级组织联合开展"民进会员思想状况"的问卷调查，较好地掌握了会员的思想动态。在此基础上，民进中央提出了"增强针对性和时效性，提高渗透力和说服力"的思想政治工作思路，采取了"变单向灌输为面对面交流""有针对性地从理论上回答会员中的一些思想认识问题"等举措。

2007年，民进中央在全会深入开展了以"坚持走中国特色社会主义政治发展道路"为主题的政治交接学习教育活动。这次学习教育活动，着力开展邓小平理论、"三个代表"重要思想和科学发展观的学习教育；开展基本国情和形势政策的学习教育；开展多党合作历史与理论的学习教育；开展民进会史、会章和优良传统的学习教育。通过学习教育活动，达到了基本实现"三提高三增强"的阶段性目标：广大会员的思想政治素

质明显提高，自觉接受中国共产党的领导、坚持走中国特色政治发展道路的信念显著增强；各级领导班子的整体素质明显提高，各级组织对会员的感召力显著增强；各级组织和骨干会员参政议政水平明显提高，参与社会主义现代化建设的实践能力显著增强。

3. 以重大事件为契机，思想政治工作取得新成效

以重要节日和纪念日为契机，通过座谈会、报告会、演讲会、大型文艺演出、书画摄影展览、征文、知识竞赛等形式，开展了丰富多彩的教育活动。2003年5月至7月，民进结合抗击"非典"斗争，深入开展了"三增强""四热爱"教育活动。2005年和2006年，中共中央相继颁发《关于进一步加强中国共产党领导的多党合作和政治协商制度建设的意见》《关于加强人民政协工作的意见》两个5号文件，这是新世纪新阶段指导我国多党合作和人民政协事业发展的纲领性文件。民进中央对学习、宣传和贯彻两个5号文件高度重视，精心部署，要求各级组织和广大会员深刻领会其中的新观点、新政策。行之有效的思想政治工作结出了丰硕的果实，全会对新世纪参政党地位、性质和历史使命的理解进一步得到加深，对坚持接受共产党的领导、走中国特色社会主义政治发展道路的自觉性和坚定性进一步得到增强，参政党意识、大局意识和奉献意识进一步得到提升，民进的优良传统和老一辈的优秀品质进一步得到弘扬。

4. 建立健全工作制度机制

民进中央通过建立年度宣传工作要点和宣传思想领域重要情况通报、宣传报道情况定期通报交流、地方组织会刊审读和优秀作品推荐、聘请和评选优秀通讯报道员等制度，基本形成指导与服务、互通情况与团结协作、信息反馈和激励的工作网络和协调机制，提高了全会宣传思想工作制度化规范化水平。

5. 重视宣传思想干部队伍建设

民进中央多次举办全国宣传干部培训班、通讯员培训班，为各地培训宣传报道骨干300余人，在全会建立起上下贯通、左右联系的宣传报道工作网络，提高了宣传干部的政治素质和业务素质。宣传工作逐步打破自我

循环，使宣传工作从会内走向会外；逐步解决了"宣传资源多、宣传手段少"和"宣传任务重、宣传人手少"的矛盾，使宣传工作从中央延伸到地方；逐步突破海峡局限，使宣传工作从内地走向港澳台，扭转了"会内宣传多，会外宣传少"的状况，宣传工作呈现了规模大、数量多、渠道宽、覆盖面广的局面，尤其是不少省级组织的宣传报道力度有了新的突破，仅在2004年就有9个省级、13个副省级和地市组织的报道在中央级报刊上见报，在会内外产生了积极的社会影响，树立了民进的良好形象。

6. 巩固宣传思想阵地

民进中央主办的《民主》杂志、《民进会讯》、开明出版社和各地方组织的会刊，坚持正确的办刊办社宗旨和舆论导向，宣传统战理论方针政策，交流会务工作信息，满足会员多方面的文化需求，在加强思想建设、指导和推动全会工作上发挥了重要作用。

中国民主促进会网站的建立是民进开拓网络宣传思想阵地建设的重要标志。为适应新形势下宣传思想工作的需要，网站于2001年末开始筹建，2002年9月开通试运行，2003年6月29日正式开通，2006年进行了全面改版和技术升级。网站建立后，紧密结合形势和中心工作制作近40个专题，为广大会员及时了解国家时事、学习多党合作理论政策等提供了重要参考。设立"同舟时评""在线交流"等栏目，对会员关心的热点难点问题及时进行交流和引导。各省级组织也纷纷建立网站和网页，与民进中央形成网络宣传的合力，日益成为加强思想政治工作的重要平台之一。

7. 加强理论研究和会史工作

民进中央切实推动参政党的理论创新，弘扬改革创新的时代精神，先后举行学习实践"三个代表"重要思想研讨会、新世纪参政党建设理论研讨会和会史暨统战理论研讨会，围绕"三个代表"重要思想、"新世纪参政党建设"和"继承优良传统，弘扬时代精神"的主题，研究问题，交流成果，部署工作。2003年，民进中央决定成立会史工作领导小组，在研究室内设会史工作办公室，并于2006年制定《民进中央关于加强会史工作的意见》。民进从三个方面着力开展会史工作：一是收集抢救会史资料，编纂了四册《民进会史资料选辑》，整理了 1995 年至 2005 年的大事记，出版了《马叙伦》《王绍鏊》等主要领导人和创始人的传略，不少地方组织还编写了地方史志、代表人物传记及工作成果汇编等。二是开展宣传学习，民进中央对"民进会史展览"进行了调整，制作了《中国民主促进会会史》图库光盘和幻灯片各一套，编辑出版了《雷洁琼文集（1994—2003）》《雷洁琼画册》，出版了《中国民主促进会成立 60 周年纪念专辑》，完成了《中国民主促进会成立 60 周年专题片》的摄制工作，和上海市委会一起对民进成立旧址进行了再确认和建设工作，协助有关方面拍摄了电影故事片《叶圣陶在甪直》和电视专题片《雷洁琼》。三是举办各种纪念活动，以民进成立 60 周年和民进主要创始人、领导人诞辰为契机，通过多种生动活泼的形式，在全会形成了学习会史、宣传会史的浓厚氛围。

2007 年 7 月，民进全国思想政治工作会议在北京举行。王佐书在会上作题为《努力开创民进思想政治工作的新局面》的工作报告。同年 12 月，民进政治交接学习教育活动工作会议在京举行。这两次会议总结了全会思想政治工作取得的成绩和经验，对今后工作提出了更高的要求。

（八）组织建设突出重点，创新方法，着眼固本强基

2003 年 2 月，民进十一届二次主席会议确定 2003 年是全会的"培训年"，而后又陆续对各年度重点工作作出部署，2004 年为"组织建设年"，2005 年和 2006 年根据工作任务和队伍建设的实际，重点发展了一大批文化艺术、出版领域的优秀人才，为民进更好地履行职能奠定了人才基础。2007 年是"换届年"，全会将换届工作与加强领导班子建设有效结合，与开展政治交接学习教育活动有效结合，在顺利完成新老交替的同时，各级领导班子的思想建设、作风建设、制度建设和组织建设都得到了加强。民进从五个方面扎实地推动全会的组织建设。

1. 搞好新老交替基础上的政治交接，领导班子建设跃上新台阶

搞好政治交接是保证多党合作长期存在和发展的前提，也是民进顺利

实现新老交接、不断巩固和发展的需要，建设一个政治坚定、团结合作、工作高效、关系和谐的领导班子集体是实现政治交接的关键。2002年实现整体性换代后，民进各级组织领导班子成员更加知识化、年轻化，更加富于活力和创造力，通过学习统一战线和多党合作理论、学习民进优良传统和会务知识，尽快实现了角色转换的紧迫任务。政治交接、新老交替是一个不断推进的历史过程，领导班子建设也必须贯穿始终。为进一步改善中央委员的年龄结构，保证换届后各项工作的平稳过渡，2005年12月召开的民进十一届四中全会采用"加长板凳、先进后出"的办法进行了"届中调整"，同意蔡睿贤辞去民进中央副主席，增补罗富和为民进中央副主席，选拔了21位50岁以下、政治素质好、有较强参政议政能力和组织领导能力的中青年骨干会员进入中央委员会，推进了领导班子成员的年轻化。2006年新一轮换届工作进入筹备阶段后，民进中央注重提高领导班子成员的政治把握能力、参政议政能力、组织领导能力、合作共事能力，努力建设自觉接受中国共产党的领导，坚持走中国特色社会主义政治发展道路，经得起各种风浪考验，团结和带领广大成员坚定不移地同中国共产党一道前进的政治坚定、民主团结、工作高效、关系和谐、廉洁自律的领导班子。2007年省级组织换届工作结束后，又专门举办新任省级组织主委培训班，对17位新任主委进行了以搞好政治交接为主题的系统培训。

2. 围绕中心、调整战略，组织发展迈出新步伐

2003年2月召开的民进中央主席会议强调，组织发展是参政党存在的基础，组织建设的首要任务是继续大力物色、确定、培养后备干部，既要在"老阵地"又要在"新领域"多下功夫，把那些既有代表性又有社会影响的人吸收到民进来，不拘一格揽人才。民进各级组织坚持"发展是为了工作"和"在工作中发展"的原则，根据全会工作任务和队伍建设的实际，围绕参政议政中心工作，适时调整战略，不断推进组织发展工作。民进中央在2004年选择、物色了一批不同领域的高素质中青年人才，并直接发展了30余位高层次人才入会。

为了巩固出版这个"老阵地"，做好出版体制改革这个参政议政的重

点课题，民进中央于2005年启动了出版界会员发展计划，民进中央领导分别与国家新闻出版总署、在京出版单位领导座谈，并走访16家在京出版社，先后与200余位出版业务骨干座谈或交流。通过这些活动，一大批副社长、编审、高级编辑加入民进并积极建言献策，提交了有关出版体制改革问题的意见建议，有力地支持了民进的参政议政工作。2006年，为配合加强"大文化"领域参政议政的工作，启动了文化艺术界会员发展工作计划，着重在文化艺术领域进行组织发展，民进中央领导与中国文联及其下属的11个团体领导进行座谈，先后走访北京人民艺术剧院、中国音乐学院、北京儿童艺术剧院等文艺团体，直接发展多名高层次文化艺术界人士入会。

通过有针对性地加大组织发展力度，"新领域"也有较大发展，民进会员的知识结构、界别结构、年龄结构得到明显改善。截至2007年，民进会员总数10.5万人，比2002年新增2.6万人、增长26%，其中教育、文化、出版界会员约8万人，比5年前增加1万多人。从年龄结构看，全会成员平均年龄50.3岁，其中40岁以下会员占27.6%，41至60岁会员占44.4%，60岁以上会员占28%；从界别分布看，教育界占68.4%（高教13.2%，普教55.2%），文化艺术界占6.1%，新闻出版界占2.1%，科技界占2.5%，医药卫生界占5.9%，经济界占6.7%；从性别比例看，女会员约占46.5%。全会成员中有各级人大代表1757人，各级政协委员9227人，在政府及司法机关担任处级以上领导职务的624人，其中省部级以上领导职务的5人，各级特约检察员、监督员、教育督导员、审计员1700多人。

3. 重视会员培训和人才推荐，"两支队伍"建设得到新进展

"两支队伍"，一是指后备干部和骨干会员队伍，二是指专职干部队伍。2003年以来，民进中央高度重视"两支队伍"建设，在队伍的管理、培训、推荐和任用等方面逐步形成了制度化、规范化的工作程序，积极营造育才、聚才、用才的良好环境，为民进更好履行参政党职能做好人才储备。民进中央建立了后备干部人才库，并实行动态管理和分级管理，建立了从发现选拔、培养锻炼，到管理考核、推荐使用的一整套工作机制，到

第七章
为全面建设小康社会作出新贡献

2006年年底，民进后备干部队伍初具规模，中央和省级组织后备干部分别达到350余人和500余人。为了加强"两支队伍"建设，各级组织进一步加大培训力度，民进中央共选送近400名各级领导班子成员、后备干部和会务骨干参加了30多期各种类型的进修班、培训班和出国研修班，各级地方组织共举办培训班、研讨班或者以会代训600余次，参加培训的各级常委、委员、骨干会员、新会员、专职干部累计达19600余人次。民进中央把人才推荐作为"两支队伍"建设的一个重要方面，五年间向有关方面推荐20余名会员担任国家特约监察员、检察员、审计员、教育督导员和国土资源监察员，推荐十多名会员担任全国青联、中华海外联谊会、中华民族文化促进会等团体的委员、理事。在专职干部队伍建设方面，民进中央坚持将专职干部队伍建设与机关建设相结合，让整个机关和各个部门都体现出时代性、把握住规律性、提高创造性，成为能够有所预见，能够应对任何局面的集体。通过加强机关制度建设、队伍建设、文化建设和信息化建设，机关专职干部队伍的建设取得新的成效。具体做法是：健全机关制度建设，编写《民进中央机关管理制度汇编》《民进中央工作手册》，进一步推动机关工作的规范化程序化标准化；通过定岗定员定编的"三定"工作、轮岗交流、公务员招录、竞争上岗、初任培训、任职培训、挂职锻炼，制定干部培训规划、干部队伍建设规划，并于2007年举办了首届处长工作研讨会；通过制定机关文化建设规划纲要、文化建设规划，发挥机关工会、民进支部、党支部、团总支的作用，逐步形成与时代要求相适应的民进中央机关文化；把提高信息化水平作为加强机关建设的重要手段，推进内部信息交换、公文处理、档案查询、行政管理、视频点播的网络化。2007年7月，民进全国机关建设工作会议在京召开，这次会议对进一步加强机关制度建设、作风建设、文化建设，建设一支政治坚定、业务精通、作风过硬、纪律严明的干部队伍，起到了重要的推动作用。

4. 夯实基础、加强指导，基层组织建设和组织管理工作增添新活力

民进中央于2004年分赴28个省级组织进行调研，召开70余个专题座谈会，与2000余名基层会员和专职干部进行面对面交流，掌握基层组

织建设大量的第一手资料，深入了解基层组织工作的规律和特点，不断探索加强基层组织建设的新方法新形式。在此基础上，通过举办"基层组织建设成果展"，召开"民进全国基层组织建设工作暨先进基层组织表彰大会"，制定印发《中国民主促进会基层组织工作条例》，总结了先进经验，表彰了先进典型，展示了基层组织建设的新成果和基层会员的新风貌，并规范了基层组织的名称、主要职责、选举产生、运行机制、日常工作、工作原则、会费收缴等问题，提出了加强基层组织建设的目标、方向和具体做法，明确了基层组织工作的依据和准则。2005年民进中央分别在北京、山西、河北选择了七个基层支部，作为首批"民进中央基层工作联系点"，通过与联系点支部保持制度化的直接联系，了解情况、传达信息、提供服务、推动工作，使得民进中央组织工作的层面得以向下延伸，可以加强对基层工作面对面的指导，广大基层会员也可以更多更快地听到民进中央的声音，起到了情感互通、工作互动的重要作用。

5. 积极探索组织管理的新方法

为适应建设高素质参政党的要求，进一步提高全会的组织管理水平，民进中央以软件建设（开发和使用"组织信息管理软件"）和纽带建设（建立组织部门之间的联系联络纽带）为抓手，积极探索组织管理的新方法。从2004年开始，民进中央自行研制开发成功"组织信息管理软件"，稳步推进各级组织和会员的信息录入工作。同时，民进中央与各地方组织的组织部门之间建立起定期的联系联络机制，上情下达、下情上达，密切民进中央与地方的关系，促进中央与地方的信息互通、工作互动、感情联络，提高了地方组织的工作积极性，促进了全会组织管理工作水平的提高。

（九）庆祝民进成立60周年

2005年是中国民主促进会成立60周年。各级组织以此为契机，以"继承传统，开拓创新"为主题，通过纪念大会、座谈会、文艺演出、征文、诗歌朗诵会、书法摄影展、知识竞赛、演讲比赛等多种形式，开展了丰富多彩、生动活泼的庆祝活动。

第七章
为全面建设小康社会作出新贡献

2005年11月28日，全体会员衷心爱戴的五位民进历任领导人马叙伦、周建人、叶圣陶、雷洁琼、赵朴初的半身胸像落成揭幕仪式在民进中央机关举行。五尊半身胸像由民进中央委托民进会员、常州画家、雕塑家许琪萍创作。五位领导人的雕塑面含微笑，栩栩如生，充分展示了他们的智慧、气质、风度和亲和力。

2005年12月9日，中国民主促进会成立60周年纪念大会在北京人民大会堂隆重举行。民进中央名誉主席雷洁琼发来热情洋溢的贺信。

许嘉璐在庆祝大会上作了重要讲话。他说，60年前，民进成立之初只有40多人，现在已经发展成为一个有29个省级组织，拥有9.6万余名会员的参政党。认真总结和汲取民进60年的历史经验，对于建设适应时代发展要求的高素质的参政党，对于实现民主党派在新世纪新阶段的历史使命至关重要。

第一，必须坚定不移地接受中国共产党的领导，走中国特色社会主义的道路。这是中国共产党和各民主党派实行多党合作的政治基础，是民进始终沿着正确政治方向前进的根本保证。

第二，必须自觉用科学的世界观和方法论指导实践。这是民主党派工作和我国多党合作事业具有光明前途、蓬勃生机和旺盛活力的内在要求。

第三，必须坚持继承传统、以党为师、立会为公、参政为民。这是民进历届领导集体、民进各级组织和广大会员在长期实践和发展中形成的共同价值理念。

第四，必须坚持围绕中心、服务大局，发挥优势、体现特色。这是民进有效发挥参政党作用必须遵循的工作方针。

许嘉璐强调，民进要牢记会的光荣历史，弘扬会的优良传统，坚持会的历史经验，确保中国特色政党制度的延续和发展，确保老一辈领导集体的政治信念、优秀质量、民主作风的延续和发展，从而使民进在多党合作中的政治方向不变，参政党的进步性与广泛性不变，与中国共产党团结合作的基本政治原则不变。

许嘉璐要求，面对新的历史环境，展望民进的未来前景，我们必须认清新的形势和任务，抓住机遇，迎接挑战；必须与时俱进加强自身建设，在继承的基础上发展创新；必须全力为推进中国特色社会主义事业作出新贡献。努力把民进建设成为适应时代发展要求的高素质的参政党，为巩固和发展中国共产党领导的多党合作事业，为实现全面建设小康社会的宏伟目标而不懈奋斗。

中共中央政治局常委李长春代表中共中央宣读贺词。贺词肯定了民进的光荣历史，指出："在60年的风雨征程中，民进始终与中国共产党同舟共济、团结合作，形成了坚持接受中国共产党领导、'爱国、民主、团结、求实'的优良传统。""60年的历史充分证明，中国民主促进会不愧为同中国共产党风雨同舟、荣辱与共的亲密友党，不愧为建设中国特色社会主义、实现中华民族伟大复兴的一支重要力量。"

贺词表示："我们真诚地希望，中国民主促进会继续发扬优良传统，认真履行参政党职能，大力加强自身建设，在全面建设小康社会、实现中华民族伟大复兴的历史进程中，发挥更大作用，作出新的贡献。"

全国人大常委会副委员长、农工党中央主席蒋正华代表各民主党派中央、全国工商联致贺词。复旦大学副校长蔡达峰代表全国民进会员发言。会议还宣读了《中国民主促进会成立60周年纪念大会致全国会员书》。

民进60周年系列庆祝活动，是一次宣传民进光荣历史、继承民进光荣传统、促进民进政治交接的活动。民进各级组织在庆祝活动中，把纪念民进成立60周年与宣传会史、总结历史经验结合起来，增强了全会的责任感和使命感；把纪念民进成立60周年与学习前辈风范、弘扬优秀传统结合起来，增强了全会的向心力和凝聚力；把纪念民进成立60周年与普及多党合作、会章会史知识和自我教育结合起来，坚定了全会坚持和完善中国共产党领导的多党合作和政治协商制度的信念；把纪念民进成立60周年与加强会内外的宣传结合起来，扩大了民进的社会影响。全会同志更加自觉地团结在中国共产党周围，以更加饱满的精神、更加昂扬的斗志，放眼全局，立足本职，为全面建设小康社会、推进中国特色社会主义伟大事业而努力奋斗。

二、坚持"有思有行、集智聚力、顺势而为、开拓创新"的工作方针

（一）第十次全国代表大会

中国共产党第十七次全国代表大会于2007年10月15日至21日在北京召开。十七大的主题是：高举中国特色社会主义伟大旗帜，以邓小平理论和"三个代表"重要思想为指导，深入贯彻落实科学发展观，继续解放思想，坚持改革开放，推动科学发展，促进社会和谐，为夺取全面建设小康社会新胜利而奋斗。胡锦涛代表第十六届中央委员会向大会作了题为《高举中国特色社会主义伟大旗帜，为夺取全面建设小康社会新胜利而奋斗》的报告。报告首次对马克思主义中国化第二次飞跃的理论成果——中国特色社会主义理论体系作了概括。创造性地提出并深刻阐述中国特色社会主义理论体系，将科学发展观写入党章，是中共十七大的重大理论贡献。中共十七大在新的历史起点上，提出实现全面建设小康社会奋斗目标的新要求，从思想上、政治上、组织上为夺取全面建设小康社会新胜利、不断开创中国特色社会主义事业新局面提供了根本保证。民进各级组织、广大会员认真学习贯彻中共十七大精神，统一了思想认识，明确了前进方向，为开好民进十大作了充分的思想准备。

2007年12月1日至7日，民进第十次全国代表大会在北京召开。12月1日上午在北京人民大会堂举行开幕式。中共中央政治局常委李克强，中共中央政治局委员、全国政协副主席、中央统战部部长刘延东，全国人大常委会副委员长兼秘书长盛华仁，国务委员陈至立，全国政协副主席徐匡迪，中央国家机关有关部门、各民主党派中央、全国工商联和有关人民团体负责人，大会主席团常务主席许嘉璐、张怀西、严隽琪、陈难先、潘贵玉、王佐书、贺旻、罗富和，民进中央名誉副主席楚庄，民进中央顾问王鸿

祯、方明在主席台就座，民进十大代表及列席人员700余人参加了开幕式。

开幕式由大会主席团常务主席严隽琪主持。大会主席团常务主席张怀西致开幕词。大会的主题是：认真学习贯彻中共十七大精神，高举中国特色社会主义伟大旗帜，以邓小平理论和"三个代表"重要思想为指导，深入贯彻落实科学发展观，坚持走中国特色社会主义道路，深化政治交接，推进高素质参政党建设，为我国经济建设、政治建设、文化建设、社会建设作出新贡献。大会的主要任务是：深入学习贯彻中共十七大精神，听取和审议民进第十一届中央委员会报告，审议通过《中国民主促进会章程修正案》，选举民进第十二届中央委员会。

李克强代表中共中央致贺词。贺词说，中国民主促进会具有光荣历史和优良传统，一代又一代民进中央领导人带领广大成员同中国共产党亲密合作、团结奋斗，为统一战线和我国社会主义多党合作事业发展作出了重要贡献，民进不愧是中国共产党的亲密友党，是促进社会主义现代化建设、维护国家安全团结的重要力量。贺词说，五年来，民进坚持以邓小平理论和"三个代表"重要思想为指导，深入贯彻落实科学发展观，积极履行参政议政、民主监督职能，团结带领广大成员积极投身改革发展的伟大实践，为建设中国特色社会主义事业作出了新的贡献。贺词指出，中国民主促进会第十次全国代表大会，是在新的历史时期召开的一次重要会议。相信民进新一届中央领导机构一定能够团结带领广大成员，深入开展中国特色社会主义主题学习教育活动，切实搞好政治交接，继承和发扬同中国共产党亲密合作的优良传统，肩负起历史赋予的使命和广大成员的重托，为促进我国经济、政治、文化、社会建设作出新贡献；努力适应新形势新任务的要求，以务实创新的精神，全面加强自身建设，积极开创民进工作新局面；充分发挥联系教育、文化、出版界高中级知识分子的特点和优势，切实履行参政议政、民主监督职能，在建设社会主义核心价值体系、弘扬中华文化、倡导良好思想道德风尚、提高全民族文明素质等方面，发挥更大作用，为推动社会主义文化大发展大繁荣作出贡献。中共中央贺词对民进给予了充分肯定，指明了今后的前进方向，给与会全体代表以极大的鼓舞。

全国人大常委会副委员长、九三学社中央主席韩启德代表各民主党派中央和全国工商联致贺词。

受民进第十一届中央委员会的委托，许嘉璐作了题为《高举旗帜，团结奋进，为全面建设小康社会做出新的贡献》的报告。报告回顾了民进九大以来的工作，总结了民进建设高素质参政党的八条经验和体会。报告强调，今后五年，民进要认真学习贯彻中共十七大精神，高举中国特色社会主义伟大旗帜，牢固树立全会的共同价值理念；走中国特色社会主义政治发展道路，坚持和完善中国共产党领导的多党合作和政治协商制度，准确把握参政党建设的方向，进一步加强高素质参政党建设，促进政党关系和谐发展；以科学发展观统揽全会工作，认真履行参政党职责，在新的历史时期作出新的贡献，为促进科学发展、社会和谐、实现祖国统一贡献智慧和力量；以创新的精神全面推进自身建设，建立和完善会务工作的新机制，不断增强全会的生机与活力。

王立平作了关于《中国民主促进会章程修正案（草案）》的报告。会章修改的主要内容有：将关于民主党派性质和作用的新论断写入民进章程；将"高举中国特色社会主义伟大旗帜""全面贯彻落实科学发展观""构建社会主义和谐社会"等内容写进民进的政治纲领；对章程中原有的"四个必须坚持"调整增加为"五个必须坚持"，突出了坚持走中国特色社会主义政治发展道路的要求；提出"以发展为第一要务，围绕中心，服务大局"是民进参与协商决策和进行民主监督的重要原则；把学习"科学发展观等重大战略思想"列入民进思想建设的内容；对领导班子建设作出了新规定；提出把机关建设与贯彻国家公务员法相结合；增加了加强会史研究、参政党理论研究等；增加了设立中央监督委员会的内容。这些新的规定和表述，比较全面系统地概括了民进九大以来加强自身建设的基本经验，对于把民进建设成为高素质的参政党具有重要意义。

12月5日下午，大会选举出由197名委员组成的第十二届中央委员会。新一届中央委员平均年龄为50.2岁，具有大专以上学历的占98.4%。

一批政治素质好的新一代代表性人士进入中央委员会，使中央委员会的知识结构、专业结构、年龄结构得到进一步优化。12月6日举行的民进十二届一中全会，选举产生了由45人组成的新一届中央常务委员会，选举严隽琪为主席，罗富和、冯骥才、潘贵玉、王佐书、贺旻、刘新成、蔡达峰、朱永新、张帆为副主席。在随后召开的民进十二届一次主席会议上，任命罗富和为常务副主席，任命王佐书、朱永新为专职副主席，任命赵光华为秘书长。

12月7日上午，大会举行闭幕式。通过了《中国民主促进会第十次全国代表大会给各位光荣离任同志的致敬信》，审议通过了《中国民主促进会第十次全国代表大会决议》。许嘉璐在闭幕式上发表讲话说：民进十大是一个团结的大会、奋进的大会、和谐的大会。我为民进十年来的巨大成绩而高兴，为民进扎实的前进步伐感到骄傲，为这次代表大会体现的民进精神而兴奋、欣慰，并向新一届中央委员会领导集体表示衷心的祝贺。

严隽琪主席在闭幕讲话上表示，这次大会将是民进发展历史上一个新的起点。新一届中央委员会一定不辜负全体代表的重托，不辜负全体会员的期望，继承和发扬民进的光荣传统，自觉坚持中国共产党领导，切实联系广大会员，团结带领全会切实加强自身建设，认真履行参政党的职责，为全面建设小康社会作出新贡献；要把民进新一届中央领导班子，建设成为政治坚定、作风民主、求实创新、团结和谐、工作高效、廉洁自律的领导集体，把民进老一辈领导人开创的事业发扬光大。

（二）巩固"三个认同"

民进十大后，新一届中央领导集体把思想建设提高到参政党根本建设的高度，明确提出要在全会增进政治道路认同、奋斗目标认同、文化价值认同"三个认同"的政治理念，牢牢把握坚持接受中国共产党领导，坚持中国特色社会主义政治发展道路的主题，不断丰富政治交接内涵，深化中国特色社会主义主题教育系列活动，学习践行社会主义核心价值体系，推动全会思想建设工作取得新进展。

1. 以政治交接为主线，系列主题教育活动扎实取得新成效

政治交接是参政党永恒的主题。新一届领导班子结合形势要求和全会实际，继续深入开展中国特色社会主义主题教育活动，开展深入学习贯彻科学发展观活动，进一步增进了政治共识，巩固了政治交接成果。2008年12月15日，民进召开纪念改革开放30周年座谈会，严隽琪首次鲜明提出了要在全会增强"三个认同"的政治理念：增强"道路认同"，就是要坚持接受中国共产党的领导，走中国特色社会主义的政治发展道路；增强"目标认同"，就是为全面建设小康社会、发展中国特色社会主义的共同目标而努力奋斗；增强"文化认同"，就是要加强党派自身的文化建设，形成价值理念的共识，以优秀中华文化的巨大魅力和民进的优良传统增强全体会员爱国爱会的情感，并为建设社会主义先进文化多作贡献。"三个认同"政治理念一经提出，即引领着全会思想建设的前进方向，并逐渐成为全会的政治共识，成为全会不断巩固政治交接的思想基础。2009年，民进召开全国宣传思想工作会议、印发《民进中央关于加强新形势下民进思想建设的意见》，进一步明确了全会思想建设的指导思想、目标任务、基本原则、主要内容和方式方法；2010年至2012年，民进全会开展了树立和践行社会主义核心价值体系主题教育活动，进一步提高了各级组织和广大会员对社会主义核心价值体系的理论认知和思想共识。2012年9月，民进召开学习践行社会主义核心价值体系总结表彰暨工作推动会，对192个先进集体和143个先进个人进行了表彰。2011年胡锦涛提出关于"同心"是中国共产党领导的多党合作和政治协商制度最鲜明特质的论断后，民进全会迅速开展了"重温历史、同心同行"活动。系列主题学习教育活动的深入开展，紧扣政治交接这个主题，对于民进各级组织和广大会员特别是领导班子提高政治素质，增强政治共识，搞好政治交接，起到了重要的促进作用。

2. 以学习中国特色社会主义理论体系为重点，学习型参政党建设呈现新局面

民进中央坚持和完善中心组学习制度，并与主席会、中常会和中全会

的学习相结合，以学习中国特色社会主义理论体系为重点举行了23次专题学习，发挥了中心组对全会学习的指导和领学作用。各级组织通过举办专题报告、主题论坛、征文比赛、有奖征答等多种形式，组织广大会员积极参与学习，仅在学习《六个"为什么"》、学习"十二五"规划纲要网上有奖征答活动中，参加会员即达11万人次，有效扩大了学习活动的覆盖面，推进了全会的理论学习。民进十二届三中全会强调把建设学习型参政党作为民进今后一项战略任务，民进中央相继于2010年3月和2012年11月印发《关于树立和践行社会主义核心价值体系推进学习型参政党建设的意见》《关于推进学习型参政党建设的意见》，对建设学习型参政党作出部署，要求全会按照加强理论武装、优化知识结构、把握工作规律、富有创新精神的要求，以思想建设为核心，以搞好政治交接、提高履职能力、推进适应时代要求的高素质参政党建设为目标，以建设学习型组织、学习型领导班子、学习型机关为抓手，以树立和践行社会主义核心价值体系为重要内容，大力营造重视学习、崇尚学习、坚持学习的浓厚氛围，树立全员学习、终身学习的理念，推动学习工作化、工作学习化，提高全会的学习能力和实践能力，更好地服务国家科学发展，促进自身科学发展。各级组织切实加强理论学习，创新学习方法，丰富学习内容，完善学习制度，引导广大会员不断提高政治素质、理论修养和业务能力，学习型参政党建设呈现出新的局面，全会的凝聚力、创造力和执行力得到进一步提高。

3. 以应用理论为主攻方向，参政党建设理论研究取得新成果

理论上的成熟是一个政党成熟的重要标志。民进中央高度重视理论研究工作，成立参政党理论研究会，强调要紧密结合工作实际，积极开展以参政党理论为研究方向、以应用研究为重点的参政党建设理论研究，逐步建立起一支以统战理论研究会会员和特邀专家为主，相对稳定，熟悉参政党理论与实践，研究水平较高的专业队伍。严隽琪最早在2008年6月召开的中常会上指出，民进建设高素质参政党要做到无懈无滞、有思有行、顺势而为，做到参政党建设与执政党互相促进，地方组织的建设与民进中

央工作互相促进，并在2010年10月召开的中常会上完整提出了"有思有行、集智聚力、顺势而为、开拓创新"的工作方针，提出了"四个互相促进"的工作要求，即执政党建设和参政党建设、民进中央工作和地方组织工作、自身建设和履行职能、实际工作与理论研究的互相促进。"十六字工作方针"和"四个互相促进"思想的提出，是全会对高素质参政党建设实践的科学总结和集体智慧的结晶，对于加强参政党的自身建设和履行职能具有深远指导意义。为更好服务领导决策，民进中央从2009年开始编印《决策参考》。为进一步加强应用理论研究，从2010年开始，民进中央通过课题招标、专题研讨等方式组织全会开展应用理论研究，有20多个省级组织的123个课题组参与招标，形成了一批具有较高价值的理论研究成果，参政党应用理论研究取得了新的进展。2011年12月，民进中央与中央社会主义学院联合成立"参政党建设理论研究合作中心"，这种跨单位高层次的合作在各民主党派中是第一家，目的是要把合作中心真正建成民主党派高水平的智库、中央社院学科建设的理论高地，建立起集聚会内外力量开展参政党建设理论研究的工作机制，形成理论研究的合力。全会对理论研究重要性的认识进一步提高，理论研究在各项实际工作中发挥了日益明显的促进作用，为进一步推进政治交接、加强自身建设和更好地履行参政党职能，提供了有力的理论支撑。

4. 新账不欠、老账抓紧还，会史工作出现新气象

民进中央十分重视会史工作的资政育人作用，成立会史工作委员会，提出"新账不欠、老账抓紧还"的工作要求，推动会史工作不断取得新的成绩。一是做到不欠"新账"。从2008年起开始编辑出版《中国民主促进会年鉴》，以每年100多万字的体量，全面系统地收集和记述民进的工作，为各级领导科学决策和社会各界人士了解研究民进提供了宝贵依据。民进中央对民进会史展览进行了扩建，充实了内容，增加了多媒体演示和历史文物，增强了会史展览的教育功能。制作了《中国民主促进会》宣传片。积极配合《中国的民主党派（民进专辑）》的拍摄工作。二是抓紧还清"老账"，加强会史资料的抢救工作。从2010年起在全会开展

"口述会史"工作，并编印会史人物传略、《民进会史资料选辑（第五辑）》。民进老一辈领导人雷洁琼于2011年年初逝世后，各级组织立即通过召开追思会、座谈会，举行图片展，出版纪念文集等，学习和弘扬雷洁琼等老一辈的优良传统和崇高风范。为了深入学习、研究和宣传会史，2010年7月，民进中央将民进成立地、民进创始人或主要领导人纪念馆、故居、个人塑像、纪念碑和民进历史上重大事件发生地等16处会史教育场所确定为首批"民进会史教育基地"。2011年6月，民进全国会史工作会议在江苏江阴召开，对进一步做好会史工作作出了部署。在开展会史工作中，注重把传统教育和思想建设结合起来，明确民进所处的历史方位和肩负的历史责任，认清民进加强自身建设和履行参政党职能的经验和规律，努力把民进老一辈的历史选择转化为新一代民进人的现实选择，从而推进了全会切实巩固政治交接成果、不断增进政治共识，增强了在建设中国特色社会主义事业中与中国共产党同心同德、同心同向、同心同行的责任感和使命感。

5. 发挥典型示范带动作用，宣传思想工作取得新进展

民进中央重视宣传工作在表彰先进典型方面的重要作用，通过围绕重大主题策划宣传，围绕重点工作主动宣传，围绕突发类事件及时宣传，学习先进开展典型宣传，以会刊和网站为阵地加强对外宣传，切实增强宣传工作的针对性和实效性。积极向中央媒体推荐采访对象和报道线索，在《人民日报》、《光明日报》、《民主》杂志、民进网站上进行大力宣传，编印《文化民进》《同心同行》《大爱民进》等专辑，使广大会员学有榜样、行有示范。适时在全会开展了向霍懋征同志学习、"双岗建功""创先"等活动。结合开展坚持树立和践行社会主义核心价值体系主题教育活动，在全会开展了"双岗建功"活动，鼓励广大会员在本职岗位和会务工作中"双岗建功"，引导广大会员向"身边人"学习、从"身边事"做起，在本职岗位和党派工作中建功立业，激发立足本职、投身会务的积极性和创造性。2010年和2011年，民进中央先后在北京和长春召开霍懋征、马恩正等优秀会员事迹宣讲大会，大力宣传他们的典型事迹，使之成为感染、带动广大会员学习践行社会主义核心价值体系的生动教材。

民进会员霍懋征是我国当代著名教育家,全国首批特级教师,从教60多年来,她为国家培养了大批优秀人才,为我国的教育事业作出了卓越贡献。在北京师范大学读书时,她是品学兼优的高才生,1943年毕业后她放弃了留校任教的机会,毅然到北师大第二附属小学(现北京第二实验小学)任教,终身躬耕于小学教育园地。其间,面对多个上级部门和单位的调动要求,她都婉言谢绝,从没有离开过她的学生和教室。1998年退休后,她不顾年迈,先后到新疆、甘肃等多个省份讲学、上示范课,把多年积累的教育教学宝贵经验毫无保留地奉献给人民。"没有爱就没有教育",是霍懋征教育思想的精髓,她用"激励、赏识、参与、期待"的教育艺术,成功教育好了每个学生。霍懋征1953年加入民进,参与了建立教师节和制定教师法提案的提出。她一直关注全国,尤其是不发达地区的基础教育情况,80多岁时还亲自到甘肃天水调研,并在全国政协会议上提出促进西部边远地区教育教学发展的建议。她以一生的言行践行社会主义核心价值体系,体现了民进立会为公、参政为民的光荣传统。

(三) 夯实组织基础

民进十大以来,组织建设每年确定一个重点,加强领导班子建设、组织发展、基层组织建设、后备干部队伍建设、代表人士队伍建设,推进组织建设向前发展。2009年6月,民进全国组织工作会议在京召开,对加强组织建设提出了全面要求。全会以建设适应时代要求的高素质参政党为目标,以有序推进会内民主为中心,努力选干部、配班子、精心建队伍、聚人才,重点抓基层、打基础,探索建立会内监督机制,进一步夯实了高素质参政党的组织基础。

1. 以贯彻民主集中制为核心,加强领导班子建设

坚持把贯彻民主集中制作为领导班子良好运转的制度保障,坚持集体领导和个人分工负责相结合,着力从完善制度入手,有序推进会内民主,克服和杜绝工作的盲目性、随意性。制定了《民进中央主席、常务副主

席、副主席工作规则》《中央委员会会议制度》，明确了主席会议、主席办公会议、中常会、中全会的职责、组成以及议事规则和程序，扩大了主席会议和主席办公会议的出席范围，形成了以主席会议、中常会和中全会为主要形式的重大事项决策体系，以主席办公会议、部门负责人会议、专题会议为主要形式的重大事项研究体系，有序推进了决策民主。制定了《民进中央建立健全领导班子谈心会制度的有关规定》，加强主席、副主席和中央常委的协商谈心，交流思想、沟通情况，及时报告重大事项和征询各方面的意见，建立起科学高效的集体领导体制和工作机制，努力营造民主务实、团结和谐的氛围，使有关决策程序进一步健全和完善，增强了领导班子的凝聚力，提高了决策的效率和质量。加强领导班子的作风建设，制定了《民进中央领导下基层试行办法》，民进中央领导每年都要赴29个省级组织进行调研，充分听取基层会员的意见建议；制定了《民进全国代表大会代表联系办法（试行）》，具体规定了代表的联系办法，邀请民进十大代表列席了民进十二届三中、四中、五中全会，有效扩大了代表的知情权、建议权与监督权，发挥好代表在代表大会闭会期间的作用，密切了民进中央与基层的联系。

2. 以建设三支队伍为重点，大力推进代表人士队伍建设

民进中央从"人才强会"和可持续发展的战略高度，重点加强高素质领导干部、参政议政骨干人才、热心会务的专职干部"三支队伍"建设，努力培养一支政治素质高、代表性强、结构合理、数量充足、体现民进特色的代表性人士队伍。注重规范后备干部队伍建设，2008年制定下发《民进中央关于加强省级组织领导班子后备干部队伍建设的意见》，增强了后备干部选拔和管理的程序性和计划性。注重加强对代表人士的培养培训，五年共举办7期骨干会员培训班，培训了300多名后备干部，并推荐400余名各级骨干会员参加了30期中央统战部和中央社会主义学院举办的各类研讨班、培训班，各级组织也加大了培养培训力度，仅在2009年就举办各类培训班90多个，累计培训7000余人次。注重实践锻炼，通过培训座谈等形式，加强专委会委员、省级组织专职干部、特约人员等代表

人士队伍之间的交流互动和经验借鉴。加强分析研究,民进中央会同各省级组织认真做好信息数据统计工作,对全会代表人士基本情况进行了摸底、统计和分析,建立起 800 余人的代表人士名单,并实行动态分类管理。注重人才推荐,五年间共向中央国家机关推荐特约人员 28 人,向有关人民团体推荐理事、委员等 20 多人。注意提高组织管理的水平,民进中央以开发和使用民进组织信息管理系统建设为重点,推进了组织和会员管理的科学化、信息化。为贯彻中共中央 2010 年和 2012 年分别印发的《2010—2020 年党外代表人士教育培训改革和发展纲要》和《关于加强新形势下党外代表人士队伍建设的意见》精神,民进中央从人才强会的高度,着眼 2012 年换届工作,坚持培养为重,以用为本,主动加强与有关方面的沟通协商,相应制定实施工作规划,促进了全会代表人士队伍建设的深入开展。

3. 以创建先进地方组织、先进基层组织活动为抓手,不断加强基层组织建设

为进一步打牢全会工作的组织基础,民进全会从 2009 年下半年起开展了为期一年半的创建先进地方组织、先进基层组织活动。民进中央领导带队深入 20 余个省区市开展调查研究,与 100 多个市级组织、基层组织的会员进行了座谈,将中央精神带到基层,促进了民进中央和地方组织、基层会员之间的联系互动。民进各级组织积极参与创建活动,努力规范工作制度、创新活动形式、丰富活动内容,地方组织和基层组织的活力和凝聚力进一步增强。2010 年 11 月,民进全国先进地方组织、先进基层组织表彰大会在北京召开,64 个地方组织、299 个基层组织受到了表彰。会议总结创建活动的经验,交流加强地方组织和基层组织建设的体会,分析研究存在的困难和问题,探讨今后的工作思路和做法,增强了地方组织基层组织的活力和凝聚力,对进一步加强基层组织建设起到了重要作用。

4. 着眼有序推进会内民主,会内监督迈出新步伐

加强会内监督,建立健全会内监督机制,对于建设高素质参政党是必然之举。民进十大后,对会内监督工作进行了积极探索。根据会章的规

定，2008年年底，制定了《中国民主促进会中央监督委员会工作条例（试行）》，成立中央监督委员会及其办事机构，开始了会内监督的有益创新和尝试。民进中央大力支持中央监督委员会开展工作，提出"起好步、把好度、有序推进会内民主"的要求。中央监督委员会坚持积极稳妥、循序渐进、惩防并举、重在预防的方针，坚持和完善谈心会、述职评议、民主生活会等行之有效的形式，探索增强和扩大各级组织和更多会员政治参与积极性的有效形式。中央监督委员会委员每年列席两次中常会和中全会，了解中常会履行职能和全会的工作情况，已成为一项制度；对民进中央领导班子制度建设与执行情况等进行监督检查；通过与民进中央常委和民进中央机关部门负责人谈话的形式，征求对民进中央领导班子和民进中央机关工作的意见建议。探索对民进中央机关的专项工作进行审计监督。同时加大对省级组织监督工作的指导，促进省级组织建立和落实领导班子民主生活会、谈心会、述职和民主评议制度，推动条件成熟的省级组织成立监督委员会，截至2012年年底，已有12个省级组织建立了监督委员会。2012年2月召开了民进会内监督工作座谈会，与会同志就会内监督工作情况开展了交流，就监委会工作的定位定性、评价标准、监督内涵、监督效果的评价及反馈，存在困惑和工作思路发表见解，提出建议。经过四年的实践，各级组织领导班子成员自觉参与监督、接受监督的意识不断增强，会内监督的良好氛围逐渐形成，会内监督工作提高到了一个新的水平。

5. 以《公务员法》为准绳，"阳光、高效、规范、和谐"参政党机关建设取得新成效

民进中央把机关建设作为参政党一项长期的素质工程来抓，以贯彻执行公务员法为遵循，按照严隽琪提出的建设"阳光、高效、规范、和谐"的高素质参政党机关的目标，以提高机关组织协调能力为重点，以创建先进机关为抓手，以学习和践行社会主义核心价值体系为核心，推动机关建设取得可喜的进步。坚持公务员录用德才兼备、任人唯贤的标准和程序的规范化，全会新录用的公务员已占机关人员的50%以上，民进中央机关这一比例已近70%，为机关建设提供了干部来源的质量保障。同时，各级机关强化人员考核、任免、奖惩、培训等规定，监督约束与激励保障并重，使机关队伍的素质能力得到较大提高，结构更趋合理，精神状态更加振奋，工作作风有了改进，工作效率不断提高。把机关文化建设作为加强机关建设的着力点，高度重视社会主义核心价值体系的学与行，坚持以重大活动为契机开展主题教育活动，支持机关工会、中共支部、民进支部、团支部在机关建设中发挥作用，开办"开明论坛"促进机关干部加强学习和提高素质，积极倡导树立正确的价值观、良好的道德风尚和积极向上的精神风貌，形成了团结振奋、友爱和谐的机关氛围。把制度建设作为机关建设的重要保障，不断完善机关管理制度，重新制定和修订了《民进中央机关管理制度汇编》《民进中央机关工作手册》《民进中央机关干部应知应会手册》，使机关工作逐步实现了管理科学化、办事公开化和工作程序化。2011年，民进全会开展"创建先进机关"活动并召开了全国机关建设工作会议，29个先进机关受到了表彰。机关建设的成效日益显现，为民进履行参政党职能提供了坚实保障。

6. 民进组织发展工作稳步有序，会员整体素质不断提高

截至2012年年底，全会共有会员133560人，比五年前增长27.2%；会员平均年龄50.5岁，女会员占48.6%，大学以上学历的占71.2%，中高级职称以上的占83.9%，新发展会员平均年龄有所降低，学历、层次进一步提高。民进共有各级人大代表2074人，比五年前增长7.3%；有各级政协委员11606人，比五年前增长17.6%；有处级以上政府及司法机关任职人员920人，比五年前增加32.3%。全会共有地方组织357个，其中省级组织29个、市级组织273个、县级组织55个；有基层组织6816个，其中基层委员会181个、总支委员会433个、支部6068个、小组134个。总体上看，经过全会共同努力，会员的整体界别结构不断改善，教育、文化、出版为主的重点界别继续保持较高的比例，新阶层人士比例有所增加，带动了整体素质的提高，为全会更好发挥参政党作用奠定了较好基础。

(四) 集智聚力履行职能

民进十大以后，全会深入贯彻"有思有行、集智聚力、顺势而为、开拓创新"的工作方针，以及"以新作为巩固老阵地，在顺势中开拓新领域"的工作思路，把推动科学发展作为履行职能的第一要务，把加强能力建设作为参政议政的工作主线，把人才是第一资源作为参政议政的保障，把着力加快经济发展方式转变和经济结构调整、着力加强以保障和改善民生为重点的社会建设、着力推动社会主义文化大发展大繁荣作为参政议政的重要任务，围绕国家宏观政策的调整、大政方针的制定、重要文件的出台，参与高层协商、参加政协会议、提交调研报告、反映社情民意，建睿智务实之言，谋科学发展大计，充分发挥参政党在国家政治生活中的作用，为推动决策的科学化、民主化和国家各项事业的发展作出贡献。

1. 形成"集智聚力"开展参政议政工作的格局

民进十二届中央委员会在履职之初就充分意识到，参政议政工作走出去，借助社会资源和力量，是克服会内资源不足，尽快提高参政议政水平及成果质量的有效途径，提出了"集智聚力"开展参政议政工作的思想。"集智聚力"的实质是群众观点、群众立场和群众工作方法，关系到能否真正坚持民进"立会为公，参政为民"的立会宗旨。

在人才队伍建设上，既充分发挥专门委员会和特邀研究员等会内外专家的智力优势，又注重提升专职干部的政治素质和业务素质，为履行职能提供了强有力的支持。民进中央高度重视专门委员会的作用，突出强调"新一届专委会是在民进中央常务委员会和主席会议领导下参政议政的工作机构"，"做好参政议政工作必须依靠专委会这一支重要力量"。民进中央聘请了28位特邀研究员，把一批学识渊博、参政议政能力强、社会影响大的会员和民进之友吸纳到参政议政骨干队伍之中。专委会已成为民进参政议政的重要生力军和凝聚参政议政人才的重要渠道，特邀研究员也以其独到和前瞻性的意见建议，为参政议政工作提供了有力的支持。

在完善工作机制上，将着眼点放在形成全会整体合力上，建立和完善了参政议政选题机制、课题申报立项机制、提案形成和成果奖励机制、成果转化机制，使参政议政工作更加程序化、规范化、科学化。为配合新机制的有效运行，民进中央开设了网上参政议政平台，面向各省级组织参政议政部门、民进中央各专委会、参政议政特邀研究员，利用信息化手段整合会内外参政议政资源，并将参政议政网上平台用户范围，由29个省级组织扩大至263个市级组织。民进每年产生的提案素材稿中，来自地方组织和会外资源的已占总量的60%以上。民进中央与地方组织在参政议政工作上的互动出现了活跃的局面，地方借中央之"势"，中央集地方之"力"，民进中央组织的多项重要参政议政活动都因为有地方组织的积极参与而开展得有声有色，取得了高质量有实效的成果。

在搭建工作平台上，与上海社科院成立合作中心，与北京师范大学共同组建"中国教育政策研究院"，与清华大学政治经济学研究中心、中央教科所、华东师大、中国林科院、中科院科技政策与管理科学研究所等建立合作关系。"民进中央—上海社科院合作中心"于2008年9月成立，旨在通过双方合作，进一步提升民进中央的参政议政能力，提升上海社科院的智库服务功能，开创了民主党派与社会科学研究机构合作的先河。民进中央与北京师范大学于2010年1月共建中国教育政策研究院，旨在打造国家教育政策决策的高水平"智库"，这是民进新一届中央领导集体身体力行、以新形式新作为巩固教育老阵地的创举，开创了民主党派与著名高校合作的新模式。这些工作平台的搭建，既为一流师范类高校和科研机构积累的学术成果加工转化为对国家的政策建议的直接通道，也使民进在经济形势和社会建设的分析与对策研究方面有了稳固的"智库"，大大提升了参政议政成果的水平和质量。

在打造特色品牌上，"中国教师发展论坛""长江保护与发展研讨会"成为民进推动师资队伍建设、推进流域综合管理的参政议政品牌，丰富了建言献策的源泉，展示了参政议政的成果，树立了民进参政为民的形象。

实践证明，集智聚力的工作方针已经成为全会的积极共识，集智聚力的体制机制已经形成，集智聚力的工作成效日益显现，迸发出越来越强大的生命力,在民进参政议政工作中发挥越来越重要的指导作用。

2. 提高参加高层政治协商的能力,充分发挥参政党在国家政治生活中的作用

围绕发挥参政党在国家政治生活中的作用,民进中央通过多种形式履行参政议政职能。五年中,民进领导人参加中共中央、国务院召开的党外人士座谈会近30次,就国家宏观经济政策的调整和重要方针政策的制订等重大问题参与政治协商,为推进决策的科学化民主化作出了贡献。向中共中央、国务院提交建议书31件,得到胡锦涛、温家宝等中央领导同志的批示,实际推动了相关工作的开展和重要文件的出台。十一届全国政协期间,民进中央作大会发言5次,在中央领导同志出席的联组讨论会上发言9次,提交党派提案108件,民进组提案36件,内容涵盖了我国经济社会发展的众多领域,40余件提案被全国政协列为重点调研提案、重点办理提案或重要提案摘报。向全国政协报送信息2524篇,被采用277篇,报送中央统战部1176篇,及时反映了民进对重大问题、重要事件以及关系群众利益的突出问题的立场观点和思考建议,有34篇得到中共中央、国务院领导同志的批示和相关部委的反馈。就经济社会发展中的全局性、前瞻性问题开展专题调研50余次,形成一系列高质量的调研报告,为推动国家各项事业的发展发挥了积极作用。

3. 巩固老阵地、开拓新领域,围绕国家中心工作建言献策

新一届中央委员会在原有"巩固老阵地、开拓新领域"参政议政方针的基础上,明确提出"以新作为巩固老阵地、在顺势中开拓新领域"的工作方针。其基本内涵是:在老阵地中要有新作为,只有通过新作为才能真正巩固老阵地;新领域,要顺势开拓,这个"势",就是形势使然、优势使然、规律使然。全会按照"以新作为巩固老阵地,在顺势中开拓新领域"的方针,坚持围绕国家中心工作建言献策,参政议政成果涉及国家改革发展中的重要领域和关键环节,主要形成了八个系列的成果。

围绕"深入落实科学发展观,推进经济社会科学安全发展",从宏观的角度提出了要重视经济安全、金融安全、粮食安全、公共安全以及文化

安全,并特别针对安全生产事故频发的现状,提出了要确立安全发展理念的建议,实际推动了《国务院关于坚持科学发展安全发展,促进安全生产形势持续稳定好转的意见》的出台。

围绕"加快经济结构调整,促进经济发展方式转变",提出了加强经济理论研究,提高应对复杂经济形势的主动性,优化投资导向,提高发展的可持续性,加快中小企业发展,提高经济发展质量,完善知识产权管理体制,推进知识产权战略实施,为中央适时调整宏观经济政策发挥了应有的作用。

围绕"推进区域协调发展,实现包容性增长",为中原经济区的建设、河北沿海地区的发展、海峡西岸经济区的设立、云南桥头堡战略的实施、海南国际旅游岛的打造、湖北大别山革命老区与武陵山少数民族地区的建设等提出建议,并实际推动了《中原经济区发展规划》《河北沿海地区发展规划》的出台。

围绕"优化教育资源配置,推动城乡教育均衡发展",提出了推进基本公共教育服务均等化,促进城乡师资均衡发展,优化高等教育资源配置等建议,为重大教育问题的决策提供参考。关于调整农村中小学校布局的建议得到教育部的采纳,切实推动了《规范农村义务教育学校布局调整的意见》的出台。

围绕"实施文化强国战略,深化文化体制改革",提出了建立国家层面的文化强国战略,理顺国家文化管理体制,构建中国特色社会主义文化法律体系,加强文化理论建设,完善促进文化产业发展的配套政策等建议,切实发挥了民进在文化领域的传统优势,为文化大发展大繁荣贡献了智慧和力量。

围绕"以人为本,促进人口、资源、环境协调可持续发展",提出了要完善奖励措施,坚持计划生育基本国策的建议,在国家"十二五"规划中得以体现。提出了《关于加快批复实施〈敦煌水资源合理利用与生态保护综合规划〉的建议》,推动国务院批准了这个规划。与全国政协人口资源环境委员会联名提出的《关于进一步加强我国水利工作,促进流域综合管理的提案》得到高度重视,水利部与民进中央共同组成调研组,就流域综合管理问题赴辽河流域开展调研。提出重视环境教育立法问题的建议,促成了《宁夏环境教育条例》的出台,宁夏成为全国第一个开展环境教育地方立法工作的省份,开创了我国环境教育立法的先例。

围绕"加强社会建设,创新社会管理",提出了要提升社会建设在"五位一体"总体布局中的定位,自上而下地完善和创新社会管理体制,重新构建基层社会的组织方式,保障社会建设与管理的投入等建议。

4. 履行民主监督重要职能

参政党开展民主监督是国家整体监督体系的重要组成部分,是推进社会主义民主政治的重要内容。围绕推动社会主义民主政治建设,民进中央重点就加强执政党建设、改进司法工作等发挥民主监督作用,提出了提升党的代表大会权威、实行党代会代表常任制等建议。围绕进一步推进党内民主、加强反腐倡廉建设、加强人大的法律监督力度、加强政协和民主党派的民主监督、推进司法领域的民主监督等问题,提出了加强防腐体系建设、坚持"制度反腐"和"全面反腐"等意见建议。

五年中,民进参政议政工作取得突出成绩,受到了有关方面的高度重视。2010年8月,在全国政协第六次提案工作会议上,民进中央代表各民主党派中央作了题为《集智聚力,有思有行,稳步推进提案工作的可持续发展》的发言,被全国政协评价为"民进中央提案工作干得好,材料写得好,经验提炼得好"。2011年11月,中央统战部、人力资源和社会保障部、各民主党派中央和全国工商联联合召开"各民主党派、工商联、无党派人士为全面建设小康社会作贡献表彰大会",民进中央《关注水资源合理利用和水环境安全》《关注农村教师队伍建设》,民进北京市委会《发挥文化优势,打造首都文化品牌》,民进山西省委会《实施林木年度直补,加快实现兴林富民》,民进广东省委会《推动构建粤港澳经济合作区,加快三地经济合作迈向融合》等五项建言献策成果被授予"为全面建设小康社会作贡献建言献策优秀成果"称号。2012年,民进中央向中共中央报送了《关于加强社会建设,推进社会管理创新的建议》,

胡锦涛、温家宝、习近平等中央领导同志作出重要批示，高度评价调研成果，认为所提思考建议深入深刻、很有针对性，要求有关方面和部门高度重视，认真研究，顺应形势发展需要及时研拟制定相应政策措施。

（五）社会服务工作谱新篇

民进十大后，全会把社会服务作为参政党服务国家和人民的重要职责、了解国情民意的重要渠道、增加党派社会影响力与组织凝聚力的重要抓手、体现立会宗旨的重要形式，深入贯彻落实科学发展观，以服务国家发展和社会建设为宗旨，坚持社会服务的政治性、公益性、务实性原则，按照找准角度、量力而行、竭尽全力、务求实效的要求，发挥智力优势，突出民进特色，完善机制平台，拓宽服务渠道，丰富服务内涵，社会服务工作取得新成效，为促进国家发展与社会和谐作出新贡献。

1. 创造性地提出社会服务政治性、公益性、务实性的原则

民进第十二届中央委员会着眼高素质参政党建设，高度重视社会服务工作，并在实践中积极探索，勇于创新，理性思考。2010年5月在京召开的民进全国社会服务工作会议，2011年1月颁发的《民进中央关于进一步加强新形势下社会服务工作的意见》，明确了社会服务工作的基本原则和具体要求。在总结经验基础上，严隽琪明确提出民进开展社会服务工作要坚持"政治性、公益性、务实性"三原则。

政治性原则是指坚持社会服务工作的政治性，要明确社会服务工作是民进的一项重要政治任务，把增强广大会员在政治立场、目标任务、价值道德上的认同放在首位，通过开展社会服务工作，引导广大会员弘扬民进优良传统，树立和践行社会主义核心价值体系，推进民进实现政治交接，努力建设高素质参政党，充分履行职能和发挥作用。

公益性原则是指坚持以智力服务为主，要从参政党人力、物力、财力等资源有限的实际出发，在工作中注重突出自身特色，充分发挥民进在文化、教育、出版、科技、医卫等领域的智力优势，把民进传统优势发扬光大，赋予新的时代内涵，体现新的时代精神。社会服务应与参政议政紧密

结合，一方面为参政议政提供实际案例、信息线索、试点经验，帮助做到"参政参到点子上"；另一方面参政议政又可以促进社会服务，使之有更深的考虑、更全局的视角，在更宏观的背景下开展工作，增强政策性、针对性和自觉性。

务实性原则是指坚持顺势合力务实，坚持有所为有所不为、顺势而为。围绕国家大局和中心任务，贯彻民进中央和当地党委政府的部署要求，充分发挥组织的引导和集成作用、会员的主体作用和机关的枢纽作用，把会内的智慧和力量与会外的资源整合调动起来，摸索出符合规律性的路子和模式。要根据各自的特点和优势，确定社会服务工作重点，在内容、组织方法、活动形式、规模程度及效果等方面要符合当地实际，使工作统筹协调发展。社会服务三原则的提出，成为民进开展社会服务工作的指导思想。

2. 推出"同心·彩虹行动"并取得积极成果

2009年9月，民进中央正式启动了"同心·彩虹行动"，这是一项发挥民进教育资源优势，发动民进各级组织及广大会员参与，通过结对帮扶，组织专家到贵州金沙县开展讲座、示范教学、教学教研活动，选派金沙中小学校长及教师赴发达地区进行中短期挂职、培训、进修，开展长期交流与合作等方式，以帮助金沙县加强教师队伍建设、提高教师教育素质为主要内容的一项智力支边工程，是全会参与推动毕节试验区建设的重要平台和载体。

在短短三年多时间里，以实施"同心·彩虹行动"为载体，以教育帮扶为重点，进一步加大支持毕节试验区的力度，发动18个省市级组织与金沙县18个乡镇建立对口支持关系，先后组织专家学者991人次进行考察调研、开展咨询服务，资助现金物资折合人民币3165万元，举办培训班81期，共培训人员9399人次。

围绕毕节试验区生态建设做文章，承办"中国（毕节）生态文明与石漠化治理高层论坛"，就石漠化治理政策、措施进行研讨，并依托中国林业科学院推进石漠化治理，改善当地生态环境，为金沙县协调三个中央投资项目，到位资金2265万元。

鼓励支持会员企业家参与金沙县经济社会建设，新建了开明·同心城、朗月煤机制造基地、朗月大厦、朗月4S店、温泉国际小镇、新城区污水处理系统、生猪养殖基地等项目，总投资达80亿元人民币。

2009年，国务院扶贫办确定贵州黔西南安龙县为民进中央定点扶贫县。民进中央组织20余位专家前往开展咨询服务，直接实施与间接推动实施示范项目十余个，培训了大量农村适用型人才，并为解决安龙县群众缺水困难，募集资金259万元修建647口水窖，惠及600余农户，得到了当地干部群众的热情赞誉。民进中央还助力四川藏区医疗事业发展，联系落实会内企业和公益组织帮扶实施医疗项目，对改善当地医疗条件起到积极促进作用，受到藏区人民的普遍欢迎。

2009年7月5日新疆发生暴力恐怖事件后，新疆发展稳定问题引起民进的高度关注。民进中央认真落实中央新疆工作座谈会精神，将"同心·彩虹行动"的实施推进到新疆，鼓励支持会员企业在新疆投资80亿元建设"同心工业园"；在全国防盲指导组及北京同仁医院的大力支持下，为阿勒泰地区贫困白内障患者免费实施复明手术；在北京举办"同心·彩虹行动"新疆中小学校长培训班，捐赠大量教育医疗设备和物资，为推动新疆跨越式发展和长治久安、服务国家改革发展稳定大局发挥了实实在在的作用。

民进还重视做好社会公益事业，开展慈善公益活动在各级组织蔚然成风。五年来累计开展医疗服务、文化下乡等活动2327次，参加服务的人员达20万人次，140多万人受益。其中与社会力量合作开展的7次"光明行"活动，为国内外近万名白内障患者带来了光明，在国际社会产生较好反响；累计为社会捐建学校94所，资助学生1.6万多名，培训西部地区教师6万多人次，培训农民近3万人次，有效扩大了民进的社会影响，树立了民进的良好形象。

3. 支持新社会阶层人士为和谐社会作出新贡献

民进坚持"充分尊重、广泛联系、热情帮助、积极引导"的工作方针，鼓励新阶层人士立足本职，提高素质，积极服务社会。加强与各地企业家联谊会的交流互动，支持各地开展丰富多彩的社会公益、咨询服务活动，并举办首期民进企业界会员培训班，帮助他们增进对民进的认同，提高服务社会的能力与水平。推动22个省级组织成立了"企业（经济）界会员联谊会"，通过发挥联谊会的桥梁和纽带作用，积极为新社会阶层人士服务，引导新社会阶层人士通过参与社会服务，增强社会责任感。

继续关心重视民办教育，在民进中央大力支持推动下，中国民办教育协会于2008年成立，许多民进成员成为协会首批会员。截至2012年6月，民进各级组织和会员共举办各类民办学校341所，其中高等学校23所，职业学校45所，基础教育阶段学校105所，在校生规模超过万人的有18所。一批民进会员创办的民办学校脱颖而出，办学质量不断提高，社会影响越来越大。

在民进各级组织的关心支持下，新社会阶层人士继承和发扬民进"爱国、民主、团结、求实"和"立会为公"的优良传统，把自身企业的发展与国家的发展联系起来，把个人富裕与全体人民的共同富裕结合起来，把遵循市场法则与树立和践行社会主义核心价值体系一起来，自觉承担社会责任，全面展现出当代中国特色社会主义事业建设者的风采。

4. 开明画院和开明慈善基金会成为开展社会服务的新平台

民进中央着眼完善社会服务工作长效机制，为企业界、文化界会员和基层会员提供更好服务社会的平台。2009年7月，民进中央开明画院在北京正式成立，这是由有较高书画艺术造诣的民进会员为主体构成的非盈利性艺术活动机构，聘请严隽琪、罗富和、许嘉璐、张怀西担任名誉院长，冯骥才担任院长。开明画院旨在发挥民进文化界别的特色和优势，开展培养传承、学术交流、创作研讨、作品展览等活动，打造开展社会服务和凝聚书画界会员的平台，积极为民进履行参政党职能服务，为提升民进人文文化水平和人文素质服务。各省级民进组织也相继成立了开明画院，到2012年年底省级开明画院已有22个。

2012年7月，开明慈善基金会在北京成立，这是由民进中央发起、民政部担任业务主管单位的非公募基金会，是非营利性公益组织，聘请严隽琪担任名誉理事长，罗富和担任理事长。基金会旨在致力于公益慈善事业，开展扶贫济困、助学兴教等各种社会公益慈善活动；资助教育、文化、出版、医卫等方面公益慈善项目，为建设和谐社会尽一份力量。2011年，尚在筹备中的基金会就为新疆中小学校长培训班提供了资金支持。基金会重在发挥民进界别特色，围绕"同心·彩虹行动"开展工作，是民进履行参政党社会服务职能的一个新途径。开明画院和开明慈善基金会的成立和运作，提供了更好服务社会的平台，促进了民进社会服务工作平稳健康向前发展。

5. 服务祖国和平统一大业

2007年以来，为保持香港澳门长期繁荣稳定、促进两岸关系和平发展，民进充分发挥教育文化出版领域的优势，联合有关社会团体，积极开展港澳台海外联谊活动。全会共举办面向港澳台侨的大型活动26次，参加人数近3000人；接待港澳台及海外人士464批次，参加人数达3190人。民进中央连续举办了五届"海峡两岸中华传统文化与现代化研讨会"、两届"海峡两岸企业发展与合作论坛"和一届"海峡两岸基础教育论坛"，累计邀请海峡两岸和港澳地区各界人士1500多人与会，对于推动两岸交流、加强经贸文化合作、弘扬中华传统文化起到了积极促进作用；先后接待港澳台客人62批次，约780人次，涵盖了文化教育、医卫、政党社团等多个领域。严隽琪、许嘉璐、张怀西等率团赴台湾和香港访问，开展学术及文化教育交流活动，有效宣传了大陆（内地）改革开放以来的发展成果。台湾两岸民意代表交流参访团两次访问大陆，民进中央领导人都热情接待，双方在宽松友好的氛围中坦诚交流，交换看法，探讨问题，增进了了解与互信，加深了友谊。

（六）在抗震救灾斗争中

2008年5月12日，四川汶川发生了中华人民共和国成立以来的特大地震灾害，给人民群众生命财产造成了重大损失，抗震救灾成为民进坚定理想信念的课堂和锤炼班子队伍的熔炉。

民进中央第一时间做出反应，紧急行动，精心部署，有效指导全会抗震救灾工作。地震发生当晚，就向遭受地震灾害影响的省级组织发出慰问信，之后又四次发出通知，动员全会力量支援灾区。5月29日至31日，严隽琪参加了由全国政协主席贾庆林率队的各民主党派中央、全国工商联主要领导人赴四川地震灾区考察慰问活动。活动中，严隽琪赶赴北川震中地带查看灾情，在安置点和帐篷学校慰问受灾群众和师生，看望民进组织和机关干部，并在成都召开的各民主党派中央、工商联座谈会上，代表民进中央就对口支援和灾区重建规划提出重要建议。

★ 严隽琪和地震灾区群众在一起。

民进各级组织和广大会员充分发挥自身的特点和优势，广泛调动各方面力量，在抗震救灾中发挥了积极作用。围绕抗震救灾和恢复重建积极建言献策，反映社情民意，先后就对口支援和灾区重建规划、兴建汶川地震纪念馆、抢救羌族文化遗产等问题，提出意见和建议，受到有关部门的重视。开展"为了灾区的孩子们"系列爱心捐助活动，收到391名书画界会员捐赠的783幅书画作品，全会通过多种形式累计向灾区人民捐助款物达

1.4亿元，其中有800万元特殊会费，全部用于地震灾区教育文化复建项目。地处灾区的四川、甘肃、陕西、重庆等地民进组织，在灾难面前挺身而出、勇于担当，一批担任政府实职的民进会员忠于职守、指挥有力，众多民进会员和干部群众舍己为人、奋勇争先，涌现出许多令人感动和钦佩的人物与事迹，民进中央副主席冯骥才在震后羌族非物质文化遗产保护等方面作出突出贡献，被中共中央、国务院、中央军委授予"全国抗震救灾模范"称号。

2010年，我国先后发生了西南五省特大旱情和青海玉树地震、甘肃舟曲特大泥石流灾害，各级组织和广大会员也通过捐款捐物、义卖义演等多种方式抗灾救灾。

在重大自然灾害面前，民进经受了考验，履行了应尽的责任，涌现出一大批先进典型，广大会员切实体会到社会主义制度的优势，体会到中共中央的坚强领导，体会到改革开放极大地提升了我国的综合实力，抗灾救灾成为中国特色社会主义主题教育活动的重要组成部分。

第八章

为新时代中国特色社会主义作出新贡献

▶ 第八章
为新时代中国特色社会主义作出新贡献

一、为执政党助力，为国家尽责，为人民服务

（一）第十一次全国代表大会

中国共产党第十八次全国代表大会于 2012 年 11 月 8 日至 14 日在北京召开。胡锦涛代表第十七届中央委员会作题为《坚定不移沿着中国特色社会主义道路前进，为全面建成小康社会而奋斗》的报告。大会高举中国特色社会主义伟大旗帜，以马克思列宁主义、毛泽东思想、邓小平理论、"三个代表"重要思想、科学发展观为指导，分析了国际国内形势的发展变化，回顾和总结了过去五年的工作和党的十六大以来的奋斗历程及取得的历史性成就，确定了科学发展观作为党的指导思想的历史地位。中共十八大结束不久，新一届中共中央领导集体前往国家博物馆参观"复兴之路"展览时，习近平总书记提出了实现中华民族伟大复兴的"中国梦"思想。在新的形势、新的使命、新的任务面前，民进作为中国政党制度中的一个参政党，如何在纷繁复杂的形势面前，坚持和发展中国特色社会主义，进一步提高组织的凝聚力、履行职能的战斗力和在社会上的影响力，坚持与中国共产党一道，为改革开放凝心聚力，是全会面临的重大课题。民进各级组织深入学习领会中共十八大精神，为民进全国代表大会的召开作了坚实的思想准备。

中国民主促进会第十一次全国代表大会于 2012 年 12 月 15 日至 21 日在北京举行。会议的主题是：认真学习贯彻中共十八大精神，高举中国特色社会主义伟大旗帜，以中国特色社会主义理论体系为指导，坚定走中国特色社会主义道路的信念，巩固和深化政治交接，努力推进适应时

代要求的高素质参政党建设，为实现全面建成小康社会的奋斗目标作出新贡献。

12月15日上午在北京人民大会堂举行大会开幕式。中共中央政治局常委俞正声，中共中央政治局委员、国务委员孟建柱，中共中央书记处书记、全国政协副主席杜青林，全国人大常委会副委员长、九三学社中央主席韩启德，全国人大常委会副委员长华建敏，民进中央原主席许嘉璐、原第一副主席张怀西、原副主席蔡睿贤，中共中央统战部、国务院有关部委、各民主党派中央、全国工商联、有关人民团体的负责同志在主席台就座。大会主席团常务主席严隽琪、罗富和、冯骥才、潘贵玉、王佐书、贺旻、刘新成、蔡达峰、朱永新、张帆，民进十一大代表和列席人员共700余人出席了开幕会。罗富和主持大会开幕式。

严隽琪致开幕词。她说，民进十大以来，民进中央团结带领广大会员，以中国特色社会主义理论体系为指导，坚持与中国共产党在思想上同心同德、在目标上同心同向、在行动上同心同行，按照"有思有行、集智聚力、顺势而为、开拓创新"的工作方针，认真履行职能，加强自身建设，各方面都取得了新的成就。展望未来，中国特色社会主义事业的发展正站在新的历史起点上，民进事业的发展也进入新的阶段。各级组织和广大会员要高举中国特色社会主义伟大旗帜，为实现全面建成小康社会的奋斗目标和中华民族的伟大复兴，作出无愧于前辈、无愧于时代、无愧于人民的新贡献。

俞正声代表中共中央致贺词。贺词指出，中国民主促进会具有光荣历史和优良传统。民进与中国共产党团结奋斗，在新民主主义革命的伟大斗争中患难与共，在社会主义革命和建设的伟大实践中协力同心，在中国特色社会主义事业的伟大进程中和衷共济，共同赢得民族独立和人民解放，共同致力国家富强和人民幸福，一代又一代民进中央领导人带领广大成员与中国共产党凝结了肝胆相照、荣辱与共的深厚友谊。光辉的历史充分证明，民进不愧为与中国共产党和衷共济、通力合作的亲密友党，不愧为致力于中国特色社会主义事业的参政党，不愧为实现国家富强、祖国统一、民族振兴的重要依靠力量！贺词对民进十大以来的工作给予了充分肯定并对民进的未来寄予了厚望，指出，民进十一大是民进发展进程中召开的一次重要会议，相信民进中央新一届领导机构一定能够团结带领广大成员，传承老一辈领导人与中国共产党风雨同舟的优良传统，保持多党合作正确方向，坚定不移走中国特色社会主义道路，努力开创各项工作新局面，为发展中国特色社会主义事业作出新贡献。

韩启德代表各民主党派中央、全国工商联致贺词。

受民进第十二届中央委员会委托，严隽琪作了题为《集智聚力、开拓创新，为实现全面建成小康社会奋斗目标作出新贡献》的报告。报告强调，过去五年来，全会在不断推进建设适应时代要求的高素质参政党的进程中，积累了宝贵的体会和经验：一是坚持接受中国共产党的领导，推进"三个认同"，在执政党建设和参政党建设的相互促进中，不断增强政治素质。二是坚持顺势而为，发扬开拓创新的精神，承担起参政党在新时期的历史使命。三是坚持有思有行，推动理论研究与实际工作的相互促进。四是坚持集智聚力，推动民进中央工作与地方组织工作的相互促进，会内资源与会外资源的有效结合。五是坚持履行职能与自身建设的相互促进。六是坚持有序推进会内民主。

报告指出，建设适应时代要求的高素质参政党，必须增强责任感、使命感、危机感，坚持与时俱进、开拓创新，不断提高参政党建设的科学化水平。民进提高参政党建设的科学化水平，就是要始终坚持接受中国共产党领导的政治信念不动摇、坚持走中国特色社会主义道路不动摇；就是要正确认识、把握履行职能和自身建设的规律，建设学习型参政党，以科学的理论、制度和方法，保证民进的健康发展；就是要坚持和完善"有思有行、集智聚力，顺势而为、开拓创新"的工作方针和"四个互相促进"的工作要求，与时俱进、锐意进取，朝着高素质参政党的目标不断前进。

王佐书向大会作了关于《中国民主促进会章程》修改案的报告。新修订的会章，吸纳了中共十七大以来多党合作理论创新成果，将生态文明建设列入本会的基本任务,将"学习践行社会主义核心价值体系"列入民进思想建设的内容。

12月19日下午,大会举行第四次全体会议,选举产生出由205名委员组成的民进第十三届中央委员会。20日下午,民进十三届一中全会举行,选举产生出由45人组成的民进第十三届中央常务委员会,选举严隽琪为民进第十三届中央委员会主席,选举罗富和、王佐书、贺旻、刘新成、蔡达峰、朱永新、张帆、姚爱兴、卫小春、张雨东为副主席,表决通过了民进十三届中央监督委员会主任、副主任、委员,罗富和任主任,卫小春任副主任。当晚举行的民进十三届一次主席会议上,推举罗富和为常务副主席。21日上午举行的民进十三届一次中常会上,任命高友东为秘书长,研究决定民进中央各专门委员会的机构设置,任命各专门委员会主任。

12月21日举行闭幕式。张雨东宣读了《中国民主促进会第十一次全国代表大会给光荣离任同志的致敬信》,会议审议通过了《中国民主促进会第十一次全国代表大会决议》。严隽琪在闭幕会上讲话,她说:当前国家的发展正处在全面建成小康社会的决定性阶段,民进的发展也处在一个新的起点上。新一届中央委员会一定不辜负全体代表的重托,不辜负全体会员的期望,继承和发扬民进的优良传统,坚持搞好政治交接,团结和带领全会在中国特色社会主义旗帜指引下,为全面贯彻民进十一大精神、开创民进事业新局面而勤奋工作。全会同志要紧密团结在以习近平同志为总书记的中共中央周围,与中国共产党同心同德、同向同行,集智聚力、顺势而为,为实现全面建成小康社会奋斗目标、实现中华民族伟大复兴作出新贡献!

民进十一大是一次增进共识、凝聚力量、团结胜利、继往开来的大会。会议的胜利召开,成为民进进一步深化政治交接、坚定政治共识的重要契机,进一步明确目标任务、提高参政党履职能力的重要契机,进一步提高对参政党建设规律认识、加强制度建设的重要契机,进一步加强代表人士队伍建设、推进后备队伍建设的重要契机。这为民进增强参政党建设的科学化水平，促进履行参政党职能的新进步，完成参政党的时代使命，打下了坚实的基础。

（二）习近平总书记走访民进中央

2012年12月24日下午，天寒地冻，寒气袭人，但民进中央洋溢着温暖的气氛。中共中央总书记习近平同志在中共中央政治局常委俞正声，中共中央政治局委员王沪宁、栗战书等陪同下，走访民进中央。

习近平一行在参观民进会史展览后，与新一届民进中央专职主席班子进行了亲切座谈。严隽琪首先介绍了民进的简要历史和近年来加强自身建设和履行参政党职能的情况。习近平在听取介绍后，发表了重要讲话。

他表示，长期以来，各民主党派作为中国共产党久经考验的亲密友党和社会主义参政党，始终同中国共产党风雨同舟、患难与共，紧密合作、团结奋斗，为民族独立、人民解放和国家富强、人民幸福，为坚持和发展中国特色社会主义作出了不懈努力。这充分体现了各民主党派的同志们对中华民族伟大复兴的责任感和使命感。

习近平强调，实现中华民族伟大复兴，需要全体中华儿女携手努力。中共中央将坚定不移坚持和完善中国共产党领导的多党合作和政治协商制度，坚定不移贯彻长期共存、互相监督、肝胆相照、荣辱与共的方针，加强同民主党派合作共事，支持民主党派更好履行参政议政、民主监督职能。各民主党派人才荟萃、各具优势。希望各民主党派弘扬优良传统，团结带领广大成员为全面建成小康社会、实现社会主义现代化、实现中华民族伟大复兴作出新的贡献。

走访结束后，习近平一行还在机关大厅与民进中央机关副局级以上干部合影留念。

★ 2012年12月24日,习近平总书记走访民进中央,严隽琪(左一)、罗富和(右一)陪同。

（三）建设中国特色社会主义参政党

2013年2月6日，习近平总书记在中共中央举行的党外人士迎春座谈会上指出，各民主党派是与中国共产党通力合作的中国特色社会主义参政党。严隽琪代表各民主党派、全国工商联和无党派人士致辞。她表示，作为与中国共产党肝胆相照、风雨同舟的诤友和挚友，我们将以中共十八大精神为指导，从"为执政党助力、为国家尽责、为人民服务"出发，凝心聚力，加强自身建设，切实履行职能，为实现"中国梦"贡献才智。民进十一大以来，各级组织和广大会员深入学习贯彻中共十八大精神和习近平总书记一系列重要讲话精神，认真落实民进十一大提出的各项工作任务，不断深化对中国特色社会主义参政党的自我认识，努力增进全会的"三个认同"，履行职能和自身建设的实践迈上新的台阶，为全面建成小康社会、实现中华民族伟大复兴的中国梦作出了新的贡献。

1. 理论上更加清醒自觉

中国特色社会主义进入新时代，习近平总书记围绕坚持和完善我国政治制度和政党制度作出了一系列重要论述，使新时代中国特色社会主义参政党建设具有了基于马克思主义政党理论，又符合当代中国政党政治发展规律的科学理论指导和具体行动指南。执政党的理论在不断创新和发展，参政党的理论也要与时俱进。在形成"十六字工作方针"和"四个相互促进"思想之后，民进中央持续深化对参政党在中国特色社会主义事业中定位和作用的认识，不断探索工作特点、把握科学规律，在各项工作方面也作出了新的概括。思想建设方面，提出"三个认同"：道路认同、目标认同、价值观认同；组织建设方面，提出加强组织体系建设和"两个有序"：有序扩大会内民主，有序扩大会员参与会务的积极性；参政议政方面，提出"以新作为巩固老阵地，在顺势中开拓新领域"的理念方法和参政议政能力的内涵；社会服务方面，提出政治性、公益性、组织性、实效性原则；机关建设方面，提出"阳光、高效、规范、和谐"的要求……这些基于工作实践和经验的理论概括，契合民进会情，构成了民进参政党理论的基本框架,为自身建设和履行职能提供了有力支撑,推动了理论研究与实际工作的相互促进。

2. 把坚持和发展中国特色社会主义学习实践活动作为贯穿各项工作的主线,在新起点上深化政治交接

2013年是民进十三届中央委员会的开局之年,民进中央将加强思想建设确定为全年的工作重点。民进各级领导班子带头加强理论学习,全会开展"中国梦""三个认同"等主题宣传活动,开展思想状况问卷调查,召开民进全国宣传思想工作会议,对128个先进集体、116名先进个人进行了表彰。印发《民进中央关于加强新形势下宣传思想工作的意见》,推动宣传思想工作再上新台阶。

2013年8月,习近平总书记作出重要批示,从坚持和发展中国特色社会主义的战略高度,充分肯定党外人士提出要做坚持和发展中国特色社会主义的亲历者、实践者、维护者、捍卫者的思想认识,强调要进一步增强党外人士对中国特色社会主义的道路自信、理论自信和制度自信。民进中央作出决定,本届任期内,在全会开展坚持和发展中国特色社会主义学习实践活动,并以此作为全会的工作主线,作为全会深化新一轮政治交接、建设中国特色社会主义参政党的重大部署。印发《民进中央开展坚持和发展中国特色社会主义学习实践活动方案》,要求民进各级组织坚持主线引领,以领导班子成员和代表人士为重点,加强中国特色社会主义理论体系和民进优良传统的学习教育,进一步凝聚政治共识,巩固全会的"三个认同"。2015年召开坚持和发展中国特色社会主义学习实践活动经验交流会。2016年召开理论与实践研讨会,对建立主题教育活动长效机制进行研讨。2017年9月,召开民进坚持和发展中国特色社会主义学习实践活动总结表彰会,对全会开展学习实践活动以来取得的成绩和经验进行总结交流,对138个先进集体、112名先进个人进行了表彰。

民进在开展学习实践活动中采用了一系列行之有效的做法,扎扎实实,务求实效。一是发挥各级领导班子成员的领学示范作用。民进中央先后建立4批共34个主席班子成员学习实践活动联系点和47位中央常委、部分省级组织主委联系点，实现了联系点在省级组织的全覆盖和中央常委的全参与。民进中央中心学习组紧密结合国际国内形势和中心任务，共开展专题学习25次。主席班子成员和中央常委带头撰写署名文章和学习体会，围绕有关重点问题进行有针对性的阐述和正面发声，引导广大会员不断提高政治素质和理论修养。民进中央坚持工作重心下移，推动政治理论学习向地方和基层延伸，连续五年向全会地方组织寄发专题学习资料，向主题教育活动联系点等地的基层支部赠阅《民主》杂志，带动地方和基层组织开展好学习。二是积极探索开展学习实践活动的有效途径。坚持学习实践活动与年度工作主题紧密结合，丰富学习实践活动的平台、载体、形式；坚持主线对年度工作主题的引领，始终牢记开展学习实践活动的初心。在处理学习与实践的关系时，既坚持以思想认识的提升推动履职实践的成效，在实践中体现参政党的立场选择、责任感和统一思想的尺度；又坚持以履职实践的成果来检验思想认识的成效，在实践中推动思想认识的深化与巩固。三是深入开展理论研究和优良传统教育，通过课题招标、专题研讨、理论征文等方式，围绕会员关切和参政党建设中有待解决的理论与实践问题开展应用理论研究；隆重举办庆祝中华人民共和国和人民政协成立65周年、中国共产党成立95周年、改革开放35周年、"五一口号"发布65周年等活动，扎实推进"多党合作历史传统记录工程"，建设雷沽琼纪念展、马叙伦纪念馆。特别是在纪念民进成立70周年之际，修订中国民主促进会简史，编辑出版年鉴、大事记、历史图册、人物传记、会史资料选辑等，广泛开展"口述会史"工作，全会围绕"讲会史、话传统、学先进、迎会庆"主题，通过多种形式开展系列活动，为学习实践活动注入了持续动力。四是营造学习实践活动的浓厚氛围，截至2017年年底，各级组织共开展各种形式的宣讲活动近500场，宣讲会员千余人次，听取宣讲的会员近3万人次，传递了坚持和发展中国特色社会主义的正能量。

3. 建立健全新形势下宣传思想工作机制

在建立健全会内思想动态信息报送机制基础上，民进中央召开教育、文化、出版等不同界别会员座谈会，深入了解、分析和研判会员思想动态，做好全国两会等重要时间节点的思想引导。2015年，全会积极参与党派成员基本情况问卷调查，7200余名会员参与答卷，样本容量覆盖会员比例达5%。民进坚持学习培训与思想引导相结合，进一步提升学习培训的针对性。各级组织建立了领导班子成员联系基层工作制度，一些省市级组织通过召开现场会、研讨会等形式，切实推动思想政治工作。全会研究建立网络舆情应急机制，民进中央召开民进网络舆情工作研讨会，制定《民进中央网络舆情事件应急处置暂行办法》，成立有关机构，建立相关制度。加强与《人民日报》《光明日报》《求是》杂志等中央主流媒体的深度合作，适时刊发主要领导署名文章、专访和民进专稿。各级组织不断拓展运用互联网和新媒体开展宣传思想工作的方式方法。统筹会内外宣传平台和资源，加大对优秀会员、地方和基层组织履职亮点的宣传，各级组织每年在中央级媒体刊发稿件的数量保持在近千篇，产生了较好的社会影响。

4. 加强宣传思想工作阵地、队伍和制度建设

民进主动适应新形势，积极拓展新媒体平台，2016年，分别开通"民进网"微信公众号和"开明视点"微信服务号，生动展现民进人、民进事、民进情，提升网络宣传水平，与23个开通微信公众号的省级组织共同构建民进网络宣传新格局。《民主》杂志增强"开门办刊"理念，加强重点栏目建设和对基层组织、基层会员的宣传，不断提高思想性、指导性和可读性。民进网站推出手机版，先后推出34个专题和10个微专题，举办10次专题访谈，影响力进一步提高。民进中央坚持统计、通报、推荐、评选和表彰等新闻宣传工作制度，加强对省级组织工作的指导和服务。制定下发《民进全国新闻宣传特约通讯员管理办法》，坚持每年评选表彰民进全国新闻宣传优秀通讯员，先后举办了民进全国新闻宣传特约通讯员培训班、民进全国宣传部门负责人培训班和民进全国省级组织宣传干部培训班，基本实现了省级组织、副省级城市和省会城市专职干部的培训全覆盖。

5. 突出重点、整体推进,加强组织建设

民进十一大后,按照执政党建设与参政党建设相互促进的要求,将组织建设的工作重点向基层延伸,为建设中国特色社会主义参政党奠定良好的组织基础。到 2017 年,有民进会员 15.9 万人,平均年龄 51 岁,大学以上学历占 69.3%,中高级职称以上占 79.4%。其中,各级人大代表 2380 人,各级政协委员 12401 人,副处级以上政府及司法机关任职人员 989 人,队伍建设取得积极成果。

6. 加强领导班子建设,转变工作作风

在民进中央领导班子中开展了以加强作风建设为主题的学习实践活动,进一步加强领导班子的制度建设,坚持和完善民主集中制,坚持集体领导和个人分工相结合的领导体制,严格按照民主程序和决策程序办事,不断提高民主、科学决策水平。制定《关于中国民主促进会中央委员会、中央常务委员会会议请假的规定(试行)》,明确中央委员和常委出席会议的纪律,有效改进了会议作风,提高了会议质量。采取自学、交流思想、座谈研讨、提出建议、下基层等多种方式,切实加强领导班子作风建设;召开谈心会和民主生活会,通过领导班子定期集体谈心、适时个别谈心等多种形式,交流工作和思想状况,增进共识,营造民主务实团结和谐的班子氛围,从制度上保证会内民主生活的健康开展。

7. 加大工作力度,加强代表人士队伍建设

2013 年举办两期民进中央委员培训班。2014 年印发《民进中央关于做好 2014—2017 年省级组织领导班子后备干部队伍建设工作的意见》。2015 年对 29 个省级组织的 116 名骨干会员进行了专题培训,并举办两期市县级组织专职副主委、秘书长培训班,实现了对市县级组织专职副主委和秘书长培训的全覆盖。2016 年举办骨干会员培训班和民进全国中青年会员培训班。2017 年省级组织换届后,举办民进全国专职副主委培训班、民进全国秘书长工作研讨班。五年中,推荐 184 名骨干会员参加中央组织部、中央统战部、中央社会主义学院举办的各类培训班、研讨班。坚持"以会代训",分别召开民进教育界人士、中央国家机关中的民进会员、

民进实职人员，文化界会员，出版界会员，司法界会员，新阶层会员，科技界会员，民进十一大部分代表，全国人大代表、全国政协委员中的民进会员座谈会，及时掌握会员思想动态，听取他们对民进中央工作的意见建议。2013年，向最高人民法院、公安部、审计署和中华海外联谊会、全国妇联等中央部门和社会团体推荐11位会员担任特约人员或兼职职务。2014年，推荐13名会员担任最高人民法院特约监督员，中国经济社会理事会常务理事，中国国际交流协会理事，中国人民政协理论研究会理事会常务理事、理事，中国和平统一促进会理事会常务理事、理事，中华职业教育社理事会副理事长、理事等职务。2015年，三名会员担任了新一届国土资源特邀监察专员。2016年，推荐了两名会员担任国家督学，一名会员担任宋庆龄基金会理事会副主席。人才推荐工作使会员有机会在更广阔的平台施展才能、发挥作用。

8. 开展创先争优活动，加强基层组织建设

2013年，民进中央制定《民进中央关于在全会开展创先争优活动的意见》，推动全会开展创建全国先进组织、先进个人的活动。召开"民进全国省级组织组织部门负责人座谈会"，深入研讨创建活动和基层组织建设。2014年，民进中央制定了《民进中央关于进一步加强组织建设的意见》，总结经验做法，探讨规律思路，提出举措办法。举办专职副主委工作研讨班和秘书长工作研讨班，对省级及部分市级专职领导班子成员"以会代训"。民进中央领导带队赴29个省级组织的96个地方和基层组织进行调研，修订《中国民主促进会基层组织工作条例》，进一步推动基层组织建设的制度化和规范化。2014年11月，召开民进全国组织工作会议，总结交流了组织建设工作的成果、经验和体会，明确组织工作的目标、任务和方向，对426个先进组织、357名先进个人进行了表彰。制定"2015—2017年增强基层组织活力工作计划"，进一步加强基层组织建设，民进中央举办了三期市、县级组织主委培训班，首次实现对民进全国300多个市、县级组织主委培训全覆盖。首次举办了基层组织负责人培训班，通过讲座、研讨、案例分析等形式对114位基层组织负责人进行了培训。

经过全会共同努力，452个工作机构、市县级组织和基层组织，349名先进个人受到了民进中央的表彰。截止到2017年，民进全会7794个基层组织中，开展活动好和比较好的占84%，初步改变了好、中、差各占1/3的状况，凝聚力和向心力进一步增强。

9. 加强会内监督，有序推进会内民主

民进中央支持中央监督委员会通过列席常委会和中全会、个别谈话、专项监督检查、问题线索办理等方式，重点对领导班子及其成员遵守会章、执行制度、履行职能、改进作风情况和机关工作实施监督，为中央监督委员会顺利开展工作提供了坚强保障。中央监督委员会的全体委员认真履职、积极探索，推动和帮助29个省级组织全覆盖成立监督机构、制定监督制度，会内监督体系初步形成。中央监督委员会将民进中央领导班子及其成员作为会内监督工作的重点对象，丰富监督方式与手段，积极推进会内监督的理论研究与实践探索。同时，开展对民进中央机关专项审计工作的监督。2014年在山西太原首次召开了民进内部监督工作研讨会。在2017年民进省级和中央换届过程中，将换届纪律作为会内监督内容的重中之重，以确保换届工作程序规范、纪律严明、风清气正。

（四）服务国家改革发展

随着中国特色社会主义进入新时代，民进以"为执政党助力、为国家尽责、为人民服务"的高度责任感和使命感，紧紧围绕推进"五位一体"总体布局和"四个全面"战略布局，落实创新、协调、绿色、开放、共享的新发展理念，认真履行参政议政、民主监督、参加中国共产党领导的政治协商的基本职能，为破解改革难题，厚植发展优势献计出力，参政议政方面成果丰硕。

扎实推动教育事业全面发展。民进中央多次呼吁坚持教育优先发展战略，并围绕加强教育立法、深化教育体制改革、强化政府责任、加大教育供给侧结构性改革、加强农民工技能教育等重大问题提出了相应建议。对《国家教育事业发展"十三五"规划》等提出意见建议，推动国务院出台

《乡村教师支持计划》。先后以"推进义务教育均衡发展""职业教育改革助推制造业发展"为主题，开展了年度重点考察调研，形成了一系列重要履职成果。在全国政协大会先后作关于教育公平和"从农民工大国到技工大国"的大会发言。围绕深化教育领域综合改革，提出了办好农村教育、提高农村教师待遇、深化教学改革推动教育减负、鼓励校企合作推进职业教育发展等一系列建议，积极参与主办全国政协"重视特殊教育""办好学前教育"双周协商座谈会，形成了系列重要履职成果。聚焦新形势下农村教师队伍建设政策、城镇化进程中教师队伍建设的体制机制与政策创新、助推乡村"好教师"建设、教师教育的供给侧改革、教师队伍建设与中国教育现代化2030等主题，持续推动中国教师发展论坛发展；聚焦努力办好人民满意的教育、深化普通高中学生培养体制模式改革、普及高中阶段教育的问题与对策等主题，推动基础教育改革座谈会发展，使这两项活动成为民进的特色品牌。

积极推动文化事业繁荣发展。以"构建现代公共文化服务体系"为主题，开展年度重点考察调研，向中共中央报送了《关于在"十三五"期间完善现代公共文化服务体系建设的建议》，并积极与文化部、发改委、财政部等部门座谈、沟通，推动了相关政策的制定和实际问题的解决。关注传统文化的传承，参与主办了全国政协"非物质文化遗产传承与保护"双周协商座谈会，形成相关参政议政成果。在全国政协常委会上呼吁"以公共文化为助力，让核心价值观在基层扎根落地"，聚焦城镇化建设中古村落保护问题提交了相关建议。针对公共文化服务体系中上位法缺失的问题，提出要加快制定公共（公益性）文化服务保障法和框架性建议；针对国家通用语言文字使用过程中存在的问题，提出了规范国家通用语言文字表述和加强推广的系列建议，相关建议纳入修订后的教育法。围绕加强国别和区域研究、"一带一路"与高校智库建设、发好中国声音、讲好中国故事报送建议，得到中共中央领导高度重视，并促成教育部在全国高校建立了42个"国别与区域研究基地"，提交完善我国数字出版制度、设立翻译国家队等提案，积极推动相关工作开展；参与主办北京国际出版论坛,推动国家外文局成立中国翻译研究院,助力扩大中国文化对外传播力和影响力。持续关注并推进全民阅读活动,多次就此提出相关意见建议和作政协大会发言,进一步促进了全民阅读氛围的构建。

推动经济社会转型发展。民进先后向中共中央提出挖掘消费潜力、防范金融风险、提高实体企业盈利水平、促进中小微企业健康发展、调整中央与地方财权事权、激发科技进步新动力、推动资源型城市转型、推进新型城镇化进程、深化医药卫生体制改革和加强我国域外研究等一系列有针对性的建议,得到了高度重视和关注,并有效推动了有关问题的解决。以"推进农村扶贫供给侧改革"为主题开展年度重点考察调研,形成了聚焦农村扶贫供给侧改革相关领域问题的意见建议。先后围绕"一带一路"建设、京津冀协同发展、长江经济带发展"三大战略"和新一轮东北振兴战略等开展系列专题调研,形成了较为丰富的参政议政成果,为推动国家重大发展战略实施发挥了积极作用。

持续推动环境保护稳步发展。呼吁扭转传统发展模式对生态环境破坏的趋势,就加强生态文明建设顶层设计、探索建立生态协议保护的新机制,以及大气、水、土壤污染防治工作提出具体建议,在全国政协大会作关于节水优先的大会发言。围绕"区域经济体制和生态文明体制改革与创新"开展年度重点考察调研,形成了系列议政调研成果。持续举办长江保护与发展研讨会,并于 2014 年更名为长江保护与发展论坛,以"加快生态文明制度建设""修复长江生态环境"为主题,先后形成了"设立长江上游经济带经济体制和生态文明体制综合改革试验区""长江流域水资源统一调度"等一系列政策性建议,重点围绕"南水北调中线水源地水质保护"主题提出了系列建议,提交了建立河道清淤机制、完善环境污染纠纷解决机制等党派提案,受到了有关方面高度重视,并得到积极回应。

民进以高度的责任感、使命感履行参政党职能,在民主监督方面有新作为。

扎实开展脱贫攻坚专项民主监督。2016 年以来,中共中央专门委托各民主党派中央就脱贫攻坚工作开展对口专项监督，这体现了中共中央对多党合作的高度重视，是各民主党派发挥民主监督作用的有益探索，是各民主党派服务大局的充分体现。民进中央将认识统一到坚持和完善我国多党合作制度的政治立场上来，以推动中央决策部署落实为重心，积极与对口的湖南省沟通协商建立工作机制，扎实开展民主监督工作。先后以"贫困人口精准识别、精准脱贫""扶贫资金精准使用"为主题开展了17次调研，深入基层、深入群众，走村入户实地考察，范围涉及湖南省14个市州的29个贫困县和50个贫困村，设立2个县级监测点，26个村级观察窗口，动态观察扶贫工作进展。向湖南省委、省政府及时反馈情况、提出整改意见，向中共中央、国务院报送调研报告，就完善扶贫政策提出建议，对湖南改进脱贫工作和国家科学决策发挥了积极作用。

接受职能部门委托，积极丰富民主监督内容。2015年，民进受国务院领导委托，开展义务教育新编教材审读工作。民进中央对此高度重视，立即召开专题会议，确定由三位副主席分别牵头语文组、历史组和德育组，组织专家对国家统编基础教育"语、史、德"教材进行审读，先后组织召开多次专家研讨会，并注重发挥上下联动作用，组织民进相关地方组织和专家参与教材审读工作，最终向国务院及相关部门提交了65万字的修改意见，受到高度重视和认真采纳，产生了积极的影响，进一步扩大了民进的社会影响力。

围绕法治中国建设，充分发挥民主监督作用。中共十八大以来，民进高度重视围绕法治中国建设发挥民主监督作用。先后提出要建立改革决策与立法决策的联动机制、完善群众有序参与立法的工作机制等建议。在两高召开的座谈会上，提出建设"法治中国"、为维护社会和谐稳定提供司法保障、确保法院独立公正地行使审判权、建立健全错案防范与责任追究制度、改革现有检委会决策制度等建议，并针对深化司法体制改革提出具体建议。多次提出公安执法规范化的必要性，敦促加快公安工作法治化进程。围绕从严治党和政府治理能力，聚焦"加强反腐倡廉"这一重点多次建言献策，提出加强反腐倡廉建设、加强巡视制度的协调性、设计科学的容错机制、强化对"关键少数"的监督等建议,《进一步加大反腐倡廉力度推进惩治和预防腐败体系建设的建议》等"直通车"建议得到中共中央的高度重视。向中央纪委报送关于推进惩治和预防腐败体系建设的建议,提出"打虎莫忘拍苍蝇",呼吁反腐工作更加全面有效深入开展,提出依法反腐才能长治久安,呼吁尽快建成反腐工作的法律保障体系。连续两年围绕政府诚信问题在全国政协大会作大会发言,呼吁以诚信政府引领诚信中国、以政务诚信引导社会预期,提出要培育忠于职守、敬畏法律的行政文化,以良好的党风政风带动民风社风。针对大调研过程发现的库区移民政策执行过程存在问题及时报告中共中央,得到中共中央领导的高度重视与肯定,并被作为民主党派发挥民主监督作用的典型案例。鼓励和支持特约(邀)人员以高度的政治责任感参加有关检查和监督工作,为实现国家的良治和善政作出贡献。

民进以高度负责的精神,参加中国共产党领导的政治协商,竭忠尽智,献计出力。

积极参与政党协商。中共十八大以来,民进围绕新时代的中国国际战略、国家宏观经济政策、重大方针政策等问题,聚焦高等教育布局与政策调整、建立人才新机制、推进惩治和预防腐败体系建设、行政审批制度改革、研究和完善反映经济增长的指标体系、政府职能转变需要机制创新、城镇化需要城市承担起农民工市民化的主要责任、提高我国企业"走出去"的能力和水平、完善国家"走出去"战略、重视推广农业良法、加快发展现代农业、设立国际合作发展署、加强高层治港人才战略谋划、加强青年学生艾滋病防治工作、加大采煤塌陷地治理力度、加快推进氢能源利用、改进和完善国家森林资源连续清查体系、重视安全发展、破除跨区域合作的体制机制障碍、推进扶贫攻坚进程、加强生态综合治理、深化教育综合改革、调动中央和地方各级政府积极性、重视农村基层组织建设等具体问题,在中共中央、国务院召开的党外人士座谈会上,提出建议65条,直接报送书面建议85件,为反映社情民意和促进决策的科学化、民主化贡献力量,有效推动了有关问题解决和工作开展。

扎实做好政协协商。十二届全国政协期间，围绕环境保护、文化建设、诚信政府等主题作大会口头发言13次，提交涉及教育、文化、出版、科技医卫、资源环境、社会法治等领域党派提案191件，民进组提案53件，民进界政协委员提交提案1710件，《关于"教育减负，深化义务教育教学改革"的提案》等31件党派提案被全国政协列为重点办理提案，《关于修订〈中华人民共和国教育法〉规范国家通用语言文字表述的提案》等20件党派及委员提案被评为十二届全国政协优秀提案。在全国政协常委会、联组会、专题协商会、双周协商座谈会上，围绕实施精准扶贫精准脱贫、推动大众创业万众创新、重视特殊教育、加强农作物秸秆综合利用、推进禁毒工作社会化、加强草原生态系统保护和修复等议题发言91次，就改革中的重要领域和关键环节建言献策。

持续强化信息工作。民进深入学习2015年修订的《中国人民政治协商会议全国委员会反映社情民意信息工作条例》，鼓励各级组织及会内专家就经济社会发展各方面问题报送建议，累计编写民进信息2207期，被全国政协采纳252篇，始终保持较高的质量和水平，及时反映了全会对新形势下经济社会发展突出问题的立场观点和思考建议。关于皎漂港建设等多篇信息得到了国家领导同志直接关注，社情民意信息工作在各民主党派中央处于前列。

社会服务工作在促进社会和谐中取得新进展。民进中央将社会服务确定为2015年度工作主题，召开民进社会服务工作研讨会和民进全国副省级城市社会服务工作专题会，就新形势下参政党社会服务工作进行专题研讨。召开民进全国社会服务工作会议，提高思想认识，总结交流经验，表彰全会社会服务工作先进集体、先进个人和优秀成果，印发《民进中央关于加强和完善社会服务工作的意见》，坚持社会服务的政治性、公益性、务实性原则，讲政治大局、讲特色优势、讲群众观念、讲开拓创新，社会服务工作取得新成效。

不断深化"同心·彩虹行动"工作思路，推动支边扶贫工作新发展。制定《2013—2017民进中央推进毕节试验区建设工作计划》，从助推发展、改善民生、建言献策三方面推进"同心·彩虹行动"。召开民进参与毕节试验区建设"同心·彩虹行动"工作经验交流大会,对43个先进单位、57位先进个人进行了表彰。2014年5月,习近平总书记对毕节试验区建设发展作出重要批示,民进及时传达学习、贯彻落实批示精神,召开参与毕节试验区建设工作专题会、民进全国社会服务工作暨公益慈善研讨会进行研究,通过助推发展、智力支持、改善民生等形式,持续形成参与毕节试验区和黔西南州安龙县帮扶工作的整体效果。截至2014年年底,民进各级组织在开展支边扶贫工作中,共参与捐建学校112所,资助学生5337人,培训教师11330人次;捐建同心水窖1076所,惠及安龙县13个镇(街道)48个村95个村民组,受益农户5300人,受益学生5400人;协调北京中日友好医院、民进山西省委会、民进重庆市委会分别对口金沙县中医院、人民医院、安龙县人民医院,组织专家开展互访交流、人员培训、管理咨询、义诊带教活动,着力改善地方医卫条件;动员协调会员企业在毕节地区投资约84亿元、在黔西南州总投资约84.2亿多元、在新疆投资110亿元,并首次入疆举办新疆中小学校长暑期培训班,支持贫困地区经济建设。全会各级组织不断探索支边扶贫的新思路,为配合新农村建设、地区经济发展战略的实施,作出了积极贡献。

探索开展微公益活动,提升社会服务新实效。2013年4月20日四川雅安地震和2014年8月3日云南鲁甸地震后,民进中央集全会之力发起捐款,积极支援灾区人民抗震救灾。弘扬民进传统,积极开展微公益活动,围绕社区服务和微公益,努力挖掘服务地方、服务社区、服务身边人的"微公益"活动典型,总结思考可在全会推广的项目和工作模式,努力提升服务社会实效。推动开明慈善基金会积极探索符合民进实际和群众需求的项目,为开展社会服务提供支持;推动开明画院探索书画进社区等公益活动新模式;积极了解省级组织开展社会公益活动的情况,倡导各级组织开展社区服务和微公益活动,一批微公益项目得到广大会员的认可。"服务就在身边,人人可以公益"的"微服务""微公益"理念在全会开始形成共识。截至2014年年底,全会各级组织共开展各种形式的社会公益活动 1588 次,捐赠物资价值 660 万元,捐赠书籍 66 万余册,捐赠医疗设备、用品价值 426 万元,捐赠书画艺术作品 5650 余件。

加强社会服务平台建设,提高社会服务工作水平。加强对新阶层会员的指导服务,已有 24 个省级组织成立了企业家(经济界)会员联谊会,通过推动各地民进企业家联谊会的自身建设与交流合作,举办企业家会员培训班等形式,帮助会员企业家提升素质能力,积极投身社会公益事业。发挥叶圣陶研究会作用,开展叶圣陶思想理论研究,开展与港澳台交流活动,为出版业健康发展建言献策。发挥开明画院作用,推动各级民进组织的开明画院加强机制建设,为弘扬优秀传统文化、促进文化事业发展发挥积极作用。开明慈善基金会不断加强自身建设,完善工作制度,建立四川雅安抗震救灾基金、河南民进刘文现教育基金、民进重庆小桔灯教育基金、广东同心·筑梦基金、广西同心·圆梦基金、山东民进齐鲁公益基金以及学大集团个性化教育基金等七个专项基金,不断扩大基金会的规模和影响力,促进社会服务工作水平不断提升。基金会成立三年多来,共获得各类捐赠收入 2036 万元,通过推进自主项目、专项基金项目和合作项目,围绕"温暖民心",积极参与民进中央教师培训、抗震救灾、援建水窖、"光明行"、"微公益"等各项扶贫和公益活动,形成了民进中央支持推动、省级组织协调配合、基层组织和会员广泛参与的慈善工作格局。

两岸交流呈现新的局面。紧紧围绕两岸关系和平发展主题,充分发挥民进特色与优势,不断充实交流内容,深化交流内涵,两岸交流工作取得了新的进展。民进中央多次接待台湾民意代表、中华文化研习营、台湾高校校长、慈济慈善事业基金会等组团来访,福建、广东、山东、浙江等省级组织也广泛开展了与台湾多领域的交流活动。民进分别组织教育界、文化界、出版界会员赴台考察交流。2013 年 12 月,海峡两岸中华传统文化与现代化研讨会首次在台北举行,严隽琪率团出席研讨会并讲话,来自海峡两岸 80 多位专家学者围绕"中华传统文化与社区建设"的主题进行了交流研讨。2014 年和 2015 年民进中央分别举办"两岸学者共话·世界史""两岸学者共话·社会学"论坛,邀请海峡两岸相关学科领域的专家学者参加，通过小范围、高层次的学术对话，使海峡两岸学者实现"面对面"的深度研讨、交流和互动。论坛的成功举办，成为新形势下民进推进两岸学术界沟通交流的开创之举，也为两岸交流往来搭建了一个新平台。

（五）庆祝民进成立70周年

2015年是中国民主促进会成立70周年，民进中央决定从2013年5月开始，在全会开展以"弘扬民进优良传统 为民族振兴作奉献"为主题的庆祝民进成立70周年系列活动。民进各级组织坚持以中共十八大精神为指导，以大力弘扬民进的光荣传统，促进与中国共产党同心、同向、同行，巩固和发展多党合作制度，激励广大会员为全面建成小康社会作贡献为主题，结合当地情况，支持广大会员坚持双岗建功，以出色的本职工作和会务工作迎接民进成立70周年。开展"讲会史、话传统、学先进、迎会庆"活动，推动整理口述会史，编辑出版会史书籍、画册，通过开展形式多样的庆祝活动，营造了会庆的浓厚氛围，增强会员的自豪感、责任感和使命感。

2015年12月1日至12月10日，"翰墨情深——庆祝中国民主促进会成立70周年书画展"在中国美术馆隆重举行。2015年12月3日，"在正道上行——庆祝中国民主促进会成立70周年展览"在京开幕。2015年12月4日晚，"在正道上行——庆祝中国民主促进会成立70周年文艺晚会"在京举行。民进各级组织在庆祝活动中，注重把庆祝活动与学习前辈优秀品质和崇高风范结合起来，进一步总结、提炼、弘扬了民进的优良传统；把庆祝活动与宣传会史、总结民进历史经验结合起来，体现出民进为实现中国梦而不懈奋斗的时代特点；把庆祝活动与普及多党合作、会章会史知识和自我教育结合起来，进一步增进了全会的"三个认同"，在新起点上巩固深化了全会的政治交接。

2015年12月4日，中国民主促进会成立70周年纪念大会在京举行。中共中央政治局委员、中央统战部部长孙春兰出席大会并代表中共中央致贺词。贺词指出，中国民主促进会70年的历史，是一部与中国共产党肝胆相照、荣辱与共，致力于国家富强、民族复兴、人民幸福的光辉历史。70年来，民进始终与中国共产党一路同行，在反内战、反独裁的爱国民主运动中并肩战斗，在巩固新生人民政权、推动社会主义建设中通力合作，在坚持和发展中国特色社会主义征程中同心奋斗，为中国革命、建设和改革事业作出重要贡献。贺词指出，以习近平同志为总书记的中共中央绘就了"十三五"时期国家发展蓝图，赋予民主党派新的时代使命。希望民进以凝聚共识为根本，把思想和行动统一到中共中央决策部署上来，巩固团结奋斗的共同思想政治基础。以集智聚力为重点，立足教育文化出版界知识分子集中的优势，为实施"十三五"规划积极作为。以思想政治建设为核心，努力打造更加符合时代要求的中国特色社会主义参政党，承担起中国特色社会主义事业亲历者、实践者、维护者、捍卫者的政治责任。

严隽琪回顾了中国民主促进会70年的光辉历程，她指出，以史为鉴，民进在长期实践中逐渐形成、丰富和发展的"坚持接受中国共产党的领导，坚持爱国、民主、团结、求实，坚持立会为公"的优良传统弥足珍贵，民进全会要倍加珍惜，自觉弘扬，努力实践，不断赋予其新的时代内涵。她号召民进广大成员继承和弘扬优良传统，更加紧密地团结在中共中央周围，同心同德，为实现中华民族伟大复兴的中国梦再作新贡献。

全国人大常委会副委员长、民建中央主席陈昌智代表各民主党派中央和全国工商联致贺词。

全国政协副秘书长、民进中央副主席朱永新宣读了《民进中央关于表彰民进全国先进集体、先进个人的决定》。民进中央授予民进中央教育委员会等453个工作机构、市县级组织和基层组织"民进全国先进集体"荣誉称号；授予王东等350名会员"民进全国先进个人"荣誉称号。

全国政协副主席、民进中央常务副主席罗富和主持大会。民进中央原主席许嘉璐、原第一副主席张怀西，各民主党派中央、全国工商联负责人和有关部门负责同志出席大会。

第八章
为新时代中国特色社会主义作出新贡献

二、做中国共产党的好参谋、好帮手、好同事

（一）第十二次全国代表大会

中国共产党第十九次全国代表大会于 2017 年 10 月 18 日至 10 月 24 日在北京召开。习近平代表第十八届中央委员会向大会作了题为《决胜全面建成小康社会　夺取新时代中国特色社会主义伟大胜利》的报告。大会的主题是：不忘初心，牢记使命，高举中国特色社会主义伟大旗帜，决胜全面建成小康社会，夺取新时代中国特色社会主义伟大胜利，为实现中华民族伟大复兴的中国梦不懈奋斗。大会高举中国特色社会主义伟大旗帜，以马克思列宁主义、毛泽东思想、邓小平理论、"三个代表"重要思想、科学发展观、习近平新时代中国特色社会主义思想为指导，分析了国际国内形势发展变化，回顾和总结了过去五年的工作和历史性变革，作出了中国特色社会主义进入了新时代、我国社会主要矛盾已经转化为人民日益增长的美好生活需要和不平衡不充分的发展之间的矛盾等重大政治论断，深刻阐述了新时代中国共产党的历史使命，确立了习近平新时代中国特色社会主义思想的历史地位，提出了新时代坚持和发展中国特色社会主义的基本方略，确定了决胜全面建成小康社会、开启全面建设社会主义现代化国家新征程的目标，对新时代推进中国特色社会主义伟大事业和党的建设新的伟大工程作出了全面部署。民进各级组织深入学习十九大精神，欢欣鼓舞，深受教育。

2017 年 12 月 1 日至 6 日，中国民主促进会第十二次全国代表大会在北京召开。12 月 1 日举行开幕会。中共中央政治局常委、国务院副总理汪洋会见全体与会代表，并代表中共中央致贺词。严隽琪致开幕词。刘延东、尤权、向巴平措、张庆黎以及许嘉璐、张怀西出席开幕会。出席大会的正式代表 575 名，列席 40 名。中共中央统战部、国务院有关部委、各

民主党派中央、全国工商联、有关人民团体、高等学校、科研院所领导同志应邀出席开幕式。罗富和主持开幕会。

★ 2017年12月1日至6日，中国民主促进会第十二次全国代表大会在京隆重举行。

中共中央贺词指出，中国民主促进会自1945年成立以来，始终弘扬坚持接受中国共产党领导，坚持爱国、民主、团结、求实，坚持立会为公的优良传统，始终同中国共产党肝胆相照、荣辱与共，在反独裁争民主、反内战争和平的爱国民主运动中风雨同舟，在建立新中国、建设社会主义国家的伟大实践中并肩奋斗，在坚持和发展中国特色社会主义的壮阔征程中勠力同心，为中国革命、建设、改革伟大事业作出了重要贡献。五年来，民进秉持"为执政党助力、为国家尽责、为人民服务"的使命担当，坚持"有思有行、集智聚力、顺势而为、开拓创新"的工作方针，认真履行参政党职能，为推进改革开放和社会主义现代化建设作出了重要贡献。

贺词强调，广泛团结各方面力量，心往一处想，劲往一处使，是中国共产党攻坚克难、夺取胜利的重要经验，也是我们党和国家的一个重要政治优势。希望民进深入学习宣传贯彻中共十九大精神，深刻领会习近平新

第八章
为新时代中国特色社会主义作出新贡献

时代中国特色社会主义思想的历史地位和丰富内涵,牢固树立"四个意识",坚定"四个自信",不断巩固团结奋斗的共同思想政治基础。充分发挥自身界别特色优势,围绕建设教育强国、推动社会主义文化繁荣兴盛、加快建设创新型国家等重大课题,广泛深入调研,积极建言献策,为实施科教兴国战略、人才强国战略、创新驱动发展战略等作出新贡献。准确把握建设中国特色社会主义参政党的要求,进一步加强领导班子和代表人士队伍建设,不断提高政治把握能力、参政议政能力、组织领导能力、合作共事能力和解决自身问题能力,切实履行好参政议政、民主监督、参加中国共产党领导的政治协商职能,推进自身建设迈上新台阶。

全国人大常委会副委员长、民盟中央主席张宝文代表各民主党派中央、全国工商联致贺词。

严隽琪代表民进第十三届中央委员会作工作报告。报告在回顾和总结民进五年来的主要工作和基本经验后提出,中国特色社会主义已经进入了新时代,民进必须立足于新时代新方位,以习近平新时代中国特色社会主义思想为指导,找准自身建设和履行职能的着力点,以更宽广的视野、更长远的眼光来思考和把握民进未来的发展。民进全会要深入学习贯彻中共十九大精神,自觉承担起中国特色社会主义参政党的历史使命;深化政治交接,将参政党建设水平提升到新高度;切实履行参政党职能,为决胜全面建成小康社会,夺取新时代中国特色社会主义伟大胜利,实现中华民族伟大复兴的中国梦贡献智慧力量。

刘新成向大会作关于《中国民主促进会章程修改案(草案)》的报告。新修订的会章,将"习近平新时代中国特色社会主义思想",关于"中国特色社会主义进入新时代","我国社会主要矛盾的转化"的最大政治判断,实现"两个一百年"奋斗目标,建设富强民主文明和谐美丽的社会主义现代化强国等内容,充实到本会的政治纲领中;将关于"中国共产党的领导是中国特色社会主义的最本质特征和最大制度优势","推进社会主义协商民主广泛多层制度化发展,促进全面依法治国","培育和践行社会主义核心价值观"的论述,充实到总纲中;将参政党基本职能的完整表述，充实到总纲中；增设"纪律与监督"，对会内监督和会内纪律作出规定。

12月1日下午，大会举行第二次全体会议，主题是学习中共十九大精神。中央宣讲团成员、国务院研究室副主任韩文秀同志作学习中共十九大精神的专题报告。12月4日下午，大会举行第三次全体会议。蔡达峰主持会议。大会审议通过了中国民主促进会第十二次全国代表大会关于《中国民主促进会章程（修正案）》的决议，大会选举产生了由199名委员组成的中国民主促进会第十四届中央委员会。

12月5日，民进十四届中央委员会第一次全体会议由蔡达峰主持，选举产生了由44人组成的民进第十四届中央常务委员会，选举了民进第十四届中央委员会主席、副主席，蔡达峰当选主席，刘新成、朱永新、姚爱兴、卫小春、张雨东、王刚、陶凯元、庞丽娟、黄震、高友东当选副主席。表决通过了民进第十四届中央监督委员会主任、副主任、委员名单。新当选的民进第十四届中央委员会主席蔡达峰发表讲话。他指出，72年来，民进在我国革命、建设和改革各个时期都作出了出色贡献。今天，我们站在新的起点上，重任在肩。让我们精诚团结，奋发有为，紧密团结在以习近平同志为核心的中共中央周围，团结带领各级组织和广大会员，深入学习贯彻中共十九大精神，落实民进十二大工作部署，努力开创民进各项工作新局面，为新时代中国特色社会主义事业作出新贡献。

12月5日下午，民进十四届中央委员会第一次主席会议召开，推举刘新成为常务副主席。12月5日下午，民进十四届中央常务委员会第一次会议召开，任命高友东为民进十四届中央委员会秘书长；决定民进十四届中央委员会设九个专门委员会，并任命了各专门委员会主任。

12月6日，刘新成主持闭幕会。大会审议通过了《中国民主促进会第十二次全国代表大会决议》，宣读了民进十二大给光荣离任同志的致敬信。

蔡达峰作闭幕讲话。他指出，这是一次鼓舞人心、发扬民主、继往开来、团结奋进的大会。大会高举中国特色社会主义伟大旗帜，以习近平新时代中国特色社会主义思想为指导，深入学习贯彻中共十九大精神，认真学习中共中央致民进十二大的贺词，高度评价了民进第十三届中央委员会的工作成绩和领导作用，为民进在中国特色社会主义新时代取得新发展，奠定了组织保障，明确了目标要求，具有十分重要的意义。新一届中央委员会及领导班子，一定牢记光荣的使命和全会的重托，继承和发扬民进的优良传统，深化政治交接，不断增强政治把握能力、组织领导能力、参政议政能力、合作共事能力和解决自身问题的能力，体现新干劲、新气象，为实现民进十二大确定的各项任务而努力工作。

他强调，深入学习贯彻中共十九大精神，是民进当前和今后一个时期首要的政治任务。民进要立足新时代新方位，牢固树立"四个意识"，坚定"四个自信"，准确把握建设中国特色社会主义参政党的新要求，不忘合作初心，牢记历史使命，推进自身建设和履职能力迈上新台阶。民进各级组织和广大会员要更加紧密团结在以习近平同志为核心的中共中央周围，在中共十九大精神的指引下，在民进新一届中央委员会带领下，不辱使命，不负重托，无愧于时代，为决胜全面建成小康社会、夺取新时代中国特色社会主义伟大胜利、实现中华民族伟大复兴的中国梦、实现人民对美好生活的向往而团结奋斗。

（二）认真履行基本职能

2018年2月6日，习近平总书记在同党外人士座谈时强调："中国特色社会主义进入新时代，多党合作要有新气象，思想共识要有新提高，履职尽责要有新作为，参政党要有新面貌，引导广大成员增进对中国共产党和中国特色社会主义的政治认同，使新时代多党合作展现出勃勃生机。"2018年3月4日，习近平总书记在看望参加全国政协十三届一次会议的委员时发表了重要讲话，创造性提出"新型政党制度"。希望各民主党派和无党派人士"做中国共产党的好参谋、好帮手、好同事，增强责任和担当，共同把中国的事情办好"。"四新""三好"是对新时代民主党派作用地位的新概括，为巩固团结和谐的政党关系、建设高素质的中国特色社会主义参政党提供了重要指导。

★ 2018年2月,习近平总书记在北京同党外人士共迎新春时,与蔡达峰亲切握手。

第八章
为新时代中国特色社会主义作出新贡献

民进十二大以来，各级组织按照习近平总书记提出的"四新""三好"要求，自觉把工作重点聚焦到中共中央决策部署上来，聚焦贯彻稳中求进工作总基调、打好三大攻坚战等重点任务，在履行三项基本职能方面有新作为，展现了新面貌，体现了多党合作新气象，为推进新时代中国特色社会主义事业发挥了积极作用。在履职过程中，民进也通过广泛宣传中国特色社会主义制度和新型政党制度优越性，进一步增强了理解大局、服务大局的能力。

1. 投入协商议政活动

民进中央积极参加党外人士协商会、座谈会、情况通报会，就宪法部分内容修改、深化党和国家机构改革、经济形势和经济工作、政府工作报告、坚持和完善中国特色社会主义制度、推进国家治理体系和治理能力现代化、制定国民经济和社会发展第十四个五年规划和2035年远景目标、新冠肺炎疫情防控等重大议题和重大人事事项等，进行精心准备，充分发表协商意见，提出了加强宪法实施和监督，机构改革应加强党的领导核心作用、适应"五位一体"总体布局，切实支持实体经济、打造新型劳动者大军，遵循创新活动规律、增强创新能力，加强财政投入和绩效管理、精准脱贫提质增效、重视教师队伍建设、深化"放管服"改革激发微观主体活力、提升社区治理效能、推进公共文化服务均等化等一系列意见和建议。通过"直通车"形式向中共中央、国务院书面报送有关建议，其中关于"深化'放管服'改革，激发微观主体活力""加强国别与区域研究沟通协作机制""加快建设知识产权强国""提升基层治理效能，促进社会和谐稳定"等多份建议，得到了党和国家领导人的批示。与此同时，加强同有关部门沟通联系，针对教育体制改革、财政体制改革、医药卫生体制改革等问题，向教育部、财政部、科技部等政府有关部门提出意见和建议，推动了相关政策的制定和实施。

民进还积极履行政协参加单位的职责，组织界别组活动，参加政协协商。向全国政协十三届一、二、三次会议提交党派提案135件，民进组提案46件，在政协大会上就发挥中等职业教育在脱贫攻坚中的特殊作用、用优秀文化产品提升文化自信、推动全民阅读等作口头发言。《关于构建产业扶贫"新生态"的提案》《关于进一步促进家庭教育发展的提案》《关于加快建立"互联网+基础教育"公共服务体系的提案》等被列为重点办理提案。民进还积极参与全国政协相关协商座谈会。先后承办全国政协"加强国家通用语言文字普及,促进各民族交往交流交融"双周协商座谈会,"加强农村基本公共文化服务建设"专题协商座谈会,"推动中华优秀传统文化进课本、进课堂、进校园"远程协商座谈会,提出了高质量的可行建议,促进了相关问题的解决。支持和鼓励政协委员中的民进会员发挥作用,多位会员在历史文化名城名镇保护、加强幼教师资培养、推进粤港澳大湾区创新合作、发挥文化建设在实施乡村振兴战略中的作用、完善重大疫情防控机制等会议上务实建言,取得了较好的履职成效。

反映社情民意信息是参政党重要的履职工作,民进不断加强和改进这项工作,严把政治关、政策关、文字关,提高信息编报的工作质量,助力党和国家科学决策、民主决策。2018年以来,累计向中共中央统战部、全国政协报送社情民意信息2335期,335期涉及新冠肺炎疫情防控有关工作,561篇被全国政协采用,在各民主党派中央和全国工商联中位于前列。其中,关于尽快完善我国文物出境风险应对体系、海绵城市建设应重视次生盐碱化问题防控、逐步禁止生产销售含塑料微球的日化产品等建议专报党和国家领导同志。关于三峡水库消落区立法、"国家通用语言文字"应强化国家概念采用科学表述、及早制定新形势下特殊岗位军人优待政策、在大城市试行"以市为主"的基础教育管理体制、尽快明确新冠肺炎疫情带来的劳动关系争议解决规则、加快推进长三角医疗保险一体化进程等建议被报送有关部委,得到推动落实。

2. 积极开展调查研究

依托上下联动,开展年度重点调研。2018年,民进中央以"完善乡村治理体系"为年度重点课题,赴四川、湖南、河北实地考察,统筹5个省级组织同步调研;2019年,围绕"优化营商环境激发微观主体活力",聚焦教育和文化服务业"放管服"改革,赴陕西、湖北进行调研,组织6

个专门委员会、16个省级组织同步调研；2020年，围绕"提升基层治理效能，促进社会和谐稳定"主题，赴贵州、河南进行实地调研，组织28个省级组织、4个专门委员会同步调研。这些基于深入调研形成的建议书得到了中共中央主要领导同志的重要批示，相关建议均得到了有关部门的重视和采纳。

专兼职结合，开展专门委员会调研。民进各级专门委员会始终是民进做好做实调查研究工作的重要力量，民进各级组织积极鼓励各级专门委员会聚焦各领域的重点难点问题开展一系列调研。2018年以来，民进中央各专门委员会先后围绕"加强国家通用语言文字普及""历史文化名城名镇保护""期刊国际传播力建设""创新型科技人才队伍建设""同步推进乡村振兴与新型城镇化""基层社区治理""推进长江保护法制定实施""未成年人保护工作"等议题，开展了81次实地调研和9次网络调研，形成了一批有价值的调研成果，也激发了专委会成员双岗建功的积极性和主动性，提升了会员的履职获得感。

立足实践，推动课题成果试点转化。调研成果转化的一个重点，就是用理论成果指导现实实践。在此方面，民进中央在不断探索前行。2018年，以"民主党派基层组织参与基层社会治理"为重点课题，先后赴九省围绕民主党派基层组织参与基层协商、推动基层社会治理的体制、机制、形式、方法等开展调研，面向民进全会273个市级组织进行问卷调查，形成了高质量的调研成果。在此基础上，最终推动北京市西城区开展试点，引导民进基层组织充分认识多元参与在基层治理中的重要作用，充分发挥自身的组织优势，通过帮助西城区解决好社会治理中存在的问题，取得了不错的实践效果。

继承创新，依托平台集智聚力、服务大局。2018年以来，民进继续探索加强和改进活动传播方式，继续在主界别领域发出强有力的声音，在服务国家发展战略中不断开拓新的领域。先后聚焦义务教育城乡一体化背景下的教师队伍建设、教师教育振兴与师范院校的使命，举办中国教师发展论坛；聚焦深化义务教育阶段教育教学改革、促进普通高中提高质量、落实中小学办学自主权、推进普通高中育人方式改革、落实劳动教育、促进县域普通高中健康发展，召开基础教育改革座谈会；聚焦推进文化服务业高质量发展，举办开明文化研讨会，以"回望：北魏文化与民族融合；展望：文化与城市转型发展"为主题，举办开明文化论坛；聚焦推进出版传媒业高质量发展、出版传媒业发展空间和方式探索，举办开明出版传媒论坛；聚焦区域协调发展、绿色转型发展，举办长江保护与发展论坛；聚焦黄河生态保护，举办黄河保护与发展论坛；聚焦臭氧防控和碳排放达到峰值，举办粤港澳生态环境高端论坛。同时，民进还持续深化与上海社会科学院、北京师范大学中国教育政策研究院、清华大学政治经济学研究中心、中国科学院科技战略咨询研究院等机构的合作，2019年起又与北京大学区域与国别研究院开展合作，促进了信息、资源、成果的共享。

3. 深入开展民主监督

随着决胜脱贫攻坚各项任务日益加重，脱贫攻坚民主监督同样面临着新形势、新任务和新要求。对此，民进中央高度重视，深入学习习近平总书记关于扶贫工作的重要讲话精神和重要论述，认真学习贯彻中共十九大"坚决打赢脱贫攻坚战"的战略任务，全面落实《中共中央国务院关于打赢脱贫攻坚战三年行动的指导意见》，始终把脱贫攻坚民主监督作为中国共产党领导的多党合作事业的重要政治任务深入推进。

2018年，民进中央重点围绕教育扶贫与工作作风问题，在湖南13个县开展监督调研，参与国务院扶贫开发领导小组的督查调研，与财政部就教育扶贫财政投入的保障机制问题开展联合调研，参加全国政协、农业农村部就民进中央产业扶贫重点提案开展的督办调研；组成联合小分队开展驻村调研，组织10个省级组织开展情况对比调研，组织脱贫攻坚民主监督工作顾问开展专家组调研。2019年，民进中央结合湖南脱贫实际和工作进度，围绕精准实现"两不愁三保障"目标任务，在湖南7市的21个县进行监督调研，探索开展"回头看"，帮助基层查漏补缺和"考前热身"。2020年，民进中央按照中共中央打好贫困地区疫情防控和脱贫攻坚总体战的决策部署，保持工作力度，提高工作精度，结合湖南脱贫攻坚实

第八章
为新时代中国特色社会主义作出新贡献

际,聚焦克服新冠肺炎疫情影响、如期全面完成脱贫攻坚目标任务,巩固脱贫成果、建立防止返贫机制、深化产业扶贫、加强易地搬迁后续扶持、补齐教育和医疗等公共服务短板、加强乡村治理、推动脱贫攻坚与乡村振兴战略有机衔接等重点问题,通过委托地方、运用信息化手段、加强观察窗口跟踪调研、参加国务院扶贫开发领导小组督查等方式,灵活开展多种形式的脱贫攻坚民主监督调研。民进的工作始终是多层次、多维度的,蔡达峰等民进中央领导始终坚持带队调研,专家组和专干小分队始终坚持"四不两直"调研,民进各省级组织结合本地情况始终开展同步调研,民进湖南省委会和地市级组织发挥3个县级观察点、26个村级观察窗口作用进行跟踪调研。在广泛深入调研基础上,民进中央及时向基层党委政府提出问题线索推动立改立行,每年向湖南省反馈监督意见,向中共中央报送年度脱贫攻坚民主监督报告和有关建议。这项始于2016年的专项民主监督,得到了中共湖南省委、省政府和会外专家、社会各界的大力支持,凝聚着湖南省委会、许多省级组织和广大会员的共同努力。

★ 2018年9月,蔡达峰在湖南开展脱贫攻坚民主监督调研。

此外，民进还围绕党风廉政建设开展监督，先后就加强基层党建、完善干部激励机制等问题，及时报送相关情况和建议。持续关注依法治国实践，在最高人民法院、最高人民检察院召开的座谈会上，围绕司法体制改革，提出深入推进司法责任制、司法人员分类管理、司法职业保障制度和持续优化司法权力配置、完善司法责任制配套举措、破解司法队伍建设和管理的新问题、深化司法副卷制度改革、推进诉讼服务规范化标准化、加强建立执行司法责任制力度、司法服务"六稳""六保"等建议。担任司法机关和政府部门特约人员的会员也在参加相关监督检查工作中，发挥着积极作用。

（三）同心决战决胜脱贫攻坚

中共十八大以来，民进各级组织深入学习贯彻习近平总书记扶贫开发重要战略思想，始终秉持"为执政党助力、为国家尽责、为人民服务"的责任感和使命感，调动各方资源和力量，围绕十八大确立的全面建成小康社会战略目标，聚力打赢精准脱贫攻坚战，扎实推进对口黔西南州安龙县的定点扶贫，持续参与毕节试验区建设，主动服务湖南脱贫攻坚，服务新疆等民族地区社会稳定和长治久安，努力展现新时代的新作为。

聚力脱贫攻坚，深化"同心·彩虹行动"。民进通过教育、医疗、产业帮扶等多种形式，积极助力打赢脱贫攻坚战。印发《民进中央关于"十三五"时期参与统一战线聚力脱贫攻坚工作的指导意见》《民进中央关于支持毕节试验区夯实贯彻新发展理念示范区建设的意见》，召开民进中央支持毕节试验区贯彻新发展理念示范区建设座谈会、民进参与毕节试验区建设"同心·彩虹行动"经验交流大会、民进助力脱贫攻坚工作座谈会，组织教育、经济、农业、旅游方面的专家赴贵州省黔西南州、毕节市和湖南省怀化市、湘西州等地，围绕脱贫攻坚遇到的问题，开展调查研究，帮助当地厘清思路、制定规划、选准产业，提出脱贫的办法和对策。开展乡村调查、职业教育参与精准扶贫模式专题调研，举办民进民办教育工作座谈会，发动各级组织和教育界会员探索通过民办教育和职业教育为贫困家庭提供培训和就业服务的扶贫工作。据不完全统计，截至2020年6月底，除安龙县外，全会共参与了全国67个贫困县的帮扶工作，直接投入工作经费664万元，捐资捐物折合人民币3736万元；培训教师11170人次，医生46人次，基层干部253人次，农技人员1740人次；帮助引进企业4家，总投资2628万元。

深化"同心·彩虹行动"，重点实施"彩虹结对""彩虹励志""彩虹关爱"三项具体行动，在义务教育、职业技能培训、困难学生帮扶上集中发力。针对城乡教育发展不均衡、教师队伍薄弱等问题，开展"彩虹结对"行动；针对贫困家庭学生初中毕业后辍学的现实问题，开展"彩虹励志"行动；针对留守儿童、贫困家庭子女、残疾儿童等特殊群体就学和生活困难问题，开展"彩虹关爱"行动。实施"同心·彩虹行动"骨干教师培训三年提升计划，对贫困地区骨干教师进行连续三年的系统培训。2020年首批参加"三年提升计划"的教师结业，成为当地教学骨干，有效带动当地教育水平的提高。

2020年，为贯彻落实习近平总书记关于"对工作难度大的县和村挂牌督战"的重要指示精神，民进中央结合自身优势，启动实施了"同心·彩虹行动"助力挂牌督战乡村教师和乡村医生三年能力提升计划，组织涉及52个挂牌督战县的7个省级民进组织，为本省挂牌督战县的乡村教师和乡村医生建立优质教学资源库，免费提供视频课程，组织专家线上线下答疑，安排跟岗学习等，助力如期脱贫，推动当地教育发展和医疗健康服务水平提高。项目为期三年，2020年云南、贵州、四川、甘肃、广西、宁夏六省的乡村教师培训已启动，共举办7个班、培训乡村教师519名。2021年、2022年民进继续助力这52个县的巩固拓展脱贫攻坚成果与乡村振兴有效衔接工作。

2018年起，国务院加大了中央单位定点扶贫工作考核力度，并与中央各定点扶贫单位签订《中央单位定点扶贫工作责任书》。民进中央统筹部署，发挥合力，每年超额完成《责任书》承诺任务，2018年、2019年连续获得"好"的考核等次。

以教育、文化、卫生为重点，帮扶贫困地区社会事业发展。积极开展支教、培训、捐赠等活动，通过组织讲师团、开展送教下乡、举办定向贫困生教育项目、资助贫困家庭学生、捐赠图书、开展远程教育等多种形式，支持、帮扶西部地区教育发展。协调多方力量，帮助改善金沙、安龙两县的教学医疗条件，开展助贫助学活动，举办培训班230余期，为两县培训教师和医务人员35000余人次，累计捐款和捐赠物资折合5287万元。

持续举办各类教师培训班。通过建立"同心·彩虹行动"学校美育培训基地、"同心·彩虹行动"西部幼儿教师教学实践基地、西部教师培训基地、"支教岛"、"同步课堂"等，开展音乐、美术、英语及学前教育、特岗教师、职业教育等学科教师培训。推动北京师范大学教师教育研究中心与兴义民族师范学院合作成立"西南民族地区教师教育研究中心"，打造留得住的优秀教师队伍。协调浙江镇海中学结对安龙一中，开展"名校带头校"的教育帮扶工作。积极参与统一战线"同心助学"行动，为贫困地区引入先进教学理念和优质教育资源，精准帮扶当地提高教育教学水平。

将美育作为德育重要载体，大力组织开展书法、美术、音乐、足球、非物质文化遗产进校园等"美育共建"活动，提高贫困地区学校美育水平。持续举办"同心·彩虹行动"暑期音乐、美术教师培训班，与中国青基会、中国国际合唱节组委会合作举办"筑梦同心彩虹"音乐教师（线上）培训，2020年首期培养贫困地区音乐教师2500人。帮助安龙县组建起教师合唱团，带动县域音乐教育发展。河北民进坚持多年开展"烛光计划"书法教育，已遍及河北、云南、新疆等13个省、自治区、市及贵州金沙、安龙县；天津民进"名师讲师团"派出美术特级教师，到安龙开展美育专题讲座、进行美术学科的课堂教学研究，举办津黔两地学生绘画作品展，并进行美术鉴赏现场教学。陕西省委会组织西安音乐学院支部赴汉中开展扶贫助学活动，让更多的贫困学生感受到温暖与关爱，让他们有更多的机会实现自己个人的梦想。

举办"同心·彩虹行动"民进艺术家慰问金沙文艺演出。2016年民进湖南省委会、广西区委会、贵州省委会联合举办"'走进湘桂黔边·关注老少山穷'全国摄影大赛"文化公益活动。

深入推进医疗对口帮扶。组织民进医疗专家赴安龙县、金沙县医院讲学、交流,到乡镇卫生院义诊带教,结对帮助贫困县医院重点专科建设。民进中央科技医卫委员会——心血管公益专家联盟帮助金沙县中医院建立导管室,并捐赠价值50万元的心血管医疗器械和药品,在金沙中医院设立该联盟专家工作室;民进重庆市委会、浙江省委会和安徽省委会组织会员中的医疗专家与安龙县人民医院建立对口帮扶关系。民进还积极协调会外力量开展对口帮扶,促成中日友好医院与金沙县中医院和金沙县人民医院建立对口帮扶关系,免费培训医疗人员,并帮助金沙建设肿瘤科等重点学科,建设远程会诊平台;帮助金沙县人民医院对接贵州省人民医院建立医联体,加快医院科室建设和管理水平提升。几年来,民进还促成39互联网医院与安龙县人民医院达成合作,与金沙县人民医院对接协作,支持贵州省基层胸痛中心建设大会暨贵州省第四届急性心肌梗死规范化诊疗会在黔西南州兴义市人民医院举办。各地民进组织也根据自身条件,以专家义诊、健康咨询、捐赠医疗器械物资、开展农村动物防疫培训等多种方式参与各地扶贫点的健康扶贫工作。

以市场为导向,以商品为龙头,带动贫困地区产业发展。组织民进企业界会员参加毕节试验区和安龙县的各种招商引资及商务考察活动,助力当地社会经济发展。协助引进项目资金150余亿元。

协调促成广东华农温氏畜牧股份有限公司在安龙县投资建成50万头生猪产业一体化合作项目,项目总投资约8.3亿元。项目实施以来,带动104个家庭养殖农场建设,吸纳近3000户贫困户参与创业增收,并带动运输、餐饮等相关行业的发展。牵线民进会员企业与安龙县开展食用菌产销合作,每年帮助销售1.5亿余元产品。推动安龙、金沙县茶产业进入中国公众标准茶交易体系,为两县茶产业标准化生产和销售奠定坚实基础。引资150余万元帮助安龙县坝盘村发展民宿项目,并协调开明慈善基金会向村集体捐资30万元作为村集体资产参与入股。

引进项目资金,支持金沙县有机农业和非遗文化产业发展,协助金沙县成功申办2020年第30届中国兰花博览会,申报增量配电业务改革试点,支持黔西南州国际山地旅游大会和万峰林峰会举办,协调推动安龙县美女山水库审批投建。

积极开展消费扶贫,发起"我为扶贫下一单"活动。支持民进会员举办的"开明扶贫商城""进扶阁"等电商平台,以及"美食林"等大型商城,全力参与消费扶贫。据不完全统计,三年来,全会直接购买贫困地区农产品1055.79万元,帮助销售9.67亿元。

积极开展社会公益活动。倡导"服务就在身边,人人可以参与""能力有大小,爱心不能少"等微公益理念,广泛动员民进各级组织和会员,团结带动社会热心人士积极参与各类社会公益活动。关注社会治理的制度建设,积极发挥会员优势,参与城市社区建设。开展以家庭教育为主要内容的家长课堂、健康讲堂、校长论坛等活动,积极回应当前社会关切。举办"开明大讲堂"、书法课堂、文化进社区、科普宣传等活动,提升市民文化素养。开展法律咨询、社区矫正、普法宣传活动,推进法治社会建设。配合社区工作,开展为环卫工人送温暖,关爱进城务工人员随迁子女,关爱病残儿童等活动,促进了社群关系和谐。

自2015年起,每年春节前举办"春联万家"活动,全国各级开明画院组织美术界会员下基层进社区进军营,为群众写春联送祝福。据不完全统计,参与会员1.9万余人次,举办活动1961场,现场参与群众56.3万余人,为群众手书春联59.2万余副。举办"书香彩虹"公益活动,为金沙、安龙捐赠图书130余万册。

健全机制体制,发挥平台作用。民进全国29个省级组织全部成立了省级画院,截至2020年12月,民进各级组织共成立画院161家,成员3982人,共举办全国性美术展览600余场次,开展书画下乡、文化交流、美育共建、教师培训、摄影大赛等社会公益活动。举办2017年度民进中央开明画院院长艺术高峰论坛,支持地方开明画院和美术界会员举办学术活动,探索打造"开明书院"公益服务平台,以沙龙、访谈、座谈等多种形式，践行社会主义核心价值观；创建开明画院宜兴紫砂分院，成立江西篁岭、广东东莞、贵州百里杜鹃写生创作基地。

民进29个省级组织全部成立了企业家联谊会，团结带领企业界会员积极投身"双创"和公益活动，积极为经济社会发展建言。鼓励各省企业家联谊会开展区域联席会议以及联合学习、调研、考察等活动。举办民进企业家培训班，累计参训会员700余人次，帮助企业家提升政治把握能力和履职尽责能力，鼓励他们积极参政议政和投身社会公益事业。

开明慈善基金会自2012年成立以来，筹集资金7964万元。资助新疆校长培训班、瑶族女生班、助力挂牌督战乡村教师和乡村医生三年能力提升计划、一对一助学、彩虹关爱、美丽乡村马拉松、光明行、医疗救援，帮助改善安龙县幼儿园办学条件等扶贫济困、助学兴教、医疗救助以及湖北抗击新冠肺炎等公益项目开展，使民进大爱惠及千万群众。资助中华传统文化研究，在安龙县蘑菇小镇设立"开明感恩道德讲堂"，助力弘扬中华传统文化；"同心彩虹·水窖"项目实施期四年，共募集资金318万元，支持安龙县建成水窖430口，惠及人口2.6万人。"雅安抗震救灾专项基金"筹集款项296万元，全部用于雅安灾区芦山县初级中学灾后重建，捐赠540余万元用于抗击新冠肺炎疫情。民进各级组织也纷纷成立各种形式的慈善基金会和专项基金，民进会员踊跃捐赠，有力支持开展社会公益事业。

积极推进港澳台交流活动。中共十九大及一系列对台政策措施，在台湾岛内产生了广泛社会反响，两岸同胞共克时艰，携手推动两岸关系克难前行，两岸融合发展持续深化。2019年1月2日，习近平总书记在《告台湾同胞书》发表40周年纪念会上发表重要讲话，成为新时代对台工作的根本遵循和行动指南。民进中央密切关注两岸关系变化，围绕落实"不管遭遇多少干扰阻碍，两岸同胞交流合作不能停、不能断、不能少"的要求，坚定不移地推进两岸同胞交流交往和相关领域交流合作，提升联谊交流活动实效。举办了两届"海峡两岸中华传统文化与现代化研讨会"，深化与台湾文化界的交往，推进与台湾出版界的交流合作；举办了两届"海峡两岸暨港澳地区基础教育交流活动",促进海峡两岸暨香港、澳门地区基础教育交流;分别在世界史、教育学领域举办了五届"两岸学者共话"论坛,在学术研讨和对话中进一步加深两岸学者间的理解和友谊。2018年12月,组成出版文化考察团入岛与台湾出版界开展交流合作。着眼两岸融合发展大局和两岸关系和平发展的未来,接待台湾大学生参访团、台湾民意代表交流参访、台湾慈济慈善事业基金会参访团等团组来访,通过举办讲座和面对面座谈交流等方式,解疑释惑,引导台湾同胞特别是台湾青年理性认识和看待大陆的变化发展。围绕两岸关系和平发展、香港澳门繁荣稳定以及台港澳同胞普遍关心的问题,积极建言献策,履行参政议政职能。

围绕教育改革与创新、中国文化走出去等课题,民进中央机关还组团赴德国、希腊、斯里兰卡、孟加拉国、越南、柬埔寨、巴西、秘鲁等国家考察,丰富了民进调研的方式和内容。

(四)参加全民抗疫斗争

2020年年初,面对突如其来的新冠肺炎疫情,以习近平同志为核心的中共中央高度重视,统筹全局、沉着应对,全国人民上下一心、众志成城。包括民进在内的各民主党派,积极响应中共中央号召,把做好疫情防控作为当前最紧迫、最重要的政治任务,以实际行动践行中国特色社会主义参政党的使命担当。民进中央及时成立了由蔡达峰担任组长的领导小组,统筹开展工作。民进全会自觉把参与疫情防控工作作为深入开展"不忘合作初心,继续携手前进"主题教育活动的有效实践和成果检验,作为加强中国特色社会主义参政党建设的大考,用实际行动展现了民进与中国共产党同心同德、休戚与共的优良传统。

民进中央主要领导多次就贯彻落实习近平总书记重要讲话、批示指示精神和中共中央决策部署等明确提出要求,民进中央及时发出《这个佳节,我们致敬在同灾疫"拼命"的人》《坚决响应号召,助力打赢疫情防控阻击战》《致奋战在疫情防控一线会员医卫工作者的慰问信》等倡议、号召和慰问，密切联系、积极支持奋斗在湖北第一线的民进组织和会员，要求全会坚决听从指挥，积极响应号召，贯彻落实当地党委政府的决策部署，主动担当，积极贡献，共同参与抗疫战役。湖北民进组织带领会员临危不惧、奋力抗疫，5548名医卫界会员逆行出征、奋战一线，甚至以身殉职；全会各级组织和广大会员团结一心、守望相助、倾力奉献，累计捐款1.44亿元，捐物估值5.15亿元；2000余名会员创作展演抗疫作品近4000件，全会广泛开展名师微课、网上课堂、心理援助、文艺展演、产品助销等支援活动，赢得了社会各界的高度赞誉，弘扬了民进的优良传统，展现了民进会员的时代风采。

疫情防控期间，民进中央领导高度重视以"直通车"形式，向中共中央、国务院报送疫情防控相关建议，围绕疫情防控重点难点问题报送建议28件，内容涵盖学校防范新型冠状病毒肺炎流行、新型冠状病毒肺炎对经济的影响及应对政策、海外中国公民疫情防控、助力民营企业克服困难健康发展、常态化疫情防控下有效"保就业、稳民生"、积极稳妥做好2020年全国统一高考工作等方面。疫情防控期间，民进共编印、报送疫情防控相关社情民意信息335期，针对社情民意信息中体现的社会反映强烈的舆情热点问题，民进中央及时响应、引导话题，做好疏解民情、化解矛盾、凝聚人心、振奋精神的工作。

民进会员在抗疫一线奋战的先进事迹和各地民进组织众志成城、踊跃奉献的爱心举措，被主流媒体广泛宣传。《人民日报》、《光明日报》、《人民政协报》、人民网、新华网刊发涉及民进的宣传报道近16000条。中央广播电视总台（央视）、《人民日报》、新华网、《黑龙江日报》等主流媒体对连续多日奋战在防控救治一线而光荣殉职的齐齐哈尔市抗击绥芬河口岸输入性疫情医疗队队员、齐齐哈尔市第一医院普外科医生于铁夫同志的先进事迹进行了报道；人民政协网、中国网对牺牲在抗疫战场上的江西省新余市长青小学教师刘燕红同志的先进事迹进行了报道；《光明日报》头版头条刊登志愿者徐斌和他的战友们，以自己的实际行动，支持疫情防控工作故事；中新社以人物通讯和新闻短片的方式，对罗光伟、周晓阳、韦玲等三位医卫界会员的典型事迹进行宣传；《人民政协报》、《团结报》、中国网、《中国青年报》等主流媒体大力宣传获得"全国卫生健康系统新冠肺炎疫情防控工作先进个人"称号的王广发、盛岩、王晓宁、肖佩华、温汉春等五位民进会员的感人事迹。《团结报》以《奋进搏击共克时艰——民进战"疫"同心曲》为题，刊发四个整版，《民主》杂志编辑出版抗疫专刊"民进抗疫集结号"，民进中央宣传部编辑出版《民进"战疫"故事》，民进网站和"民进网"微公号、头条号发文近5000篇，以空前的密度大力宣传全会疫情防控中涌现出来的亮点工作、感人事迹和典型人物。2020年9月，民进中央在哈尔滨市召开"我身边的先进"宣讲报告会，邀请王广发、罗光伟、罗小小等五位抗击新冠肺炎疫情先进会员宣讲，取得良好社会效果。

经过艰苦卓绝的努力，全国疫情防控阻击战取得重大战略成果，在这场战役中，民进始终坚定不移地同中国共产党想在一起、站在一起、干在一起，体现了我国新型政党制度的优势，民进各级组织和广大会员也在这场抗疫斗争中得到了锻炼、经受了考验。在2020年抗击新冠肺炎疫情斗争中，民进会员奋战在疫情防控一线，得到国家与社会的广泛赞誉。其中，六位会员荣获"全国抗击新冠肺炎疫情先进个人"称号，五位会员荣获"全国卫生健康系统新冠肺炎疫情防控工作先进个人"称号，16位会员所属团队获"全国卫生健康系统新冠肺炎疫情防控工作先进集体"称号。

（五）全面深化自身建设

2019年，中共中央出台了关于加强中国特色社会主义参政党建设的相关文件，民进中央认真学习贯彻落实有关文件精神，制定关于全面加强民进自身建设的意见，以更高更严的标准、有力有效的举措，在自身建设上迈出新步伐。

1. 发挥主题教育活动的牵引作用，加强思想政治建设

2019年8月，民进"不忘合作初心，继续携手前进"主题教育活动动员会在北京举行，蔡达峰在动员报告中指出，本次主题教育活动的开

展,是新型政党制度的生动实践,是深入学习贯彻习近平新时代中国特色社会主义思想的重要举措,是充分发挥我国新型政党制度效能的必然要求,是加强中国特色社会主义参政党建设的迫切需要,是增强多党合作思想政治共识的重要机会。民进全会要全面把握"四新""三好"的关系,发挥思想政治建设的引领作用,以思想新提高,带动履职新作为,展现民进新面貌,成为好参谋、好帮手、好同事,为多党合作增添新气象。

"不忘合作初心,继续携手前进"主题教育活动是新时代民主党派深入学习贯彻习近平新时代中国特色社会主义思想、加强自身建设的一次重要的主题教育活动,是与中国共产党"不忘初心、牢记使命"主题教育相呼应,推进多党合作事业健康发展的重要举措和生动实践。民进全会各级组织以高度的政治责任感,把开展主题教育活动作为重要的政治任务,精心组织,扎实推进,加强组织领导,抓好"关键少数",创新方式方法,注重工作结合,加强宣传引导,切实在学习教育、履职尽责、查找不足、整改提高上下功夫,圆满完成了主题教育活动预定计划,达到了预期目标,巩固了多党合作初心,夯实了思想政治共识,增强了履职尽责能力,提升了自身建设水平。主题教育活动结束后,全会把巩固和深化主题教育活动成果作为加强思想政治建设的重要内容,抓好整改提高,广泛开展各类教育活动,推动全会政治信念更加坚定,共同思想政治基础更加坚实。

整体上看,民进本次主题教育活动的主要成效和特点表现在:一是高度重视,组织领导有力。民进中央结合自身实际,及时制定了工作方案,成立了主题教育活动领导小组和办公室。民进中央全体会议、中央常委会议、主席会议和主席办公会议都把主题教育活动作为重要议程,听取汇报、讨论研究。建立了全会活动情况通报和研究机制,开展调研活动,全面了解全会的活动进度和情况,通过座谈、培训、研讨等形式,开展指导、交流和督促等工作,有针对性地提出工作要求,扎实推进活动开展,确保活动质量;各级组织领导小组办公室及时开展学习资料印发和会议、简报、联络、宣讲、宣传等日常工作。各级组织坚持突出重点,强化"一岗双责"。各级领导班子成员、代表人士以身作则，坚持走在前、作表率，带头加强学习、撰写文章、辅导宣讲、深入会员、调研指导、查找不足和整改提高，拓展领导班子成员联系点和联系基层工作的方式方法，充分发挥领学示范和督促指导的重要作用，民进全会形成了以上率下、以点带面，共同深入开展主题教育活动的生动局面。

二是紧扣主题，学习教育深入。民进全会紧紧围绕"不忘合作初心，继续携手前进"主题，把深入学习贯彻习近平新时代中国特色社会主义思想作为主题教育活动的首要任务和核心内容，以思想政治建设为引领，把学习教育贯穿活动全过程，开展了内容丰富、形式多样的学习活动，推动学习教育往深里走、往心里走、往实里走。把政治学习作为各项会议活动的首要议程，及时开展集体学习。各级组织领导班子成员领学促学，仅2019年民进中央领导班子成员发表署名文章40篇。2018年，按照"小范围试行、逐步完善，确保宣讲质量和效果"的原则，民进中央确定了第一批理论宣讲报告人10人，共赴16个省级组织开展理论宣讲25场，这是民进开展系列主题教育活动以来，首次在全会范围内推动和开展理论宣讲，在学习教育、思想引导、解疑释惑等方面发挥了积极作用。各级组织结合实际、开展理论征文、会史资料整理、"我身边的先进"宣讲活动、知识竞赛等各种学习教育活动，创新学习教育活动方式，线上线下学习有机结合，形成了重学习、善学习、比学习的浓厚氛围。

三是注重结合，活动成效突出。民进全会坚持学习与实践、内容与形式相统一，把主题教育活动同庆祝中华人民共和国成立70周年和纪念多党合作制度确立70周年、人民政协成立70周年、改革开放40周年、民进成立75周年等重大活动，同贯彻落实中共中央关于加强中国特色社会主义参政党建设的相关文件精神，同加强自身建设和"基层组织建设""履职能力建设"主题年度工作，同各项履职工作、机关建设等紧密结合，在主题教育活动中提高解决自身问题能力，形成了集聚联动效应，丰富深化了主题教育活动内涵。民进各级组织通过文艺演出、演讲比赛、书画摄影展、诗歌朗诵会、集体快闪、微视频等各种形式的活动，推动主题教育活动贴近时代、贴近会员、贴近实际。2019 年至 2020 年"开明讲堂"举办各类宣讲超过 2000 场,参与会员近 20 万人次,打造了宣传教育的品牌。

四是针对问题,查改措施到位。民进全会坚持边学边查边改,把查找不足和整改提高做细、做深、做实。各级领导班子成员广泛听取意见,认真对标对表,自觉查找不足、找准工作短板,深刻检视剖析,形成问题清单,提出整改措施;认真召开专题民主生活会,对照问题清单,认真开展批评与自我批评,促进相互帮助、共同提高,明确了整改工作方案。

2018 年是民进新一届中央委员会的开局之年,民进中央把"加强思想政治教育"作为全会年度工作主题。这一年 10 月,民进全国宣传思想工作会议在北京召开。同月,民进十四届四次中常会审议通过《民进中央关于进一步加强宣传思想工作的意见》。2019 年至今,围绕贯彻落实《民进中央关于进一步加强宣传思想工作的意见》,深化思想政治教育主题年成果,全会扎实推进政治学习,广泛开展宣传教育。注重学习的系统性,深入领会习近平新时代中国特色社会主义思想的精神实质和丰富内涵,在学深悟透上持续发力,始终在思想上政治上行动上同以习近平同志为核心的中共中央保持高度一致。注重学习的针对性,及时学习习近平总书记关于多党合作和民主党派工作的系列重要讲话精神,学习民进的历史和章程,联系实际,指导自身建设和履行职能。注重学习的制度化,2020 年出台《中国民主促进会理论学习中心组学习规则》。坚持理论学习中心组学习制度,把学习作为各项会议的第一议程、推进工作的第一环节,增强工作动力。注重学习的指导性,围绕全会学习教育任务,及时制定和印发学习通知、学习资料,在会议和培训中宣传讲解重要学习内容,引导会员自学,营造良好学风,促进全会牢固树立"四个意识"、坚定"四个自信"、做到"两个维护"。2020 年,组织召开民进思想政治工作研讨会,系统总结近年来我会思想政治工作上的做法经验,深入研讨问题与不足,全面展望未来工作,各省级组织在沟通交流的基础上统一了思想,在学深悟透的前提下提高了认识。

作为统一战线宣传工作的重要组成部分，民进的新闻宣传工作始终有声有色。中央媒体年刊发有关民进宣传报道数量保持在 4000 篇以上，民进网站年刊发稿件保持在 1 万篇以上，"民进网"微信公众号、"民进网"头条号和"开明视点"微信服务号的阅读量持续提升；与中央主流媒体合作，对民进重要履职活动加大策划制作宣传专版的力度或进行网络直播，探索媒体融合背景下党派宣传工作新思路。2020 年 1 月 8 日和 20 日，《经济日报·聚焦中国　中国经济特刊》刊发文章《"小康"之春走进山村》，报道了民进中央调研组在贵州安龙县调研活动情况，讲述了民进聚力脱贫攻坚，扎扎实实推进安龙县定点扶贫工作的故事。2 月 2 日，《经济日报》特刊的意大利文版在意大利出版发行，这是民进首次尝试在境外刊发宣传稿件，将中国特色社会主义参政党参与脱贫攻坚的生动故事讲到了国际舞台。

2. 以实施组织建设规划为抓手，整体推进组织建设

2018 年，民进中央制定了《民进中央 2018—2022 年组织建设规划》，对组织建设任务和要求做出全面部署。根据规划，民进中央将基层组织建设确定为 2019 年度工作主题，以增强参政党意识为引导，着力提升全会基层组织建设水平。民进中央坚持问题导向，对加强基层组织建设做出顶层设计，提出"强组织、增活力、有作为"的目标和"三个全覆盖"（基层组织与中共党组织统战部门保持联系的全覆盖、基层组织领导班子成员接受教育培训的全覆盖、薄弱涣散基层组织得到改进提高的全覆盖）的要求。通过先后赴 29 省进行实地调研，在全会基层组织开展问卷调查，整理分析问卷 8580 份，从制定工作方案，召开中期推进会、全国组织部（处）长座谈会，制定关于加强基层组织建设的意见，到推动落实目标要求，主题年工作层层深入推进。主题年收官时，民进全国 98.6% 的基层组织与中共党组织保持了制度性联系，培训基层组织领导班子成员 2.7 万人，99.6% 的薄弱基层组织得到改进提高，进一步夯实了民进的组织基础。2019 年 10 月，民进中央召开全国组织工作会议，对全会组织建设作出全面部署，表彰了 68 个先进地方组织、446 个先进基层组织、531 名先

进个人。同年 12 月，印发《民进中央关于加强基层组织建设的意见》。截止到 2019 年年底，全会会员总数 176719 人，平均年龄 51.9 岁，大学以上学历占 80.8%，中高级职称以上占 76.4%；其中，各级人大代表 2906 人，各级政协委员 14004 人，副处级以上政府及司法机关任职人员 1013 人，队伍建设取得积极成果。

民进十二大以来，民进中央以提高政治把握能力为重点，不断加强领导班子建设。坚持集体领导与分工负责相结合，建立健全专职领导班子成员岗位责任制，明确兼职领导班子成员职责任务，发挥领导作用。中常会、主席会、主席办公会议及时学习重要文件，以政治把握能力为核心，不断提高"五种能力"；贯彻民主集中制，健全相关制度，完善听取意见建议的工作机制、议事决策程序，保持良好沟通协作，制定中央和地方委员会工作条例，完善主席办公会议规程。召开领导班子民主生活会，认真开展批评与自我批评，促进沟通思想、团结协作、改进工作。

代表人士队伍建设得到了更为扎实的推进。加强代表人士的培训，实现新任中央委员和各省级组织新一届领导班子成员培训的全覆盖，推荐 81 名会员参加中央统战部举办的进修班、培训班，举办骨干会员培训班。民进中央成立青年工作委员会，举办民进全国中青年会员培训班，为青年会员成长搭建了平台。为了密切与代表人士的联系，民进中央召开文化艺术、出版传媒、经济、科技医卫等界别会员座谈会，当面听取各界别会员对会中央自身建设和履行职能方面的意见和建议。截止到 2020 年，民进共有 138 名会员当选全国人大代表和全国政协委员。民进中央还推荐 26 名会员担任最高人民法院、国家监察委员会、公安部、国土资源部、最高人民检察院、审计署、教育部等单位的特约人员；推荐 23 名会员担任全国妇联、中华职教社、中华海外联谊会、中国经济社会理事会、中央社会主义学院、全国政协理论研究会、中国教育学会、中国统一战线理论研究会的代表、理事、顾问、委员。这期间，广大会员立足本职、双岗建功，24 名会员荣获"国家科学技术奖"，11 人荣获"三八红旗手"称号，16 人荣获"全国五一劳动奖章"，3 人荣获"全国脱贫攻坚奖"。

随着国家形势的发展，中国共产党全面从严治党不断推进，特别是监察法实施以来，民进的会内监督工作面临许多新形势和新情况。民进中央高度重视会内监督工作，认真贯彻落实《各民主党派中央关于加强内部监督工作座谈会纪要》精神，切实加强对会内监督工作的领导，支持中央监督委员会开展工作。2019年举行民进会内监督工作研讨会，交流工作经验，并就民进会内监督工作如何与监察法衔接开展研讨，进一步提高认识、明确思路、增进共识，以更好推动会内监督工作实践。中央监督委员会在民进中央领导下，认真履行会内监督专责机构的工作职责，落实民进中央关于会内监督工作的各项决策部署，以民进中央领导班子及骨干成员遵守会章、执行制度、履行职责、廉洁自律、改进作风等情况为监督重点，坚持以问题为导向，以监督事项为抓手，认真履行监督职责，加强对同级领导班子的监督，列席了中常会和中全会，及时了解民进中央重大事项的决策过程，对民进中央领导班子执行制度、贯彻民主集中制情况，部署开展履职能力建设主题年情况等进行监督检查；派员列席了民进中央领导班子主题教育活动专题民主生活会和2020年民主生活会；同时，审慎妥善做好问题线索处置工作，加强对省级组织监督委员会的工作指导，2020年派员列席19个省级组织的领导班子民主生活会。中央监督委员会不断加强自身建设，努力提高工作水平，推进监督工作取得新的进展。

为适应党和国家推进治理体系和治理能力现代化，以及新时代统一战线事业和新型政党制度建设的需要，民进全会进一步加强机关建设，按照蔡达峰"研究机关建设的规律，提高会务工作能力，发挥好机关为党派履职发挥作用的使命"和刘新成"机关工作要提质增效"的要求，不断提高机关工作水平和服务能力。民进各级机关大兴学习研讨之风，深入学习习近平新时代中国特色社会主义思想，中共十九大和十九届四中、五中全会精神，学习新型政党制度理论。依托"开明论坛""书香机关"等文化品牌，开展国情教育、政策法规教育，民进会章、会史教育，廉洁自律警示教育，在机关中积极倡导树立正确的价值观和良好的道德风尚。2019年新《公务员法》施行以来，民进各级机关严格掌握政策要求，全面贯彻落实。启动民进信息化发展五年规划建设工作，开展信息安全等级保护系统建设，提升安全防护能力，建设信息化统一工作平台，整合、共享各类资源，机关信息化办公水平显著提升。民进各级机关规范办文办会办事工作流程，不断提升服务保障能力，严格执行财务、资产、保密、外事、安全等各项工作制度，以服务促管理，以管理强服务。

3. 以体系建设为重点，制度建设跨越式发展

按照建设制度健全的中国特色社会主义参政党要求，民进新一届领导班子高度重视全会制度体系建设，将制度建设贯穿于自身建设、履行职能的全过程，逐步构建起一套适合民进自身特点、系统规范、运行有效的制度体系。民进中央提出了制度建设的具体思路，即以贯彻会章要求为宗旨，积极稳妥出台条例，搭建起民进规章制度体系四梁八柱，有针对性制定相应配套规章制度，完善集规划、制定、备案、清理、解释、评估于一体的制度建设链条，制定与实施并重，提高全会制度执行意识和能力。2018年12月出台《中国民主促进会规章制度制定条例》《民进中央规章制度建设五年规划（2018—2022年）》，2020年2月出台《中国民主促进会规章制度和规范性文件备案审查规定》，为维护全会规章制度的权威性、统一性、系统性、规范性和有效性提供了保障。积极稳妥出台涉及多方面工作的条例和配套规章制度，立柱架梁工作取得重大进展，初步构建了包含会章，条例、规定、规则、办法、细则不同位阶规章制度于一体的制度体系。

依据五年规划和年度计划，2019年，民进中央制定了中国民主促进会宣传思想工作条例、社会服务工作条例、机关工作条例；2020年，制定了中国民主促进会会员工作条例、发展会员工作条例、会史工作条例、中央和地方委员会工作条例、会务公开条例、参政议政工作条例、参加中国共产党领导的政治协商工作条例。在"立"的同时，同步开展了已有制度的清理、修订等工作。同时，坚持制定和实施并重，加强对条例的解读和宣讲，强化制度执行和监督检查，加强对各级组织的工作指导，推动上下联动共同推进民进规章制度体系建设。

2020年3月，民进中央建立民进规章制度建设联络员队伍，各级组织密切配合民进中央的工作思路和工作要求，认真学习贯彻会章和各项条例，完善制度建设工作机制，开展各自制度清理、制定、修订和备案审查等工作，全会制度执行意识和能力得到了大幅提升，有力推动民进工作水平上新台阶。

4. 做深做实理论研究，纵深推进会史研究

按照理论阐释与应用研究齐头并进的工作理念，民进紧密依靠会内外研究力量，聚焦多党合作和民进工作中面临的重要理论和现实问题，开展前瞻性、针对性研究。围绕中国新型政党制度的制度优势、70年多党合作经验、民进初心、领导机构领导作用实现方式、加强协商能力建设、民主监督实效性、社会服务工作社会影响力等23个课题进行课题招标和委托研究；围绕纪念中共中央发布"五一口号"70周年、人民政协作为专门协商机构的历史贡献和新时代的新使命等主题组织征文活动，取得了一批具有较高价值的理论研究成果，对参政党建设中亟待解决的现实问题和会员关心的理论问题，作出了阐释和宣传，发挥了主动地、有针对性地释疑解惑的作用。2020年是民进成立75周年，以此为契机，民进进一步研究光荣历史、弘扬优良传统、凝聚政治共识。编纂民进历史稿和履职方面的专门史，利用会史档案资源和运用新媒体，在民进网微公号和民进网站开设"民进历史上的今天"专栏，推出"民进前辈与民进成立"系列稿件，制作中国民主促进会宣传片，深化了对会史事件和人物的再研究、再宣传。召开民进全国会史工作会议，表彰先进集体和先进个人，交流、回顾、总结近年来会史工作的成果和经验，对进一步加强和改进工作作出部署。这一年，民进还开展会史资源普查，制作会史知识问答题库，推进会史教育基地建设，会史工作扎实有效、成果丰富。

75年前，中国民主促进会宣告成立。抚今追昔，感慨万千。民进这个75年前在上海诞生的只有几十个成员的组织，坚定而义无反顾地向着光明、向着中华复兴的理想前进，走过了新民主主义革命时期、社会主义革命和建设时期、改革开放和社会主义现代化建设新时期的漫长征途，经

第八章 为新时代中国特色社会主义作出新贡献

受了考验和洗礼,已经成为一支拥有十几万成员的以实现中国强国梦为己任的生力军!而今,我们这些民进的新一辈,为可以告慰前辈而欣慰,为我们做出的成绩和贡献而自豪!

习近平总书记说过,走得再远、走到再光辉的未来,也不能忘记走过的过去,不能忘记为什么出发。他指出,中国共产党所做的一切,就是为中国人民谋幸福、为中华民族谋复兴、为人类谋和平与发展。共产党人的初心永远不能改变。唯有不忘初心,方可告慰历史、告慰先辈,方可赢得民心、赢得时代,方可善作善成、一往无前。习近平总书记的指示也给民进人指明了方向。

民进前辈的初心是什么?首先,是救国救民的满腔热血,是促进实现民主政治的坚定信念,民进的初心就是爱国与民主的思想,这是共同的意志,战斗的号角。

民进的前辈们正是怀抱这个初心,以笔做刀枪,对极其凶恶的国民党反动派口诛笔伐,以孱弱之躯扛起了为民请命、呼吁和平的重任,坚定地举起团结在中国共产党周围的大旗,竭忠尽智为建立新中国呕心沥血,他们由朴素的爱国者成长为新民主主义革命的坚强战士。

民进的后来者正是怀抱这个初心,全心全意地接受中国共产党的领导,学习革命理论,坚持正确方向,坚定地走上社会主义的道路,为恢复和繁荣经济,为建设中国人民真正当家作主的新中国忘我工作、无怨无悔,成为社会主义革命和建设的中坚力量。

民进的新一辈正是怀抱这个初心,紧跟中国共产党的指引,团结在中国特色社会主义伟大旗帜之下,把实现四个现代化作为奋斗终生的目标,在中国共产党领导的多党合作和政治协商制度中,担负起参政党的神圣职责,坚持有思有行、集智聚力、顺势而为、开拓创新,为推进改革开放和社会主义现代化建设作出了重要贡献。

实践证明,民进的初心是巨大的精神力量,是民进人实现由爱国主义走到新民主主义进而走到社会主义成长历程的根本的原因所在。我们要不忘初心,继续前行。

民进初心还有一个重要内容，这就是与中国共产党亲密合作。民进成立之时就得到了上海地下党的指导，民进所有的活动都得到了中国共产党的支持，民进自成立以来，始终弘扬坚持接受中国共产党领导，坚持爱国、民主、团结、求实，坚持立会为公的优良传统，始终同中国共产党肝胆相照、荣辱与共，在反独裁争民主、反内战争和平的爱国民主运动中风雨同舟，在建立新中国、建设社会主义国家的伟大实践中并肩奋斗，在坚持和发展中国特色社会主义的壮阔征程中勠力同心，为中国革命、建设、改革伟大事业作出了重要贡献。我们民进人一定要不忘合作初心，继续携手前进。

"新时代多党合作要有新气象、思想共识要有新提高、履职尽责要有新作为、参政党要有新面貌"，"做中国共产党的好参谋、好帮手、好同事"，这是中国共产党对参政党提出的殷切希望，这也是参政党前进的方向和应努力达到的标准，民进要全面把握"四新""三好"的关系，发挥思想政治建设的引领作用，以思想共识新提高，带动履职新作为，展现民进新面貌，成为好参谋、好帮手、好同事，为多党合作增添新气象。

从新的起点出发，新时代民进人肩负着与先辈同样重大而光荣的历史责任。我们要把"立会为公"的优良传统落实在"参政为民"的实践中，不断提高新型政党制度效能，为新时代坚持和发展中国特色社会主义，发挥参政党义不容辞的作用。让我们紧密团结在以习近平同志为核心的中共中央周围，坚持和完善新型政党制度，把老一辈开创的多党合作事业继续推向前进，为实现"两个一百年"奋斗目标、实现中华民族伟大复兴的中国梦谱写新的篇章！

附　录

大事记

▶ 附　录
　　大事记

1945 年

12 月 30 日　中国民主促进会在上海爱麦虞限路（现绍兴路）中国科学社举行第一次会员大会，正式宣告成立。大会通过的简章指出，中国民主促进会"以发扬民主精神推进中国民主政治之实践为宗旨"。

1946 年

1 月 2 日　民进举行第二次会员大会，选举马叙伦、严景耀、陈巳生、林汉达、郑振铎、曹梁厦、王绍鏊、周建人、曹鸿翥、冯少山、柯灵等 11 人为第一届理事会理事，傅雷、张凤举、许广平三人为候补理事。大会通过了《中国民主促进会对于时局的宣言》。

1 月 4 日　民进第一届理事会举行第一次会议，推举马叙伦、陈巳生、王绍鏊为常务理事，并选任周建人为起草委员，严景耀为财务委员，徐伯昕为出版委员，宓逸群任秘书，张纪元任事务。

1 月 13 日　民进以组织名义参加上海各界群众在玉佛寺公祭一二·一昆明惨案中遇难的于再烈士大会。马叙伦等参加了于再纪念委员会。

2 月 1 日　旧政治协商会议在重庆闭幕后，马叙伦、郑振铎等在《民主》周刊发表评论文章；上海大中学校学生代表数百人在胶州路民众实验学校召开声援南京临时大学被捕同学大会，马叙伦、周建人等应邀出席并发表讲演。

2 月 3 日　民进举行第三次会员大会。会议同意在理事会下设秘书处、研究部、联络部、出版部和若干委员会等工作机构。

2 月　林汉达等发起成立的民本中学在上海迈尔西爱路（现茂名南路）正式开学，后民进理事会常在此召开。

2月10日　较场口事件发生后，民进领导人立即发文严厉谴责。

2月28日　民进联络上海20余人民团体集会，决定成立上海民主运动团体联合会筹备会，梅达君、徐伯昕、葛志成、马叙伦等被推为筹备委员，马叙伦为召集人。

3月17日　民进举行第四次会员大会，着重讨论在新形势下民进的斗争方向和斗争策略。大会通过决议发起和参加上海市人民团体联合会。

3月22日　民进理事会举行会议，增选林汉达、许广平为常务理事。同时决定理事会的下设机构为秘书处、联络处、宣传处、经济委员会、出版委员会、研究委员会。

4月　民进发表《反对不合民主的上海市参议会宣言》。

4月11日　南通流亡上海青年学生代表向各界报告3月18日南通惨案经过，民进参加上海各界组成的"南通惨案后援会"，还以组织名义为南通惨案发表宣言。

4月12日　民进理事会举行会议，推选马叙伦、梅达君、林汉达为出席上海民主运动团体联合会代表，陈巳生、王绍鏊候补。

5月5日　包括民进在内的上海52个社会团体（后来发展到68个）在南京路劝工大楼礼堂集会，宣告成立上海人民团体联合会（简称"人团联"）。马叙伦主持，梅达君报告筹备经过。大会选出理事29人，其中10人是民进会员。

6月6日　由人团联发起，民进领导和其他各界知名人士164人联名上书蒋介石、马歇尔及各党派，呼吁停止内战。

6月11日　中共代表团函复马叙伦、陶行知等，坚决支持反对内战、力争和平。

6月16日　人团联召开理事会，决定由马叙伦、黄延芳、盛丕华、雷洁琼、包达三、张絅伯、阎宝航、吴耀宗及胡厥文九人为和平请愿代表，与另两位学生代表陈立复、陈震中共11人，组成上海人民团体代表团（又称和平请愿团），赴京呼吁和平，马叙伦担任团长。

6月23日　在中共上海地下组织的直接领导和帮助下，人团联和其他群众组织共 300 多个团体单位、10.7 万余名群众,在北火车站举行反内战大会,同时欢送以马叙伦为团长的上海人民团体代表团赴南京呼吁和平。请愿代表车抵南京下关车站,被国民党特务暴徒围殴,马叙伦、雷洁琼等身受重伤,造成震惊中外的下关事件。

6月24日　凌晨,和平请愿团受伤代表被送往医院,中共驻京代表周恩来、董必武、邓颖超、滕代远等立即赶到医院看望。

6月25日　毛泽东、朱德自延安致电马叙伦等代表表示慰问。

7月15日　李、闻惨案发生后,民进即与人团联等召开理监事联席紧急会议,决定发表宣言。马叙伦、周建人在《周报》《群众》等刊物上发文痛斥。

8月24日　《周报》被国民党当局查禁停刊。

8月31日　林汉达在中共地下组织的安排下,秘密由上海前往东北解放区。

10月　马叙伦、王绍鏊、郑振铎、周建人、许广平、徐伯昕、柯灵、冯宾符、董秋斯和上海文化界其他知名人士等 39 人,在《民主》周刊发表了《我们要求政府切实保障言论自由》一文。

10月15日　民进与 17 个人民团体联名通电呼吁停战,并提出对时局的主张。

10月30日　《民主》被国民党当局查禁停刊。

12月31日　民进与 11 个人民团体发表《对一党宪法的联合声明》。

1947 年

2月2日　民进发表《对于上海和平运动的宣言》。

2月9日　民进举行第五次会员大会,选举产生民进第二届理事会,马叙伦、王绍鏊、许广平、周建人、陈巳生、李平心、徐伯昕、严景耀、朱绍文九人为理事,柯灵、郑振铎、蔡尚思、余之介、董秋斯为候补理事。

2月14日　民进发表《为"二九"惨案宣言》。

2月28日　民进第二届理事会举行第一次会议，推举马叙伦、王绍鏊、许广平为常务理事。

3月2日　北平发生反动军警大肆搜捕进步师生和民主人士事件。民进为此发表宣言，马叙伦发表专文。

4月28日　民进发表宣言，揭露国民党所谓"改组"政府及其"施政方针"。

5月12日　民进在《文汇报》发表《致张院长（岳军）公开书》。

5月20日　民进发表《对和平运动的意见》一文。

10月27日　国民党当局宣布民主同盟为"非法团体"，勒令解散。同时，对民进领导人公开进行诬陷，妄图加以迫害。

11月1日　马叙伦致函国民党行政院长张群，斥责国民党当局的法西斯行径。

12月　在中国共产党的帮助安排下，马叙伦、王绍鏊等先后由上海到达香港。

1948年

5月5日　马叙伦、王绍鏊与民革、民盟领导人等联名致电毛泽东主席并转解放区全体同胞，表示积极响应中共"五一号召"。

5月24日　民进单独发表宣言，响应中共"五一号召"。

6月6日　民进及各民主党派领导人联名发表反美扶日宣言。

7月31日　民进在港召开理事会，提出了《中国民主促进会拟提出于政治协商会议之行动公约及政治纲领》。

8月　周建人在中共上海地下组织的帮助下，由上海搭船经天津到达河北平山县西柏坡村中共中央所在地。

8月15日　民进港九分会成立，后改为华南分会。

8月31日　民进在香港发表《为南京政府"改革币制"声明》。

11月4日　民进电贺辽沈战役胜利。

11月23日　马叙伦、许广平等乘船离开香港，前往东北解放区。

11月下旬　中共中央代表和到达哈尔滨的各民主党派人士商讨成立新政治协商会议的筹备组织，马叙伦参加了讨论。

1949 年

1月中旬　雷洁琼、严景耀受马叙伦的委请和中国人民解放军第四野战军先遣部队的邀请，到西柏坡出席中共中央的有关会议并参观华北解放区。毛泽东同他们谈论了国内形势。

1月22日　民进在香港发表《为争取永久和平宣言》；马叙伦、王绍鏊、周建人、许广平和到达解放区的其他民主党派和人民团体的代表人物共55人联名发表《对时局的意见》。

1月25日　东北各界举行欢迎民主党派人士大会，马叙伦发表演说。

2月1日　马叙伦、王绍鏊、周建人、许广平和其他民主人士共56人联名电贺平津解放的伟大胜利。

2月3日　马叙伦、王绍鏊、许广平等六人，以人团联名义发表告上海同胞书；周建人、严景耀、雷洁琼及其他民主人士由石家庄到达北平。

2月4日　马叙伦、王绍鏊、许广平等发表致民进各地会员书。

2月中旬　中共中央特派林伯渠到沈阳迎接民主人士进关到北平共商建国大计。周恩来写了一封亲笔信带给马叙伦和许广平。

2月26日　人民解放军平津前线司令员在北平举行欢迎民主人士大会，马叙伦以民进常务理事身份讲话。

2月28日　民进在京理事举行会议，决定在京理事每周开会一次，并电邀徐伯昕、柯灵、李平心等速从香港北上，公推马叙伦为民进总发言人，王绍鏊负责总务，许广平负责联络，严景耀负责宣传。

4月2日　民进决定筹建上海分会，推定徐伯昕为总部驻沪代表负责联络，赵朴初、谢仁冰、李平心、冯宾符、宓逸群负责筹备。

4月23日　民进与各民主党派发表联合声明，竭诚拥护毛泽东主席、朱德总司令发布的进军命令。

4月24日　马叙伦和其他民主党派负责人联名电贺南京解放。

4月29日　马叙伦以民进和人团联常务理事名义，向上海市民发表广播讲话，号召各阶层人士协助解放军，迎接上海解放。

6月15日　中国人民政治协商会议筹备会议在北平中南海勤政殿开幕。马叙伦、王绍鏊、许广平、林汉达代表中国民主促进会，郑振铎代表文化界民主人士，周建人、雷洁琼、葛志成代表人团联参会。马叙伦被推举为筹备会常务委员会常务委员。民进负责人还参加了筹备会各小组的工作，马叙伦为第六小组组长，负责拟定国旗、国徽、国歌方案。

6月19日　民进上海市分会成立。

9月21日至30日　中国人民政治协商会议第一届全体会议举行。民进的正式代表是马叙伦、许广平、周建人、王绍鏊、梅达君、徐伯昕、林汉达、雷洁琼，候补代表是严景耀。郑振铎为全国文联代表，赵朴初为宗教界民主人士代表，葛志成为全国教育工作者候补代表，冯少山为全国工商界候补代表。马叙伦被推举为大会主席团常务委员。民进负责人还分别参加了大会五个分组委员会。

10月20日　民进在京常务理事马叙伦、许广平，理事周建人、徐伯昕，会员严景耀、葛志成、雷洁琼、冯宾符根据会章"本会至国民代表最高权力机构成立后，由大会决议宣告结束"的规定，就民进如何适应新形势的问题交换了意见。

1950年

4月15日　中国民主促进会第一次全国代表大会举行。大会通过《关于本会应继续存在并加强工作的决议》，修改会章，通过一系列重要文件。大会选举产生民进第三届中央理事会。

4月26日　民进三届一中全会举行。会议选举常务理事，选举马叙伦为主席，王绍鏊为副主席，许广平为秘书长。

9月10日　民进北京市分会成立。

11月19日　民进三届二中全会举行。会议作出《关于贯彻1950年11月4日各民主党派联合宣言的决议》，通过关于发展与巩固组织的决议。

1951 年

1月18日　民进中央常务理事会通过《本会1951年发展与巩固组织计划纲要》。

3月6日、3月25日　民进发言人两次发表谈话，号召全体会员与全国人民坚决拥护中央人民政府公布的《中华人民共和国惩治反革命条例》。

4月　民进总部宣传、文教委员会决定成立理论、宪法、中小学、文化出版四个研究组。

5月　雷洁琼代表民进参加中国人民赴朝慰问团去朝鲜前线慰问，陈巳生代表工商界参加了慰问团。

5月　《民进》会刊创刊号出版，马叙伦发表了题为《当前的情势和我们的任务》的重要文章。

6月17日　民进中央常务理事会决定成立民进爱国武器捐献委员会。

6月　民进总部给各地分会发出指示，要求每一个民进会员必须以实际行动响应中国人民抗美援朝总会的爱国号召。

6月30日　民进与各民主党派和无党派民主人士联合发表宣言，热烈祝贺中国共产党成立30周年。马叙伦在中国共产党成立30周年庆祝大会上献词，并发表《没有共产党就没有新中国》的文章。

8月11日　民进三届三中全会举行。会议讨论研究组织发展工作，通过了一系列相关决议。

12月28日　民进发出《为开展反对贪污、反对浪费、反对官僚主义运动，成立本会节约检查委员会的通知（第一号）》，接着又于1952年1月10日及2月26日发出第二号、第三号通知。

1952 年

1月29日　民进南宁市小组成立。同年6月25日改称为民进广西小组。

5月29日　民进中央理事会决定成立学习委员会，葛志成为主任委员。

8月4日　民进总部召开第一次全国组织宣教工作汇报会。

12月28日　民进杭州市分会成立。

1953年

1月4日　民进天津市分会成立。

2月22日　民进广州市分会成立。

4月3日　马叙伦发表谈话，完全拥护周恩来总理3月30日关于朝鲜停战谈判问题的声明。

6月15日　民进三届四中全会举行。马叙伦代表中央常务理事会作报告，指出民进当前的政治任务和工作方针。会议通过关于中央常务理事会报告的决议，关于召开第二次全国代表大会的决议，关于修改会章问题的决议。

11月5日　民进总部发出通知，要求各地分会认真学习宣传国家过渡时期总路线，并成立国家过渡时期总路线学习委员会，许广平任主任。

1954年

2月　许广平、葛志成等参加慰问人民解放军工作。各地方组织也都推派代表在各地区参加慰问工作。

6月19日　民进总部发出《关于认真参加中华人民共和国宪法草案讨论的通知》。

6月17日　民进中央直属武汉市小组成立。

9月15日　一届全国人大一次会议举行。民进有16位会员作为人大代表出席会议。

10月12日　民进总部发出《关于学习、宣传中华人民共和国宪法和第一届全国人民代表大会第一次会议的各项文件的通知》。

12月8日　民进中央常务理事会决定增设副主席一人，推选周建人担任。

12月　全国政协二届一次会议举行。民进有18位会员作为政协委员出席会议。

12 月　马叙伦发表《民主党派的历史任务》一文。

1955 年

2 月 14 日　民进总部发出《关于响应和积极参加反对使用原子武器签名运动的通知》。

8 月 1 日　民进总部举行座谈会，讨论如何为全部实现我国的第一个五年计划而奋斗。

12 月 5 日　民进总部发出《关于调查研究知识分子问题的通知》。

1956 年

8 月 11 日　中国民主促进会第二次全国代表大会开幕。大会明确了会在"长期共存、互相监督"的方针指导下所应担负的任务和工作方针，并修订会的章程。大会选举产生民进第四届中央委员会。

8 月 24 日　民进四届一中全会举行。会议选举常务委员，选举马叙伦为主席，王绍鏊、周建人、许广平、车向忱、林汉达为副主席。

1957 年

1 月 21 日　民进中央常务委员会举行扩大会议，确定民进中央秘书长为杨东莼，徐伯昕、冯宾符、葛志成为副秘书长。

1 月 24 日　民进陕西省委员会成立。

9 月 15 日　民进全国整风工作会议召开。

1958 年

1 月 13 日　民进四届二中全会举行。会议总结反右派斗争的经验教训，并对被错判为"右派分子"的中委和候补中委作了处理。

6 月 5 日　病中的马叙伦勉力书就毕生奋斗的深切体会："我们只有跟着共产党走，才是在正道上行，才有良好的结果，否则根本上就错了。"

10月16日　民进广西壮族自治区委员会成立。

10月25日　民进辽宁省委员会成立。

11月9日　民进重庆市委员会成立。1997年重庆直辖，4月5日至7日，民进重庆市第一次代表大会召开，选举产生了直辖后第一届委员会。

11月17日　中国民主促进会第三次全国代表大会举行。大会学习了毛泽东主席"一切反动派都是纸老虎"的文献，初步认识了新生力量战胜一切腐朽力量的真理。周建人致开幕词，王绍鏊代表第四届中央委员会作工作报告，车向忱作《中国民主促进会组织改造规划》的报告。大会通过中国民主促进会第三次全国代表大会决议，提出坚决接受中国共产党的领导，加速进行组织和成员的根本改造，成为真正为社会主义服务的政治力量。大会选举产生民进第五届中央委员会。

12月10日　民进五届一中全会举行。会议选举常务委员，选举马叙伦为主席，王绍鏊、周建人、许广平、车向忱、杨东莼为副主席。任命徐伯昕为秘书长，冯宾符、葛志成、张纪元为副秘书长。

1959年

1月6日　民进中央常务委员会决定中央工作机构为办公厅、组织部、宣传部、学习委员会、文教委员会。

2月20日　民进中央常务委员会决定设立会刊编辑委员会。

8月29日　民进中央发出《关于认真学习党的八届八中全会的文件，坚决响应"反右倾"、鼓干劲、进一步开展增产节约运动的号召的通知》。

1960年

7月25日至9月6日　民进五届二中全会举行。会议期间，毛泽东主席和中共中央其他领导接见全体与会人员。王绍鏊代表中央常务委员会作工作报告。此次会议比较成功地运用了"神仙会"的方式。

1961 年

6月30日　为庆祝中国共产党诞生40周年，王绍鏊在《人民日报》发表《永远跟着党走》一文。

1962 年

1月8日　民进江苏省委员会成立。

5月14日　民进中央常务委员会讨论通过《关于加强基层组织工作的几点意见》《关于适当发展组织的几点意见》，先发地方组织试行。

9月30日　民进中央常务委员会决定增设副秘书长一人，推由雷洁琼担任。

12月27日至1963年1月19日　民进五届三中全会举行。会议深入学习中共八届十中全会精神。周建人致开幕词，王绍鏊代表中央常务委员会作工作报告。会议通过决议，强调各级组织应该组织和推动全体会员和所联系的知识分子，以"又红又专"为努力方向，自觉地用自己的专业来为无产阶级的政治服务。

1963 年

2月25日　民进浙江省委员会成立。

5月16日　民进中央召开会刊工作会议。

10月　民进担任全国人大代表和全国政协委员的部分同志，先后到各地视察工作，同时受民进中央常务委员会委托，了解会员和所联系知识分子的思想情况和基层组织情况。

1964 年

10月17日　民进中央常务委员会举行座谈会，庆祝我国第一颗原子弹爆炸成功。

1965 年

4月12日　民进中央常务委员会举行会议，决定撤销学习委员会，成立政协全国委员会学习委员会民进中央学习分会。

11月2日　民进在京中委、候补中委及各委员会委员30余人到江西、四川部分城市和农村，以及京郊农村参观学习。

1966 年

4月14日　民进中央召开会务工作座谈会，交流学习毛泽东著作，加强工作，改造思想等问题。

7月31日　民进中央常务委员会举行会议，决定由周建人代理主席。

8月25日　受"文化大革命"影响，民进中央停止办公。民进各地方组织也相继停止活动。

1968 年

3月3日　许广平逝世。

1969 年

4月1日　军代表进驻民进中央机关。

1970 年

3月31日　王绍鏊逝世。

5月4日　马叙伦逝世。

11月1日　八个民主党派机关全部迁入全国工商联大楼办公。在统战系统军代表领导下，各民主党派和工商联机关负责人和部分中委成立四个学习组，民进与民盟组成一个学习组，小组召集人为胡愈之、杨东莼。

1971 年

1月8日　车向忱逝世。

11月13日　中共中央组织各民主党派负责人集中阅读中共中央印发的有关林彪反革命罪行的资料和文件，连续学习座谈两个月。

1972年

7月26日　林汉达逝世。

10月30日　统战部召集各民主党派、工商联参加学习的同志开会，宣布正式恢复学习，以全国政协名义成立学习领导小组，各民主党派和工商联分4个学习组，民进与民盟仍组成一组。

1973年

8月30日　中共十大发表公报，民盟、民进学习组即开展学习。

10月　民盟、民进学习组传达中共中央副主席叶剑英关于统一战线工作的讲话。

1974年

10月30日　全国政协组织各民主党派、工商联和无党派爱国人士学习组成员赴天津参观工农业和文教事业。

1975年

1月20日　各民主党派、工商联和无党派爱国人士各学习组学习讨论第四届全国人民代表大会公报和新宪法。

6月15日　全国政协组织部分在京委员和各民主党派、工商联、无党派爱国人士学习组成员分路到外地参观调研。民盟和民进去东北。

1976年

10月　延续十年之久的"文化大革命"结束。

1977 年

2月18日 全国政协举行春节联欢会，热烈庆祝粉碎"四人帮"以后迎来的第一个春天。各民主党派、工商联负责人和学习组成员应邀参加。

12月24日 中共中央统战部宣布中共中央批准的各民主党派、工商联中央临时领导小组名单。民进中央临时领导小组成员为周建人、杨东莼、叶圣陶、徐伯昕。

1978 年

3月9日至11日 民进中央举行工作座谈会，讨论会员思想情况和各级组织恢复活动的情况，并就今后开展会务工作交换意见。

4月10日 民进中央举行在京中委扩大会议，对今后如何开展工作问题进行分组座谈。

7月24日 民进中央常务委员会举行会议，决定增加赵朴初、葛志成为民进中央领导小组成员。

11月8日 民进中央常务委员会举行会议，讨论通过《民进中央调查研究工作提纲》。

12月7日 民进在京中委举行座谈会，坚决拥护中共中央为天安门事件彻底平反。

1979 年

1月1日 周建人在全国政协举行的座谈会上发言，热烈拥护全国人大常委会《告台湾同胞书》。

3月28日至4月6日 民进全国工作座谈会举行，讨论民进工作重点转移和会的性质、任务、作用问题。

9月25日 杨东莼逝世。

10月11日至22日 中国民主促进会第四次全国代表大会举行。大会出席代表248人，列席32人。周建人致开幕词，徐伯昕代表第五届中央委员会作题为《团结起来，为加速社会主义现代化建设贡献力量》的工作报告。大会通过了新的《中国民主促进会章程》，选举产生第六届中央委员会，其中中央委员99人，候补中央委员19人。

10月23日　民进六届一中全会举行。会议选举产生由29人组成的中央常务委员会，选举周建人为民进中央主席，叶圣陶、徐伯昕、赵朴初、吴贻芳、雷洁琼、谢冰心、吴若安为副主席，葛志成为秘书长。

12月　全国政协和民进中央联合召开两次文化出版界、两次中小学界、一次文艺界、一次高教科技界座谈会。

12月28日　民进中央常务委员会决定民进中央的工作机构为办公厅、组织部、宣传部、学习委员会、文教委员会、联络委员会。

1980年

3月15日　民进中央发出《关于推动各地方组织帮助会员认真学习中共十一届五中全会公报和其他有关文件的通知》。

3月19日　民进河北省委员会成立。

4月17日　民进中央发出《关于推动会员对教育计划、教育体制献计献策的计划》。

8月11日　民进中央、教育部、全国政协教育组联合召开教育问题座谈会。

10月30日　民进中央将《对中小学和师范教育的建议》《会员对教育计划、教育体制改革建议的综合报告》，连同选附的47份有关材料报送中共中央书记处。

12月20日　民进第一次全国为"四化"建设服务经验交流会开幕。

1981年

1月18日　民进中央直属内蒙古自治区支部成立。

1月27日　民进中央发出《关于认真学习和坚决贯彻中共中央工作会议文件的精神的通知》；民进中央决定成立文教基金管理委员会。

2月27日　民进中央制订《关于推动会员对出版工作献计献策的计划》。

7月3日　民进中央召开中委扩大座谈会，热烈庆祝中国共产党成立60周年。

7月6日　民进中央发出《关于认真学习中共十一届六中全会文件的通知》，要求广大会员认真学习《关于建国以来党的若干历史问题的决议》和其他有关文件。

8月1日至15日　民进中央举办第一期外地会员暑期来京参观学习活动。至1985年连续举办五年。

10月1日　周建人等民进领导人分别发表谈话，竭诚拥护叶剑英委员长关于台湾回归祖国实现和平统一方针政策的讲话。

10月25日　民进宁夏回族自治区委员会成立。

11月2日　民进中央印发《关于加强思想政治工作的意见》《关于加强基层组织工作的意见》《关于加强退休会员工作的意见》。

11月下旬至12月中旬　全国政协五届四次会议期间，民进组的政协委员发出《坚决纠正片面追求升学率的呼吁书》。

1982年

2月15日　民进中央常务委员会举行会议，传达全国统战工作会议精神，明确在新的历史时期，统一战线仍是建设社会主义现代化强国的一大法宝。

4月29日　民进中央通过《关于调查研究党的知识分子政策贯彻落实情况的工作计划》，并决定成立知识分子工作研究小组，雷洁琼任组长。

5月中旬至6月上旬　民进中央和全国政协工作组联合举行六次座谈会，座谈落实党的知识分子政策情况和存在问题。

6月7日至16日　民进六届二中全会举行。会议学习贯彻全国统战工作会议精神，听取并审议中央常务委员会工作报告，讨论宪法修改草案和民进1982年至1985年工作规划纲要，增选中央常务委员。会议通过决议，要求各级组织继续协助党政有关部门，把党的知识分子政策落到实处，并推动会员更多地在建设社会主义精神文明方面充分发挥积极作用。

8月28日　民进中央将民进中央和地方对《宪法修改草案》的意见和建议送交宪法修改委员会。

9月14日　民进中央常务委员会举行会议，决定发出《关于认真学习和坚决贯彻中国共产党第十二次全国代表大会文件的通知》。

9月28日　民进中央提出《关于进一步落实知识分子政策，继续做好知识分子工作的几点建议》，报送中共中央书记处。

11月下旬至12月上旬　全国政协五届五次会议期间，政协民进组和教育组联合举办有关教育问题座谈会。

12月5日　民进中央常务委员会举行会议，讨论通过《六届二中全会以来的会务汇报和对今后工作的意见》《1982年至1985年工作规划纲要》《关于认真学习、积极宣传、坚决贯彻〈中华人民共和国宪法〉和人大、政协五届五次会议文件的通知》。

12月20日　民进广东省委员会成立。

1983年

2月19日　民进中央在民主党派为边疆少数民族地区"四化"建设服务挂钩会议上，承担了24项支边任务。

2月25日　民进中央、全国政协教育组、全国教育工会联合调查组提出《发展农村教育的建议》，报送中共中央书记处。

3月19日　1983年全国工作座谈会举行，着重讨论如何进一步开创民进会务工作新局面。

5月13日　周建人、叶圣陶联名致函中共中央办公厅，揭露四川省长寿县（今重庆市长寿区）发生的毒打侮辱女教师事件。

5月下旬　民进中央连续召开教育、出版、文艺等方面的座谈会，就文教出版界改革听取意见。

9月14日　民进中央发出《关于认真学习〈邓小平文选〉的通知》。

10月21日至26日　叶圣陶在中共中央召开的党外人士座谈会上发言。会议传达中共十二届二中全会精神，并就整党、清除精神污染等问题进行座谈。

11月9日至21日　中国民主促进会第五次全国代表大会举行。大会出席代表335人，列席48人。中共中央政治局委员宋任穷代表中共中央致贺词。大会听取并审议雷洁琼代表第六届中央委员会所作的题为《团结奋斗，自强不息，全面开创民进工作的新局面》的工作报告，审议通过新会章。大会选举产生第七届中央委员会，其中中央委员132人，中央候补委员22人。

11月22日　民进七届一中全会举行。会议选举产生由41人组成的中央常务委员会，选举周建人为民进中央主席，叶圣陶、徐伯昕、赵朴初、吴贻芳、雷洁琼、谢冰心、吴若安、陈舜礼为副主席，葛志成为秘书长。会议还决定杨石先、陈礼节、周煦良为中央委员会顾问。下午，民进中央常务委员会举行第一次会议，决定成立执行局，陈舜礼任执行局主任。

12月16日　民进中央常务委员会发出《关于响应中共中央号召，在帮助整党中积极作出贡献的通知》；民进中央向各地转发《关于民主党派组织发展问题座谈会纪要》。

1984年

1月25日　民进湖南省委员会成立。

2月13日　民进山西省委员会成立。

2月15日　民进四川省委员会成立。

2月21日　民进甘肃省委员会成立。

3月22日　民进中央执行局举行会议，决定民进中央工作机构为办公厅、组织部、宣传部、学习委员会、文教委员会、教育改革研究会、文化出版委员会、联络委员会、妇女委员会。

3月27日　徐伯昕逝世。

4月18日至28日　1984年全国工作会议在江苏南京召开，着重研究在当前新形势下，如何进一步加强思想建设和组织建设，以更好地为建设社会主义物质文明和精神文明服务，继续开创民进工作新局面。

7月29日　周建人逝世。

8月21日　民进中央常务委员会发出《关于在沿海开放城市开创工作新局面的通知》。

9月中旬　经各位副主席协商同意，在民进七届二中全会选举主席之前，由叶圣陶任民进中央代主席。

9月27日　民进在京中央常委举行座谈会，一致拥护中英两国政府关于香港问题的联合声明。

10月12日至19日　叶圣陶、赵朴初、陈舜礼、葛志成应邀出席中共中央就关于经济体制改革的决定征求意见座谈会。

10月21日　民进黑龙江省委员会成立。

10月24日　民进中央发出《关于认真学习贯彻〈中共中央关于经济体制改革的决定〉的通知》。

11月11日　民进云南省委员会成立。

11月17日　民进中央提出《关于改革师范教育的建议》，报送中共中央书记处。

12月2日　民进安徽省委员会成立。

12月18日至22日　民进七届二中全会举行。会议学习贯彻中共十二届三中全会精神，听取并审议雷洁琼代表中央常务委员会所作的工作报告，选举叶圣陶为民进中央主席，增选葛志成、楚庄为副主席。会议通过关于中央常务委员会工作报告的决议、完全赞同中英两国政府关于香港问题的联合声明的决议。

12月22日　民进中央常务委员会举行会议，决定中央执行局由原来规定的设"委员五至七人"改为"委员七至九人"，增选方明、张志公、梅向明为中央执行局委员。

1985 年

1月14日　民进中央印发《对1985年继续贯彻〈关于民主党派组织发展问题座谈会纪要〉的意见》。

1月21日　全国人大常委会批准9月10日为教师节。民进见证并推动了教师节的确立。1981年11月，在全国政协五届四次会议上，民进17位政协委员联名提交《建议确定全国教师节日期及活动内容案》。1983年6月，在全国政协六届一次会议上，民进19位政协委员再次联名提交《为提高教师的社会地位，造成尊师重教的社会风气，建议恢复教师节案》。

3月5日　民进吉林省委员会成立。

4月7日　民进中央常务委员会举行扩大会议，学习讨论六届全国人大三次会议、全国政协六届三次会议文件和《中共中央关于教育体制改革的决定（征求意见稿）》。此后，每年3月全国两会闭幕后，民进中央即举行学习传达全国两会精神报告会或座谈会，并发出学习贯彻两会精神的通知。

4月27日　马叙伦诞辰100周年纪念会举行。

5月5日至12日　民进第二次全国为"四化"建设服务经验交流会举行。

5月16日至20日　民进宣传工作座谈会召开。

5月24日至28日　民进教育工作座谈会召开。

5月31日至6月4日　民进"三胞"工作座谈会召开。

6月　民进中央成立文教信息服务中心。1987年7月，经国家有关部门批准，该中心改建为开明文教音像出版社。

6月10日　民进中央常务委员会发出《关于学习贯彻〈中共中央关于教育体制改革的决定〉的通知》。

6月29日　民进内蒙古自治区委员会成立。

8月2日　民进福建省委员会成立。

9月5日　民进中央举行庆祝首届教师节茶话会。此后每年民进各级组织都以各种形式庆祝教师节。

10月2日至6日　民进代表出席各民主党派、工商联为"四化"服务先进集体和先进个人代表表彰大会。

11月10日　吴贻芳逝世。

11月15日　民进七届六次中常会举行，讨论中央和省级组织引进新人、加强领导班子建设和建立工作班子问题。

11月20日　民进江西省委员会成立。

12月30日　中国民主促进会成立40周年纪念大会举行。

1986年

1月13日至18日　民进七届三中全会举行。会议听取并审议陈舜礼代表中央常务委员会所作的工作报告。会议通过关于中央常务委员会工作报告的决议和关于动员全会积极参加社会主义精神文明建设的决议，号召全体成员争做爱祖国、爱人民、有理想、有道德的民进会员。

1月中旬　受全国人大常委会法制工作委员会委托，民进中央教育改革研究会和教育委员会多次召开座谈会，广泛征求对义务教育法草案的修改意见。

3月10日　民进中央常务委员会发出《关于贯彻七届三中全会精神，进一步开展学习和宣传先进典型活动的通知》。

4月15日　应国家教委要求，民进中央教研会和全国政协教育组、全国教育工会，组成联合调查组赴四川省、湖北省调研中等职业技术教育情况。

5月28日　民进中央执行局主持召开对海外统战工作座谈会。

7月10日　民进中央举行纪念中国共产党提出"长期共存、互相监督"方针30周年座谈会。

8月20日　民进中央教委会、教研会联合邀请北京部分教师座谈讨论教师法草案。

9月1日至6日　赵朴初、雷洁琼在中共中央召开的党外人士座谈会上，就"关于社会主义精神文明建设指导方针的决议征求意见稿"发表意见。

10月21日至25日　民进七届十次中常会举行扩大会议，通过关于向中央委员会建议召开全国代表会议的决议、关于认真学习贯彻中共十二届六中全会精神的决议。

10月26日　民进中央执行局主持召开全国组织工作座谈会。会议认为，各地组织认真贯彻《关于民主党派发展组织问题座谈会纪要》精神，目前已转入了正常发展，今后要继续按照发展与巩固相结合的方针，做到有计划有步骤稳步发展组织，更好地为我会政治任务服务。

12月2日至6日　民进中央妇女工作座谈会举行。

1987年

2月17日　民进中央发出通知，要求各级组织和广大会员更加自觉地坚持四项基本原则。

2月18日　民进中央和全国教育工会联合邀请北京部分教师和中小学校长座谈讨论教师法草案。

3月17日　由民进中央和中国出版工作者协会、民进北京市委会联合创办的"出版者之家"成立。

4月9日　民进七届十二次中常会举行，讨论加强中央领导班子建设问题。

5月25日至28日　受国家教委委托，民进中央教委会和教研会连续召开座谈会，讨论义务教育全日制中小学各科教学大纲征求意见稿。

6月5日至10日　中国民主促进会全国代表会议举行。会议代表363人。中共中央政治局委员习仲勋代表中共中央致贺词。雷洁琼作题为《加强自身建设，担负起当前形势下民进的新任务》的工作报告。9日，93岁高龄的叶圣陶亲临大会与代表见面，并作了简短情深的讲话。会议补充和修改会章的部分条文，同意部分老同志要求辞去中央委员的申请。会议递补14位中央候补委员为中央委员，另增选31名中央委员和22名中央候补委员，选举产生38名中央参议委员会委员。会议通过决议，号召全会同志坚定不移地坚持四项基本原则和改革开放的方针，为建设社会主义物质文明和精神文明，为实现统一祖国、振兴中华的宏伟目标作出更大的贡献。

6月11日　民进七届五中全会举行。会议选举叶圣陶为民进中央名誉主席，雷洁琼为民进中央主席，增选叶至善为民进中央副主席，增选中央常务委员11人。同日举行的民进中央参议委员会第一次全体会议，推举赵朴初兼为中央参议委员会主席，推举吴若安、张明养、柯灵、董纯才、潘承孝为副主席。

11月30日　民进七届十五次中常会举行，作出关于认真学习和贯彻中国共产党第十三次全国代表大会精神的决议。

1988年

1月9日　王绍鏊诞辰100周年纪念会举行。

2月16日　叶圣陶逝世。

2月27日　民进湖北省委员会成立。

4月28日　楚庄率民进京沪出版界人士访港团赴香港进行友好访问。这是民进中央首次组织"走出去"的海外联谊活动。

5月7日　民进中央举行讨论香港基本法征求意见稿座谈会。

6月15日　民进中央召开统战理论研讨会。

7月21日、25日　民进中央连续两次举行深化教育改革座谈会。

8月3日　民进中央召开1988年全国工作会议，雷洁琼要求各地方组织积极发挥民进的政党作用。

8月23日至26日　民进中央召开咨询服务工作会议。

9月13日　民进贵州省委员会成立。

10月13日　民进七届十七次中常会举行扩大会议，通过关于学习贯彻中共十三届三中全会精神的决议，号召各级组织和全体会员积极参加治理经济环境、整顿经济秩序的各项工作，为改革开放、建设两个文明多作贡献。

11月11日　周建人诞辰100周年纪念会举行。

11月19日至28日　中国民主促进会第六次全国代表大会举行。大会出席代表475人，列席代表41人。中共中央向大会发来贺词。大会听取并审议雷洁琼代表第七届中央委员会所作的题为《发挥政党职能，推进全面改革，为建设有中国特色的社会主义贡献力量》的工作报告，张明养作第一届中央参议委员会工作报告。大会审议通过新的《中国民主促进会章程》和《中国民主促进会中央参议委员会组织条例》。大会推举谢冰心为民进中央名誉主席，选举产生第八届中央委员会，其中中央委员173人，中央候补委员22人。大会还选举产生中央参议委员会委员60人。

11月29日　民进八届一中全会举行。会议选举产生由41人组成的中央常务委员会，选举雷洁琼为民进中央主席，赵朴初、陈舜礼、葛志成、楚庄、叶至善、梅向明、陈难先、冯骥才、邓伟志为副主席，陈益群为秘书长。同日举行的民进第二届中央参议委员会第一次全体会议，选举赵朴初为主席，吴若安、张明养、柯灵、董纯才、潘承孝、梅达君为副主席，毛之芬为秘书长。

12月26日　民进新疆维吾尔自治区委员会成立。

1989年

3月8日　民进中央向中共中央提出《关于切实贯彻〈义务教育法〉，加强基础教育的几点建议》。3月29日，得到中共中央复函。

3月9日　民进八届二次中常会举行，通过民进中常会工作规则、中央专门委员会组织通则。

4月21日　民进山东省委员会成立。

6月16日　民进中央向各地发出通知，号召民进各级组织把思想统一到邓小平同志6月9日重要讲话精神上来。

7月　民进各级组织和广大会员在民进中央的号召下，认真学习中共十三届四中全会精神和邓小平同志的重要讲话，深刻认识平息首都动乱的重要意义。

8月　《民主》杂志创刊。这是民进中央主管、主办的面向国内外公开发行的综合性、时政类月刊，也是民进全会唯一一本公开发行的杂志。

8月16日至19日 民进八届三次中常会举行扩大会议，通过关于坚决拥护中共十三届四中全会各项决定的决议。会议决定成立尊师重教基金理事会，雷洁琼任理事长。

8月25日 民进海南省委员会成立。

9月26日 民进中央举行招待会，庆祝中华人民共和国成立40周年。

12月8日至12日 民进八届二中全会举行。会议深入学习中共十三届五中全会精神，听取并审议雷洁琼代表中央常务委员会所作的工作报告，着重研究进一步加强民进自身建设的问题。会议通过决议，强调指出民进将继续发扬光荣传统，永远做中国共产党的助手和诤友。

12月30日 中共中央发表《关于坚持和完善中国共产党领导的多党合作和政治协商制度的意见》（以下简称《意见》），指出"长期共存、互相监督、肝胆相照、荣辱与共"是中国共产党同各民主党派合作的基本方针，明确中国共产党领导的多党合作和政治协商制度是我国一项基本政治制度。1990年1月23日，民进中央发出关于认真学习宣传贯彻《意见》的通知。

1990 年

3月14日 民进八届五次中常会举行，通过《关于进一步加强思想政治教育的意见》《关于当前我会巩固与发展组织工作的意见》。

7月2日至5日 民进八届六次中常会举行扩大会议，通过《民进中央关于组织建设若干问题的决定》。

8月20日至26日 民进中央尊师重教基金理事会举办第一届优秀教师会员赴京参观活动。此后每年暑期举办，至2004年连续举办14届（2003年因"非典"暂停举办一年）。

12月5日 民进八届三中全会举行。会议听取并审议雷洁琼代表中央常务委员会所作的工作报告。会议通过决议，强调民进要遵照《意见》精神，为更好地发挥参政党作用努力前进。

1991 年

4月2日　中共中央办公厅对民进中央《关于发展中等职业技术教育的建议》复函。

4月5日　民进八届八次中常会提出，坚持"一个中心、两个基本点"的基本路线是民进开展工作的指导方针，民进要继续贯彻落实《意见》精神，为完善和发展这一具有中国特色的社会主义政党制度而努力。

6月4日至7日　民进中央1991年全国社会服务工作会议举行。会议对民进四大以来的社会服务工作进行了全面总结。

6月20日　民进中央举行庆祝中国共产党成立70周年座谈会。

7月15日　民进中央发出关于认真学习江泽民同志"七一"讲话的通知。

10月13日至17日　民进会员先进经验交流会举行。

10月中旬　民进中央邀请教育界、政法界会员座谈，征询对教师法草案的修改意见。

11月11日　民进中央就国务院新闻办公室发表的《中国人权状况》白皮书举行座谈会。

12月17日至20日　民进八届四中全会举行。会议传达中共十三届八中全会精神，深入学习江泽民同志"七一"讲话和中共中央工作会议精神，听取并审议雷洁琼代表中央常务委员会所作的工作报告。会议通过决议，号召全会各级组织深刻理解、坚决贯彻"以经济建设为中心，坚持四项基本原则，坚持改革开放"的基本路线，积极开展各项工作。

1992 年

1月4日　民进就三峡工程问题举行座谈。

3月6日　民进中央与国家新闻出版署的负责同志就民主党派如何在新闻出版事业中进一步发挥作用进行对口座谈。

4月24日　民进中央邀请中国科学院学部委员中的九位民进会员交流座谈。

5月8日　民进中央举行主席会议，学习座谈邓小平同志巡视南方的重要谈话。

10月27日　中共中央召开党外人士座谈会，介绍中共十四大情况，7位新当选的中央政治局常委和党外人士座谈。中共中央总书记江泽民发表重要讲话。雷洁琼发言。

12月11日至17日　中国民主促进会第七次全国代表大会举行。大会出席代表417人，列席43人。中共中央政治局委员丁关根代表中共中央宣读贺词。葛志成代表名誉主席谢冰心宣读贺信。大会听取并审议雷洁琼代表第八届中央委员会所作的题为《解放思想，实事求是，为建设有中国特色社会主义多做贡献》的工作报告，审议通过新的《中国民主促进会章程》、关于第八届中央委员会和第二届中央参议委员会工作报告的决议。大会选举产生第九届中央委员会，其中中央委员159人，候补中央委员19人。大会推选第三届中央参议委员会委员83人。推举谢冰心和赵朴初为名誉主席。

12月17日　民进九届一中全会举行。会议选举产生由39人组成的中央常务委员会，选举雷洁琼为民进中央主席，陈舜礼、葛志成、楚庄、叶至善、梅向明、陈难先、冯骥才、邓伟志、许嘉璐为副主席，陈益群为秘书长。

12月20日　中共中央政治局常委李瑞环会见新当选的民进中央和中央参议委员会领导人。

1993年

2月17日　雷洁琼在李鹏总理主持召开的就政府工作报告征求党外人士意见和建议的座谈会上发言。由国务院总理主持召开座谈会，邀请各民主党派中央、全国工商联负责人和无党派人士代表对政府工作报告提出意见建议，是中国共产党领导的多党合作和政治协商制度的重要体现形式，是国务院接受民主监督的重要程序。座谈会每年1月或2月召开。

6月4日至7日　民进中央召开为经济建设服务工作研讨会。

6月12日至16日　民进全国组织工作会议在江苏无锡举行。会议提出，组织工作要为民进的政治任务服务，积极贯彻发展与巩固相结合的方针，进一步加强领导班子建设、后备干部队伍建设、基层组织建设。

6月29日　中共中央召开党外人士座谈会，就当前经济工作进行座谈。中共中央总书记江泽民主持会议并发表重要讲话。雷洁琼发言。

7月6日至8日　民进九届三次中常会举行，通过《中国民主促进会中央常务委员会工作规则》。

7月27日　民进中央举行纪念毛泽东同志诞辰100周年座谈会。

8月20日至21日　国务院副总理李岚清邀请各民主党派和部分无党派著名人士举行座谈会，共商发展我国教育工作。雷洁琼、许嘉璐出席并发言。

9月16日　民进中央发出《关于配合党和政府做好反腐败斗争工作的通知》。

10月20日　全国政协主席李瑞环到民进中央机关看望干部职工，并和民进中央在京领导同志座谈。

11月22日　雷洁琼在李鹏总理主持召开的听取各民主党派中央、全国工商联负责人和无党派代表人士考察三峡工程意见座谈会上发言。

12月19日至21日　民进九届二中全会举行。会议听取并审议雷洁琼代表中央常务委员会所作的工作报告。会议通过决议，完全拥护《中共中央关于建立社会主义市场经济体制若干问题的决定》（以下简称《决定》），要求全会同志把学习《邓小平文选》第三卷和学习《决定》结合起来，积极贯彻好《决定》。

1994年

1月18日　民进河南省委员会成立。

4月8日　葛志成在国务院副总理李岚清主持召开的就教师法草案征求意见座谈会上发言。

5月26日至28日　民进参政议政工作研讨会在湖南长沙举行。

6月　经国务院批准，河北省滦平县成为民进中央定点扶贫县，正式纳入"八七"扶贫整体计划。

6月8日　雷洁琼在李鹏总理主持召开的向各民主党派中央和全国工商联负责人、无党派代表人士就全国教育工作会议报告征求意见座谈会上发言。

6月8日至11日　民进全国妇女工作研讨会召开。

9月6日　为庆祝第十个教师节，民进中央举行座谈会慰问特殊教育工作者。

9月12日　全国政协主席李瑞环代表中共中央、代表江泽民总书记和李鹏总理祝贺雷洁琼90华诞。

9月13日至16日　民进全国宣传工作会议举行。会议学习贯彻中共中央全国宣传思想工作会议精神、全国统战工作会议精神和《爱国主义教育实施纲要》，总结交流民进近几年宣传工作经验。

9月28日　民进中央举行茶话会，庆祝中华人民共和国成立45周年。

10月10日　民进九届十八次主席会议举行，通过《民进中央关于学习〈中共中央关于加强党的建设几个重大问题的决定〉的通知》。

10月28日　纪念叶圣陶诞辰100周年座谈会举行。

11月2日　因北京王府井大街改扩建工程，王府井新华书店发生存留未决问题，雷洁琼和九位副主席在《光明日报》发表了《我们呼吁》联名文章，表示对首都文化市场及精神文明建设的关注。中共北京市委、北京市政府高度重视，经研究决定在书店原址附近建造新的王府井新华书店，这是民进履行参政党民主监督职能的生动案例。

12月6日至9日　民进九届三中全会举行。会议学习贯彻中共十四届四中全会精神，听取并审议雷洁琼代表中央常务委员会所作的工作报告。会议通过决议，强调要深刻理解《中共中央关于加强党的建设几个重大问题的决定》的实质，进一步加强自身建设，推动民进更健康的发展和更有效地开展参政党的各项工作。

1995 年

2月8日　民进中央就促进祖国和平统一举行座谈会，雷洁琼以《做祖国和平统一的促进派》为题发表讲话。

2月15日至16日　民进特约"四员"（特约监督员、检查员、审计员、教育督导员）座谈会举行。

4月12日至14日　民进中央在浙江萧山召开民主党派从政人士座谈会。

4月21日至26日　民进全国办学工作座谈会在浙江温州举行。

4月22日　葛志成逝世。

6月13日至15日　民进九届十一次中常会举行，研究落实政协全国委员会关于政治协商、民主监督、参政议政的规定，进一步提高民进参政议政水平。会议严厉抨击李登辉公开制造"两个中国""一中一台"的行径。

7月5日　民进中央学习委员会、科技医卫委员会、教育委员会联合举行科教兴国座谈会。

8月31日　中共中央邀请各民主党派中央、全国工商联负责同志和无党派代表人士举行座谈会，就中共中央关于制定国民经济和社会发展"九五"计划和2010年远景目标的建议征求意见。雷洁琼、赵朴初发言。

9月20日　雷洁琼主持各民主党派学习邓小平同志建设有中国特色社会主义理论座谈会并讲话。

10月31日　民进会员为社会主义现代化建设服务经验交流会举行。

12月12日　中国民主促进会成立50周年庆祝大会举行。中共中央政治局常委、国务院副总理朱镕基代表中共中央致贺词并作即席讲话。费孝通代表各民主党派中央、全国工商联致贺词。雷洁琼发表讲话。

12月13日至15日　民进九届四中全会举行。会议以中共十四届五中全会为指针，认真学习了中共中央对民进成立50周年的贺词。会议听取并审议陈舜礼代表中央常务委员会所作的工作报告。会议通过决议，强调要为实现国民经济和社会发展"九五"计划和2010年远景目标，积极发挥参政党的职能作用。会议增选张怀西为民进中央副主席。

1996 年

1月16日至17日　民进中央在辽宁沈阳举办"九五"期间东北地区文化发展战略研讨会。

5月16日至29日　雷洁琼、陈舜礼、楚庄参加各民主党派中央、全国工商联主要领导人和无党派知名人士对京九铁路沿线的考察工作。

7月19日　民进中央印发《关于改善和加强当前宣传思想工作的几点意见》。

9月13日　中共中央召开党外人士座谈会,就准备提交中共十四届六中全会讨论的《中共中央关于加强社会主义精神文明建设若干重要问题的决议》征求意见。雷洁琼、赵朴初、陈舜礼出席。

10月15日　民进中央发出《关于学习贯彻中共十四届六中全会精神的通知》。

11月7日至9日　各民主党派、工商联为两个精神文明建设服务经验交流会举行。民进5个先进集体和12位先进个人受到表彰。

12月17日至20日　民进九届五中全会举行。会议学习贯彻中共十四届六中全会精神和江泽民总书记《关于讲政治》的重要论述,听取并审议雷洁琼代表中央常务委员会所作的工作报告。会议通过决议,强调民主党派要为促进两个文明建设协调发展作出应有的贡献,要坚持正确的政治方向,协助党和政府进一步巩固和发展安定团结的政治局面。会议通过决定,民进八大于1997年第四季度在北京举行。

1997 年

2月21日　民进中央向中共中央发出唁电,沉痛悼念邓小平同志。

3月17日至28日　叶圣陶研究会一行由陈舜礼任团长赴台湾进行访问交流。这是民进中央第一次以叶圣陶研究会的名义开展赴台活动。

3月25日　雷洁琼、梅向明应邀参加国务院召开的就进一步加强土地管理、切实保护耕地问题征求党外人士意见座谈会。

4月29日 民进中央发出《关于进一步加强民进思想建设的意见》。

7月1日 雷洁琼作为中国政府代表团成员随团赴香港，出席6月30日午夜和是日凌晨举行的香港政权交接仪式。

8月1日 雷洁琼在中共中央召开的就中共十五大报告征求党外人士意见座谈会上发言。

8月31日 许嘉璐带领民进中央调研组深入广西壮族自治区隆安县开展"贫困地区实施义务教育"专题调研。后又于10月6日至11日，在江西省永新县调研。

9月12日 中共十五大开幕之际，民进中央向中共中央发去贺信。

9月25日至27日 民进九届十八次中常会举行，通过《关于学习贯彻中国共产党第十五次全国代表大会精神的决定》。

9月29日 在中共十五届一中全会上当选的七位中共中央政治局常委与各民主党派中央、全国工商联负责人，无党派代表人士见面座谈。中共中央总书记江泽民发表重要讲话。雷洁琼发言。

10月14日至16日 民进京九沿线经济社会发展研讨会在江西九江召开。

11月24日至25日 民进九届六中全会举行。

11月26日至12月2日 中国民主促进会第八次全国代表大会举行。大会出席代表444人，列席67人。中共中央政治局委员丁关根代表中共中央致贺词。九三学社中央副主席王文元代表各民主党派中央、全国工商联致贺词。雷洁琼致开幕词。大会听取并审议陈舜礼代表第九届中央委员会所作的题为《继往开来，团结奋进，为建设有中国特色社会主义做出新贡献》的工作报告。民进第三届中央参议委员会向大会提交书面工作报告。大会审议通过《中国民主促进会章程（修改案）》和中国民主促进会第八次全国代表大会关于第九届中央委员会报告的决议。大会通过《中国民主促进会第八次全国代表大会给雷洁琼、陈舜礼、叶至善等不再担任中央委员会委员的同志的致敬信》《中国民主促进会第八次全国代表大会给民进中央参议委员会全体委员的致敬信》。会议选举产生由 186 人组成的第十届中央委员会。会议期间，出席民进八大的民进中央参议委员会委员举行座谈会。

12 月 1 日　民进十届一中全会举行。会议选举 39 人为民进第十届中央常务委员会委员，选举许嘉璐为民进中央主席，楚庄、梅向明、陈难先、冯骥才、邓伟志、张怀西、潘贵玉、蔡睿贤、王立平为副主席，任命陈益群为秘书长。会议推举雷洁琼、谢冰心、赵朴初为民进中央名誉主席，陈舜礼、柯灵、叶至善为名誉副主席，潘承孝、王鸿祯、方明为顾问。

1998 年

2 月 7 日至 8 日　民进十届三次主席会议举行，审议通过《关于搞好政治交接、加强自身建设的几点意见》《民进中央主席会议和主席办公会议议事规则》。

2 月 26 日　雷洁琼、许嘉璐在中共中央召开的向党外人士通报国务院机构改革方案民主协商会上发言。

3 月 4 日　中共中央总书记、国家主席江泽民看望出席全国政协九届一次会议的民进、农工党组政协委员，并参加联组讨论。

3 月 7 日　民进十届二次中常会举行扩大会议，审议通过《民进中央常务委员会工作规则》，民进中央专门委员会设置和负责人名单。民进中央共设学习委员会、教育委员会、出版委员会、文化艺术委员会、科技医卫委员会、政法财经委员会、联络委员会、妇女儿童委员会、会史工作委员会等九个专门委员会。

3 月 12 日　梅向明代表民进中央在全国政协九届一次会议全体会议上作题为《完善社会保障体制，确保国家长治久安》的大会发言。

3 月 20 日　民进中央召开滦平职教工作研讨会。

4 月 20 日至 23 日　民进社会力量办学研讨会在陕西西安举行。

4 月 25 日至 26 日　民进中央召开专门委员会主任、副主任会议，原则通过《民进中央专门委员会工作通则》。

5月6日至16日　许嘉璐、张怀西率队赴云南省、贵州省和重庆市，就民主党派扶贫工作、组织工作进行调研。

5月25日至27日　民进全国议政调研工作交流会在安徽合肥召开。

6月中旬至9月上旬　我国南方特别是长江流域及北方的嫩江、松花江流域出现历史上罕见的特大洪灾。8月，民进中央发出《关于动员各级组织为抗洪救灾贡献力量的通知》。

7月6日　民进中央发出《关于学习贯彻〈中共中央关于在全党深入学习邓小平理论的通知〉的通知》。7月27日又发出《关于学习贯彻江总书记在"学习邓小平理论工作会议"上重要讲话精神的通知》。

9月11日　楚庄在中共中央召开的就《中共中央关于农业和农村工作若干重大问题的决定》征求意见座谈会上发言。

9月21日至22日　民进中央举行学习纪念1948年中共"五一口号"发表50周年座谈会。

9月22日至25日　民进全国宣传思想工作会议举行。

10月5日　中共中央总书记江泽民祝贺冰心99岁寿辰。

10月14日至16日　民进全国组织工作会议在江苏南京举行。

10月20日　民进中央发出《关于弘扬抗洪精神，在全会深入开展"五热爱"活动的通知》。

11月1日　民进中央发出《关于学习贯彻中共十五届三中全会精神的通知》。

12月9日　民进中央召开纪念中共十一届三中全会20周年座谈会。

12月10日至13日　民进十届二中全会举行。会议学习贯彻中共十五大和十五届三中全会精神，听取并审议许嘉璐代表中央常务委员会所作的工作报告。会议通过决议，强调今后一个时期，民进要以政治交接为主线，以参政议政和自身建设为重点。会议重点研究了加强参政议政工作，审议通过《民进中央关于加强参政议政工作的意见》。

1999 年

2月28日　谢冰心逝世。

3月8日　楚庄代表民进中央在全国政协九届二次会议全体会议上作题为《确定节约资源为基本国策，保障可持续发展战略的实施》的大会发言。

5月9日　民进中央发出《关于强烈谴责以美国为首的北约对我国驻南使馆进行导弹袭击的通报》。

6月9日　国务院副总理温家宝对民进中央提出的《关于建立长江防洪新体系的建议》作出批示。

6月12日　中共中央办公厅对民进中央提出的《关于把节约资源确定为基本国策的建议》给予答复。

6月17日　中国民主促进会成立旧址挂牌揭幕仪式在上海卢湾区图书馆（原中国科学社）举行。

6月18日至21日　民进全国机关建设工作会议在上海举行。

6月25日　民进中央发出《关于在全会开展重新深入学习〈中共中央关于坚持和完善中国共产党领导的多党合作和政治协商制度的意见〉的通知》。

7月12日　民进中央向各省级组织发出《认真贯彻〈各民主党派中央关于加强自身建设若干问题座谈会纪要〉的通知》。

7月　民进中央批判李登辉分裂祖国的言论；揭批法轮功。

8月10日　民进中央印发《关于进一步做好民进后备干部队伍建设工作的意见》。

9月8日至11日　张怀西率民进中央调研组赴河北省就切实发展农村职业教育进行调研。10月26日至28日，梅向明率调研组赴山东省调研。

9月23日　民进中央机关喜迁新办公楼。

9月25日　民进中央发出《关于学习贯彻中共十五届四中全会精神的通知》。

9月27日　民进庆祝中华人民共和国成立50周年座谈会举行。

10月19日至21日　民进统战理论研讨会在云南昆明举行。

11月1日至3日　民进社会服务工作研讨会在河南郑州召开。会议讨论完善《民进中央关于加强社会服务工作的意见》，就进一步加强支边扶贫、办学、咨询服务、海外联络、实施"同心工程"以及同经济界会员的联系等工作进行研讨。

11月29日　民进十届七次中常会举行，讨论通过《中国民主促进会基层组织工作暂行条例》。

11月30日至12月3日　民进十届三中全会举行。会议学习贯彻中共十五大和十五届四中全会精神，听取和审议许嘉璐代表中央常委会所作的工作报告。会议通过决议，要求各级组织要认真贯彻落实《各民主党派中央关于加强自身建设若干问题座谈会纪要》精神，并强调学习贯彻《中国民主促进会基层组织工作暂行条例》，加强基层组织建设。

12月20日　许嘉璐作为中国政府代表团成员出席中葡两国政府澳门政权交接仪式。

12月22日　民进中央举行庆祝澳门回归祖国和纪念《中共中央关于坚持和完善中国共产党领导的多党合作和政治协商制度的意见》发表十周年座谈会。

2000年

2月15日至20日　许嘉璐、张怀西率民进中央调研组就西部大开发和"三农"问题在甘肃省、陕西省调研。

2月21日至25日　民进西北五省区西部大开发研讨会在宁夏银川举行，决定建立民进西北五省区西部开发研究联络组。

3月8日　楚庄代表民进中央在全国政协九届三次会议全体会议上作题为《落实科教兴国战略，大力发展职业教育》的大会发言。

3月28日至30日　民进统战理论研讨会举行。

3月31日　民进中央举行"十五"星火计划发展规划暨贯彻国家西

部大开发战略座谈会。

5月21日　赵朴初逝世。

6月17日　国务院副总理温家宝对民进中央呈送的《关于在金沙江干热河谷推广种植西蒙得木的建议》作出批示。

6月19日　柯灵逝世。

9月21日至24日　民进西部大开发研讨会在四川成都举行。

9月24日至25日　民进办学工作会议在四川成都举行。

10月6日至8日　民进省级组织主委会议在浙江宁波举行。

10月20日　民进中央发出《关于学习贯彻中共十五届五中全会精神的通知》。

11月1日　民进中央举行参政议政特邀研究员聘任仪式。聘请参政议政特邀研究员的机制由民进中央首创。

12月10日至13日　民进十届四中全会举行。会议学习贯彻中共十五届五中全会和全国统战工作会议精神，听取并审议许嘉璐代表中央常务委员会所作的工作报告，报告总结了民进八大以来的工作，明确提出今后两年的任务。会议通过决议，强调世纪之交国际国内形势的变化和发展，对民进的思想政治工作提出了更高更新的要求。会议讨论并通过了《民进中央关于加强思想政治工作的几点意见》。

2001 年

3月4日　中共中央政治局常委胡锦涛看望出席全国政协九届四次会议的民进、农工党、九三学社组政协委员，并参加联组讨论。

3月7日　楚庄代表民进中央在全国政协九届四次会议全体会议上作题为《西部大开发要特别重视农业、农村和农民问题》的大会发言。

4月2日至10日　许嘉璐、张怀西、王立平率民进中央调研组在江苏省就"三农"问题和星火计划实施情况开展调研。4月17日至20日又赴河南省调研。

4月22日至23日　民进担任政府实职人员座谈会召开。

5月14日至18日　民进中央举办中青年会员短训班。10月15日至20日举办第二期。

6月6日至8日　民进2001年统战理论研讨会在山西太原举行。

6月15日　民进中央举行纪念中国共产党成立80周年座谈会。

7月3日　民进中央发出《关于学习贯彻江泽民同志在庆祝中国共产党成立八十周年大会上的重要讲话精神的通知》。

7月13日至14日　民进中央在甘肃平凉召开走进西部——手拉手助学活动现场会暨工作会议。

8月25日　中共中央举行座谈会，就《中共中央关于加强和改进党的作风建设的决定》征求各民主党派、全国工商联和无党派代表人士的意见。许嘉璐发言。

10月9日至11日　民进民营企业界会员会议在江苏南京举行。

10月23日至25日　民进基础教育研讨会召开。

11月23日至26日　民进十届五中全会举行。会议学习贯彻江泽民同志"七一"重要讲话和中共十五届六中全会精神，听取并审议许嘉璐代表中央常委会所作的工作报告。会议通过决议，强调民进要努力做到政治交接要落实，自身建设要抓实，履行职责要务实。会议通过决定，民进九大于2002年第四季度在北京举行。

12月8日至10日　民进全国出版界会员座谈会召开。

12月17日　许嘉璐在中共中央召开的就农业发展问题听取党外人士意见座谈会上发言。

2002年

1月30日　民进中央召开星火西进工作座谈会。

3月5日　中共中央政治局常委、全国人大常委会委员长李鹏看望出席全国政协九届五次会议的民革、民进组政协委员，并参加联组讨论。

3月7日　楚庄代表民进中央在全国政协九届五次会议全体会议上作题为《保护与合理利用湿地资源，是我国可持续发展的重要组成部分》

的大会发言。

4月5日　民进中央与共青团中央、国家科技部决定共同组织实施青年星火西进计划，并联合印发通知。6月10日，在陕西西安举行启动仪式。

4月23日　国务院召开中央国家机关定点扶贫工作会议，民进中央与河北省滦平县对口帮扶。

5月13日至17日　由叶圣陶研究会主办的海峡两岸中华传统文化与现代化研讨会在江苏苏州举行。2002年以来，研讨会每年以中华传统文化与现代化为大主题，邀请台湾学者参与，为推动两岸文化交流、共同弘扬中华优秀文化、坚决反击"文化台独"发挥了积极作用。

7月16日至18日　民进全国会史工作会议举行。

7月26日至8月8日　许嘉璐率领民进中央调研组在安徽省、江苏省就"长江下游环境保护与修复对我国可持续发展的影响及其对策"进行专题调研。8月9日至10日，在江苏南京召开民进长江下游环境保护与修复研讨会。

8月30日　民进中央发出《关于印发〈民进中央关于加强民主集中制、改进领导作风的决定〉的通知》。

9月17日　许嘉璐在中共中央召开的征求对中共十六大报告意见党外人士座谈会上发言。

10月22日至23日　民进建设高素质参政党理论研讨会在湖南长沙举行。

10月22日至24日　民进办学工作研讨会在江西南昌举行。

11月17日　民进中央发出《关于学习贯彻中国共产党第十六次全国代表大会精神的通知》。

11月18日至19日　民进2002年全国先进集体、先进会员经验交流会举行。

11月18日至19日　民进十届六中全会举行。会议学习贯彻中共十六大精神，听取民进九大筹备委员会汇报，审议民进九大工作报告草案和会章修正案草案。

12月16日至21日　中国民主促进会第九次全国代表大会举行。大会出席代表467人,列席29人。中共中央政治局委员刘云山代表中共中央致贺词。农工党中央主席蒋正华代表各民主党派中央和全国工商联致贺词。雷洁琼向大会发来贺信。大会听取并审议许嘉璐代表第十届中央委员会所作的题为《开拓创新,求真务实,为全面建设小康社会作出新贡献》的工作报告,审议通过《中国民主促进会章程(修正案)》和中国民主促进会第九次全国代表大会决议。大会选举产生由189人组成的第十一届中央委员会。

12月20日　民进十一届一中全会举行。会议选举43人为民进第十一届中央常务委员会委员,选举许嘉璐为民进中央主席,张怀西、陈难先、冯骥才、潘贵玉、蔡睿贤、王立平、严隽琪、王佐书、贺旻为副主席。会议推举雷洁琼为民进中央名誉主席,陈舜礼、叶至善、楚庄、梅向明为名誉副主席。

12月20日　民进十一届一次中常会推举潘承孝、王鸿祯、方明为民进中央顾问,任命赵光华为民进中央秘书长。

12月24日　中共中央总书记胡锦涛和中共中央政治局常委贾庆林、曾庆红走访民进中央机关并座谈。

2003年

3月7日　中共中央政治局常委、中央纪律检查委员会书记吴官正看望出席全国政协十届一次会议的民盟、民进组政协委员,并参加联组讨论。

3月10日　潘贵玉代表民进中央在全国政协十届一次会议全体会议上作题为《弘扬和培育民族精神,实现中华民族伟大复兴》的大会发言。

3月12日　国务院副总理温家宝对民进中央报送的《死守长江水质安全底线,保障长江流域经济社会可持续发展》的建议作出批示。

3月13日　在全国政协十届一次会议第四次全体会议上,张怀西当选全国政协副主席。

3月15日　在十届全国人大一次会议第五次全体会议上，许嘉璐当选全国人大常委会副委员长。

4月2日　民进中央召开专门委员会主任、副主任会议，原则通过专门委员会工作通则。

4月8日至11日　许嘉璐、张怀西、王立平一行赴甘肃就推进河西走廊星火产业带建设、生态家园富民计划实施情况、农村文化建设等问题进行调研。

4月12日　许嘉璐在温家宝总理主持的党外人士座谈会上，就防治"非典"工作提出建议。

4月至7月　民进中央先后发出《关于做好非典型性肺炎预防与控制工作的通知》《给奋战在全国抗击"非典"第一线民进会员的致敬信》《关于通报表彰在抗击"非典"斗争中做出突出贡献的优秀民进会员的通知》。

4月14日至19日　2003年民进省级组织专职副主委、秘书长培训班举办。

4月20日　民进中央与中科院合作开展的滦平县科技扶贫生态富民示范工程启动仪式在河北省滦平县举行。

5月19日　许嘉璐、张怀西联名向国务院提交《关于继续开展以创建卫生城市和环保模范城市为基本内容的爱国卫生运动、夺取抗击"非典"斗争全面胜利的建议》，温家宝总理作出批示。

5月20日　民进中央发出《关于开展三增强、四热爱教育活动的通知》。

6月12日　民进中央发出《关于认真组织学习"三个代表"重要思想学习纲要的通知》。

6月29日　中国民主促进会网站开通仪式举行。

7月1日至6日、2日至5日　许嘉璐、张怀西分别率民进中央调研组在重庆市、安徽省就生态家园富民计划进行调研。

7月11日　许嘉璐在中共中央、国务院召开的就做好经济工作和加强公共卫生建设听取党外人士意见座谈会上发言。

7月20日 民进中央在人民大会堂召开抗击"非典"斗争优秀民进会员座谈会，表彰在抗击"非典"斗争中作出突出贡献的114位民进会员。

7月22日 民进中央新世纪参政党建设理论研讨会召开。

8月26日 中共中央召开党外人士座谈会，就《中共中央关于完善社会主义市场经济体制若干问题的决定》征求意见。许嘉璐发言。

8月28日 中共中央召开党外人士座谈会，征求关于修改宪法部分内容的意见。许嘉璐发言。

9月22日至24日 民进全国宣传思想工作会议在浙江杭州萧山举行。

9月25日至27日 民进全国信息工作会议举行。

10月13日至15日 民进全国社会服务工作会议举行。

10月16日 民进中央发出《关于学习贯彻中共十六届三中全会精神的通知》。

11月17日至18日 民进民族文化保护研讨会举行。

11月24日至25日 民进振兴东北等老工业基地座谈会在黑龙江哈尔滨举行。

12月1日 民进中央致函中共中央，呈送《关于大力推进生态家园富民计划，促进农村全面小康的建议》。2004年1月3日，温家宝总理作出批示。

12月10日 陈舜礼逝世。

12月16日至18日 民进十一届二中全会举行。会议学习贯彻"三个代表"重要思想和中共十六届三中全会精神，听取并审议许嘉璐代表中央常务委员会所作的工作报告。会议认为，中央常务委员会把2003年确定为"培训年"，有力地推动了自身建设。会议通过决议，强调2004年是民进的"组织建设年"，要继续加强领导班子建设、后备干部队伍建设、基层组织建设和组织发展工作。

2004 年

3月8日 严隽琪代表民进中央在全国政协十届二次会议全体会议上作题为《惠及亿万农民、协调城乡发展的一个重要举措——大力推进生态家园富民工程》的大会发言。

5月17日至27日 许嘉璐、王佐书率民进中央调研组在云南省就民族地区经济社会发展进行调研。7月8日至16日，又赴新疆调研。

5月29日至31日 民进2004年学习实践"三个代表"重要思想研讨会在四川成都举行。

6月9日至11日 许嘉璐率民进中央调研组在上海就高等教育发展与体制改革进行调研。7月5日至7日又赴重庆调研。在此之前，王佐书率民进中央调研组在湖北武汉、陕西调研。8月17日至19日，民进中央在上海举行中国高等教育改革与发展研讨会。

7月19日 中共中央在中南海召开党外人士座谈会，就当前经济形势和下半年经济工作听取各民主党派中央、全国工商联领导人和无党派代表人士的意见和建议。中共中央总书记胡锦涛主持座谈会并发表重要讲话。许嘉璐发言。由中共中央主要负责同志主持召开专题协商座谈会，就重大工作听取党外人士意见建议，是我国社会主义民主的具体体现。就当前经济形势和下半年经济工作听取党外人士意见和建议的座谈会每年7月召开，民进中央主席出席并发言。

8月18日 许嘉璐在中共中央召开的就中共十六届四中全会有关问题征求党外人士意见座谈会上发言。

9月28日 民进中央发出《关于学习贯彻中共十六届四中全会精神的通知》。

10月14日至16日 民进全国基层组织建设工作暨先进基层组织表彰大会召开。

11月3日 胡锦涛总书记对民进中央呈送的关于民族地区经济、社会发展的建议书和考察报告作出批示。

11月8日 中共中央在中南海召开党外人士座谈会，听取关于2005年经济形势的意见和各党派专题考察情况。中共中央总书记胡锦涛主持座谈会并发表重要讲话。许嘉璐发言。由中共中央主要负责同志主持召开，就全年经济形势和下一年经济工作听取党外人士意见和建议的专题协商座谈会每年11月或12月召开，民进中央主席出席并发言。

11月17日至18日　民进首届全国参政议政工作年会召开。此后每年召开。

11月29日　许嘉璐在中共中央召开的党外人士座谈会上就司法体制改革问题作发言。

12月10日　民进十一届七次中常会举行，审议通过《中国民主促进会基层组织暂行条例》。

12月11日至13日　民进十一届三中全会举行。会议学习贯彻中共十六届四中全会精神，听取并审议许嘉璐代表中央常务委员会所作的工作报告。会议认为，2004年"组织建设年"取得了丰硕成果。会议通过决议，强调把加强参政议政能力建设和庆祝民进成立60周年作为2005年的工作重点。

2005年

1月17日　民进中央印发《民进中央机关文化建设规划纲要》《民进中央机关2005—2010年文化建设规划》《民进中央机关信息化建设的指导意见》《民进中央机关2005—2010年信息化建设规划和2015年远景目标》。

2月22日　许嘉璐在中共中央召开的就中共中央政治局常委开展保持共产党员先进性教育活动听取党外人士意见座谈会上发言。

3月4日　中共中央政治局常委、国家副主席曾庆红看望出席全国政协十届三次会议的民盟、民进组政协委员，并参加联组讨论。

3月9日　严隽琪代表民进中央在全国政协十届三次会议全体会议上作题为《做大做强我国出版业刻不容缓》的大会发言。

3月10日　贺旻代表民进中央在全国政协十届三次会议全体会议上

作题为《加快民族地区发展，携手共建和谐社会》的大会发言。

3月25日　民进中央发出《关于学习贯彻〈中共中央关于进一步加强中国共产党领导的多党合作和政治协商制度建设的意见〉精神的通知》。

5月21日至29日　许嘉璐、张怀西、王立平率民进中央考察团在四川省进行星火富民专题调研。

8月16日　许嘉璐在中共中央召开的就编制国家"十一五"规划征询意见专题协商会上发言。

9月6日　中共中央总书记、国家主席胡锦涛到雷洁琼家中祝贺雷老百岁华诞。

10月13日　民进中央发出《关于学习贯彻中共十六届五中全会精神的通知》。

12月9日　中国民主促进会成立60周年纪念大会举行。中共中央政治局常委李长春出席大会并代表中共中央致贺词，农工党中央主席蒋正华代表各民主党派中央和全国工商联致贺词。大会宣读了民进中央名誉主席雷洁琼的贺信和大会致全国民进会员书。许嘉璐发表讲话。

12月10日至12日　民进十一届四中全会举行。会议认真学习中共十六届五中全会精神和中共中央对民进成立60周年的贺词，听取并审议许嘉璐代表中央常务委员会所作的工作报告，审议通过《民进中央关于加强参政议政能力建设的意见》。会议通过决议，强调要以科学发展观统领全局，促进民进各项工作协调发展。会议通过关于同意蔡睿贤辞去民进中央副主席、常委、委员的决定，增补罗富和为民进中央副主席。

2006年

1月22日　2006年基础教育改革座谈会举办。座谈会的主题和议题，根据当年国家基础教育的工作重点、基础教育领域的难点或热点问题，结合民进中央参政议政工作的需要进行选择，会后形成座谈会纪要报送国家教育部。此后每年举办，从2018年开始，由每年举办一次改为两次。

3月4日　中共中央总书记、国家主席、中央军委主席胡锦涛看望出席全国政协十届四次会议的民盟、民进组政协委员，并参加联组讨论。

同日叶至善逝世。

3月9日　贺旻代表民进中央在全国政协十届四次会议全体会议上作题为《大力推进星火富民科技工程，落实科教兴国战略》的大会发言。

3月17日　民进中央发出《学习贯彻胡锦涛总书记关于树立社会主义荣辱观重要讲话精神的通知》。

5月10日至17日　许嘉璐、张怀西率民进中央调研组在浙江省就"文化体制改革和文化产业发展"进行专题调研。6月12日至17日，王佐书、罗富和率调研组在广东省调研。

6月6日　许嘉璐在中共中央召开的就制定人民代表大会常务委员会监督法听取党外人士意见座谈会上发言。

6月9日　民进中央在江苏南京隆重集会，纪念南京下关事件60周年。

8月29日　民进中央印发《全国统战工作会议精神学习宣传提纲》。

8月30日至9月1日　民进全国会史暨统战理论研讨会举行。

9月3日至5日　民进全国社会服务工作经验交流暨表彰大会举行。

9月10日至11日　民进中央"中国西部农村义务教育教师培训能力建设"项目启动会举行。2008年10月30日，该项目总结与推广会议在云南大理鹤庆县召开。

9月20日　全国各民主党派、工商联、无党派代表人士为全面建设小康社会作贡献经验交流暨表彰大会举行。民进共有15个先进集体和50名先进个人受到表彰。

9月26日至28日　民进中青年干部培训班举办。

10月16日　民进中央发出《关于学习贯彻中共十六届六中全会精神的通知》。

12月5日至7日　民进十一届五中全会举行。会议认真学习中共十六届六中全会精神，听取并审议许嘉璐代表中央常务委员会所作的工作报告。会议通过决议,强调 2007 年民进要围绕促进社会和谐与顺利实现新老交替和政治交接的工作重点,努力完成各项工作任务。会议通过《关于召开中国民主促进会第十次全国代表大会的决定》。

2007 年

1月4日　许嘉璐在中共中央召开的听取对金融工作意见党外人士座谈会上发言。

3月12日　潘贵玉代表民进中央在全国政协十届五次会议全体会议上作题为《维护国家文化安全,促进中华文化崛起》的大会发言。

5月16日　民进中央印发关于在全会开展以"坚持走中国特色政治发展道路"为主题的政治交接学习教育活动的决定和总体方案。

7月3日至10日　许嘉璐、张怀西、严隽琪率民进中央调研组在云南省开展"加强社区文化建设、促进构建和谐社会"专题调研。

7月19日至21日　民进全国思想政治工作会议举行。

7月22日至24日　民进全国机关建设工作会议举行。

7月27日　许嘉璐在中共中央召开的就中共十七大报告征求党外人士意见座谈会上发言。

9月15日至17日　中国教师发展论坛(2007)在浙江杭州和金华举办。民进中央自 2007 年创办中国教师发展论坛,并将其作为每年庆祝教师节的最主要方式,以期引导更多目光聚焦到教师群体的生存状况和发展需求上,促进全社会给予教师发展更多的理解和支持。

10月25日　民进中央发出《关于学习贯彻中国共产党第十七次全国代表大会精神的决定》。

11月5日　纪念赵朴初诞辰 100 周年座谈会举行。

11月12日至13日　民进中央与长江水利委员会、世界自然基金会共同主办的长江流域水环境安全与保障研讨会在湖北武汉召开。此后,研讨会隔年或每年举办一次,2014 年更名为长江保护与发展论坛,这是民进在生态领域参政议政的一个重要品牌。

12月1日至7日　中国民主促进会第十次全国代表大会举行。大会出席代表521人，列席36人。中共中央政治局常委李克强代表中共中央致贺词。九三学社中央主席韩启德代表各民主党派中央、全国工商联致贺词。大会学习贯彻中共十七大精神，听取和审议许嘉璐代表第十一届中央委员会所作的题为《高举旗帜，团结奋进，为全面建设小康社会做出新的贡献》的工作报告，审议通过《中国民主促进会章程（修正案）》和中国民主促进会第十次全国代表大会决议。大会选举产生由197人组成的第十二届中央委员会。

12月6日　民进十二届一中全会举行。会议选举45人为民进第十二届中央常务委员会委员，选举严隽琪为民进中央主席，罗富和、冯骥才、潘贵玉、王佐书、贺旻、刘新成、蔡达峰、朱永新、张帆为副主席。

12月6日　民进十二届一次主席会议确定罗富和为民进中央常务副主席。

12月7日　民进十二届一次中常会任命赵光华为民进中央秘书长。会议研究决定民进中央共设教育委员会、文化艺术委员会、出版和传媒委员会、科技医卫委员会、经济委员会、社会和法制委员会、妇女儿童委员会、联络委员会等8个专门委员会。

12月8日　中共中央政治局常委、全国政协主席贾庆林会见民进中央新老领导班子成员。

12月24日　中共中央总书记胡锦涛会见各民主党派中央和全国工商联负责人并亲切座谈。严隽琪发言。

2008年

1月17日　民进中央向各省级组织发出《关于认真学习贯彻胡锦涛同志在各民主党派中央、全国工商联新老主要领导人座谈会上重要讲话精神的决定》和《关于2008年在全会开展中国特色社会主义主题教育活动的通知》。

1月27日至29日　民进十二届二次主席会议举行，审议通过《民进中央主席、常务副主席、副主席工作规则》《民进中央领导下基层试行办法》《民进中央中心学习组学习制度》，研究了领导班子工作分工。

1月30日　民进中央学习贯彻中共十七大精神座谈会举行。

3月9日　蔡达峰代表民进中央在全国政协十一届一次会议全体会议上作《加强社区文化建设，培育社会生活共同体》的大会发言；民进十二届二次中常会举行，通报《民进中央关于2008年在全会开展中国特色社会主义主题教育活动的方案》。

4月8日　民进中央纪念中共中央发布"五一口号"60周年座谈会举行。

4月29日　纪念中共中央发布"五一口号"60周年座谈会举行，各民主党派中央、全国工商联有关负责人出席会议。严隽琪发表了题为《在正道上行，开创多党合作事业的光辉未来》的讲话。

5月7日至15日　严隽琪、罗富和率民进中央考察团在江苏省开展"完善文化投入机制、保障人民文化权益"专题调研（年度重点调研）。

5月12日　四川汶川发生里氏8.0级特大地震。民进中央先后两次发出通知，号召各级组织和广大会员在党和政府坚强领导下，勠力同心、战胜灾难。严隽琪先后两次赴四川地震灾区，慰问受灾群众，看望救援人员，实地察看灾情。6月1日，民进中央举行为了灾区的孩子们——中国民主促进会抗震救灾书画义卖捐赠活动，截至11月17日，共有416位画家捐赠834幅书画作品，共募得捐款（特殊会费）86.25万元。

6月9日　由民进中央、国家林业局、贵州省人民政府共同主办的中国（毕节）石漠化治理与生态文明高层论坛在贵州毕节开幕。

6月15日至16日　民进中国特色社会主义主题教育活动经验交流会举行。

6月18日至20日　冯骥才、朱永新率队赴四川省考察，推动抗震救灾和灾后重建过程中羌族文化遗产保护工作。

8月21日　严隽琪在中共中央召开的就《中共中央关于推进农村改革发展若干重大问题的决定》征求党外人士意见座谈会上发言。

9月7日　"民进中央—上海社科院合作中心"揭牌仪式在上海社科院举行。合作中心的宗旨是通过双方合作进一步提升民进中央的参政议政能力和上海社科院的智库服务功能。

10月20日　民进中央发出《关于认真学习贯彻中共十七届三中全会精神的通知》。

11月11日　周建人诞辰120周年纪念座谈会举行。

11月28日　民进中央召开纪念改革开放30周年座谈会。

11月29日　民进中央召开担任政府和司法机关实职人员座谈会。

12月1日至3日　民进十二届二中全会举行。会议学习贯彻中共十七大和十七届三中全会精神，深入学习贯彻科学发展观，听取并审议严隽琪代表中央常务委员会所作的工作报告。会议通过决议，强调民进要巩固和扩大开局之年的工作成果，把民进建设成为适应时代要求的高素质参政党。会议审议通过《中国民主促进会中央监督委员会工作条例（试行）》和中央监督委员会组成人员名单，成立了中央监督委员会，为民进有序推进会内民主迈出了新的一步。罗富和任中央监督委员会主任，潘贵玉任副主任。会议还表彰了民进全国抗震救灾先进集体和优秀会员。

12月15日　民进纪念改革开放30周年座谈会举行。

2009年

3月4日　中共中央总书记、国家主席、中央军委主席胡锦涛看望出席全国政协十一届二次会议的民盟、民进组政协委员，并参加联组讨论。

3月8日　张帆代表民进中央在全国政协十一届二次会议全体会议上作题为《实施水库清淤工程是应对旱灾的长效措施》的大会发言。

3月9日　民进十二届六次中常会举行，审议通过《民进中央关于深化坚持走中国特色社会主义道路学习教育活动的意见》；民进中央发出《关于认真学习贯彻胡锦涛同志在全国政协民盟、民进联组会上重要讲话精神的通知》。

5月13日至21日　严隽琪、罗富和率民进中央考察团在山西省开展

"新形势下的农村教育综合改革"专题调研（年度重点调研）。

6月22日至25日　罗富和率调研组赴安徽省进行补充调研。

6月5日至6日　民进全国组织工作会议举行。严隽琪作《扎实工作，开拓进取，为建设适应时代要求的高素质参政党提供组织保障》的主题报告。

7月7日至9日　民进全国宣传思想工作会议暨科学发展观论坛举行。

7月13日　民进中央印发《民进全国代表大会代表联系办法（试行）》的通知，《民进全国组织工作会议纪要》的通知，《关于开展创建民进全国先进地方组织、先进基层组织活动的意见》的通知。

7月28日　民进中央开明画院成立并召开第一届理事会。开明画院是民进为响应中共十七大推动文化大发展大繁荣的号召，发挥文化界别特色优势而成立的机构。

8月11日　严隽琪在中共中央召开的就《中共中央加强和改进新形势下党的建设若干重大问题的决定》征求党外人士意见座谈会上发言。

9月5日　民进中央"彩虹行动"启动暨签约捐赠仪式在贵州毕节试验区金沙县第一中学举行，支援毕节教育计划全面实施。

9月23日　民进中央庆祝中华人民共和国成立60周年、纪念人民政协成立60周年座谈会举行。

9月24日至25日　民进全国骨干会员培训班举办。

9月28日　民进中央印发《关于加强新形势下民进思想建设的意见》。

9月29日　民进中央发出《关于学习贯彻中共十七届四中全会精神的通知》。

10月14日至15日　2009年民进企业家联谊会联席会议在江苏南京召开。此后每年举办，有力促进了各地企业家联谊会工作交流，活跃了企业界会员间的联系与合作。2018年，改为会长联席会议。

11月11日　《中国民主促进会年鉴（试刊）2008》出版座谈会举

行。这是民进历史上出版的第一本年鉴。

11月26日至29日　罗富和率民进中央调研组在甘肃武威就石羊河流域重点治理、节水农业、防沙治沙开展调研。

12月7日至9日　民进十二届三中全会举行。会议学习贯彻中共十七届四中全会精神，听取并审议严隽琪代表中央常务委员会所作的工作报告，听取潘贵玉代表中央监督委员会所作的年度工作情况报告。会议通过决议，强调继续坚持执政党建设和参政党建设相互促进、中央和地方工作相互促进、自身建设和履行职能相互促进、实际工作和理论研究相互促进。会议期间，召开十大代表座谈会。

2010年

1月26日　由民进中央和北京师范大学共同主办的中国教育政策研究院成立大会暨中国教育政策高层论坛举行。中国教育政策研究院在我国首创民主党派与知名高校合作新模式，是一个开放的、高层次的政策研究机构与参政议政平台。

2月4日　位于民进中央机关的民进会史展览改建告竣。展览始建于1999年。

3月9日　蔡继明代表民进中央在全国政协十一届三次会议全体会议上作题为《加大统筹力度，稳步推进城镇化进程》的大会发言。

4月9日　民进中央参政党理论研究会招标课题论证及评审委员会会议举行。为落实民进中央提出的"理论研究与实际工作相互促进"的要求，民进中央参政党理论研究会从2010年开始开展课题招标活动。

5月7日至15日　严隽琪、罗富和率民进中央考察团在浙江省开展"完善制度、落实政策、推进文化'走出去'战略"专题调研（年度重点调研）。

5月23日至25日　民进全国社会服务工作会议召开。

7月13日　民进树立和践行社会主义核心价值体系先进会员事迹宣讲大会举行。

9月8日　庆祝第二十六个教师节暨第三届中国教师发展论坛举行。

9月11日　我的幸福观——庆祝雷洁琼105华诞座谈会举行。

9月14日至16日　民进全国骨干会员培训班举办。

10月　中共中央在中南海召开党外人士座谈会，就中共中央关于制定国民经济和社会发展第十二个五年规划的建议听取各民主党派中央、全国工商联领导人和无党派代表人士意见和建议。严隽琪发言。

10月20日　民进中央发出《关于学习贯彻中共十七届五中全会精神的通知》。

11月4日至5日　民进全国先进地方组织、先进基层组织表彰大会召开。这是继2004年召开民进全国基层组织建设工作暨先进基层组织表彰大会之后，召开的又一次推动地方组织和基层组织建设的重要会议。

12月7日　庆祝民进成立65周年座谈会举行。

12月8日至10日　民进十二届四中全会举行。会议学习贯彻中共十七届五中全会精神，听取并审议严隽琪代表中央常务委员会所作的工作报告，听取潘贵玉代表中央监督委员会所作的年度工作情况报告。会议通过决议，强调各级组织和广大会员要为实现"十二五"时期我国经济社会发展目标团结奋斗。会议期间，召开十大代表座谈会。

2011 年

1月9日　雷洁琼逝世。

1月12日　民进中央办公厅印发《关于进一步加强新形势下社会服务工作的意见》。

3月10日　张帆代表民进中央在全国政协十一届四次会议全体会议上作题为《建立文化强国战略，增强国家文化软实力》的大会发言。

4月1日至2日　第九届海峡两岸中华传统文化与现代化研讨会在山西介休举行。

4月12日至14日　2011年第一期民进全国骨干会员培训班举办。9月25日至27日举办第二期。

5月10日至16日　严隽琪、罗富和、朱永新率民进中央调研组在江西省开展"完善制度环境、推进民办教育发展"专题调研（年度重点调研）。调研组还先后在云南、湖北、广西、浙江等地进行了调研。

6月14日至15日　民进全国会史工作会议在江苏江阴举行。

6月21日　民进庆祝中国共产党成立90周年座谈会举行。6月30日，各民主党派中央、全国工商联和无党派人士发出致中国共产党中央委员会的贺信。

7月7日　民进中央发出《关于学习贯彻胡锦涛同志在庆祝中国共产党成立90周年大会上重要讲话精神的通知》。

7月20日　民进树立和践行社会主义核心价值体系先进会员事迹宣讲大会在吉林长春举行。

7月27日至31日　"同心·彩虹行动"2011年新疆少数民族中小学校长培训（圣雄班）举办。这是民进援建新疆跨越式发展的一项重要内容和全新尝试。此后每年暑期举办，2014年起入疆举办。

8月16日至19日　"同心·彩虹行动"2011年教研员和骨干教师暑期培训班举办。这是民进中央推进"同心·彩虹行动"的重要举措。培训班此后每年举办。

9月27日至28日　民进中央树立和践行社会主义核心价值体系暨学习贯彻"七一"讲话精神座谈会在浙江建德举行。

10月19日　中共中央日前在中南海召开党外人士座谈会，听取各民主党派中央、全国工商联领导人和无党派人士对中共中央关于深化文化体制改革、推动社会主义文化大发展大繁荣若干重大问题的决定的意见和建议。严隽琪发言。

11月30日　各民主党派、工商联和无党派人士为全面建设小康社会作贡献表彰大会召开。民进共有4个先进集体、17位先进个人、5项建言献策优秀成果、6项社会服务优秀成果受到表彰。

12月7日至9日　民进十二届五中全会举行。会议学习贯彻胡锦涛同志在庆祝中国共产党成立90周年大会上的讲话和中共十七届六中全会精神，听取并审议严隽琪代表中央常务委员会所作的工作报告，听取潘贵玉代表中央监督委员会所作的年度工作情况报告。会议通过决议，强调民进各级组织要努力提高自身建设科学化水平，为建设社会主义文化强国作出更大贡献。会议通过《关于召开中国民主促进会第十一次全国代表大会的决定》。会议期间，召开十大代表座谈会。

12月10日至11日　民进全国机关建设工作会议举行。

12月12日　"民进中央—中央社院参政党建设理论研究中心"合作协议签订仪式举行。研究中心是民主党派和研究院校在理论研究方面联合开展工作的一次全新尝试。

2012年

2月16日　民进会内监督工作座谈会召开。

2月29日　民进中央召开学习贯彻《中共中央关于加强新形势下党外代表人士队伍建设的意见》精神专题会议。

3月1日　开明慈善基金会第一届理事会第一次会议在民进中央机关召开。会议原则通过《开明慈善基金会章程》，选举产生开明慈善基金会领导机构，理事会聘任严隽琪为名誉理事长，选举罗富和为理事长。

3月10日　蔡达峰代表民进中央在全国政协十一届五次会议全体会议上作题为《推进基本公共教育服务均等化，夯实社会公平的基石》的大会发言。

3月21日　担任中央国家机关特约人员的民进会员座谈会召开。

4月6日至7日　参政党建设理论研讨会举行。

4月8日至12日　2012年民进企业家培训班举办。至2018年连续举办7年。

5月12日至19日　严隽琪、罗富和率民进中央考察团在山东省开展"加强社会建设，推进基层社会管理创新"专题调研（年度重点调研）。调研组还先后在江苏、北京、广东等地进行调研。

6月28日　民进中央发出《关于深入开展学习践行社会主义核心价

值体系活动的通知》。

7月20日　由民进中央发起、民政部担任业务主管单位的开明慈善基金会成立。

9月3日　严隽琪在中共中央召开的就中共十八大报告征求意见稿听取党外人士意见座谈会上发言。

9月12日至13日　民进学习践行社会主义核心价值体系总结表彰暨工作推动会召开。

10月12日至13日　民进中央专门委员会会议举行，总结各专委会五年来的工作成绩与经验，共商未来进一步发挥作用的思路和举措。

11月8日　民进中央发出贺信祝贺中共十八大胜利召开。

11月19日　民进中央发出《关于学习贯彻中国共产党第十八次全国代表大会精神的通知》。

12月15日至21日　中国民主促进会第十一次全国代表大会举行。大会出席代表512人，列席34人。中共中央政治局常委俞正声会见全体与会代表，并代表中共中央致贺词。九三学社中央主席韩启德代表各民主党派中央、全国工商联致贺词。大会学习贯彻中共十八大精神，听取和审议严隽琪代表民进第十二届中央委员会所作的题为《集智聚力、开拓创新，为实现全面建成小康社会奋斗目标作出新贡献》的工作报告，审议通过《中国民主促进会章程（修正案）》和中国民主促进会第十一次全国代表大会决议。大会选举产生由205人组成的第十三届中央委员会。

12月20日　民进十三届一中全会举行。会议选举45人为民进第十三届中央常务委员会委员，选举严隽琪为民进中央主席，罗富和、王佐书、贺旻、刘新成、蔡达峰、朱永新、张帆、姚爱兴、卫小春、张雨东为副主席。会议表决通过民进第十三届中央监督委员会主任、副主任、委员名单。罗富和任主任，卫小春任副主任。

12月21日　民进十三届一次中常会任命高友东为民进中央秘书长；研究决定民进中央专门委员会机构设置，任命各专门委员会主任；报告民进中央各部门负责人和各专门委员会副主任名单。

12月24日　中共中央总书记习近平和中共中央政治局常委俞正声走访民进中央，并与民进中央领导班子座谈。

2013 年

本年度为民进宣传思想工作主题年。

3月8日　朱永新代表民进中央在全国政协十二届一次会议全体会议上作题为《县区义务教育均衡发展是促进教育公平的当务之急》的大会发言。

3月11日　在全国政协十二届一次会议上，罗富和当选全国政协副主席。

3月14日　在十二届全国人大一次会议上，严隽琪当选全国人大常委会副委员长。

4月27日　民进中央纪念中共中央发布"五一口号"65周年座谈会举行。

5月7日至11日　2013年第一期民进第十三届中央委员培训班举办。9月12日至16日举办第二期。

5月8日至9日　民进全国信息化建设工作交流会在广东广州举行。

5月13日至19日　严隽琪率民进中央调研组在安徽省开展"促进教育公平、推进义务教育均衡发展"专题调研（年度重点调研）。调研组还先后在天津、河北、海南和江苏等地进行调研。

6月29日　民进全国社会服务工作暨慈善公益研讨会在黑龙江鸡西举行。

7月8日、9月23日　民进中央两次举办中央国家机关中的民进会员座谈会。

7月11日　民进学习践行社会主义核心价值体系先进会员事迹宣讲大会在上海举行。

8月13日　民进中央加强领导班子作风建设座谈会在上海举行。

9月16日至17日　民进全国宣传思想工作会议举行。会议全面总结五年来宣传思想工作成果和经验，表彰先进集体和先进个人，研究提出工作的指导思想、主要任务和工作举措。严隽琪以《做好新时期的宣传思想工作》为题作重要讲话，朱永新作题为《高举中国特色社会主义伟大旗帜，努力开创民进宣传思想工作新局面》的全国宣传思想工作报告。

9月17日　严隽琪在中共中央召开的就中共中央关于全面深化改革若干重大问题的决定听取党外人士意见座谈会上发言。

10月19日至20日　民进十三届四次中常会决定，在全会开展坚持和发展中国特色社会主义学习实践活动（简称学习实践活动），并作为本届工作的一条"主线"。11月，印发活动方案，召开学习实践活动办公室工作会议。

10月29日　民进中央印发《关于加强新形势下宣传思想工作的意见》。

11月14日　民进中央学习贯彻中共十八届三中全会精神座谈会举行。次日，民进中央发出《关于学习贯彻中共十八届三中全会精神的通知》。

12月7日　民进实职人员座谈会举行。

12月9日至11日　民进十三届二中全会举行。会议学习贯彻中共十八届三中全会精神，听取并审议严隽琪代表中央常务委员会所作的工作报告，听取卫小春代表中央监督委员会所作的年度工作情况报告。会议通过决议，强调民进要以开展坚持和发展中国特色社会主义学习实践活动为主线，全面加强自身建设，积极履行职能，切实承担起中国特色社会主义参政党的政治责任。会议期间，召开十一大代表座谈会。

2014年

本年度为民进组织建设主题年。

2月16日至18日　民进民主监督工作研讨会在山西太原举行。

3月8日　姚爱兴代表民进中央在全国政协十二届二次会议全体会议上作题为《从"农民工大国"到"技工大国"》的大会发言。

3月25日至28日　民进全国专职副主委组织建设工作研讨班在上海举办。

4月至7月　民进中央在浙江杭州、湖南长沙和北京先后举办三期民进市、县级组织主委培训班，近300位市、县级主委参加培训。这是民进组织建设主题年的一项重要举措。

4月至12月　民进中央先后召开教育界、文化界、出版界、民办教育界和司法界人士座谈会，加强与各领域代表人士、基层会员的联系和互动。

5月26日至31日　严隽琪率民进中央考察团在四川省开展"建立流域水生态环境保护长效机制，促进区域生态文明建设"专题调研（年度重点调研）。此前，调研组在湖北和贵州等地开展了预调研。

6月5日至6日　中国特色社会主义参政党的时代使命理论研讨会举行。

6月24日至26日　民进全国秘书长工作研讨班举办。

8月19日　严隽琪在中共中央召开的就中共中央关于全面推进依法治国若干重大问题的决定听取党外人士意见座谈会上发言。

8月22日至24日　由民进中央主办的"两岸学者共话·世界史"论坛举办。共话论坛旨在通过小范围、高层次学术对话，使海峡两岸学者实现面对面的深度研讨和互动。

10月4日　蔡睿贤逝世。

10月25日　民进中央向全会发出学习贯彻中共十八届四中全会精神的通知。

11月6日　民进坚持和发展中国特色社会主义先进会员事迹宣讲大会在安徽合肥举行。

11月26日　马叙伦纪念展在京试展。

11月27日至28日　民进全国组织工作会议举行。会议总结近年来组织建设成果和经验，表彰先进组织和先进个人，对进一步加强组织建设作出部署。严隽琪以《为建设中国特色社会主义参政党夯实组织基础》为题作重要讲话。会议审议通过《民进中央关于进一步加强组织建设的意见》。

12月8日至10日　民进十三届三中全会举行。会议学习贯彻中共十八届四中全会精神,听取并审议严隽琪代表中央常务委员会所作的工作报告,听取卫小春代表中央监督委员会所作的年度工作情况报告。会议通过决议,强调民进要进一步坚定信心、凝聚共识,为全面建成小康社会、全面深化改革、全面推进依法治国贡献智慧和力量。会议期间,召开了十一大代表座谈会。

12月18日　民进中央向各省级组织发起书香彩虹公益活动。这是民进中央助力贵州毕节金沙县实现义务教育均衡发展而开展的图书捐赠活动。

本年度,民进中央在四个市级组织建立学习实践活动第一批联系点,并分别于4月、7月、9月和10月赴联系点开展工作。

2015年

本年度为民进社会服务工作主题年。

1月14日　中共中央政治局委员、中共中央统战部部长孙春兰走访民进中央机关。

春节前夕　民进中央开明画院在全会号召发起"春联万家"活动。全国各级开明画院在春节前一段时间,密集组织书画界会员进社区,送祝福。截至2020年,春联万家活动累计参与会员1.9万余人次,书写春联59.2万余副。

3月9日　卫小春代表民进中央在全国政协十二届三次会议全体会议上作题为《做好"节水优先"这篇大文章》的大会发言。

3月24日至25日　民进社会服务工作研讨会举行。

4月12日至16日　严隽琪率民进中央调研组在河北省开展"构建现代公共文化服务体系,保障人民群众基本文化权益"专题调研(年度重点调研)。4月21日至24日,罗富和率调研组在陕西调研。此前,调研组还在北京、江苏等地进行了预调研。

4月17日　纪念马叙伦诞辰130周年座谈会举行。

4月21日至24日　2015年民进骨干会员培训班举办。按照本届民进中央培训计划，从2015年开始新一轮的全会骨干会员培训。

5月27日至30日　2015年第一期民进全国市、县级组织专职副主委、秘书长培训班举办。7月21日至24日举办第二期。

6月2日至3日　民进全国社会服务工作会议举行。会议总结近年来社会服务工作的成果和经验，表彰先进集体、先进个人和优秀成果，深化对参政党社会服务理论的研究和思考。严隽琪以《围绕中心，服务大局，创造民进社会服务工作新成绩》为题作重要讲话，罗富和作全会社会服务工作报告。

6月8日　受中共中央委托，俞正声主持召开协商座谈会，听取党派中央围绕"十三五"规划编制开展年度大调研的情况介绍。严隽琪发言。

6月16日　民进中央发出《学习贯彻中央统战工作会议精神的通知》。通知指出，中央统战工作会议是中共十八大以来召开的第一次统战工作会议，这次会议和《中国共产党统一战线工作条例（试行)》在统一战线历史上具有里程碑意义，特别是习近平总书记的重要讲话是指导新形势下统战工作的纲领性文献，为统战工作提供了根本遵循和行动指南。

8月18日至19日　民进坚持和发展中国特色社会主义学习实践活动经验交流会举行。

8月21日　中共中央召开党外人士座谈会，就中共中央关于制定国民经济和社会发展第十三个五年规划的建议听取各民主党派中央、全国工商联领导人和无党派人士的意见和建议。严隽琪发言。

8月24日至25日　民进中央围绕"一带一路"战略实施专题研讨会举办。

9月11日　纪念雷洁琼诞辰110周年座谈会举行。

11月4日　民进中央发出《关于学习贯彻中共十八届五中全会精神的通知》。

12月3日　楚庄逝世。

12月4日　中国民主促进会成立70周年纪念大会举行。中共中央政治局委员、中央统战部部长孙春兰出席大会并代表中共中央致贺词。民建中央主席陈昌智代表各民主党派中央和全国工商联致贺词。严隽琪发表重要讲话。

12月4日至6日　民进十三届四次中全会举行。会议学习贯彻中共十八届五中全会精神和中央统战工作会议精神，学习贯彻中共中央致民进成立70周年庆祝大会的贺词，听取并审议严隽琪代表中央常务委员会所作的工作报告，听取卫小春代表中央监督委员会所作的年度工作情况报告。会议通过决议，强调民进要围绕"四个全面"战略布局和"十三五"规划的制定与实施，在创新、协调、绿色、开放、共享的发展理念指导下，提高履职能力和水平。会议期间，召开了十一大代表座谈会。

本年度，民进中央在11个地市级组织建立了学习实践活动第二批联系点，主席班子成员全部参与联系点工作。

2016年

本年度为民进参政议政工作主题年。

1月13日　民进新阶层会员座谈会举行。

1月28日　民进民办教育工作座谈会举行。

3月12日　张帆代表民进中央在全国政协十二届四次会议全体会议上作题为《诚信政府领跑诚信中国》的大会发言。

3月28日至31日　2016年民进全国骨干会员培训班举办。

4月10日至14日　严隽琪率民进中央考察团在湖南省开展"在全面建成小康社会进程中扎实推进农村扶贫供给侧改革"专题调研（年度重点调研）。4月19日至22日，罗富和率民进中央调研组在广西进行调研。

5月15日至16日　民进全国参政议政工作会议举行。会议全面总结民进十一大以来参政议政工作情况，表彰先进集体和先进个人，就加强参政议政能力建设和今后参政议政工作提出建议。严隽琪以《为加强参政议政能力建设尽责》为题作重要讲话，朱永新作题为《开创民进参政议政工作新局面，为实现全面建成小康社会奋斗目标贡献力量》的全国参政议政工作报告。

5月30日至6月3日　民进全国中青年会员培训班举办。

6月21日　各民主党派中央脱贫攻坚民主监督工作启动会暨培训会召开。按照中共中央统一部署，八个民主党派中央分别对口八个贫困发生率高、脱贫任务重的省份开展脱贫攻坚民主监督，民进中央对口湖南省。

6月23日　民进中央纪念南京下关事件70周年座谈会举行。

6月29日　民进中央印发《关于"十三五"时期参与统一战线聚力脱贫攻坚工作指导意见》《参与安龙县2016年脱贫攻坚工作计划》。

7月4日　民进科技界会员座谈会举行。

7月13日　民进中央发出《关于学习贯彻习近平总书记在庆祝中国共产党成立95周年大会上讲话的通知》。

7月18日至20日　2016海峡两岸暨港澳地区基础教育交流活动在云南昆明举办。此后每年举办。

8月10日至13日　民进全国基层组织负责人培训班举办。

8月16日　严隽琪在中共中央召开的就制定新形势下党内政治生活若干准则、修订《中国共产党党内监督条例（试行）》听取党外人士意见座谈会上发言。

8月22日　民进中央—湖南省脱贫攻坚民主监督协商座谈会在湖南长沙举行。

9月12日至13日　民进坚持和发展中国特色社会主义学习实践活动理论与实践研讨会举行。

11月2日　民进中央发出《关于学习贯彻中共十八届六中全会精神的通知》《关于在全会开展不忘合作初心，继续携手前进专题教育的通知》。

11月25日　民进中央脱贫攻坚民主监督调研座谈会在湖南长沙举行。

12月7日至9日　民进十三届五中全会举行。会议学习贯彻中共十八届六中全会精神，听取并审议严隽琪代表中央常务委员会所作的工作报告，听取卫小春代表中央监督委员会所作的年度工作情况报告。会议通过决议，强调民进要围绕推进"五位一体"总体布局和"四个全面"战略布局，聚力全面小康，助力脱贫攻坚，以自身建设和履行职能的成果，迎接中共十九大和民进十二大的胜利召开。会议通过《关于召开中国民主促进会第十二次全国代表大会的决定》。会议期间，召开十一大代表座谈会。

本年度，民进中央扩大学习实践活动联系点在省级组织的覆盖面，共建立第三批11个联系点，中央常委全部参与相关工作。

2017 年

本年度为民进机关建设工作主题年。

3月4日　中共中央总书记、国家主席、中央军委主席习近平看望出席全国政协十二届五次会议的民进、农工党、九三学社组政协委员，并参加联组讨论。

3月10日　民进中央—湖南省脱贫攻坚民主监督工作协商座谈会举行。

3月11日　蔡达峰代表民进中央在全国政协十二届五次会议全体会议上作题为《提高政务诚信，引导社会预期》的大会发言。

3月22日至23日　民进全国会内监督工作研讨会举行。

3月28日至31日　严隽琪率民进中央考察团在福建开展"职业教育改革助推制造业发展"专题调研（年度重点调研）。调研组还在江苏、广东等地进行调研。

4月12日至13日　民进全国机关建设工作会议举行。会议总结五年来机关建设工作的总体情况和经验体会，表彰先进集体和先进个人，对下一步工作提出建议。严隽琪以《真抓实干，久久为功，不断加强机关作风建设》为题作重要讲话，高友东作题为《持之以恒，努力推进高素质参政党机关建设》的全会机关建设工作报告。

8月18日至19日　民进全国理论研究与会史工作会议在江苏苏州举行。

8月22日至25日　民进全国专职副主委、秘书长培训班举办。

8月30日　严隽琪在中共中央召开的就中共十九大报告听取党外人士意见座谈会上发言。

9月18日至19日　民进全国基层组织建设经验交流会举行。

9月20日至21日　民进坚持和发展中国特色社会主义学习实践活动总结表彰会举行。

10月27日　民进中央发出《关于学习贯彻中国共产党第十九次全国代表大会精神的决定》。

11月30日　民进十三届二十一次中常会听取卫小春代表第十三届中央监督委员会所作的工作报告。

12月1日至6日　中国民主促进会第十二次全国代表大会举行。大会出席代表575人，列席40人。中共中央政治局常委、国务院副总理汪洋会见全体与会代表，并代表中共中央致贺词。民盟中央主席张宝文代表各民主党派中央、全国工商联致贺词。大会学习贯彻中共十九大精神，听取和审议严隽琪代表第十三届中央委员会所作的题为《不忘合作初心，牢记历史使命，为夺取新时代中国特色社会主义伟大胜利作出新贡献》的工作报告，审议通过《中国民主促进会章程（修正案）》和中国民主促进会第十二次全国代表大会决议。大会选举产生由199人组成的第十四届中央委员会。

12月5日　民进十四届一中全会举行。会议选举44人为民进第十四届中央常务委员会委员，选举蔡达峰为民进中央主席，刘新成、朱永新、姚爱兴、卫小春、张雨东、王刚、陶凯元、庞丽娟、黄震、高友东为副主席。会议表决通过民进第十四届中央监督委员会主任、副主任、委员名单。刘新成任主任，卫小春任副主任。同日举行的民进十四届一次中常会任命高友东为民进中央秘书长；决定民进第十四届中央委员会设九个专门委员会，并任命各专委会主任；报告民进中央机关各部门负责人和各专委会副主任名单。

12月15日　蔡达峰在中共中央召开的就修改宪法部分内容听取党外人士意见座谈会上发言。

本年度，民进中央建立学习实践活动第四批12个联系点。

2018 年

本年度民进以加强思想政治教育为工作主题。

1月9日　纪念王绍鏊诞辰130周年座谈会举行。

2月4日　民进中央第十四届专门委员会成立会议举行，讨论工作通则、各专委会工作简则。

3月10日　朱永新代表民进中央在全国政协十三届一次会议全体会议上作题为《发挥中等职业教育在脱贫攻坚中的特殊作用》的大会发言。

3月14日　在全国政协十三届一次会议第四次全体会议上，刘新成当选为政协第十三届全国委员会副主席。

3月17日　在十三届全国人大一次会议第五次全体会议上，蔡达峰当选为十三届全国人大常委会副委员长。

3月23日　中共中央政治局常委、全国政协主席汪洋，中共中央书记处书记、中央统战部部长尤权一行走访民进中央机关。

3月30日至4月3日　蔡达峰率民进中央调研组在四川省开展"推进乡村治理体系完善、助力乡村振兴战略实施"专题调研（年度重点调研）。4月至5月，刘新成、朱永新率调研组在湖南、河北等地进行调研。

4月10日　民进中央纪念中共中央发布"五一口号"70周年座谈会举行。

4月23日　纪念叶至善诞辰100周年座谈会举行。

4月24日至27日　民进第十四届新任中央委员培训班举办。

5月21日　民进中央主题教育活动理论宣讲启动暨首场报告会举行。6月至8月，理论宣讲先后在湖北武汉、天津、重庆、上海、福建福州、宁夏银川等地举行。

5月28日至31日　2018年第一期民进省级组织兼职副主委培训班举办。7月10日至13日举办第二期。

6月5日　民进中央"同心彩虹·美育共建"启动仪式暨首场活动在河北石家庄举行。

6月15日　民进中央参政议政特邀研究员、信息员工作会议在京召开。特邀信息员是民进中央为进一步做好反映社情民意信息工作而首次设立的队伍。

7月19日至22日　蔡达峰、王刚在贵州毕节出席统一战线参与毕节试验区建设座谈会，并率队赴黔西南州安龙县开展定点扶贫专题调研。

9月27日　民进中央·湖南省脱贫攻坚民主监督座谈会在湖南长沙举行。

10月10日至11日　民进全国宣传思想工作会议举行。蔡达峰出席开幕式并讲话，强调加强新形势下宣传思想工作，不断巩固多党合作共同思想政治基础是中国特色社会主义参政党光荣而艰巨的任务。王刚作题为《奋进新时代，开创民进宣传思想工作新局面》的工作报告。会议表彰先进集体和先进个人，讨论《民进中央关于进一步加强宣传思想工作的意见》。

11月10日至11日　民进中央参政党理论研究会年会在内蒙古呼和浩特举行。此后每年举行。

11月12日　纪念周建人诞辰130周年座谈会举行。

11月30日　民进庆祝改革开放40周年座谈会举行。

12月2日　民进实职人员座谈会举行。

12月3日　民进十四届五次中常会审议通过《民进中央关于在全会深入开展"弘扬爱国奋斗精神、建功立业新时代"活动的通知》和《民进中央规章制度建设五年规划（2018—2022年）》。

12月4日至6日　民进十四届二次中全会举行。会议学习贯彻习近平总书记关于加强和改进人民政协工作的重要思想，听取并审议蔡达峰代表中央常委会所作的工作报告，听取卫小春代表中央监督委员会所作的年度工作情况报告，审议通过《中国民主促进会规章制度制定条例》。会议通过决议，强调各级组织要按照条例要求，整体谋划全会规章制度的体系框架，有序推进制度建设。会议期间，召开十二大代表座谈会。

本年度，民进中央成立主题教育活动领导小组和办公室，领导班子领学示范，完成了第一批13个主题教育活动联系点的工作。

2019 年

本年度民进以基层组织建设为工作主题。

3月10日　姚爱兴代表民进中央在全国政协十三届二次会议上作题为《用优秀文化产品提升文化自信》的大会发言。

4月9日至12日　2019年第一期民进基层组织负责人培训班举办。7月9日至12日举办第二期。

4月15日至18日　蔡达峰率民进中央调研组在陕西省开展"深化'放管服'改革，激发微观主体活力"专题调研（年度重点调研）。5月6日至8日，刘新成率调研组在湖北省调研。

4月25日至26日　民进会内监督工作研讨会在浙江杭州举行。

7月24日至25日　民进中央定点扶贫工作推进会在贵州省黔西南州安龙县召开。

8月21日　民进"不忘合作初心，继续携手前进"主题教育活动动员会举行。

8月30日　《民主》杂志创刊30周年座谈会举行。

9月25日　蔡达峰在中共中央召开的党外人士座谈会上发言，就中共中央关于坚持和完善中国特色社会主义制度、推进国家治理体系和治理能力现代化若干重大问题的决定提出建议。

9月26日　民进庆祝新中国成立70周年暨人民政协成立70周年座谈会举行。

10月10日　民进中央对口湖南省脱贫攻坚民主监督工作座谈会在湖

南长沙举行。

10月16日至17日　民进全国组织工作会议举行。蔡达峰出席开幕会并讲话，强调组织建设是民进的永恒课题，要按照中国特色社会主义参政党建设的目标任务，针对自身实际问题，提高建设能力，把握好新时代民进组织建设的新要求。刘新成出席闭幕会并讲话。会议表彰先进地方组织、先进基层组织和先进个人。

11月7日　政协第十三届全国委员会常务委员会第九次会议闭幕会上宣布《政协第十三届全国委员会关于表彰全国政协成立70年来有影响力重要提案的决定》。受到表彰的100件有影响力重要提案中，民进中央和民进会员共有8件提案入选。

11月5日　民进中央发出《关于学习贯彻中共十九届四中全会精神的通知》。

11月12日　由民进中央主办的首届开明文化研讨会在天津举行。这是民进中央为国家文化事业建言献策、凝聚共识搭建的一个开放性平台，也是民进发挥界别特色、加强与文化单位和专家联系、服务新时代文化建设的具体举措。

12月5日至6日　民进十四届三次中全会举行。会议深入学习贯彻中共十九届四中全会精神，听取并审议蔡达峰代表中央常委会所作的工作报告，听取卫小春代表中央监督委员会所作的年度工作情况报告，审议通过《中国民主促进会宣传思想工作条例》。会议通过决议，强调民进要全面贯彻《中共中央关于加强中国特色社会主义参政党建设的意见》，全面加强自身建设，重点开展履职能力建设，在新的征程上取得更加优异的成绩。会议期间，召开十二大代表座谈会。

12月30日　民进"不忘合作初心，继续携手前进"主题教育活动总结大会举行。

本年度，民进中央领导班子50次赴地方组织、基层组织宣讲辅导、调研指导，完成了第二批11个主题教育联系点工作。

2020 年

本年度民进以履职能力建设为工作主题。

1月8日　民进中央2020年履职能力建设主题年工作动员会召开。

年初　我国突发新冠肺炎疫情，民进中央先后发出《这个佳节，我们致敬在同灾疫"拼命"的人》的倡议，《坚决响应号召，助力打赢疫情防控阻击战》的号召，《致奋战在疫情防控一线会员医卫工作者的慰问信》。

5月8日　中共中央开党外人士座谈会，就新冠肺炎疫情防控工作听取各民主党派中央、全国工商联和无党派人士代表的意见和建议。蔡达峰发言。

5月18日　民进中央印发《关于深入学习贯彻习近平总书记在党外人士座谈会上的重要讲话精神的通知》，号召各级组织和广大会员深刻理解中国共产党集中统一领导的政治优势和以人民为中心的执政理念，深刻领会中共中央对疫情防控形势的总体判断、科学分析和决策部署，中共中央对党外人士的殷切期望和明确要求，同中国共产党携手并肩、同心协力打赢这场疫情防控的人民战争。

5月25日　张雨东代表民进中央在全国政协十三届三次会议视频会议上作题为《推动全民阅读，建设书香中国》的大会发言。

8月16日至18日　蔡达峰率民进中央调研组在贵州省开展"提升基层治理效能，促进社会和谐稳定"重点考察调研（年度大调研）。8月31日至9月2日，刘新成率调研组在河南省调研。

8月20日至21日　民进全国会史工作会议举行。蔡达峰出席开幕会并讲话，强调会史是民进人共同的财富，珍惜会史就是牢记初心，珍惜自己的奋斗历程；会史也是国家的财富，珍惜会史就是牢记合作初心，珍惜多党合作的历程。高友东出席闭幕会并讲话。会议表彰先进集体和先进个人，讨论《中国民主促进会会史工作条例》。

8月25日　中共中央召开党外人士座谈会，就中共中央关于制定国民经济和社会发展第十四个五年规划和2035年远景目标的建议听取各民主党派中央、全国工商联负责人和无党派人士代表的意见和建议。蔡达峰发言。

9月8日　六位民进会员荣获"全国抗击新冠肺炎疫情先进个人"称号。

9月10日至12日　蔡达峰率民进中央调研组赴湖南湘西开展脱贫攻坚民主监督调研，并在长沙举行民进中央·湖南省脱贫攻坚民主监督工作座谈会。

9月15日至18日　2020年民进全国骨干会员培训班举办。

11月2日　民进中央发出《关于学习贯彻中共十九届五中全会精神的通知》。

11月29日　民进中央领导班子民主生活会召开。

12月1日至2日　民进十四届四中全会举行。会议深入学习贯彻中共十九届五中全会精神，听取并审议蔡达峰代表中央常委会所作的工作报告，听取卫小春代表中央监督委员会所作的年度工作报告，审议通过《中国民主促进会参政议政工作条例》和《中国民主促进会参加中国共产党领导的政治协商工作条例》。会议通过决议，强调民进要深刻把握新发展阶段、新发展理念、新发展格局的深刻内涵，紧紧围绕"十四五"发展目标和2035年远景目标，发挥全会合力，更好服务大局，把全面加强自身建设作为长期的重要任务，不断提升整体素质和履职能力。会议表彰了民进全国抗击新冠肺炎疫情先进集体和先进个人。会议期间，召开十二大代表座谈会。

12月10日　庆祝中国民主促进会成立75周年座谈会举行。

12月14日至15日　民进中央履职能力建设主题年工作会暨2020年参政议政年会在福建福州举行。蔡达峰出席开幕式并讲话，强调民进的履职能力建设要坚持围绕中心、服务大局，坚持集智聚力、完善机制，坚持探索创新、提高能力。朱永新出席闭幕式并讲话。会议表彰先进集体和先进个人。

12月16日　民进全国中青年会员培训班开班式暨民进中央青年工作

委员会成立大会举行。为了适应新时代对民进工作的新要求，进一步推动青年会员工作，加强人才队伍建设，民进十四届十次中常会决定，成立中国民主促进会中央委员会青年工作委员会。民进中央青年工作委员会共有主任、副主任、委员61人。

12月30日　中国民主促进会成立旧址纪念馆开馆仪式在上海举行。

本年度，民进中央领导班子11次赴地方组织、基层组织宣讲辅导、调研指导，完成了第三批11个主题教育联系点工作。

后 记

2020年3月，由中央统战部一局与华文出版社共同策划的"中国参政党丛书"项目正式启动。民进中央高度重视，按照编委会要求立即成立了《中国民主促进会史》编写组。编写工作在民进中央会史工作领导小组具体领导下进行。

民进中央主席、会史工作领导小组组长蔡达峰对做好会史书稿编纂工作作出批示，要求"在编纂中尽可能吸收公认的新史料、尽可能采用现行的新概念、尽可能充分听取专家和老领导的意见"，并欣然为本书作序。书稿编纂期间，民进中央常务副主席、会史工作领导小组副组长刘新成，民进中央副主席兼秘书长、会史工作领导小组副组长、会史工作委员会主任高友东带领编写组同志走访中共中央党史和文献研究院，并与《中国共产党的九十年》编写后期统稿人曲青山院长座谈，学习中国共产党历史编纂经验。高友东副主席还主持召开专题会议，推进落实相关工作。

书稿编纂和反复修改过程中，迎来了中国共产党成立100周年和民进成立75周年，编写组以习近平新时代中国特色社会主义思想为指导，不断深化对历史研究和历史教育重要性的认识，深入学习中共百年奋斗的重大成就和历史经验，学习习近平总书记关于中共党史的重要论述，学习中共中央重要会议和重要文件精神、民进重要会议和重要文件精神，把《中国共产党的九十年》《中国共产党简史》《中国民主促进会简史（1945—2007）》作为重要依据和基本参考，拟定编纂提纲、积极收集材料、开展相关研究。编写组同志还赴民进成立地——上海，与中共一大会址纪念馆陈列研究部座谈，召开民进会史研究专家座谈会听取意见建议。

《中国民主促进会史》是集体努力的成果。本书书稿由左延珠和王炳舟两位同志具体执笔。王炳舟负责第一章至第七章第一节，左延珠负责第七章第二节至第八章和全书统稿，两位同志付出了艰辛的劳动。编写组其他成员也认真做好各项工作，朱一多负责编纂工作的组织协调，李长青、戴萌睿、杨林、王强、刘政负责撰写各领域素材稿，张歌负责大事记的编写，吴宏英负责插图的筛选编辑，徐超负责书稿的历次修改统筹工作。编写组的同志们全力以赴，以高度的政治责任感、科学审慎的态度来写好民进的历史、写好多党合作的历史，力求思想性、史料性、可读性的统一，力求总结好、呈现好民进的发展历程、丰硕成果、优良传统和基本经验。

初稿完成后，征求了民进中央原主席、原第一副主席、各位原副主席、会史工作委员会顾问的意见。严隽琪、张怀西、罗富和、邓伟志、潘贵玉、王立平对书稿编纂工作提出了建议。会史工作委员会顾问陈益群、赵光华、王炳舟、虞音、徐德骁、吴新秋、高保华、王建国、赵会、刘志奇、闻连利和民进上海市委会原专职副秘书长金培基等对书稿提纲或书稿提出了建议。民进中央机关陈鸣、刘文胜、黎晓英、石树梅、毛梦溪、姚立迎、梁红星、徐德安也对本书修改完善提出了很好的意见和建议。

谨向为本书稿付出努力的各位老领导和同志们表示诚挚的谢意！

谨向在本书编纂出版过程中给予大力指导、支持和帮助的中央统战部一局、华文出版社表示诚挚的谢意！

民进与中国共产党风雨同舟、肝胆相照 70 余年的历史，要浓缩在这样一部 30 万字的书稿中，是一件很不容易的事，尽管我们全力付出，但由于研究水平所限，难免疏漏舛误，恳请广大读者批评指正。

民进中央会史工作委员会

2021 年 1 月